Die Rezeption der Gestaltpsychologie in Robert Musils Frühwerk

MODERNE UND GEGENWART
STUDIEN ZUR LITERATURWISSENSCHAFT

Herausgegeben von Christian Dawidowski und Volker Neuhaus

BAND 20

PETER LANG
EDITION

Karen Brüning

# Die Rezeption der Gestaltpsychologie in Robert Musils Frühwerk

PETER LANG
EDITION

**Bibliografische Information der Deutschen Nationalbibliothek**
Die Deutsche Nationalbibliothek verzeichnet diese Publikation in der Deutschen Nationalbibliografie; detaillierte bibliografische Daten sind im Internet über http://dnb.d-nb.de abrufbar.

Zugl. Osnabrück, Univ., Diss., 2015

Umschlagabbildung:
© Hauke Brüning

D 700
ISSN 2364-5555
ISBN 978-3-631-66839-9 (Print)
E-ISBN 978-3-653-06053-9 (E-Book)
DOI 10.3726/978-3-653-06053-9


Peter Lang Edition ist ein Imprint der Peter Lang GmbH.

Peter Lang – Frankfurt am Main · Bern · Bruxelles · New York · Oxford · Warszawa · Wien



Diese Publikation wurde begutachtet.

www.peterlang.com

# Inhalt

# Vorwort

Jeder, der sich der Herausforderung stellt, eine solche Arbeit zu schreiben, wird schnell merken, dass diese Aufgabe fachlicher und persönlicher Unterstützung bedarf. Ich hatte das Glück, in beiden Bereichen eine solche zu erfahren und die Tatsache, dass das Projekt nun als abgeschlossen bezeichnet werden kann, soll als Anlass genommen werden, den Menschen Dank auszusprechen, die mich auf vielfältige Weise unterstützt haben.

Hier wäre zunächst mein Doktorvater, Prof. Dr. Christian Dawidowski zu nennen, der die Entstehung der Arbeit mit großem Engagement und fachlichem Rat vorbildlich begleitet und betreut hat. Bedanken möchte ich mich weiterhin bei Michael Woll, der trotz eigener Verpflichtungen das Manuskript gelesen und konstruktiv Kritik geübt hat.

Entscheidend ist des Weiteren die Frage, wie sich die Herausforderungen, die eine solche Arbeit stellt, in den Alltag integrieren lassen. Die Dissertation hätte nicht entstehen können, wenn meine Familie diesen Schritt nicht mitgetragen hätte; ihrer Unterstützung und der festen Überzeugung, dass der Erfolg die Arbeit am Ende rechtfertigen würde, konnte ich mir stets gewiss sein. Dieser Tatsache ist es zu verdanken, dass ich die intensive und anstrengende Zeit rückblickend als Privileg empfinde.

Zu guter Letzt gilt mein Dank Chris, meinem Fels in der Brandung, für seine unerschütterliche Ruhe und Zuneigung.

# 1. Einleitung

## 1.1 Robert Musil und die Wissenschaft der Seele

„Ich will nicht begreiflich sondern fühlbar machen"[1], schreibt Robert Musil im Jahr 1906 und artikuliert damit bereits früh einen wesentlichen Anspruch an seine Dichtung. In dieser Äußerung zeichnet sich ein Spannungsfeld ab, das in der Literatur der Jahrhundertwende im Allgemeinen und in Musils Werk im Besonderen eine wesentliche Bedeutung hat: es ist die Differenzierung zwischen (Natur-) Wissenschaften und Literatur. Diese beiden Domänen sind auch in seinem Lebenslauf dominant; Musil schließt nicht nur das Studium der Ingenieurswissenschaften, sondern später auch noch ein Psychologiestudium erfolgreich ab. Dabei fällt seine Studienzeit am Berliner Institut für Psychologie in eine Periode des radikalen Umbruchs: Unter der Leitung von Carl Stumpf, der auch Musils Doktorvater ist, entwickelt sich eine neue Generation von Wissenschaftlern, deren Anliegen es ist, die bis dahin deutlich von der Philosophie geprägte Psychologie zu reformieren und zu modernisieren. In dieser Genese zur eigenständigen Wissenschaft spielt die Hinwendung zu experimentellen Untersuchungen von psychischen Phänomenen eine wichtige Rolle – ein Prinzip, das neben Carl Stumpf in Berlin auch Wilhelm Wundt in Leipzig unterstützt. Ihre Schüler sind es, die die Erkenntnisse aufnehmen und zu einem eigenständigen Forschungszweig ausbauen: die Gestaltpsychologie entsteht. Nicht nur in Berlin wird der Aspekt der Gestaltqualitäten untersucht, auch am Lehrstuhl von Alexius Meinong in Graz wird die Frage nach Gestalten in der Wahrnehmung eruiert. Dabei sind die Ergebnisse dieser Forschungsbemühungen verschieden – in der vorliegenden Arbeit soll aufgrund der räumlichen und gedanklichen Nähe zu Robert Musil vornehmlich die Berliner Schule um Wolfgang Köhler, Max Wertheimer, Kurt Koffka und Kurt Lewin betrachtet werden.

Der Name der Gestaltpsychologie leitet sich ab von einem Artikel von Christian von Ehrenfels, der sich bereits 1890 in der Schrift ‚Über „Gestaltqualitäten"' anhand von Melodien mit der Frage der Transponierbarkeit auseinandersetzt und im Zuge dieser Reflexionen davon ausgeht, dass sich die Gestalt von der Summe ihrer Teile unterscheiden müsse. Dabei bezieht er sich wiederum ausdrücklich auf den Wissenschaftler Ernst Mach, der in seinen Werken ‚Analyse

1 Musil, KA; LESETEXTE, Band 18, Vorkriegs- und Kriegskorrespondenz, 1895–1918, 1906: Robert Musil an Paul Wiegler, 21. Dezember 1906.

der Empfindungen' und ‚Erkenntnis und Irrtum' annimmt, dass die äußere Umwelt (die wiederum mit der psychischen Innenwelt zusammenfällt) aus Komponenten besteht, die in ihrer Interaktion individuelle Komplexe bilden. Auch für Robert Musil stellen diese Überlegungen gedankliche Anknüpfungspunkte dar, deren ‚Tragfähigkeit' er in seinem Erstlingswerk auslotet: In der Endphase des Studiums entsteht der Roman ‚Die Verwirrungen des Zöglings Törleß', in dem deutliche Anleihen an die theoretischen Konstrukte Ernst Machs zu erkennen sind. 1908 promoviert Musil mit einer Arbeit über Mach und veröffentlicht 1911 das Novellendyptichon ‚Vereinigungen', dessen experimentell-funktionale Erzählwelt die fortgeschrittene (und in Teilen auch theoretisch emanzipierte) Beschäftigung mit Ernst Mach erkennen lässt.

Durch die Entwicklung, die die Gestaltpsychologie durchläuft, tritt eine weitere Ebene hinzu, mit deren Hilfe Musil wissenschaftliche Prinzipien in die Literatur zu integrieren sucht. Dabei muss die Gestaltpsychologie definiert werden als eine „Richtung der Wahrnehmungspsychologie [...]. Unter einer Gestalt versteht man ein Schema oder ein Gebilde, das als Ganzes andere Qualitäten aufweist als seine einzelnen Elemente und Strukturen."[2] Weiterhin bleibt die Anlehnung an die Erkenntnisse Christian von Ehrenfels' konsequent bestehen, wird aber gleichzeitig erweitert: „Die Beziehungen zwischen den Elementen sind transponierbar, d.h. eine visuelle Gestalt bleibt auch dann erhalten, wenn man ihre Farben oder ihre Größe ändert oder eine Melodie auch bei Veränderung der Tonlage."[3]

Die Nähe Musils zu der Gestalttheorie ergibt sich besonders aus der Tatsache, dass der Schriftsteller gemeinsam mit einigen der später führenden Gestaltpsychologen studiert; Max Wertheimer, Johannes von Allesch und Erich von Hornbostel kennt er persönlich.[4] In der Weiterentwicklung der experimentellen

---

2 Gestalttheorie. Artikel in: Psychologie-Lexikon. Hg. v. Uwe Tewes und Klaus Wildgrube. München, Wien: R. Oldenbourg Verlag 1992, hier S. 141. Dabei zeigt sich, dass die Definition dessen, was die Gestaltpsychologie erfassen und analysieren soll, konstant geblieben ist. Bereits 1920 definiert Wolfgang Köhler:„‚Gestalten' nennt man [...] diejenigen psychischen Zustände und Vorgänge, deren charakteristische Eigenschaften und Wirkungen ihrer sogenannten Teile nicht zusammensetzbar sind." (Köhler, Wolfgang: Die physischen Gestalten in Ruhe und im stationären Zustand, Braunschweig: Friedrich Vieweg & Sohn 1920, hier S. IX.). Diese frühe und dabei sehr vollständige Definition bezeugt den hohen Reflexionsgrad mit dem die Gestaltpsychologen ihre Forschungsvorhaben umreißen und durchführen.

3 Ebd., S. 141

4 Vgl. Bonacchi, Silvia: Die Gestalt der Dichtung. Der Einfluss der Gestalttheorie auf das Werk Robert Musils. Bern: Lang 1998 (Musiliana 4), hier S. 3.

Psychologie, die gleichzeitig auch eine Ausdifferenzierung beinhaltet, wahren die Schüler Stumpfs immer den Anspruch, dass die Ergebnisse exakter Natur sein müssen – ein Credo, das Stumpf als oberste Priorität ansetzt; garantiert es doch, dass sich die Psychologie als emanzipierte und institutionalisierte Wissenschaft etablieren kann. Der Fokus der Gestaltpsychologen liegt auf der Analyse von (zumeist visuellen) Wahrnehmungsvorgängen, die fundamentalen Prinzipien werden etwa in den Jahren zwischen 1912 und 1923 erarbeitet – diese Spanne definiert gleichzeitig auch den Schwerpunkt des Untersuchungszeitraums dieser Arbeit.

Eine erste gedankliche Stoßrichtung gibt Max Wertheimer mit seiner Arbeit ‚Experimentelle Studie über das Sehen von Bewegung' (1912) vor, in der er die bis dahin theoretisch gebliebenen Ausführungen Christian von Ehrenfels' auch experimentell nachweisen kann. Die Bemühungen der Gestaltisten zielen jedoch nicht nur darauf ab, das Innovationspotential dieser neuen Forschungsrichtung zu untermauern – sie stellen gleichzeitig auch theoretische Konstrukte der ‚alten' Psychologie infrage. So zweifelt Wolfgang Köhler 1913 in seiner Schrift ‚Über unbemerkte Empfindungen und Urteilstäuschungen' die Konstanzannahme an, ein tradiertes Prinzip in der Psychologie, bei dem die konsequente (und gegebenenfalls auch unbewusst ablaufende) Übertragung von Reiz und Empfindung im Verhältnis 1:1 angenommen wird. Gestärkt wird der gestaltpsychologische Aspekt in den nun folgenden Arbeiten der anderen Gestaltpsychologen, indem sie zu der Überzeugung kommen, dass die Perzeption der ‚wirklichen' Welt grundsätzlich von der individuellen und subjektiven Situation abhängig ist.[5] Kurt Lewin nutzt diesen Ansatz später, um daraus eine ganze Handlungstheorie zu entwickeln, die in ihrer grundsätzlichen Argumentation stets der Gestalttheorie verpflichtet bleibt. Wolfgang Köhler hingegen konzentriert sich darauf, die gestalttheoretischen Konstrukte auch in den Naturwissenschaften nachzuweisen. In seinem Werk ‚Über physische Gestalten in Ruhe und im stationären Zustand' (1920) kommt er zu der Überzeugung, dass die tradierte Idee der statischen Und-Verbindungen die Komplexität der physikalischen, chemischen oder biologischen Vorgänge nicht abzubilden in der Lage sei und folgert, dass sich „Zustände und Vorgänge, [ihre]

5 Die Fähigkeit zur Transponierung ist im Übrigen keine rein menschliche Fähigkeit, wie Köhler in einer experimentellen Arbeit nachweist, in deren Zuge er Versuche zur Wahrnehmung von Menschenaffen und Hühnern anstellt (vgl. Köhler, Wolfgang: Aus der Anthropoidenstation auf Teneriffa. II. Optische Untersuchungen am Schimpansen und am Haushuhn. In: Abhandlungen der preussischen Akademie der Wissenschaften (Physikalisch-mathematische Klasse). Berlin: Verlag der Königlichen Akademie der Wissenschaften 1915, S. 1–70.).

charakteristische[n] Eigenschaften und Wirkungen [nicht] aus artgleichen Eigenschaften und Wirkungen ihrer sogenannten Teile […] zusammensetzen."[6]

1922 veröffentlicht Max Wertheimer eine Arbeit, in der er die sogenannten Gestaltgesetze aufstellt, mit ihnen wird der Bündel- oder Mosaikhypothese eine endgültige Absage erteilt. Johannes von Allesch hingegen zeigt mit seinem Werk ‚Wege zur Kunstbetrachtung' weitere Anwendungsgebiete der Gestalttheorie auf, indem er auch in der darstellenden Kunst Gestalten identifiziert – ein Vorgehen, für das Musil großes Interesse zeigt.[7] Auch für den Artikel seines Studienfreundes Erich von Hornbostel, der sich mit der Funktionsweise von Inversionen auseinandersetzt, zeigt er sich aufgeschlossen. Von Hornbostel schreibt, das Invertieren sei in seinem Freundeskreis (zu dem Musil zählt) „bald ein beliebtes Gesellschaftsspiel"[8] geworden, ohne dabei aber die wissenschaftliche Relevanz dieses Phänomens aus den Augen zu verlieren.

Bereits dieser kurze Abriss der Genese der Gestaltpsychologie macht deutlich, dass sie neben ihrem großen Innovationspotential auch zahlreiche Anknüpfungspunkte für Wissenschaft und Kunst birgt. Diese Möglichkeit erkennt auch Robert Musil, dessen Anspruch es ist, eine Literatur zu schaffen, die seelische Prinzipien tangiert;[9] die Anlehnung an die Psychologie als ‚Wissenschaft der Seele' ist daher naheliegend. Allerdings reichen Musil die wissenschaftlichen

---

6 Köhler: Die physischen Gestalten, S. IX; vgl. auch Amin, Ismail: Assoziationspsychologie und Gestaltpsychologie. Eine problemgeschichtliche Studie mit besonderer Berücksichtigung der Berliner Schule. Frankfurt am Main, Bern: Lang 1973, hier S. 140.

7 Musil schreibt eine Rezension, in der er die Darstellungen von Allesch' kritisch beleuchtet.

8 Von Hornbostel, Erich Maria: Über optische Inversion. In: Psychologische Forschung 1 (1922), S. 130–156, hier S. 130.

9 Claudia Monti fasst diesen Zusammenhang wie folgt zusammen: „Zu dieser Vertiefung und Revision der Machschen Theorien tragen viele Anregungen bei. Musil entnimmt sie den verschiedenen philosophischen Lehren, mit denen er während der Berliner Studien in Kontakt kommt; darüber hinaus den Vorlesungen seiner Professoren […]. Aber die entscheidenste Anregung für den Blickwinkel unserer Analyse kommt ihm von seiten jener psychologischen Richtung, die später ‚Gestaltpsychologie' genannt werden wird und die in jene Jahren ihre ersten Fundamente gewann dank der Arbeit der Schüler Stumpfs […]." (Monti, Claudia: Funktion und Fiktion. Die Mach-Dissertation von Robert Musil, In: Musil-Forum. Studien zur Literatur der klassischen Moderne. Hg. v. Norbert Christian Wolf und Rosmarie Zeller. Berlin, Boston: De Gruyter 1979 (Bd. 5), S. 38–67, hier S. 42.).

Erkenntnisse nicht aus: Obwohl er zeitweise ein „bisschen Heimweh“[10] nach der Psychologie verspürt, lehnt er das Angebot zur Habilitation bei Alexius Meinong in Graz ab, um sich ganz auf die Laufbahn als Schriftsteller konzentrieren zu können. Er schreibt: „Er [Musil; K.B.] wurde statt eines Privatdozenten der Psychologie ein Praktiker in der ausübenden Psychologie – ein Schriftsteller.“[11] Dennoch darf weder davon ausgegangen werden, dass Musil die Wissenschaften als Schablone für seine literarischen Produkte verwendet, noch, dass er für Wissenschaft und Dichtung ein antagonistisches Verhältnis annimmt. Die Psychologie und die Literatur Musils streben dennoch dasselbe an: Ziel ist die Erhellung seelischer Vorgänge. Diese Ähnlichkeit ist jedoch eine oberflächliche, denn das Untersuchungsobjekt Seele ist kaum definierbar.

Der Psychologie geht es dabei in erster Linie um eine „Systematik der *seelischen Qualitäten*“[12]; Wahrnehmungen, Vorstellungen und Empfindungen sollen in ihrer Interaktion dargestellt, erklärt und wissenschaftlich nutzbar gemacht werden. In dieser Zielsetzung zeigt sich die begriffliche Fehlleistung, wenn die Psychologie als ‚Wissenschaft der Seele‘ bezeichnet wird. Betrachtet man die Fragestellung der psychologischen Forschung genauer, so wird deutlich, dass auch hier keine konkrete Definition dessen gelingt, was die Seele genau ist. Olof Gigon kommentiert diesen Sachverhalt wie folgt: „Wir können feststellen, was die Seele leisten kann und leisten soll und faktisch leistet, nicht aber, was sie an sich selbst ist.“[13] Somit fragt die Psychologie weniger nach der genauen Beschaffenheit der Seele, sondern vielmehr nach ihren (objektiv messbaren) Leistungen und Fähigkeiten.

Für Musil ist diese Zielsetzung nicht ausreichend, sodass verständlich wird, warum eine wissenschaftlich korrekte Wiedergabe der psychologischen Erkenntnisse für ihn nur eine untergeordnete Rolle spielt. Vielmehr scheint er den Wissenschaften mit ihrem Drang nach allgemeingültiger Erkenntnis und unbedingter Objektivierbarkeit ein literarisches System entgegenzustellen, das seinerseits nach seelischen Prinzipien fragt, sich dabei jedoch zu jeder Zeit

---

10 Musil, KA; LESETEXTE, Band 16, Frühe Tagebuchhefte 1899–1926; 5: Pappheft (1910–1913); Tagebuch und literarische Projekte, 76.

11 Musil, KA; LESETEXTE, Band 14; Gedichte, Aphorismen, Selbstkommentare; Curricula vitae 1931, Robert Musil.

12 Ganzoni, Werner: Die neue Schau der Seele. Goethe. Nietzsche. Klages. Wien, Stuttgart: Wilhelm Braumüller 1957, hier S. 12.

13 Gigon, Olof: Seele, Entwicklung, Leben in der Antike. In: Seele, Entwicklung, Leben in der Perspektive der Geschichte, Altertumswissenschaft, Biologie, Psychiatrie, Theologie, Religionsgeschichte, Psychologie und Philosophie. Hg. v. Olof Gigon et al. Bern, München: Francke Verlag 1966, hier S. 27.

an individuellen Fragestellungen orientiert.[14] Diese Herangehensweise erlaubt eine gedankliche Emanzipation von der Psychologie und ihren methodischen Analysekriterien und im nächsten Schritt eine Fokussierung von solchen Ideen, die durch die schematisierte Abbildung nicht erfasst werden können. Eine wesentliche Aufgabe dieser Arbeit wird daher darin bestehen, aus der Wissenschaft entliehene Motive zu identifizieren und ihre Wirkungsweise im literarischen Kontext aufzuzeigen. Nur so kann verdeutlicht werden, wie Musil Möglichkeiten und Grenzen der Wissenschaft definiert und inwieweit sich die vermeintlichen Grenzwerte als Ausgangspunkte für ein modifiziertes Streben nach individueller Erkenntnis herausstellen.

Dass Musil die Psychologie (und auch die Wissenschaft im Allgemeinen) instrumentalisiert, ist in der Forschung inzwischen unumstritten. Der Autor setzt sich in zahlreichen Schriften mit dem Zusammenhang zwischen Wissenschaft und Literatur auseinander und versucht immer wieder, dieses Spannungsverhältnis gewinnbringend für seine Dichtung zu nutzen. Robert Musil selbst beschreibt den Zusammenhang zwischen den beiden Größen Psychologie und Dichtung sehr prägnant: „[…] alle Psychologie in der Kunst ist nur der Wagen, in dem man fährt; wenn Sie von den Absichten dieses Dichters nur die Psychologie sehen, haben Sie also die Landschaft im Wagen gesucht."[15] Für den Autor stellen die Wissenschaften folglich eine Art Transportmöglichkeit dar, sie fungieren als Mittel zum Zweck, um die eigentlich im Mittelpunkt stehende Dichtung zu vermitteln. Die wissenschaftliche Psychologie, die angetreten ist, um die seelischen Untiefen des menschlichen Wesens abzubilden, scheitert an dieser selbstgestellten Aufgabe. Indem sie die unberechenbaren und individuellen seelischen Vorgänge in ein starres, rational geprägtes und generalisierendes Gerüst presst, ist sie zwar in der Lage, das Seelenleben zu sezieren, nicht jedoch jenen „individuellen Gefühlszusammenhang"[16] herzustellen, den Musil stets aufs Neue zu präsentieren versucht. Diese durch die Wissenschaft nicht definierte Stelle muss die

---

14 Silvia Bonacchi, die sich in ihrer Arbeit ‚Die Gestalt der Dichtung' ähnlichen Fragestellungen widmet, formuliert den Zusammenhang folgendermaßen: „Die rational erlangten Einsichten sprengten so das starre wissenschaftliche Gerüst, dem sie entsprangen, um im künstlerischen Werk ihr Erkenntnispotential frei zu entfalten." (Bonacchi: Die Gestalt der Dichtung, S. 11).

15 Musil, KA; LESETEXTE, Band 12, Essays, 1908–1914, Über Robert Musils Bücher, 222.

16 Musil, KA; LESETEXTE, Band 12, Essays 1908–1914; Das Unanständige und Kranke in der Kunst, 307.

Literatur folglich kompensieren, obwohl „auch die Kunst [...] Wissen“[17] sucht. Der elementare Unterschied zwischen den Größen ist aber, dass die „Kunst auf beweglichere, undisziplinierte Innerlichkeiten wirkt als Wissenschaft.“[18] Musil visiert somit „keine Wissenschaftlichkeit sondern nur eine gewisse individuelle Wahrheit“[19] an. Er bringt seine Bestrebungen prägnant auf den Punkt:

> Was wir im gewöhnlichen Leben Gefühl nennen, sind komplexe Zustände und Vorgänge. Emotionales, sensorielles, motorisches, Intellektuelles verkreuzen sich darin. Bei der Beschreibung rekurrieren wir auf alle solche Erlebnisse. Eine direkte Nomenklatur existiert nicht, weil keine festen, sondern fließende Gegenstände da sind. Gerade auf diese Zone ist aber der Dichter gewiesen. Das rein Intellektuelle überläßt er dem Gelehrten, der es in die Tiefe des Engen führt. Selbst bei der Beschreibung von Gegenständlichem zielt er auf das Emotionale.
>
> Er drückt Farben nicht in den Mikromillimetern der Wellenlänge aus, obgleich das viel genauer ist. Er beschreibt nicht die Verhältnisse eines Gesichts, sondern er sagt: es ist wie... Das Abc unseres Innenlebens ist begrenzt, die Kombinatorik unerschöpflich.[20]

Es ist somit diese unerschöpfliche Kombinatorik, die Musil in Einzelfällen (die aus locker und zufällig zusammenhängenden Motiven bestehen) zu präsentieren sucht, die sich nicht aus kausal begründbaren Einzelteilen herleiten lässt. Er setzt damit der wissenschaftlichen Psychologie, die „das verhältnismäßig Allgemeine im Einzelfall“[21] sucht, eine Dichtung entgegen, die die Individualität zum Regelfall erklärt. Aus dieser reflektierenden Position heraus muss Musil neue gedankliche Wege gehen, um in seiner Literatur der Frage nach der Beschaffenheit der Seele nachgehen zu können.

## 1.2 Forschungslage

Das Konvolut literaturwissenschaftlicher Texte, das sich mit dem Frühwerk Musils beschäftigt, ist als äußerst umfangreich zu bezeichnen; es in Gänze zu erschließen ist nicht mehr möglich. Im Folgenden seien einige dominante Lesarten

---

17 Ebd., 306.

18 Ebd., 310.

19 Musil, KA; LESETEXTE, Band 16, Frühe Tagebuchhefte 1899–1926; 5: Pappheft (1910–1913), Poetologisches zu den ‚Vereinigungen‘ (1910–1911), 2.

20 Musil, KA; LESETEXTE, Band 15, Fragmente aus dem Nachlass; Gehirnspaziergang (1906–1914), Vom Gedanken in der Dichtkunst.

21 Musil, KA; LESETEXTE, Band 15, Fragmente aus dem Nachlass, Essayistische Fragmente, Krieg und Nachkrieg (1917–1921), Psychologie und Literatur.

stellvertretend präsentiert, um einen Überblick über die Ausdifferenzierung der Musil-Forschung zu liefern.

In der Vergangenheit erfolgte die Betrachtung der frühen Werke Musils in der Regel mit einer gleichzeitigen Perspektivierung auf den ‚Mann ohne Eigenschaften'; in besonderem Maße gilt dies für das Novellentriptychon ‚Drei Frauen', dessen Wert als autonomes Werk mit individuellen Interpretationsperspektiven lange Zeit unterschätzt wurde. Dabei setzte sich im Laufe der Forschungsbemühungen die Erkenntnis durch, dass die frühen Schriften nicht nur als Vorarbeit für Musils Lebenswerk gewertet werden dürfen, sondern vielmehr als eigenständige Werke betrachtet werden müssen, in denen sich Musil mit wissenschaftlichen Impulsen beschäftigt – aus der Auseinandersetzung mit diesen Anregungen entwickelt er eine eigene Poetologie, die ihrerseits die nachfolgenden Werke Musils beeinflusst. Es muss also eine zirkuläre Struktur angenommen werden, die sich aus dem Wechselspiel von wissenschaftlicher Einflussnahme und literarischer Reflexion ergibt. Die Bemühungen der Forschung, die komplexen Strukturen der Musilschen Literatur freizulegen, zeigen auf, dass die Bedeutung der wissenschaftlichen Stimuli zunächst unterschätzt wurde.

So wird Musils Erstlingswerk ‚Die Verwirrungen des Zöglings Törleß' in der älteren Forschungsliteratur vornehmlich als „Pubertätsroman" gelesen, der „die Wandlung eines Kindes zum Manne"[22] schildere. Hans-Georg Pott schreibt diesbezüglich, der ‚Törleß' „gehört zu den Schüleromanen der Jahrhundertwende, die die Krise der Erziehung und die Krise des jungen Menschen schildern."[23] Diese Lesarten blenden jedoch große Teile der Irrungen Törleß' aus und reduzieren damit die eigentlich hochabstrakten Problemstellungen auf jugendliche Selbstfindungsprozesse.[24]

Diese Interpretationen werden konsequenterweise abgelöst durch eine stärkere Berücksichtigung der im Roman verhandelten philosophischen Fragstellungen. Dagmar Herwig begründet ihre Ablehnung einer Interpretation als

---

22 Karthaus, Ulrich: Der andere Zustand. Zeitstrukturen im Werke Robert Musils. Berlin: Erich Schmidt Verlag 1965 (Philologische Studien und Quellen, Heft 25), hier S. 79.

23 Pott, Hans-Georg: Robert Musil. München: Wilhelm Fink Verlag 1984, hier S. 11.

24 Derartige inhaltlich argumentierende Kategorisierungsversuche scheitern an den ‚Vereinigungen' von vorneherein. Indem Musil die Handlung inflationiert, müssen andere Deutungsparadigmen entwickelt werden. Wie diese aussehen, soll im Folgenden geschildert werden. Bevor die Möglichkeit des Rückgriffs auf wissenschaftliche Überlegungen nicht gängig war, wurden die ‚Vereinigungen' in der Literaturwissenschaft kaum untersucht.

Schüleroman damit, dass Törleß „nicht ethisch, sondern ästhetisch“[25] agiere. In diesem Zusammenhang wird die Beschäftigung Musils mit den Werken von Immanuel Kant[26], Friedrich Nietzsche und Ernst Mach in den Vordergrund gerückt, deren Rezeption sich deutlich in seinen literarischen Werken niederschlägt und nicht nur auf den ‚Törleß‘ beschränkt bleibt. Mit dieser grundsätzlichen Berücksichtigung der Polydiskursivität der Musilschen Literatur eröffnet sich eine Forschungsperspektive, die sich als richtungsweisend herausstellen wird. Indem das Werk nun als „philosophischer Roman“[27] aufgefasst wird, gelingt die Berücksichtigung von Fragestellungen, die in der Wissenschaftsdebatte des ausgehenden 19. Jahrhunderts diskutiert werden. Die literaturwissenschaftliche Forschung wendet sich folglich denjenigen Wissenschaftlern zu, die Musil (auch im Zuge seines Studiums) rezipiert – die ausführlichen Reflexionen Musils in seinen Tagebüchern stellen für diese Aufgabe eine wichtige Hilfestellung dar.[28] Dabei speist sich die Annahme, dass ein Zugang über die Philosophie vielversprechende Ergebnisse zutage fördern könnte, ursprünglich nicht aus Forschungsarbeiten, die das Frühwerk erschließen, sondern vielmehr aus Texten, die Musils Lebenswerk beleuchten: Aus der Beschäftigung mit dem ‚Mann ohne Eigenschaften‘ leitet Renate von Heydebrand beispielsweise den Einfluss Nietzsches auf Robert Musil ab und leistet damit einen wichtigen Beitrag für die Musil-Forschung.[29]

---

25 Herwig, Dagmar: Der Mensch in der Entfremdung. Studien zur Entfremdungsproblematik anhand des Werkes von Robert Musil. München: Paul List Verlag 1972, hier S. 43.

26 Für eine eingehende Beschäftigung mit den Spuren, die die Lektüre Kants in Musils Werk hinterlassen hat, vgl. Söder, Thomas: Untersuchungen zur Robert Musils ‚Verwirrungen des Zöglings Törleß‘. Rheinfelden: Schäuble 1988. Darin erarbeitet der Autor zwar im Schwerpunkt Anknüpfungspunkte für Musils Erstlingswerk, gibt aber auch einen Ausblick auf den ‚Mann ohne Eigenschaften‘.

27 Aler, Jan: Als Zögling zwischen Maeterlinck und Mach. In: Probleme des Erzählens in der Weltliteratur. Festschrift für Käte Hamburger zum 75. Geburtstag am 21. September 1971. Hg. v. Fritz Martini. Stuttgart: Ernst Klett Verlag 1971, S. 234–290, hier S. 235.

28 Renate Gahn rekonstruiert beispielsweise Musils Nietzsche-Rezeption anhand seiner Tagebucheintragungen und Exzerpte (vgl. Gahn, Renate: Musil und Nietzsche. Zum Problem von Kunst und Erkenntnis. Mainz 1980, hier besonders S. 191ff.).

29 Vgl. von Heydebrand, Renate: Die Reflexionen Ulrichs in Robert Musils Roman ‚Der Mann ohne Eigenschaften‘. Ihr Zusammenhang mit dem zeitgenössischen Denken. Münster: Verlag Aschendorf 1966. Eine neuere Arbeit zu dieser Fragestellung liefert Wolfgang Rhezak (vgl. Rhezak, Wolfgang: Musil und Nietzsche: Beziehungen

Neben Nietzsches Ansätzen stellen die Überlegungen Ernst Machs ein wichtiges Fundament für Musils literarisches Schaffen dar. Mach vernetzt naturwissenschaftliches Gedankengut mit philosophischen Fragestellungen und bindet diese zudem an zu seiner Zeit dominante Fragestellungen wie die Sprachskepsis an. Die Forschung nimmt diese Erkenntnisse auf und erarbeitet minutiös die Einzelheiten möglicher Wechselwirkungen zwischen Wissenschaft und Dichtung.[30] Mit der Übertragung dieser Parallelen auf die Literatur werden die Dimensionen der Verwirrungen Törleß‘ offenbar: Die Problematisierung des Verhältnisses von Innen- und Außenwelt wird verstärkt durch das Wissen um die Unzulänglichkeit von Sprache. So schreibt Lothar Hubert, dass die Welle der Sprachskepsis nicht nur den Schriftsteller ergreife,[31] „sondern auch seine Gestalten als um Sprache Bemühte: insofern sie ihrer zum Ausdruck ihres Inneren und zur Verständigung mit den anderen Gestalten bedürfen.“[32]

Dabei stellt sich heraus, dass Musil die Machschen Erkenntnisse nicht nur im ‚Törleß‘ verarbeitet, sondern sie in seiner Literatur buchstäblich verankert und auch in den ‚Vereinigungen‘ fortführt.[33] Thomas Pekar zeigt auf, wie eng die Konzeption des Novellendyptichons mit der Mach-Rezeption Musils verbunden ist: Er erarbeitet strukturelle Anlehnungen der ‚Vollendung der Liebe‘ an fundamentale Machsche Theorien (wie zum Beispiel die Ablehnung von Kausalität) und weist damit die tiefgreifenden Verflechtungen nach.[34]

---

der Erkenntnisperspektiven. Frankfurt am Main: Peter Lang Verlag 1993 (Reihe I: Deutsche Sprache und Literatur Bd. 1363)).

30 Dabei leisten Arbeiten wie die von Claudia Monti einen wichtigen Beitrag, in der sich die Autorin mit der Frage der Ausgestaltung der skizzierten Wechselwirkung beschäftigt (vgl. Monti, Claudia: Funktion und Fiktion. Die Mach-Dissertation von Robert Musil). Aber auch: Arvon, Henri: Robert Musil und der Positivismus. In: Robert Musil. Studien zu seinem Werk. Hg. v. Karl Dinklage. Hamburg: Rowohlt Verlag 1970, S. 200–213 und später: Czaja, Johannes: Psychophysische Grundperspektive und Essayismus. Untersuchungen zur Robert Musils Werk mit besonderem Blick auf Gustav Theodor Fechner und Ernst Mach. Tübingen 1993.

31 An dieser Stelle führt er Robert Musils ‚Törleß‘ und Hugo von Hofmannsthals Brief des Lord Chandos an (Vgl. Huber, Lothar: ‚Robert Musils Törleß und die Krise der Sprache‘. In: Sprachkunst 4. Beiträge zur Literaturwissenschaft (1973), S. 91–99, hier S. 91.).

32 Ebd.

33 Allerdings kommt der Sprachlosigkeit in dem Novellendyptichon kaum Bedeutung zu.

34 Vgl. Pekar, Thomas: Zum Zusammenhang von Musils Dissertation mit seiner Erzählung ‚Die Vollendung der Liebe‘. In: Colloquia Germania 24/1 (1991), S. 13–23.

Besonders mit Bezug auf die ,Vereinigungen' muss noch eine weitere Facette der Musilschen Wissenschaftsrezeption betrachtet werden: die Beschäftigung mit der von Sigmund Freud entwickelten Psychoanalyse. Annie Reniers erwägt diesen Anknüpfungspunkt bereits für ,Die Verwirrungen des Zöglings Törleß', kommt aber zu dem Schluss, dass der „frühe Zeitpunkt der Romankonzeption [...] eine Kenntnis von Freuds Arbeiten nicht wahrscheinlich" macht und folglich „weder auf einen Einfluß von Freud noch auf ein Interesse des Autors für dessen Lehren"[35] geschlossen werden könne. Für die ,Vereinigungen' hingegen muss angenommen werden, dass die Lektüre Freuds großen Einfluss auf die Entwicklung der Motive der Novellen gehabt hat. Dabei weist Karl Corino erstmals nach, dass sich Musil in dem Novellendyptichon, besonders aber in der ,Versuchung der stillen Veronika' mit den ,Studien über Hysterie' auseinandersetzt, die Freud gemeinsam mit seinem Kollegen Josef Breuer veröffentlicht. Die charakterliche Entwicklung Veronikas gehorcht somit Regelmäßigkeiten, die in dem Werk von Breuer und Freud aufgestellt werden – hier wäre z.B. die Symptomatik eines verdrängten Traumas zu nennen. Problematisch ist jedoch die von Corino gezogene Schlussfolgerung, die auf Musils wiederholter Negierung möglicher psychoanalytischer Einflussnahmen beruht:[36] Er geht davon aus, dass Musil selbst besagten Einfluss verdränge.[37] Musils Novelle sei folglich „ein trotziger (verzweifelter?)

35 Reniers, Annie: ,Törless': Freudsche Verwirrungen? In: Robert Musil. Studien zu seinem Werk. Hg. v. Karl Dinklage. Reinbek bei Hamburg: Rowohlt 1970, S. 26–39, hier: S. 36. Zu einem ähnlichen Ergebnis wird später auch Jaqueline Magnou kommen (Vgl.: Magnou, Jaqueline: ,Törless' – eine Variation über den Ödipus-Komplex? Einige Bemerkungen zur Struktur des Romans. In: Robert Musil. Hg. v. Renate von Heydebrand. Darmstadt: Wissenschaftliche Buchgesellschaft 1992 (Wege der Forschung, Bd. 588), S. 296–318.

36 Musil schreibt diesbezüglich: „Psychologia phantastica: Fasse so Klages, zum Teil Freud, Jung ... zusammen. Meine instinktive Feindschaft: weil sie Pseudo-Dichter sind und der Dichtung die Stütze der Psychologie vorenthalten!" (Musil, KA; LESETEXTE; Band 17, Späte Tagebuchhefte; 30: Schwarzes Heft steif, 105.). Es ist diese ambivalente Haltung, die die Einschätzungen von Corino hervorrufen und ihn davon ausgehen lassen, dass das Verhältnis Musils ein „ungemein faszinierender, lebenslanger Kampf um Selbstbehauptung [sei], aus der Notwehr eines an die Wand Gedrängten heraus geführt, mit den Ausflüchten eines Ertappten, aber mit durchaus sachlichen Einwänden." (Corino, Karl: Ödipus oder Orest? Robert Musil und die Psychoanalyse. In: Vom ,Törleß' zum ,Mann ohne Eigenschaften'. Hg. v. Uwe Baur und Dietmar Goltschnigg. München: Fink 1973 (Musil-Studien, Bd. 4), S. 123–235, hier S. 126.).

37 Vgl. Corino, Karl: Robert Musils ,Vereinigungen'. Studien zu einer historisch-kritischen Ausgabe. München: Fink 1974, hier S. 240ff. Ähnlich argumentiert auch Johannes Cremerius. Er schreibt: „Diese traumatische Entdeckung, etwas tun zu müssen, das

Versuch, die Dichtung vor dem Ansturm der Psychologie und Psychoanalyse zu retten […].“[38] In der neueren Forschung wird dieser Ansatz relativiert.[39] Oliver Pfohlmann leistet hier umfangreiche Arbeit: Er erstellt einen sehr ausführlichen Überblick über die Entwicklung der psychoanalytischen Deutungsperspektiven und zeigt die Möglichkeiten und Grenzen dieser Argumentationsweise bei einem Autor wie Musil auf, der durch seine Selbstreflektiertheit und sein Fachwissen eine Ausnahme in der Literatur darstellt. Pfohlmann folgert:

> Es scheint einen erheblichen Unterschied auszumachen, ob ein Psychoanalytiker die Texte eines Dichters deutet, die tatsächlich mittels eines tagtraumartigen Schreibens produziert wurden – oder Texte, die von einem Autor über Jahre hinweg immer wieder neu und umgeschrieben wurden, noch dazu von einem hochgradig reflexiven, auch in Sachen Psychoanalyse sattelfesten Autor, der seine wissenschaftlichen Kenntnisse in die Texte hat einfließen lassen […].[40]

Mit Blick auf die Sonderstellung Musils muss mit einer psychoanalytischen Deutung seines Schreibverhaltens somit vorsichtig umgegangen werden. Thomas Pekar nimmt die Frage nach einer derartigen Deutungsperspektive in seinem Werk ‚Die Sprache der Liebe bei Robert Musil‘ auf und erweitert sie durch das Theoriengebäude Jaques Lacans, in dem die Triebtheorie Freuds fortgeführt wird.[41] Bei dieser hochkomplexen Variante der psychoanalytischen Literaturwissenschaft

---

er nicht will, und das, was er tun will, nicht tun zu können, weil das Terrain bereits besetzt ist, verarbeitet Musil neurotisch. Er ‚vergisst‘ die ihm bekannten psychoanalytischen Texte. Jetzt kann er alles […] wieder in aller Unschuld so schreiben, als sei es von ihm selbst gedacht. Das Geheimnis dieser Kryptomnesie läßt sich mit dem Begriff der Verdrängung erklären: sie täuscht dem Autor Autonomie vor für den Preis von Schuldgefühlen, Unsicherheit und dem Zwang, alles noch einmal formulieren zu müssen.“ (Cremerius, Johannes: Freud und die Dichter. Gießen: Psychosozial-Verlag 2003, hier S. 171.). Vgl. zu dieser Art der Argumentation auch: Henninger, Peter: ‚Wissenschaft‘ und ‚Dichtung‘ bei Musil und Freud. In: Modern Language Notes 94 (1979), S. 541–568.

38 Corino, Karl: Ödipus oder Orest? Robert Musil und die Psychoanalyse, S. 181.

39 Lorna Martens befasst sich 1987 in einem Artikel mit dem Verhältnis zwischen den Erkenntnissen von Breuer und Freud und der Novelle und weist dabei bereits eine wesentlich differenzierte Meinung auf (vgl. Martens, Lorna: Musil und Freud: The foreign body in ‚Die Versuchung der stillen Veronika‘. In: Euphorion 81 (1987), S. 100–117.).

40 Pfohlmann, Oliver: ‚Eine finster drohende und lockende Nachbarmacht‘?: Untersuchungen zu psychoanalytischen Literaturdeutungen am Beispiel von Robert Musil. München: Fink 2003 (Musil-Studien Bd. 32), hier S. 325.

41 Vgl. Pekar, Thomas: Die Sprache der Liebe bei Robert Musil. München: Fink 1989 (Musil-Studien Bd. 19).

wird die Zeichentheorie nach Ferdinand de Saussure mit den Erkenntnissen Freuds kombiniert, um die Spuren des Unbewussten in der Sprache herauszufiltern.[42]

Christoph Hoffmann erstellt mit seiner Arbeit ‚Der Dichter am Apparat' ein ebenfalls mit poststrukturalistischem Theoriengebäude argumentierendes Werk, das die Zusammenhänge zwischen Medientechnik und Experimentalpsychologie ins Auge fasst. Hoffmann erarbeitet einen umfangreichen Blick („eine ‚Archäologie des Wissens'"[43]) auf den Zusammenhang zwischen den technischen Gegebenheiten, mit denen die Experimente durchgeführt werden (als prominentes Beispiel kann z.B. der Kinematograph[44] angeführt werden) und der literarischen Verarbeitung in Musils Werk.[45] Hoffmann geht dabei davon aus, dass die Texte Musils „in diesem komplexen Zusammenhang von experimenteller Psychologie und Medientechnik, dessen hohe Zeit etwa die Jahre zwischen 1880 und 1930 umfaßt"[46], beheimatet sind. Vor diesem Hintergrund werden Törleß, Claudine und Veronika zu „experimentor-subjects"[47], deren charakterliche Entwicklungen zu experimentellen Räumen umfunktioniert werden; mit ihrer Hilfe wird die Abbildung der inneren Wahrnehmung problematisiert.[48]

Für die vorliegende Arbeit ist in besonderem Maße die Analyse von gestaltpsychologischen Aspekten von Relevanz. 1974 weist Karl Corino bereits darauf

42 Vgl. Köppe, Tilman und Simone Winko: Neuere Literaturtheorien. Eine Einführung. Stuttgart u.a.: Metzler 2008, hier S. 76ff.

43 Hoffmann, Christoph: „Der Dichter am Apparat". Medientechnik, Experimentalpsychologie und Texte Robert Musils 1899–1942. München: Fink 1997 (Musil-Studien Bd. 26), hier S. 8.

44 Vgl. Hoffmann, Christoph: Der Dichter am Apparat, S. 80ff.

45 Einen ähnlichen poststrukturalistischen Impetus weist auch die folgenden Artikel auf: Berz, Peter: I-Welten. In: Robert Musil. Dichter, Essayist, Wissenschaftler. Hg. v. Hans-Georg Pott. München: Wilhelm Fink Verlag 1993 (Musil-Studien 8), S. 171–192.

46 Hoffmann: Der Dichter am Apparat, S. 10.

47 Ebd., S. 91.

48 Roland Kroemer zeichnet in seinem Werk ‚Ein endloser Knoten?' die Möglichkeiten einer Verbindung verschiedener Lesarten nach – er bezieht soziologische und philosophische Fragestellungen in seine Analyse ein und zeigt damit die Polydiskursivität des Romans ‚Die Verwirrungen des Zöglings Törleß' auf (Kroemer, Roland: Ein endloser Knoten? Robert Musils ‚Verwirrungen des Zöglings Törleß' im Spiegel soziologischer, psychoanalytischer und philosophischer Diskurse. München: Wilhelm Fink Verlag 2004 (Musil-Studien Bd. 33)).

hin, dass die Gestaltpsychologie[49] in den ‚Vereinigungen' „eine große Rolle"[50] spielen würde, baut diese These in seinen Ausführungen aber noch nicht weiter aus.[51] In seiner Arbeit ‚Robert Musil und das Projekt der Moderne' verfolgt Aldo Venturelli diesen Interpretationsansatz weiter. Auch er erkennt die große Bedeutung, die die Gestaltpsychologen für Musils intellektuellen Werdegang haben und eröffnet über das Resümee einiger relevanter wissenschaftlicher Ansätze (wie die von Carl Stumpf, Edmund Husserl und Ernst Mach, aber auch die der Gestaltpsychologen um Wolfgang Köhler) weiterführende Interpretationsansätze. Indem Venturelli die wissenschaftshistorischen Zusammenhänge darlegt, innerhalb derer sich die Gestaltpsychologen (aber auch Robert Musil) bewegen, bildet er die Weiterentwicklung psychologischer Erkenntnisse ebenso ab wie theoretische Konstanten – ein Vorgehen, das für die Analyse, die auf der

49 Die Gestaltpsychologie ist nicht nur aus literaturwissenschaftlicher Sicht interessant, sondern auch, weil es sich hier um einen eigenständigen Zweig der Psychologie handelt, dessen Innovationspotential nicht zu unterschätzen ist. Auch wenn die Gestalttheorie in der heutigen Psychologie keine vorrangige Rolle mehr spielt, so hat sie doch wichtige Impulse für die moderne Wissenschaft gegeben, als die sich die Psychologie heute betrachtet. Eine umfassende Darlegung aller historisch relevanten Vorgänge hat Mitchell Ash mit seinem Werk ‚The emergence of Gestalt Theory zusammengestellt (vgl. Ash, Mitchell: The emergence of Gestalt Theory: Experimental Psychology in Germany 1890–1920'. Ph. D. Harvard University 1982). Hier werden nahezu sämtliche Einflüsse zusammengetragen, deren Kooperation die Genese der Gestaltpsychologie ermöglicht hat.

50 Corino, Karl: Robert Musils ‚Vereinigungen', S. 294.

51 Als Erste hat Renate von Heydebrand in ihrem Werk ‚Die Reflexionen Ulrichs in Musils Roman „Der Mann ohne Eigenschaften"' diese Relation analysiert. Auf sie sei hier nur am Rande verwiesen, da in ihren Ausführungen Musils Spätwerk eine zentrale Rolle spielt. Von Heydebrand skizziert unter anderem die Einflussnahme der Gestaltpsychologie auf Robert Musil und erarbeitet dabei auch anhand biographischer Daten, die die persönliche Beziehung zu den Gestalttheoretikern aufzeigen, die Bezüge zwischen der noch jungen Wissenschaft und Musils Literatur (vgl. von Heydebrand, Renate: Die Reflexionen Ulrichs in Robert Musils Roman ‚Der Mann ohne Eigenschaften'. Ihr Zusammenhang mit dem zeitgenössischen Denken. Münster: Verlag Aschendorf 1966.). Selbiges gilt für Gabriele Mejovšek, die mit Blick auf den ‚Mann ohne Eigenschaften' die These eines dynamischen Gleichgewichts ausarbeitet und sich dabei an gestalttheoretischen Grundsätzen orientiert (vgl. Mejovšek, Gabriele: Das Modell der ‚Gestalt' als Prinzip ‚anfänglichen Denkens' bei Musils Versuch der Erstellung eines ‚beweglichen Gleichgewichts'. In: Robert Musils ‚Kakanien' – Subjekt und Geschichte. Festschrift für Karl Dinklage. Hg. v. Joseph Strutz. München: Wilhelm Fink Verlag 1997 (Musil- Studien Bd. 15), S. 273–292.).

Berücksichtigung wissenschaftlicher Theoreme basiert, unabdingbar ist.[52] 1995 erscheint der Artikel ‚Die Seele im Labor der Novelle. Gestaltpsychologische Experimente in Musils „Grigia"' von Birthe Hoffmann, in dem sich die Autorin intensiv mit gestalttheoretischen Ansätzen in dieser Erzählung auseinandersetzt.[53] Dabei konstatiert sie unter anderem, dass Musil sich dieser Prinzipien bedient, um die Verbindung zwischen ratioïden und nicht-ratioïden Dimensionen zu ermöglichen[54] und konkretisiert damit nicht nur das Verhältnis von Musils literarischen Werken zu der Gestaltpsychologie, sondern zusätzlich auch die Frage, wie der Schriftsteller seine (wiederum von der Gestalttheorie beeinflussten) poetologischen Überlegungen in seinen Novellen umsetzt.

Der Artikel Hoffmanns ist symptomatisch für die Entwicklung in der Musil-Forschung, die erst spät die Bedeutung der ‚Drei Frauen' und ihren eigenständigen literarischen Wert erkennt. In den früheren Arbeiten wird dem Triptychon mit Blick auf den ‚Mann ohne Eigenschaften' grundsätzlich propädeutischer Charakter zugeschrieben.[55] Hinzu kommt, dass die Novellen oberflächlich betrachtet weniger abstrakt zu sein scheinen – eine Tatsache, die Pekar dazu verleitet, davon auszugehen, dass Musil „das Reflexionsniveau, das er mit der ‚Vollendung der

---

52 Aus der sich festigenden Annahme, dass die Gestalttheorie als prägendes Moment der literarischen ‚Sozialisation' Musils gewertet werden muss, ergibt sich zwangsläufig die Aufgabe, neben den Wurzeln auch die Funktionsweise der Psychologie genauer zu erfassen. Einen wichtigen Beitrag leistet dabei Margret Kaiser-El-Safti mit einem Artikel, der zwar nicht konkret literaturwissenschaftlich argumentiert, dennoch aber die Zusammenhänge zwischen den Gestalttheoretikern untereinander und zusätzlich die Anknüpfungspunkte für Robert Musil erhellt. Dabei folgert sie, dass „Musil – seiner Profession entsprechend – [forderte], daß die Psychologie dem schaffenden Künstler die wissenschaftliche Analyse des Menschlichen bereitstellte (Kaiser-El-Safti, Margret: Robert Musil und die Psychologie seiner Zeit. In: Robert Musil – Dichter, Essayist, Wissenschaftler. München: Wilhelm Fink 1993 (Musil-Studien Bd. 8), S. 126–170, hier S. 128.).

53 Hoffmann, Birthe: Die Seele im Labor der Novelle. Gestaltpsychologische Experimente in Musils ‚Grigia'. In: Deutsche Vierteljahrsschrift für Literaturwissenschaft und Geistesgeschichte 69/4 (1995), S. 735–765.

54 Einen ähnlichen Zusammenhang formuliert auch Gabriele Mejovšek, sie geht in ihren Ausführungen (allerdings mit Blick auf den ‚Mann ohne Eigenschaften') davon aus, dass die Gestaltpsychologie für die „Häufung integraler Gedanken, -Gefühls- und Handlungsphänomene, vor allem in Sprachbildern und Gesprächsszenen des zweiten Bandes von Musils ‚Mann ohne Eigenschaften'" (Mejovšek: Das Modell der ‚Gestalt' als Prinzip ‚anfänglichen Denkens', S. 273) verantwortlich ist.

55 Vgl. u.a. Reniers-Servranckx, Annie: Robert Musil. Konstanz und Entwicklung von Themen, Motiven und Strukturen in den Dichtungen. Bonn: Bouvier 1972.

Liebe' erreicht hat"[56], unterbiete.[57] Brigitte Röttgers Werk ‚Erzählexperimente' ist eines der ersten, das einen Schwerpunkt auf die Betrachtung der ‚Drei Frauen' legt; dabei konzentriert sie sich auf „strukturelle Aspekte des Erzählens."[58] Kurt Krottendorfer verortet die Novellen vor dem Hintergrund politischer und sozialer Zeiterfahrungen und sieht sie „als drei Versuche […] auf die Krise der bürgerlichen Gesellschaft zu reagieren."[59] Ruth Bendels hingegen beschäftigt sich in ihrem Werk ‚Erzählen zwischen Hilbert und Einstein' ausführlich mit den Einflüssen der Naturwissenschaften auf die Entstehung der ‚Drei Frauen'.[60] Sie geht davon aus, dass die modernen Naturwissenschaften (und genauer die Relativitäts- und Quantentheorie) eine wichtige Komponente des Zugriffs auf die Wirklichkeit darstellen – eine Erkenntnis, die Musil mit „der Wirklichkeitskonstitution und Sinnkonstruktion durch Erzählen"[61] koppelt. Berücksichtigt man, wie fortgeschritten Musils poetologischen Reflexionen zum Zeitpunkt der Entstehung der ‚Drei Frauen' bereits sind, so ist die Annahme eines komplexen theoretischen Hintergrunds durchaus angezeigt. Die Bedeutung der Naturwissenschaften, insbesondere aber der Gestaltpsychologie spielt im Verlauf von Musils literarischer Schaffenszeit eine immer wichtiger werdende Rolle.

---

56 Pekar: Die Sprache der Liebe, S. 111.

57 Ähnlich argumentiert Matthias Luserke, der in seinen Ausführungen davon ausgeht, dass ‚Die Portugiesin' „mit Sicherheit Musils schwächster literarischer Text [sei]. Weder der Inhalt, noch das Thema, noch der Stil passen zu Musils damaligem schriftstellerischen Profil." (Luserke-Jaqui, Matthias: Robert Musil. Stuttgart u.a.: Metzler 1995, hier S. 60).

58 Röttger, Brigitte: Erzählexperimente. Studien zu Robert Musils ‚Drei Frauen' und ‚Vereinigungen'. Bonn: Bouvier Verlag Herbert Grundmann 1973, hier S. 9. Ursula Meier Ruf beschäftigt sich in ihrem Buch ‚Prozesse der Auflösung: Subjektstruktur und Erzählform in Robert Musils „Drei Frauen"' mit dem Phänomen des Kausalitätsbruchs auf formaler Ebene – ein Befund, den sie auf alle drei Novellen ausweitet (vgl. Meier-Ruf, Ursula: Prozesse der Auflösung: Subjektstruktur und Erzählform in Robert Musils ‚Drei Frauen'. Bern: Lang 1992).

59 Krottendorfer, Kurt: Versuchsanordnungen. Das experimentelle Verhältnis von Literatur und Realität in Robert Musils ‚Drei Frauen'. Wien u.a.: Böhlau Verlag 1995 (Literatur der Geschichte, Geschichte in der Literatur, Bd. 35), hier S. 191.

60 Bendels erstellt überdies ein überaus genaue Bibliographie der wichtigsten Forschungsliteratur zu dem Triptychon (vgl. Bendels, Ruth: Erzählen zwischen Hilbert und Einstein. Naturwissenschaft und Literatur in Hermann Brochs ‚Eine methodologische Novelle' und Robert Musils ‚Drei Frauen'. Würzburg: Königshausen & Neumann 2008 (Epistemata, Reihe Literaturwissenschaft Bd. 650), hier S. 246ff.

61 Ebd., S. 420.

Eine sehr ausführliche Auseinandersetzung mit dem Zusammenhang der Gestalttheorie und dem Werk Robert Musils erstellt Silvia Bonacchi in ihrer Arbeit ‚Die Gestalt der Dichtung' im Jahr 1998.[62] Sie bildet den gestaltpsychologischen Diskurs minutiös ab und bringt ihn zudem mit den literartheoretischen Schriften Musils in Verbindung. Dabei beschäftigt sie sich überwiegend mit dem Spätwerk Musils: Sie wählt einen Zugang, der sich vom Studium und der Dissertation Musils über Ernst Mach hin zu der Arbeit an den ‚Vereinigungen' zieht und dann zu einer Interpretation unter gestalttheoretischen Gesichtspunkten von Musils Lebenswerk, dem ‚Mann ohne Eigenschaften', übergeht.[63] Die Überlegungen, die Bonacchi unter Zuhilfenahme des gestaltpsychologischen Diskurses in Bezug auf den ‚Mann ohne Eigenschaften' anstellt, lassen erkennen, dass Musil auch weiterhin den bereits bei den ‚Vereinigungen' und ‚Drei Frauen' vorgezeichneten Weg des literarischen Transfers geht. Bonacchi erstellt eine detailreiche und minutiös ausgearbeitete Studie über den Diskurs der Gestaltpsychologie von den Anfängen unter Carl Stumpf (und zusätzlicher Berücksichtigung der historischen Wurzeln) über die Zeit der Blüte in den Zwanziger Jahren bis hin zur Ausgestaltung von Musils Spätwerk, dem ‚Mann ohne Eigenschaften'. Dabei legt sie ihre Priorität jedoch auf die Beschreibung des Diskurses und dessen Vernetzung mit der Entwicklung von Musils literaturtheoretischen Paradigmen. Zwar bezieht sie ihre Erkenntnisse final auf den ‚Mann ohne Eigenschaften', dieser Teil wird im Vergleich zu den en détail dargelegten Informationen über Entwicklung und Ausgestaltung der Gestaltpsychologie aber kurz gehalten; wohl auch, weil die Dichte des Informationsnetzes, das sie entwirft, zu groß ist, um es in Gänze auf Musils Texte anwenden zu können. Daher verfährt Bonacchi nach dem Motto pars pro toto und demonstriert die literaturwissenschaftlichen Konsequenzen ihrer Ausführungen nur exemplarisch.

In der vorliegenden Arbeit soll nun das Frühwerk Musil untersucht werden. Zu diesem Zweck wird der gestalttheoretische Diskurs rekapituliert und auch

62 Bonacchi, Silvia: Die Gestalt der Dichtung. Der Einfluss der Gestalttheorie auf das Werk Robert Musils. Bern: Lang 1998 (Musiliana 4).

63 Diese Herangehensweise scheint auf den ersten Blick angreifbar, da zwischen dem Studium des Autors und den Arbeiten an dem ‚Mann ohne Eigenschaften' einige Jahre liegen. Allerdings weist Bonacchi zu Recht darauf hin, dass Musil sich Zeit seines Lebens mit der Gestalttheorie beschäftigte und die Arbeit an einem modifizierten und literarisierten Modell auch für die Konzeption des ‚Mannes ohne Eigenschaften' fruchtbar macht. Bonacchi bezieht sich in ihrer Legitimation auf Hans Meyer, der berichtet, dass noch in dieser späten Schaffensperiode überwiegend Werke der Gestalttheorie auf Musils Schreibtisch liegen (vgl. Bonacchi: Die Gestalt der Dichtung, S. 339).

der Bezug zu philosophischen und experimentalpsychologischen Theoriengebäuden hergestellt, die als Wegbereiter der Gestaltpsychologie fungieren. Der Schwerpunkt der Arbeit wird auf der literaturwissenschaftlichen Erarbeitung von Parallelen zwischen wissenschaftlichen Impulsen und der literarischen Umsetzung durch Robert Musil liegen. Dabei wird zu zeigen sein, dass Musil zwar die wissenschaftlichen ‚Vorlagen' nutzt, dabei aber immer auch (im Laufe der Zeit komplexer werdende) poetologische Überlegungen einfließen lässt und damit die wissenschaftlichen Erkenntnisse abstrahiert und verfremdet – wie bereits ausgeführt wurde, geht die Leistungsfähigkeit der Literatur in Bezug auf die Demonstration der seelischen Beschaffenheit über die der Psychologie hinaus. Aus dieser Tatsache ergibt sich der Wert der Abbildung des psychologischen Diskurses, denn mit ihrer Hilfe kann deutlich gemacht werden, welche Möglichkeiten und Grenzen der Anknüpfung die wissenschaftliche Psychologie bietet. Die darauf basierende Analyse des Frühwerks Musils wird – trotz der diskursanalytischen Herangehensweise – auch hermeneutisch argumentieren müssen und sich damit nicht konsequent der poststrukturalistischen Methode der Diskursanalyse verpflichten können. Im letzten Kapitel der Arbeit soll jedoch versucht werden, die aus der Analyse gewonnenen Erkenntnisse einzuordnen und sie auf diese Weise auf die diskurstheoretische Ausgangsproblematik zurückzuführen.

## 1.3 Methodische Überlegungen zur Diskursanalyse

Die besondere Komplexität des Musilschen Werks ergibt sich aus der Verbindung verschiedener Fachwissenschaften – eine Untersuchung seiner Literatur muss diese Tatsache folglich konsequent berücksichtigen. Sie muss gleichzeitig eben jene fachwissenschaftlichen Berührungspunkte, aber auch die mögliche Herkunft literarischer Motive betrachten – eine solche Möglichkeit stellt die Untersuchung im Rahmen einer Diskursanalyse dar. Im Zuge einer solchen Abhandlung müssen aber einige methodische Überlegungen angestellt werden, denn generell ist der diskursanalytische Zugang in der Literaturwissenschaft in einigen Punkten ungenau bzw. bedarf einer begrifflich-methodischen Schärfung.

### 1.3.1 Die Diskursanalyse nach Michel Foucault

Grundlage der Betrachtungen dieser Arbeit stellen die Ausführungen Michel Foucaults dar, der besonders in seinem Werk ‚Archäologie des Wissens', aber auch in ‚Die Ordnung des Diskurses' die Frage erörtert, wie Wissen vernetzt ist. Zur Beschreibung der Organisation von Wissen prägt Foucault den Begriff des Diskurses,[64] den er definiert als „eine Menge von Aussagen, die einem gleichen Formationssystem zugehören."[65] Dabei geht Foucault davon aus, dass sich die Wissensbereiche immer weiter voneinander emanzipieren und schließlich in voneinander getrennte Spezialdiskurse münden; dabei weise das Wissen, das in diesen Diskursen tradiert und transformiert werde, „eine wohldefinierte Regelmäßigkeit"[66] auf. Eine Diskursanalyse muss folglich nach der komplexen Komposition des in Diskursen organisierten Wissens fragen.[67] Folgt man der Annahme einer Ordnung, so ergibt sich im nächsten Schritt die Frage nach der Konsequenz der Existenz möglicher Diskursregeln. Foucault geht davon aus, dass zwischen der (objektiven) Wahrheit[68] und dem diskursimmanenten Wahren differenziert werden müsse; zur Verdeutlichung seiner These bedient er sich eines einprägsamen Beispiels:

> Man hat sich oft gefragt, wie die Botaniker oder die Biologen des 19. Jahrhunderts es fertiggebracht haben, nicht zu sehen, daß das, was Mendel sagte, wahr ist. Das liegt daran, daß Mendel von Gegenständen sprach, daß er Methoden verwendete und sich in einen theoretischen Horizont stellte, welche der Biologie seiner Epoche fremd waren. Zweifellos hatte Naudin vor ihm die These aufgestellt, daß die Erbmerkmale diskret sind; aber wie neu und befremdend dieses Prinzip auch war, es konnte – zumindest als Rätsel – dem biologischen Diskurs angehören. Mendel ist es, der das Erbmerkmal als absolut neuen biologischen Gegenstand konstituiert, indem er eine bis dahin unbekannte Filterung vornimmt [...]. Dieser neue Gegenstand erfordert neue begriffliche Instrumente und neue theoretische Begründungen. Mendel sagte die Wahrheit, aber er

---

64 Dabei geht Foucault nur selten systematisch vor. Eine Historisierung des Diskursbegriffs wird erstellt von Manfred Frank: Zum Diskursbegriff bei Foucault. In: Diskurstheorien und Literaturwissenschaft. In: Diskurstheorien und Literaturwissenschaft, Hg. v. Jürgen Fohrmann und Harro Müller. Frankfurt am Main: Suhrkamp 1988, S. 25–44.

65 Foucault, Michel: Archäologie des Wissens. Frankfurt am Main: Suhrkamp 1973, hier S. 156.

66 Foucault, Michel: Die Ordnung der Dinge. Eine Archäologie der Humanwissenschaften. Frankfurt am Main: Suhrkamp 1974, hier S. 9.

67 Es zeigt sich, dass die unterschiedlichen Spezialdiskurse offensichtlich ebenso verschiedenen Regeln gehorchen, wäre es doch sonst möglich, ein einheitliches Decodiersystem zu entwickeln. Manfred Frank, der sich eingehender mit dem Diskursbegriff Foucaults auseinandersetzt, schreibt diesbezüglich: „Diskurse sind multipel schon in ihrer Synchronie, zeitgleich existierende symbolische Ordnungen unterstehen nicht einer und derselben Formationsregel." (Frank: Zum Diskursbegriff bei Foucault, S. 35.).

68 Dieser Begriff wird an dieser Stelle nur verwendet, weil es an eingängigen Synonymen mangelt. Die prinzipielle Problematik dieses Begriffs im Allgemeinen soll daher für den Moment hintenan gestellt werden.

war nicht ,im Wahren' des biologischen Diskurses seiner Epoche: biologische Gegenstände und Begriffe wurden nach ganz anderen Regeln gebildet. [...] Hingegen hatte Schleiden, 30 Jahre früher, indem er, mitten im 19. Jahrhundert, aber gemäß den Regeln des biologischen Diskurses, die pflanzliche Sexualität leugnete, lediglich einen disziplinierten Irrtum formuliert.[69]

Diese grundsätzliche Fehleinschätzung von wissenschaftlich validierten Ergebnissen verweist auf ein weiteres Charakteristikum von Diskursen. Foucault geht hier davon aus, dass die Mitglieder der wissenschaftlichen Ordnung aufgrund der offensichtlich tradierten Denk- und Handlungsschemata nicht in der Lage waren, die Richtigkeit der Mendelschen Ergebnisse zu erkennen. Daraus ergibt sich zum einen, dass diskursstrukturelle Vorgänge offenbar unbewusst ablaufen; Foucault spricht hier von einer „Ebene, die dem Bewußtsein des Wissenschaftlers entgleitet und dennoch Teil des wissenschaftlichen Diskurses ist."[70] Ausgehend von der obigen Annahme muss des Weiteren die Frage gestellt werden, inwieweit die Diskursangehörigen noch als selbstständig denkende und agierende Individuen bezeichnet werden können. Es zeigt sich, dass das Prinzip der Individualität von Foucault negiert wird, die Steuerung der Aussagen erfolgt vielmehr durch den Diskurs, denn er „bindet die Individuen an bestimmte Aussagetypen und verbietet ihnen andere."[71]

Besonders augenfällig wird diese Bindung naturgemäß im Moment einer schriftlichen Fixierung von Wissen. Dabei geht Foucault davon aus, dass der Autor nicht als „sprechendes Individuum"[72] betrachtet werden darf, sondern „als Prinzip der Gruppierung von Diskursen, als Einheit und Ursprung ihrer Bedeutungen, als Mittelpunkt ihres Zusammenhalts."[73] Somit fungiert nicht der Autor als Ursprung, sondern vielmehr als Repräsentant und Multiplikator des Diskurses – Uwe Japp geht in diesem Zusammenhang davon aus, dass der Diskurs als der „(historisch variable) Spielraum von Autorfunktionen"[74] zu betrachten sei. Unter anderem aus dieser Perspektive ergeben sich Anknüpfungsmöglichkeiten

69 Foucault, Michel: Die Ordnung des Diskurses. Frankfurt am Main: Fischer Taschenbuch Verlag 1991, hier S. 24f.

70 Foucault: Die Ordnung der Dinge, S. 11f.

71 Foucault: Die Ordnung des Diskurses, S. 29.

72 Ebd., S. 20.

73 Ebd.

74 Japp, Uwe: Der Ort des Autors in der Ordnung des Diskurses. In: Diskurstheorie und Literaturwissenschaft. Hg. v. Jürgen Fohrmann und Harro Müller. Frankfurt am Main: Suhrkamp 1988, hier S. 228.

für die Literaturwissenschaft,[75] die Foucault zudem auch selbst schafft, indem er schreibt:

> Die Grenzen eines Buches sind nie sauber und streng geschnitten: über den Titel, die ersten Zeilen und den Schlußpunkt hinaus, über seine innere Konfiguration und die es autonomisierende Form hinaus ist es in einem System der Verweise auf andere Bücher, andere Texte, andere Sätze verfangen: ein Knoten in einem Netz. Das Buch gibt sich vergeblich als ein Gegenstand, den man in der Hand hat […]: seine Einheit ist variabel und relativ. […] sie wird erst ausgehend von einem komplexen Feld des Diskurses konstruiert.[76]

Dieses Zitat beweist, dass Foucault davon ausgeht, dass die Literatur charakteristische Züge eines Diskurses trägt, nicht jedoch, ob sie tatsächlich als emanzipierter und spezialisierter Diskurs gelten kann.[77] Clemens Kammler weist darauf hin, dass ein Blick auf die Ausführungen Foucaults zeige, dass sich dessen Einschätzung, was Literatur leisten kann, im Laufe der Zeit ändert. In der ‚Archäologie des Wissens' heißt es diesbezüglich lediglich, dass archäologische Gebiete (in denen das Wissen organisiert ist) „ebenso durch ‚literarische' oder ‚philosophische' Texte gehen wie durch wissenschaftliche Texte."[78] In seinem Werk ‚Die Ordnung der Dinge' hingegen weist Foucault der Literatur die Funktion „einer Art ‚Gegendiskurs'"[79] zu und zeigt damit eine mögliche Rolle auf, die auch in seinen ‚Schriften zur Literatur' erkennbar wird: Mit ihr wird ein Gegenentwurf zu den wissenschaftlichen Diskursen konzipiert, an dessen Regeln und Zwänge sie folglich nicht gebunden ist. Für die Analyse, die in dieser Arbeit erstellt werden soll, ergibt sich hier ein wichtiger Anknüpfungspunkt, denn es soll die These gelten, dass Literatur imstande ist, etwas zu leisten, was wissenschaftliche Diskurse nicht leisten können. Dabei ist unerheblich, dass auch Literatur von den sie umgebenden Diskursen beeinflusst wird, eine Tatsache, die (besonders mit Blick auf die Werke von Robert Musil) weder negiert werden kann noch soll.

---

75 Für weitere Möglichkeiten vgl. Parr, Rolf: Diskursanalyse. In: Methodengeschichte der Germanistik. Hg. v. Jost Schneider, Berlin, New York: De Gruyter 2009, S. 89–107, hier S. 89ff.

76 Foucault: Archäologie des Wissens, S. 36.

77 Es würde sich hier die Frage stellen, worin eine solche (einheitliche) Spezialisierung bestehen könnte.

78 Foucault: Archäologie des Wissens, S. 261. Vgl. diesbezüglich: Kammler, Clemens: Historische Diskursanalyse (Michel Foucault). In: Neue Literaturtheorien. Eine Einführung. Hg. v. Klaus Michael Bogdal. Göttingen: Vandenhoeck & Reprecht 2005, S. 32–56, hier S. 39f.

79 Foucault: Die Ordnung der Dinge, S. 76.

Zentral ist vielmehr die Überlegung, dass Literatur in der Lage sein kann, Ideen ‚sagbar' zu machen, die in wissenschaftlichen Diskursen ‚unsagbar' und damit ungültig sind.

Die praktische Umsetzung dieser wichtigen These ist jedoch nicht ohne Weiteres möglich, da sie von vorneherein ohne konkretes methodisches Instrumentarium auskommen muss, mit dessen Hilfe eine mögliche Herangehensweise determiniert würde, denn ein solches entwirft Foucault in seinen Ausführungen nicht (diese beziehen sich noch dazu nur peripher auf den Umgang mit Literatur). Um den gedanklichen Weg zu der Antwort auf die Frage zu ebnen, worin der weiterführende Leistung der Literatur Musils im Vergleich zu den wissenschaftlichen Diskursen seiner Zeit liegt, muss somit auf die Literaturwissenschaft zurückgegriffen werden, in der es (wenig einheitliche) Bemühungen gibt, Foucaults Theorien in die Forschungspraxis zu transferieren.[80] Es stellt sich die Frage, worin der Reiz eines diskursanalytischen Zugangs für die Literaturwissenschaft liegt, denn auf den ersten Blick gibt es kaum Berührungspunkte – verwirft Foucault doch gleich zwei wesentliche Prinzipien dieser Wissenschaft: Indem die Schaffung von Literatur subjektlos wird (der Autor selbst wird nicht mehr als Herr über sein eigenes Werk betrachtet, sondern vielmehr als Produkt der ihn umgebenden Diskurse), wird gleichzeitig auch die als nahezu genuin betrachtete

80 Michael Titzmann weist auf folgende Problematik hin: „Der Begriff ‚Diskurs' erfreut sich […] geradezu inflationärer Beliebtheit, wobei ein einheitlicher Begriffsgebrauch kaum zu erkennen ist." (Tietzmann, Michael: Skizze einer integrativen Literaturgeschichte. In: Modelle des literarischen Strukturwandels. Hg. v. Michael Tietzmann. Tübingen: Max Niemeyer Verlag 1991, S. 395–438, hier: S. 406). Erschwerend kommt hinzu, dass Michel Foucault selbst den Begriff des Diskurses uneinheitlich verwendet. Die wissenschaftlichen Zugänge sind folglich unterschiedlich geartet und weisen ebenso unterschiedliche Fokussierungen auf. Zugänge bietet zum Beispiel Klaus Michael Bogdal, der eine historische Diskursanalyse anstrebt (vgl. Bodgal: Historische Diskursanalyse in der Literatur. Heidelberg: Synchron 2007). Eine andere Möglichkeit stellt die Interdiskursanalyse von Jürgen Link dar, der semiotisch argumentiert und sich vergleichsweise eng an Michel Foucault orientiert. Dabei stellt die Literatur einen „elaborierte[n] Interdiskurs" dar (Link, Jürgen: Literaturanalyse als Interdiskursanalyse. Am Beispiel des Ursprungs literarischer Symbolik in der Kollektivsymbolik. In: Diskurstheorien und Literaturwissenschaft. Hg. v. Jürgen Fohrmann und Harro Müller. Franfurt am Main: Suhrkamp 1988, S. 284–307, hier: S. 286.). Für eine ausführliche Zusammenfassung zentraler Schriften und der Weg der Institutionalisierung der Diskursanalyse vgl. Parr, Rolf: Diskursanalyse, S. 94ff., aber auch Geisenhanslüke, Achim: Gegendiskurse. Literatur und Diskursanalyse bei Michel Foucault. Heidelberg: SYNCHRON 2008.

hermeneutische Praktik problematisiert.[81] Zudem kann eine Untersuchung unter diskursanalytischen Gesichtspunkten nicht einen einzelnen Text fokussieren, sondern ist immer auf ein ganzes Konvolut angewiesen, dessen Verweissystem sie entschlüsseln muss.[82] Kammler geht davon aus, dass in eben jener „radikale[n] Negation“[83] der Interpretation der Schlüssel für die Entwicklung der literaturwissenschaftlichen Diskursanalyse zu suchen ist.

### 1.3.2 Die Umbruchsituation der Literatur des ausgehenden 19. Jahrhunderts als diskursanalytischer Bezugsrahmen

Neben dieser grundsätzlichen Möglichkeit, die Diskursanalyse literaturwissenschaftlich zu erschließen, eröffnet sich mit Blick auf die Entwicklung der Literatur um die Jahrhundertwende eine weitere wichtige Perspektive. Foucault geht in seinen Ausführungen davon aus, dass sich der besondere Wert einer Diskursanalyse aus der Betrachtung von Umbruchsituationen ergibt. Diese „tiefe Öffnung in der Schicht der Kontinuitäten“[84] ist es, die Neu- und Umorientierungen im Denken und damit auch in der Organisation von Wissensstrukturen zutage treten lasse.

Damit ist ein Anknüpfungspunkt an die Frühe Moderne geschaffen, denn mit dem wachsenden Einfluss der Naturwissenschaften muss sich auch die Literatur innerhalb dieses sich wandelnden Spannungsfelds neu positionieren. Christine Maillard und Michael Titzmann schreiben diesbezüglich:

> Der Zeitraum von ca. 1890 bis ca. 1930/35 stellt sowohl in der Geschichte der deutschsprachigen Literatur als auch in der Geschichte der Wissenschaften eine Phase mehr oder minder revolutionärer Innovation, mehr oder minder fundamentalen Strukturwandels dar.[85]

---

81 Simone Winko schreibt diesbezüglich: „Der Autor gilt [in der Diskursanalyse; K.B.] nicht mehr als autonomes Schöpfersubjekt. Was er schreibt, ist nicht als Ausdruck seiner Individualität und seiner Absichten zu verstehen, sondern wird bestimmt von der vorgängigen symbolischen Ordnung, an die jeder Mensch durch seine Sprache gebunden ist. […] Mit jeder Aussage gibt sich ein Sprecher […] als von Diskursen geprägt zu erkennen und keineswegs als freies Subjekt.“ (Winko, Simone: Diskursanalyse, Diskursgeschichte. In: Grundzüge der Literaturwissenschaft. Hg. v. Heinz Ludwig Arnold und Heinrich Detering. München: Deutscher Taschenbuch Verlag 2005, S. 463–478, hier: S. 472.)

82 Vgl. auch Parr, Rolf: Diskursanalyse, S. 92f.

83 Kammler: Historische Diskursanalyse (Michel Foucault), S. 32.

84 Foucault: Die Ordnung der Dinge, S. 269.

85 Maillard, Christine und Michael Titzmann: Vorstellung eines Forschungsprojekts: ‚Literatur und Wissen(schaften) in der Frühen Moderne‘. In: Literatur und Wissen(schaften) 1890–1935. Hg. v. Christine Maillard und Michael Titzmann. Stuttgart, Weimar: Metzler 2002, S. 7–37, hier S. 7.

Mit dieser Feststellung wird bereits ein erster Hinweis auf die mögliche Beschaffenheit eines Zusammenhangs gegeben: Offensichtlich sieht sich die Literatur (womöglich aus einem Legitimationsanspruch heraus) gezwungen, (natur)wissenschaftliche Einflüsse aufzunehmen und zu verarbeiten. Dieser Anspruch ruft eine Vielzahl von Reaktionen hervor; während sich einige Autoren für einen verstärkten Einfluss der Naturwissenschaften aussprechen, sehen andere darin ein grundsätzliches Problem, das die gedankliche und ästhetische ‚Bewegungsfreiheit' der Literatur einschränken könnte. Dabei kann der Naturalismus als ein Exempel für eine Strömung gelten, die die Szientifizierung zu ihrem Credo macht. Wilhelm Bölsche, ein Vertreter der pro-naturwissenschaftlichen Gruppe, schreibt in einem programmatischen Artikel:

> Die Basis unseres gesammten [sic] modernen Denkens bilden die Naturwissenschaften. Wir hören täglich mehr auf, die Welt und die Menschen nach metaphysischen Gesichtspuncten zu betrachten, die Erscheinungen der Natur selbst haben uns allmählich das Bild einer unerschütterlichen Gesetzmässigkeit alles kosmischen Lebens eingeprägt [...]. Das vornehmste Objekt naturwissenschaftlicher Forschung ist dabei selbstverständlich der Mensch geblieben, und es ist der fortschreitenden Wissenschaft gelungen, über das Wesen seiner geistigen und körperlichen Existenz ein außerordentlich grosses Thatsachenmaterial festzustellen [...].[86]

Aus dieser fundamentalen Bedeutung der Naturwissenschaften und ihrer Zielsetzung der Erforschung menschlicher Funktionsweisen leitet Bölsche in einem weiteren Schritt die Bedeutung für die Übertragung auf die Literatur ab:

> Welche besondern Zwecke diese [die Literatur; K.B.] auch immer verfolgen mag und wie sehr sie in ihrem innersten Wesen sich von den exacten Naturwissenschaften unterscheiden mag [...], ganz unzweifelbar hat sie unausgesetzt, um zu ihren besondern Zielen zu gelangen, mit Menschen und Naturerscheinungen zu thun und zwar so fern sie im Geringsten gewissenhafte Poesie, also Poesie im echten und edeln Sinne und nicht ein Fabuliren [sic] für Kinder sein will, mit eben denselben Menschen und Naturerscheinungen, von denen die Wissenschaft uns gegenwärtig jenen Schatz sicherer Erkenntnisse darbietet.[87]

In diesen Äußerungen offenbart sich eine grundsätzliche Konsequenz, mit denen sich die Künstler dieser Zeit konfrontiert sehen: Sie sind gezwungen, auf

---

86 Bölsche, Wilhelm: Die naturwissenschaftlichen Grundlagen der Poesie. Prolegomena einer realistischen Ästhetik. Hg. v. Johannes J. Braakenburg. Tübingen: Max Niemeyer Verlag 1976, hier S. 4.

87 Ebd., S. 5. Aus eine solchen Beschreibung heraus wird die Formel für die naturalistische Literatur entwickelt, die da lautet: Kunst = Natur – x (vgl. Philip Ajouri: Literatur um 1900. Naturalismus – Fin de Siècle – Expressionismus. Berlin: Akademie Verlag 2009, hier S. 105.).

den schwindenden Einfluss der Metaphysik zu reagieren, der mit der zunehmenden Bedeutung der Naturwissenschaften einhergeht.[88] Eine solche Reaktion besteht auf der anderen Seite in der Problematisierung eines wissenschaftlich geprägten Zugriffs auf die Literatur. Die „Quantifizierung des Lebendigen“[89] ruft Kritiker auf den Plan, die in der schematisierenden Herangehensweise eine Gefahr für die Individualität und damit auch für die Verschiedenartigkeit der Literatur sehen.[90] Die naturalistischen Bemühungen, die Wirklichkeit möglichst genau abzubilden, vernachlässigen schlussendlich jedoch eine Größe, die durch Ernst Mach und Sigmund Freud in den Mittelpunkt der Betrachtungen gerückt wird: die Analyse der psychischen Gegebenheiten.[91] Mit der ‚Entdeckung‘ des Unbewussten und der Erarbeitung der Triebtheorie läutet Freud das endgültige Ende der Annahme einer psychischen Einheit des menschlichen Individuums ein. Flankiert wird diese These durch Ernst Mach, der aus der Übertragung naturwissenschaftlicher Erkenntnisse in die Philosophie lapidar folgert: „Das Ich ist unrettbar.“[92] Dagmar Lorenz konstatiert diesbezüglich, dass die Gedankenführung von Mach und Freud Ähnlichkeiten aufweise:

> Die Entthronung des Ichs, die Gleichwertigkeit der Sinnesdaten in der Wahrnehmung, die zu einer Grenzverschiebung von Außenwelt und Innenwelt führt, und der Welt des Wirklichen denselben Wahrhaftigkeitscharakter zugesteht, wie der Welt des Unwirklichen – all diese Gedanken finden sich nicht nur bei Mach, sondern auch bei Freud.[93]

Diese innovativen Erkenntnisse der erstarkenden Psychologie kann die Literatur nicht ignorieren – das Resultat ist ein enges Verhältnis, eine „irritierende

---

88 Vgl. Wucherpfennig, Wolf: Antworten auf die naturwissenschaftlichen Herausforderungen in der Literatur der Jahrhundertwende. In: Hansers Sozialgeschichte der Deutschen Literatur 1890–1918. Naturalismus, Fin de siècle, Expressionismus 1890–1918. Hg. v. York-Gothart Mix. München, Wien: Carl Hanser Verlag 2000 (Hansers Sozialgeschichte der deutschen Literatur vom 16. Jahrhundert bis zur Gegenwart, Bd. 7), S. 155–175, hier S. 156.

89 Ebd., S. 164.

90 Zu Kritikern der Entwicklung zählt zum Beispiel Wilhelm Dilthey (vgl. Wucherpfennig: Antworten auf die naturwissenschaftlichen Herausforderungen in der Literatur der Jahrhundertwende, S. 164.).

91 Vgl. Lorenz, Dagmar: Wiener Moderne. Stuttgart, Weimar: Verlag J.B. Metzler 1995, hier S. 113.

92 Mach: Analyse der Empfindungen und das Verhältnis des Physischen zum Psychischen. Darmstadt: Wissenschaftliche Buchgesellschaft 1991, hier S. 20.

93 Lorenz: Wiener Moderne, S. 107.

Nähe“[94] zwischen diesen Sphären. Dabei sind Wechselwirkungen in beide Richtungen möglich: Die Literatur nutzt psychoanalytisches Wissen, während sich die Psychoanalyse umgekehrt literarischer Figuren bedient, um weiterführende Theorien zu entwickeln; Oliver Pfohlmann spricht in diesem Zusammenhang von der „Literarizität“[95] der Freudschen Krankengeschichten, in denen er einen „quasi-dichterische[n], hermeneutische[n] Blick in die erkrankte Psyche“[96] werfe. Gleichzeitig formuliert Freud selbst mit dem Versuch einer psychoanalytischen Deutung literarischer Figuren eine frühe Form der Literaturpsychologie.[97] Besonders von Vertretern der Wiener Moderne wird die Engführung von medizinisch-psychologischen und literarischen Diskurselementen praktiziert (z.B. Hugo von Hofmannsthal, Arthur Schnitzler und Hermann Bahr).[98] Der literarische Umgang mit den Wissenschaften kann also als durchaus disparat bezeichnet werden – einzige Konstante ist das Wissen, dass auf den wachsenden wissenschaftlichen Einfluss reagiert werden muss.

Aus dieser grundsätzlichen Unsicherheit, wie mit den erstarkenden Wissenschaften umgegangen werden solle, resultiert folglich der besondere Erkenntniswert einer Diskursanalyse. Robert Musil positioniert sich, so viel ist bereits bei oberflächlicher Betrachtung offensichtlich, auf individuelle Weise innerhalb des Spannungsfelds von Wissenschaften (genauer der Psychologie) und Literatur. Die besondere Herausforderung, der sich diese Arbeit weiterhin zu stellen hat, liegt darin, dass Robert Musil als Sonderfall zu betrachten ist. In den bisherigen Ausführungen wurde bereits davon ausgegangen, dass Literatur als Spezialdiskurs (möglicherweise sogar als Gegendiskurs) zu werten ist. Selten ist jedoch, dass ein Autor derart breitgefächertes Fachwissen aufweist, wie Musil dies tut. Er verfügt

94 Pfohlmann: „Eine finster drohende und lockende Nachbarmacht?“: Untersuchungen zu psychoanalytischen Literaturdeutungen am Beispiel von Robert Musil. München: Fink 2003 (Musil-Studien Bd. 32), hier S. 36.

95 Ebd.

96 Ebd.

97 Vgl. Schönau, Walter und Joachim Pfeiffer: Einführung in die psychoanalytischer Literaturwissenschaft, Stuttgart: Metzler 2003 (Sammlung Metzler Band 259), hier S. 128. Thomas Anz schreibt diesbezüglich: „Die Verwissenschaftlichung des literarisch modernen Diskurses korrespondierte, zumindest was die Psychoanalyse angeht, um 1900 mit einer Literarisierung der Wissenschaft.“ (Anz, Thomas: Psychoanalyse und literarische Moderne. Beschreibung eines Kampfes. In: Psychoanalyse in der literarischen Moderne. Eine Dokumentation. Band 1. Einleitung und Wiener Moderne. Hg. v. Thomas Anz und Oliver Pfohlmann. Marburg: Verlag LiteraturWissenschaft.de 2006, S. 11–42, hier S. 22.).

98 Vgl. Lorenz: Wiener Moderne, S. 113.

über fundierte Kenntnisse in den Naturwissenschaften, der Psychologie und der Philosophie. Doch damit nicht genug: Auch wenn die Idee, dass die Diskurszugehörigkeit die literarische Produktion steuern könnte, zu Musils Zeiten nicht präsent war, so trägt er ihr doch Rechnung, indem er laufend das Verhältnis seiner Literatur zu den Naturwissenschaften, der Psychologie und der Philosophie thematisiert und reflektiert. Damit wird die Annahme einer völlig unbewussten Wissensebene, wie sie Foucault voraussetzt, zumindest erschwert; völlig negiert werden kann sie allerdings nicht. Aus dieser Tatsache ergibt sich die Notwendigkeit, auch die theoretischen Texte Musils in den Analysen zu berühren. In ihnen positioniert sich Musil als Literat zu den exakten Wissenschaften und legt dar, worin eine mögliche Synthese bestehen könnte, zeigt aber auch auf, wo die Grenzen einer Interaktion liegen, bevor er seine Überlegungen in die (literarische) Praxis umsetzt.

Damit wird eine der wesentlichen Aufgaben dieser Arbeit darin bestehen, zunächst die in philosophischen und psychologischen Diskursen organisierten Erkenntnisse darzulegen. In einem weiteren Schritt wird dann die Umsetzung in den literarischen Werken Musils ins Auge gefasst. Als These muss somit gelten, dass Berührungspunkte zwischen den Wissenschaften und der Literatur existieren, sich durch den literarischen Transfer aber strukturelle Veränderungen ergeben, da Musil sich konsequent von den Naturwissenschaften emanzipiert. Dennoch lässt sich eine Verbindung zwischen den Diskursen über die Konzeption der Seele herstellen, denn sie steht nicht nur im Zentrum der psychologischen Forschung, sondern auch im Fokus der literaturtheoretischen Überlegungen Musils und spiegelt sich weiterhin in seinen literarischen Werken. Dabei muss festgehalten werden, dass sowohl die Psychologen als auch Robert Musil das gleiche Bestreben haben: es geht ihnen um die Erhellung seelischer Phänomene. Allerdings ruft die unterschiedliche Situierung des Begriffs (einmal im wissenschaftlichen Diskurs der Psychologie, das andere Mal im literarischen Kontext) Umakzentuierungen hervor.[99] Den Wert dieser Nuancierungen und ihrer Konsequenzen zu bestimmen, wird die Aufgabe dieser Arbeit sein.

---

99 Philip Payne macht in seinem Artikel „‚Geist' recording ‚Seele'" eine (innerliterarische) Unterscheidung zwischen den Termini ‚Geist' und ‚Seele' auf. Dabei geht er davon aus, dass beide Begriffe von Musils wissenschaftlicher Arbeit geprägt werden, diese aber keine dualistische Struktur aufweisen: "[…] they provide the means whereby the brain mirrors its own activity – to express it more simply, ‚Geist' records ‚Seele'". (Payne, Philip: ‚Geist' recording ‚Seele': The life of the mind as reproduced in Robert Musil's work. In: Forum for Modern Language Studies XXXII, Vol. 1 (1996), S. 70–82, hier S. 73). In dieser Arbeit soll hingegen vielmehr der Unterschied zwischen (wissenschaftlicher) Psyche und (literarischer) Seele im Mittelpunkt der Untersuchungen stehen.

# 2. Die Wurzeln der Gestaltpsychologie

Schon in der Antike stellt die Frage nach der Beschaffenheit und der Lokalisation der Seele eine Frage dar, mit der sich die vorchristliche Philosophie eingehend beschäftigt.[100] Mit der wachsenden Bedeutung der Naturwissenschaften im Laufe des 19. Jahrhunderts muss sich auch die Philosophie die Frage nach validierbaren Untersuchungsmethoden stellen lassen – ein Prozess, aus dem die Psychologie hervorgeht, die nun ihrerseits gewissermaßen eine Zwischenposition zwischen Geistes- und Naturwissenschaften einnimmt. Dabei muss der Anspruch der Psychologie, der sich bereits aus etymologischer Sicht ergibt (Psyche: die Seele (griechisch); logos: das Wort (griechisch)) konsequent berücksichtigt werden: Psychologie ist somit wortwörtlich die Wissenschaft der Seele. Im Folgenden sollen nun einige Entwicklungsprozesse herausgestellt werden und auch der grundsätzliche Anspruch der Psychologie als ‚Seelenkunde' problematisiert werden. Aufgrund der enormen Komplexität dieses Vorgangs kann eine strukturierte Vermittlung dieses Vorgangs nur anhand von Schlüsselmomenten erfolgen.

## 2.1 Die experimentelle Untersuchung psychischer Phänomene

Eine solche Rolle kommt dem Experiment als Erkenntnisvermittler und -katalysator zu; ein wissenschaftliches Instrument, dessen Bedeutung im Laufe der Zeit immer weiter wächst. Die moderne wissenschaftliche Psychologie entwickelt sich aus der Philosophie – einer Geisteswissenschaft, die sich in ihrem neuerwachenden Streben nach Exaktheit ihrerseits an der Physiologie orientiert.[101] In diesem zunächst nur latenten, später immer dominanter werdenden Emanzipationsgedanken stellt sich die Methode des Experiments als optimale Herangehensweise heraus.[102] Der Vorläufer der experimentellen Psychologie ist

100 Vgl. dazu u.a. den Begriff der Seele bei Aristoteles: Über die Seele. De Anima. Neu übersetzt von Adolf Busse. Leipzig: Meiner 1911 (Philosophische Bibliothek, Bd. 4), hier besonders S. 28ff.

101 Ludwig Pongratz fasst diesen Prozess folgendermaßen zusammen: „So mußte die Psychologie gegenüber der Philosophie und der Physiologie sowohl Verbindungs- als auch Trennungsakte vollziehen, um zur eigenständigen Wissenschaft zu werden." (Pongratz, Ludwig: Problemgeschichte der Psychologie, Bern: A. Francke Verlag 1967, hier S. 87.).

102 Selbstverständlich gibt es auch schon vorher Wissenschaftler, die mithilfe von Experimenten ihre Forschungen vorantreiben, man denke an die Versuche von Edme

dabei die um 1860 von Gustav Theodor Fechner (1801–1887) entwickelte Psychophysik, in der naturwissenschaftliche Überlegungen auf psychische Zusammenhänge übertragen werden.[103] Hier steht der folgende Ansatz im Mittelpunkt der Betrachtungen: Fechner „wollte Regeln aufstellen, nach denen zwischen den physischen Reizen und den ihnen korrespondierenden Empfindungen exakte Maßbeziehungen gefunden werden könnten."[104] In diesem Sinne handelt es sich bei den Forschungen von Fechner um eine Synthese von psychophysischen Prinzipien und experimentellen Methoden – eine Entwicklung, die Fechner in ihren Anfängen konsequent von der Philosophie aus denkt.[105] Auch Hermann von Helmholtz (1821–1894) legt auf dem Gebiet der Sinnesphysiologie die Maßstäbe der objektivierbaren Naturwissenschaften an und leistet damit wichtige Vorarbeit für die moderne Psychologie. Seine theoretischen Überlegungen zur naturwissenschaftlichen Methodik tragen gleichzeitig den Anspruch in sich, diese auch in die wissenschaftliche Praxis transferieren zu können.[106]

---

Mariotte, der sich bereits um 1670 mithilfe von Versuchen mit dem Blinden Fleck beschäftigt (vgl. Wertheimer, Michael: Die experimentelle Methode in der Psychologie des 19. und 20. Jahrhunderts. In: Die Zukunft der experimentellen Psychologie. Hg. v. Viktor Sarris und Allen Parducci. Weinheim, Basel: Beltz Verlag 1986, S. 29–38, hier S. 29.). Gemeint ist in diesem Kontext vielmehr zum einen die Genese des Experiments in der Psychologie und zum anderen die Tatsache, dass sich diese Herangehensweise zu einem zentralen wissenschaftlichen Instrumentarium entwickelt.

103 Dabei zählt Ernst Mach zu seinen Kritikern. Seine Zweifel richten sich dabei weniger gegen Fechners Erkenntnisse im Allgemeinen, als vielmehr gegen die Universalität, die Fechner in bestimmten Bereichen seiner Theorien erhebt. Für einen umfassenderen Blick auf diese Problematik vgl. auch Pongratz: Problemgeschichte der Psychologie, S. 98.

104 Wundt, Wilhelm: Die Psychologie im Beginn des zwanzigsten Jahrhunderts. In: Reden und Aufsätze. Hg. v. Wilhelm Wundt. Leipzig: Alfred Kröner Verlag 1913, S. 163–231, hier S. 206. Zusätzlich sollte die Bedeutung des Fechnerschen Gesetzes nicht unerwähnt bleiben. Es lautet: $E = c \log R$. E bezeichnet hier die durch einen Reiz hervorgerufene Empfindung, R ist die Intensität des Reizes und c eine Konstante. Folglich muss zur Verdopplung einer Empfindungsintensität eine Quadrierung der Reizintensität erfolgen (vgl. Walach, Harald: Psychologie. Wissenschaftstheorie, philosophische Grundlagen und Geschichte. Ein Lehrbuch. Stuttgart: Kohlhammer 2005, hier S. 181.).

105 Vgl. Müller, Martin: Zur Methodengeschichte der experimentellen Psychologie des 19. Jahrhunderts in Deutschland. Dissertation zur Erlangung des akademischen Grades doctor philosophiae, 1987, hier S. 82.

106 Vgl. Walach: Psychologie, S. 180. Walach weist an selber Stelle zudem darauf hin, dass Helmholtz damit auch eine Schule im modernen akademischen Sinne begründet.

Doch erst Wilhelm Wundt (1832–1920) verhilft dem Experiment in der Psychologie zum Durchbruch und verwirklicht damit die Vision Fechners. In seiner Argumentation, mit der er diese Vorgehensweise rechtfertigt, geht er davon aus, dass sich sowohl die äußere als auch die innere Erfahrung auf ein und dasselbe Objekt beziehen – sie selbiges aber gleichsam von verschiedenen Seiten beleuchten. Damit macht er den Weg frei für die Annahme, dass sich Naturwissenschaft und Psychologie auf dasselbe Objekt beziehen und daher die Herangehensweisen keinesfalls verschieden sein dürften.[107] Er schreibt um 1863:

> Ich werde in den nachfolgenden Untersuchungen zeigen, daß das *Experiment* [i.O. gesperrt; K.B.] in der Psychologie das Haupthilfsmittel ist, welches uns von den Tatsachen des Bewusstseins auf jene Vorgänge hinleitet, die im dunklen Hintergrund der Seele das bewußte Leben vorbereiten. Die Selbstbeobachtung liefert und, wie die Beobachtung überhaupt, nur die zusammengesetzte Erscheinung. Im Experiment erst entkleiden wir die Erscheinung aller der zufälligen Umstände, an die sie in der Natur gebunden ist. Durch das Experiment erzeugen wir die Erscheinung künstlich aus den Bedingungen heraus, die wir in der Hand halten. Wir verändern die Bedingungen und verändern dadurch in meßbarer Weise auch die Erscheinung. So leitet uns immer und überall nur das Experiment zu den Naturgesetzen, weil wir nur im Experiment Ursachen und die Erfolge zu überschauen vermögen.[108]

In der Radikalität dieses Ansatzes steckt das Innovationspotential von Wundts Überlegungen. Ludwig Pongratz würdigt in seiner Abhandlung ‚Problemgeschichte der Psychologie' folglich zwar die Vorarbeit der anderen Wissenschaftler wie Fechner und Helmholtz (dessen Assistent Wundt einige Jahr war), geht aber davon aus, dass ohne Wundt keine wissenschaftliche Psychologie entstanden wäre:

---

107 Vgl. Pongratz: Problemgeschichte der Psychologie, S. 101. Noch deutlicher wird die Idee, dass eine Verbindung der Wissenschaften über die Maßen fruchtbar ist, in dem folgenden Zitat: „Damit ist in dem Kampf zwischen der Philosophie und den Einzelwissenschaften der besonders um die Mitte des vergangenen Jahrhunderts entbrannt war, vielleicht nicht zum wenigsten der Psychologie die Rolle der friedestiftenden Vermittlerin zugefallen." (Wundt: Die Psychologie im Beginn des zwanzigstens Jahrhunderts, S. 231.). Wundt fasst hier in aller Prägnanz zusammen, welche Bedeutung der Psychologie zukommt, deren Rolle weit über die einer Hilfswissenschaft hinausgeht (als solche wird sie zu diesem Zeitpunkt u.a. auch von Carl Stumpf betrachtet), er macht andererseits aber auch deutlich, wie wichtig die Kommunikation zwischen den einzelnen Wissenschaften ist – erst durch sie können die Fachbereiche ihre volle Bedeutungsfülle entfalten.

108 Wundt, Wilhelm: Vorlesungen über die Menschen- und die Thierseele, Bd. 1, Eingeleitet und mit Materialien zur Rezeptionsgeschichte versehen von Wolfgang Nitsche. Berlin, Heidelberg u.a.: Springer-Verlag 1990, hier S. V.

„Ihm allein gebührt der Ehrentitel des Begründers der modernen Psychologie."[109] Martin Müller, der sich in seiner Arbeit mit der Genese der experimentellen Methode beschäftigt, honoriert ebenfalls das Verdienst Wundts, betrachtet seine Rolle innerhalb der experimentellen Psychologie aber nuancierter. Er schreibt:

> Das Neuartige, Progressive dieses Wundtschen Werkes machen weniger die von ihm erbrachten Ergebnisse der experimentellen Psychologie noch Pläne für die zukünftige Forschung aus, sondern die erstmalige Zusammenfassung der bis zu dieser Zeit auf experimentellem Wege gewonnenen psychologischen Fakten und die generelle Überzeugung von der Möglichkeit der experimentellen Erforschung des Psychischen [...].[110]

Einig ist sich die Forschung jedoch, dass mit den Ansätzen Wundts eine neue Dynamik in der philosophisch-psychologischen Theorienbildung entsteht, die auch mit ersten Schritten in Richtung einer Institutionalisierung verbunden ist: 1879 gründet Wilhelm Wundt in Leipzig das erste Institut für experimentelle Psychologie, 1881 folgt die erste Veröffentlichung der Zeitschrift ‚Philosophische Studien', in der von da an in regelmäßigen Abständen die neuesten Erkenntnisse der Mitarbeiter des Instituts publiziert werden.[111] Für seine Forschungen fokussiert Wundt in erster Linie die objektive Messung von psychischen Phänomenen (z.B. anhand der Ermittlung von Reaktionszeiten)[112] und macht sich in einem weiteren Schritt dafür stark, dass die Methode der Selbstbeobachtung durch das wissenschaftliche Experiment abgelöst werde solle. Hintergrund dieses Anspruchs an die Forschung ist seine Annahme, dass die Selbstbeobachtung nur die psychischen Erscheinungen abzubilden in der Lage sei; die Gesetze, auf denen sie beruhten, würde ihr hingegen verborgen bleiben.[113] Dieses theoretische Fundament, das Wundt seiner Lehre konsequent zugrunde legt, ist in der zeitgenössischen Wissenschaft nicht unumstritten.

Am Psychologischen Institut in Berlin setzt sich unter Carl Stumpf beispielsweise ein völlig anders gearteter Ansatz durch, der eben jene Prinzipien für die

---

109 Pongratz: Problemgeschichte der Psychologie, S. 99. Friedrich Dorsch sieht dies nicht so radikal, er geht von mehreren Mitbegründern aus und nennt in diesem Zusammenhang auch Hermann von Helmholtz (vgl. Dorsch, Friedrich: Geschichte und Probleme der angewandten Psychologie, Bern, Stuttgart: Verlag Hans Huber 1963, hier S. 39.).

110 Müller: Die Methodengeschichte der experimentellen Psychologie, S. 164.

111 Vgl. Bonacchi: Die Gestalt der Dichtung, S. 43.

112 Vgl. Pelmter, Andrea: ‚Experimentierfeld des Seinkönnens' – Dichtung als ‚Versuchsstätte'. Zur Rolle des Experiments im Werk Robert Musils. Würzburg: Königshausen & Neumann 2008, hier S. 74.

113 Vgl. Müller: Die Methodengeschichte der experimentellen Psychologie, S. 163.

Forschung favorisiert, die Wundt für die seine verworfen hat. Herbert Langfeld, ein Schüler Stumpfs, definiert im Sinne seines Lehrers die Aufgabe der Psychologie wie folgt: „Psychology is engaged in the observation of daily life, in order to raise such observations to a science through methodical treatment."[114] Stumpf rechnet das Experiment, wie Wundt es definiert, genaugenommen nicht der Psychologie zu,[115] sondern vielmehr der Phänomenologie:

> Die Untersuchung der sinnlichen Erscheinungen als solcher, die heute so großen Raum einnimmt, ist im Grunde nicht Psychologie, sondern eben Phänomenologie, eine von Physikern, Physiologen und Psychologen gemeinsam betriebene Vorwissenschaft.[116]

Indem er die objektive Messung als nicht ausreichend klassifiziert, sieht sich Stumpf gezwungen, ein anderes Mittel zu einzusetzen, um valide psychologische Daten zu gewinnen. Eine solche Möglichkeit stellt für ihn und seine Mitarbeiter die Selbstbeobachtung dar – jenes Prinzip, das Wundt als seinerseits als unzulänglich bezeichnet. Stumpf präzisiert die Relation zwischen Psychologie, Experiment und Introspektion, wenn er schreibt:

> Die Psychologie hat das Experiment nützlich und nötig gefunden, um die Bedingungen, unter denen Selbstbeobachtung stattfindet, möglichst genau objektiv festzulegen und die subjektiven Erlebnisse, die beobachtet werden sollen, systematisch nach bestimmten Richtungen hin zu variieren. Aber sie betrachtet das Experiment überall nur als Einleitung und Unterstützung der subjektiven Beobachtung, die nach wie vor entscheidend bleibt, und als äußeren Anlaß der subjektiven Erlebnisse, die nach wie vor ihren Gegenstand bilden.[117]

Diese Vorgabe an das psychologische Instrumentarium stellt somit die Versuchsperson in den Vordergrund der Betrachtungen. Folglich muss Stumpf, um sich nicht dem Vorwurf einer subjektiven Arbeitsweise auszusetzen (ein Kritikpunkt, der mit Blick auf die scheinbar unanfechtbar exakten Messmethoden

---

114 Langfeld, Herbert: Stumpfs ‚Introduction to Psychology', In: The American Journal of Psychology. Vol. 50, No. 1/4 (1937); Golden Jubilee Volume 1887–1937, S. 33–56, hier S. 33.

115 Diese völlig unterschiedlichen Herangehensweisen führen folglich zu wissenschaftlichen Disputen zwischen den Vertretern der verschiedenen Schulen. Vgl. Ash: Gestalt Psychology in German Culture 1890–1967. Holism and the quest for objectivity. Cambridge: Cambridge University Press 1995, hier S. 40.

116 Stumpf. Carl: Selbstdarstellung. In: Philosophie der Gegenwart in Selbstdarstellungen. Hg. v. Raymund Schmidt. Leipzig: Meiner 1924, S. 205–265, hier S. 243. Vgl. auch: Hoffmann: Der Dichter am Apparat, S. 66.

117 Stumpf, Carl: Zur Einteilung der Wissenschaften. In: Philosophische und historische Abhandlungen der Königlich Preussischen Akademie der Wissenschaften. Berlin: Verlag der Königlichen Akademie der Wissenschaften 1907, S. 3–93, hier S. 25.

Wundts besonders gravierend wäre), seinen Schülern die Fähigkeit zur objektiven Selbstbeobachtung minutiös beibringen. Stumpf scheut sich somit nicht, in Abgrenzung zu anderen Wissenschaftlern eigene Herangehensweisen an psychologische Problemstellungen zu entwickeln – eine Tatsache, die sich auch aus seiner wissenschaftlichen Sozialisation ergibt.

## 2.2 Carl Stumpf und seine Mentoren als Wegbereiter der Gestaltpsychologie

Carl Stumpf, Lehrer der führenden Gestaltisten wie Max Wertheimer oder Wolfgang Köhler, ist seinerseits Schüler von Franz Brentano und Hermann Lotze.[118] Zwar entwickelt er die Thesen seiner Lehrer konsequent weiter, zeigt sich in seinen Überlegungen aber deutlich beeinflusst von den wissenschaftlichen Ansichten seiner Mentoren,[119] die ihrerseits eigenständige Lehren zu ihren jeweiligen

118 Lesenswert ist in diesem Zusammenhang der Artikel von Silvia Bonacchi, die das Wirken Stumpfs in ihrem Artikel ‚Carl Stumpf: Leben, Werk und Wirkung' prägnant zusammenfasst. Vgl. Bonacchi, Silvia: Carl Stumpf: Leben, Werk und Wirkung. In: Gestalt Theory 31/2 (2009), S. 101–114.

119 Besonders mit Brentano verbindet ihn ein enges Verhältnis. Stumpf selbst schildert die Begegnung mit Brentano später wie folgt: „Anderwärts schilderte ich bereits die Umwandlung, die das Auftreten, die Persönlichkeit, die Denk- und Lehrweise dieses Mannes in mir bewirkten. Alles versank vor den großen Aufgaben der philosophischen [...] Wiedergeburt. Scharfes Denken war eigentlich bis dahin nicht mein Fall, vielmehr mir etwas unbehaglich. Erst Brentanos eiserne Disziplin machte mir das Bedürfnis logischer Klarheit und Folgerichtigkeit zur zweiten Natur. [...] Seine Habilitationsthese, daß die wahre philosophische Methode keine andere sei als die naturwissenschaftliche, war und blieb mir ein Leitstern." (Stumpf: Selbstdarstellung, S. 208.). Als Stumpf für seine Dissertation zu Hermann Lotze nach Göttingen geht, hält Brentano engen Kontakt zu Stumpf – der Briefwechsel, der entsteht, ist bis für die Nachwelt festgehalten worden (vgl. Brentano, Franz: Briefe an Carl Stumpf 1867–1917. Hg. v. Peter Goller und Gerhard Oberkofler. Graz: Akademische Druck- und Verlagsanstalt 1989.). So schreibt Brentano in einem Brief vom 15.2.1868 an Stumpf: „*Lotze* [i.O. gesperrt; K.B.] ist ein Mann von Verstand und Geschmack und vielseitigen Kenntnissen. Seine Schriften sind mir lieber als die der meisten Philosophen der Gegenwart. Sie können Anregungen zugleich Belehrungen in vielen Dingen von ihm empfangen. Freilich würde ich trotz allem dem in gewisser Beziehung mit Bangigkeit Sie in den nächsten Kreis seines Einflusses treten sehn, wüßte ich nicht [...], daß Sie Selbstständigkeit genug besitzen, um nicht jede Lehre „in verbo magistri" anzunehmen. [...] Aber auch hinsichtlich der natürlichen Wahrheiten ist *Lotze* [i.O. gesperrt; K.B.] in mannigfachen Irrtümern verstrickt." (Brentano: Briefe an Carl Stumpf 1867–1917, S. 7.).

Forschungsschwerpunkten entwickelten. Dabei können drei wichtige Faktoren isoliert werden, deren Zusammenspiel Hinweise auf das Innovationspotential der folgenden Überlegungen enthalten. Hier wäre zunächst die Betrachtung des Leib-Seele-Problems zu nennen, die von der Philosophie in die Psychologie übertragen wird. Des Weiteren ist die Frage nach dem Verhältnis von Naturwissenschaft und Philosophie und ersten konkreten psychologischen Impulsen zu stellen. Zudem beschäftigt sich besonders Franz Brentano mit der Relation des Ganzen zu seinen Teilen, eine Herangehensweise, die mit Blick auf die Gestaltpsychologie an Bedeutung gewinnt.

Eine wichtige Konstante in Franz Brentanos Werk ist die psychophysische Relation. Brentanos Forschungsbestrebungen sind Symptom eines wachsenden Problembewusstseins in der Philosophie. Einerseits kann nicht ignoriert werden, dass die Naturwissenschaften Möglichkeiten bereitstellen, die der Philosophie (und der sich daraus entwickelnden Psychologie) zum Vorteil gereichen können. Andererseits stößt das naturwissenschaftliche Instrumentarium zur Beschreibung von seelischen Vorgängen angesichts der Bandbreite und Komplexität von psychischen Phänomenen an seine Grenzen. Daher plädiert Brentano zunächst für eine deskriptive (keine experimentelle) Psychologie und verschreibt sich damit der Artikulation psychischer Vorgänge, die er radikal von den physischen Prozessen trennt.[120] In dieser Konzentrierung auf psychische Phänomene findet sich eine Vorgehensweise, die mit zunehmender Spezialisierung (auch mit Blick auf die Schule der Gestaltisten) an Bedeutung gewinnt, denn mit ihr geht gleichzeitig auch eine Betonung der Untersuchung von Einzelerscheinungen einher. Dabei treten die Betrachtung der Relationen und die Annahme eines gemeinsamen Ursprungs dieser einzelnen Funktionen (z.B. in der Seele) immer weiter in den Hintergrund.[121]

Brentano konstatiert, dass es sich bei psychischen Phänomenen um Vorstellungen handelt, die zum Beispiel durch Empfindungen zustande kommen, wie Hören, Sehen oder das Empfinden eines Temperaturzustandes.[122] Aber auch Fähigkeiten

---

120 Vgl. Kaiser-El-Safti: Robert Musil und die Psychologie seiner Zeit. In: Robert Musil – Dichter, Essayist, Wissenschaftler. München: Wilhelm Fink 1993 (Musil-Studien Bd. 8), S. 126–170, hier S. 131.

121 Vgl. Schönpflug, Wolfgang: Einführung in die Psychologie. Basel: Beltz Verlag 2006, hier S. 19. Schönpflug sprich an selber Stelle davon, dass der Begriff der psychischen Funktion zwar noch die Annahme beinhalte, dass sie als Leistung der Seele gewertet werde, stellt aber auch fest, dass „diese Zuschreibung zunehmend zum Lippendienst [wird]."

122 Vgl. Brentano, Franz: Psychologie vom empirischen Standpunkt. Erster Band. Berlin: Lindemann & Lüdecke 1955, hier S. 111.

wie Urteilen und Erinnern gehören ebenso zu den psychischen Phänomenen wie Gemütsbewegungen allgemein (Freude, Trauer, Liebe usw.).[123] Von diesen grenzt Brentano die physischen Phänomene in aller Deutlichkeit ab, zu denen er zum Beispiel die Wahrnehmung von Farben, Tönen oder Gerüchen zählt. Er sieht sich zu dieser expliziten Differenzierung genötigt, da (nicht nur) im Alltagsverständnis psychische und physische Phänomene verwechselt werden, einen Vorgang, den er mit dem Begriff der Äquivokation apostrophiert und über den er lapidar schreibt: „Die Erfahrung zeigt, daß die Äquivokation eines der vorzüglichsten Hindernisse ist, Unterschiede zu erkennen."[124] Er führt diesbezüglich des Weiteren aus:

> Ein [...] Grund, der die Täuschung [die Verwechslung von psychischen und physischen Elementen; K.B.] begünstigt, ist der, daß die Qualität, welcher das Gefühl folgt, und dieses selbst nicht zwei besondere Namen tragen. Man nennt das physische Phänomen, welches mit dem Schmerzgefühl auftritt, in diesem Falle selbst Schmerz. Man sagt nicht sowohl, daß man diese oder jene Erscheinung im Fuße mit Schmerz empfinde, sondern man sagt, man empfinde Schmerzen im Fuße.[125]

Brentano fügt an anderer Stelle erläuternd hinzu:

> Alles löst sich, wenn man zwischen dem Schmerze in dem Sinne, in welchem der Name die scheinbare Beschaffenheit eines Teiles unseres Leibes bezeichnet, und zwischen dem Gefühl des Schmerzes, das sich an seine Empfindung knüpft, zu unterscheiden gelernt hat.[126]

Diese Äußerungen vermitteln bereits eine erste Idee von den Bemühungen Brentanos, die zu untersuchenden Phänomene so objektiv wie möglich zu betrachten. Brentano ist sich bewusst, dass die dargestellte Unterscheidung in der zeitgenössischen Forschung kontrovers diskutiert wird und führt seine Argumentation daher weiter aus. Als entscheidendes Alleinstellungsmerkmal psychischer Phänomene gilt für ihn die intentionale Inexistenz, die definiert, dass die psychischen Phänomene auf etwas gerichtet sind (Brentano verwendet die eingängige Bezeichnung der „immanente[n] Gegenständlichkeit"[127]). Daher kommt er zu dem Schluss: „Somit können wir die psychischen Phänomene definieren, indem wir sagen, sie seien solche Phänomene, welche intentional einen Gegenstand in sich enthalten."[128] Diese Leitidee wiederum (Bonacchi spricht vom „Intentionalitätshorizont des

---

123 Vgl. Ebd., S. 112.
124 Ebd., S. 119.
125 Ebd.
126 Ebd., S. 120.
127 Ebd., S. 125.
128 Ebd.

welterfahrenden Subjekts“[129]) führt Brentano dazu, auf einer weiteren Ebene seinem Anspruch einer deskriptiven Psychologie gerecht zu werden: Er strebt eine logisch erklärbare Klassifikation der psychischen Phänomene an und unterscheidet zwischen den Dimensionen Vorstellung, Urteil und Gemütsbewegung.[130] Dabei bezeichnet die Vorstellung den Akt des Vorstellens an sich – wann immer also etwas perzipiert wird, wird auch etwas imaginiert. Auch das Urteilen trifft in diesem Zusammenhang mit der umgangssprachlichen Bedeutung des Wortes zusammen, bedeutet also das Negieren oder Sekundieren eines Sachverhalts. Allerdings fügt Brentano eine weitere Facette hinzu, denn er bezieht auch beim Erinnern und ähnlichen Vorgängen das Annehmen oder Ablehnen mit ein.[131] Als letzte Klasse[132] wird die Gemütsbewegung definiert. Brentano hadert damit, keinen Begriff zu finden, der diese Klasse treffend kategorisiert und nennt sie daher ‚Gemütsbewegung, Interesse oder Liebe‘ und fügt hinzu: „Für die dritten Hauptklasse [...] fehlt am meisten ein recht geeigneter Ausdruck. Diese Klasse soll nach uns alle psychischen Erscheinungen begreifen, die nicht in den ersten beiden Klassen enthalten sind.“[133]

Auch bezüglich der bis dato dominanten Differenzierung zwischen Gefühl und Willen setzt Brentano sich von der vorherrschenden Meinung ab. Für ihn besteht kein Unterschied zwischen Gefühl und Willen, es handelt sich seiner Ansicht nach vielmehr um Nuancierungen ein- und desselben Feldes. Er demonstriert

---

129 Bonacchi, Silvia: Carl Stumpf – Leben, Werk und Wirkung. In: Gestalt Theory (2009) 31/2, S. 101–114, hier S. 103.

130 Vgl. Brentano, Franz: Psychologie vom empirischen Standpunkt. Zweiter Band. Hamburg: Felix Meiner 1959, hier S. 33.

131 Vgl. Ebd., S. 34.

132 Indem Brentano die drei Grundklassen solchermaßen definiert, entfernt er sich von der historisch tradierten Einteilung. Das Wissen um diesen Bruch mit der Wissenschaftsgeschichte lässt ihn in seinem Werk ‚Psychologie vom empirischen Standpunkt‘ zwei Kapitel hinzufügen, in denen die Einteilung expliziert wird. Seit Kant werden Urteil und Vorstellung in einer Klasse zusammengefasst und dafür Gefühl und Willen als zwei Klassen begriffen (Brentano kritisiert Lotze dafür, die Einteilung von Kant übernommen und daher zu aus seiner Sicht problematischen Erkenntnissen gekommen zu sein (vgl. Brentano: Psychologie vom empirischen Standpunkt 2, S. 81.)). Brentano setzt dieser Idee entgegen, dass das Vorstellen und das Urteilen zwei verschiedene Bereiche des Bewusstseinsfeldes sein müssen, ohne zu leugnen, dass diese nicht durch Beziehungen untereinander verbunden sein können. Er geht davon aus, dass nichts, was beurteilt wird, nicht auch vorgestellt werden muss, sodass der Gegenstand doppelt im Bewusstsein vorhanden ist: einmal als vorgestellt und einmal als (positiv oder negativ) bewertet (vgl. Brentano: Psychologie vom empirischen Standpunkt 2, S. 38.).

133 Brentano: Psychologie vom empirischen Standpunkt 2, S. 35.

seine Ansicht äußerst anschaulich: „Betrachten wir als Beispiel die folgende Reihe: Traurigkeit – Sehnsucht nach dem vermißten Gute – Hoffnung, daß es uns zuteil werde – Verlangen, es uns zu verschaffen – Mut, den Versuch zu unternehmen – Willensentschluß zur Tat."[134] Mit dieser Beschreibung macht er deutlich, dass das Gefühl als Motor für den Willen zu betrachten und damit in die identische Kategorie einzuordnen ist.

Die bisherigen Ausführungen dokumentieren exemplarisch Brentanos Vorgehen. Wie bereits dargestellt wurde, werden die Naturwissenschaften in der Folge als konzeptuelles Vorbild für die sich entwickelnde Psychologie fungieren. Indem Brentano detaillierte gedankliche Arbeit leistet und versucht, nicht nur die psychische Kategorisierung zu modifizieren, sondern auch die psychophysischen Relationen neu zu betrachten, leistet er der späteren Entwicklung, die im weiteren Verlauf des Kapitels zu skizzieren sein wird, Vorschub. Auch wenn von einer empirischen Psychologie noch nicht die Rede sein kann, prägt Brentano das Wissenschaftsverständnis von Stumpf maßgeblich. Dieser stellt den Naturwissenschaften später die Empirie zur Seite und macht so den Weg frei für die Forschungsansätze der Gestaltpsychologen. Des Weiteren wird bereits der Grundton für die sich entwickelnde Gestaltpsychologie angeschlagen: Indem Brentano in der Psyche verschiedene Teile klassifiziert, die in ihrem Zusammenspiel das Ich ergeben, wirkt er richtungsweisend für spätere Entwicklungen. Kaiser-El-Safti weist zu Recht darauf hin, dass in diesem Sinne sogar Brentano als Katalysator für die Entwicklung der Gestaltpsychologie bezeichnet werden könne. Er beschäftige sich en passant mit der Relation des Ganzen zu seinen Teilen und stellt beispielweise die Frage:

> Haben wir bei verwickelteren Seelenzuständen ein Kollektiv von Dingen anzunehmen, oder gehört, wie bei den einfachsten, so auch bei den am meisten zusammengesetzten Zuständen die Gesamtheit der psychischen Erscheinungen *einem* [i.O. gesperrt; K.B.] Dinge an, in welchem wir nur Divisive als Teile zu unterscheiden vermögen?[135]

Dennoch: Auch wenn Brentano erkennt, dass sich aus den Teilen ein „zusammengesetzter Seelenzustand"[136] bilden kann und die „psychischen Phänomene, die jemand in sich hat, [...] eine [...] Einheit bilden"[137], so handelt es sich doch

134 Ebd., S. 84.
135 Brentano: Psychologie vom empirischen Standpunkt 1, S. 223.
136 Ebd., S. 224.
137 Ebd.

noch um allgemeine Ausführungen, die allenfalls Keimzellen dessen enthalten, was die Gestaltpsychologie später zu beweisen suchen wird.[138]

Neben Brentano ist noch ein weiterer Lehrer für die enorme Präsenz der Naturwissenschaften in Stumpfs Werk verantwortlich: Rudolf Hermann Lotze. Brentano schickt Stumpf im Laufe seines Studiums nach Göttingen, wo er die Möglichkeit zur Promotion bei Lotze erhalten soll.[139] Lotzes Forschungsgebiete sind breitgefächert: 1839 habilitiert er sich an der medizinischen Fakultät, bereits 1840 folgt die Habilitation[140] an der philosophischen Fakultät.[141] 1852 bringt er die bedeutende Schrift ‚Medicinische Psychologie oder Physiologie der Seele' heraus.

Auch Lotze setzt sich mit dem bereits bei Brentano erwähnten psychophysischen Problem auseinander, allerdings wählt er einen Zugang, der deutlich von der Wechselwirkung der von ihm gelehrten Wissenschaften geprägt ist. Um sein Verständnis der Kommunikation zwischen Leib und Psyche zu illustrieren, ist es zunächst nötig, (wenn auch nur ausschnitthaft) seine grundsätzlichen Annahmen zu skizzieren. Er lässt in seiner Erklärung der Interaktion von Körper und Geist

---

138 Unbestritten ist jedoch, dass Stumpf sich des Einflusses Brentanos bewusst ist und diesen auch aktiv an seine Schüler weiterzugeben versucht. Er schreibt, er habe (im Gegensatz zu seinen Assistenten) die theoretischen Seminare geleitet, „in denen psychologische Probleme mit Bezug auf neuere Abhandlungen durchgesprochen und neben den Erfordernissen der psychologischen Beobachtung die des logischen Denkens im Geiste Brentanos eingeschärft wurden." (Stumpf: Selbstdarstellungen, S. 220).

139 Vgl. Bonacchi: Carl Stumpf, S. 103.

140 Mit der Habilitation an zwei verschiedenen Fakultäten stellt Lotze eine Besonderheit dar, sein breites Wissen ermöglicht es ihm, Anleihen aus der jeweils anderen Fachwissenschaft zu machen. Lotzes Verständnis der Philosophie (und Psychologie) ist geprägt von dem Wissen, das er aus der Medizin mitbringt. Dennoch muss an dieser Stelle darauf hingewiesen werden, dass er sich zwar dafür einsetzt, die Psychologie nahe den Wissenschaften zu positionieren. Allerdings muss diese Ansicht differenziert betrachtet werden, denn lehnt er es ab, „die Psychologie in Naturwissenschaft zu absorbieren." (Lotze, Hermann: Medicinische Psychologie oder Physiologie der Seele. Amsterdam: Bonset 1966 (Nachdruck der Ausgabe Leipzig 1852), hier S. 30.) Er setzt sich vielmehr dafür ein, „jene allgemeinste Regeln aller Beurtheilung [sic], die logische und methodische Genauigkeit zu empfehlen, der die Naturwissenschaft die verhältnismässige Sicherheit ihres Fortschritts verdankt […]." (Lotze: Medicinische Psychologie, S. 30.) – eine Empfehlung, der Stumpf in seinem wissenschaftlichen Wirken konsequent folgt.

141 Vgl. Pester, Reinhardt und Ernst W. Orth (Hg.): Hermann Lotze. Briefe und Dokumente. Zusammengestellt, eingeleitet und kommentiert von Reinhardt Pester, mit einem Vorwort herausgegeben von Ernst Wolfgang Orth. Würzburg: Königshausen & Neumann 2003 (Studien und Materialien zum Neukantianismus, Bd. 20), hier S. 10.

deutlich seine medizinische Vorbildung erkennen. In seinem Werk ‚Allgemeine Physiologie des körperlichen Lebens' beschreibt Lotze die Tätigkeit des Nervensystems, welches in Bezug auf die physiologischen Erscheinungen weitgehend autonom agiert. Dennoch sei mithilfe des Zerebrospinalsystems eine Kommunikation zwischen Körper und Geist möglich.[142] Lotze expliziert:

> Die Nerven, welche an Gehirn und Rückenmark sich sammelnd, dort endliegend oder entspringend, das Cerebrospinalsystem zusammensetzen, sind fast durchaus der Wechselwirkung zwischen Seele und Körper gewidmet und nur wenige auf den Bestand des leiblichen Lebens allein bezügliche Wirkungen, wie die Bewegungen der Respiration, gehen von ihrer Thätigkeit aus.[143]

Sicher ist für ihn (ebenso wie für Brentano), dass eine psychophysische Verständigung stattfindet. Die Ansicht, dass eine solche Kommunikation per se ausgeschlossen sei, da Geist und Körper unvergleichbar und damit zu divergent seien, um miteinander in Kontakt zu treten, begegnet Lotze mit entschiedener Ablehnung. Stattdessen führt er die Idee eines psychophysischen Mechanismus ein; für ihn folgt die Möglichkeit zur Betrachtung und Beschreibung der Psyche derjenigen zur Beschreibung des Körpers, dabei gehorche auch das psychische Leben bestimmten Reizen. Da dies, ähnlich wie bei organischen oder physiologischen Erscheinungen, bei jedem Menschen der Fall sei, sieht Lotze hier bereits ein erstes Charakteristikum, das erlaubt, von einem psychopsychischen Mechanismus zu sprechen, ohne nach materialistischer Anschauung die Annahme der geistigen Freiheit zu negieren. Lotze schreibt diesbezüglich:

> Ueberall fand ich, daß bei einem körperlichen Reize a eine bestimmte geistige Erscheinung α, einem anderen äußeren Eindruck b eine andere Erregung der Seele β entsprach, und das umgekehrt ein innerer Zustand μ stets den gleichen körperlichen Ausdruck m, eine anderer ν immer den Ausdruck n hervorzubringen strebte.[144]

Diese Äußerung charakterisiert exemplarisch Lotzes Denkweise. Seiner Meinung nach (und Carl Stumpf schließt sich dieser Annahme später an) ist die

---

142 In seinem Werk ‚Medicinische Psychologie und Physiologie der Sinnesorgane' widmet sich Lotze ausführlicher der Umwandlung von physischen Signalen in psychische Empfindungen, die er Transsubstantiation nennt (vgl. Lotze: Medicinische Psychologie, S. 178f.).

143 Lotze, Hermann: Allgemeine Physiologie des körperlichen Lebens. Leipzig: Weidmann'sche Buchhandlung 1851, hier S. 395f., vgl. auch Pester/ Orth : Hermann Lotze, S. 198.

144 Lotze, Hermann: Streitschriften. Erstes Heft. In Bezug auf Prof. J. H. Fichte's Anthropologie. Leipzig: Verlag von S. Hirzel 1857, hier S. 93.

Kommunikation zwischen Körper und Seele eine wechselseitige.[145] Hervorgehend aus diesen Ausführungen wird nun Lotzes Definition der Aufgabe der Psychologie verständlich. Er schreibt:

> Man sollte sich nicht die vergebliche Mühe geben, construieren zu wollen, wie aus Aetherwellen, optischem Nervenproceß, Gehirnfunktionen u.s.w. die Farbenempfindung entsteht, sondern man sollte nur die nützliche und beantwortbare Frage aufwerfen, bei welcher Gestalt dieser äußeren Prämissen welche Farbenempfindung auf unbegreifliche Weise faktisch entsteht, und wie diese Empfindung gesetzlich sich ändert, wenn sich diese Reize ändern.[146]

Aufgabe der Psychologie ist laut Lotze somit vielmehr „die Erläuterung des Zustandekommens jeder psychischen Erscheinung aus allen ihren Bedingungen."[147] Damit formuliert er deutlich die spezifizierte Zielsetzung der Psychologie, denn nicht die Seele selbst wird als Untersuchungsgegenstand definiert, sondern vielmehr ihre Funktionen und Auswirkungen. In dieser Zuspitzung der psychologischen Forschungsansätze, die der Orientierung an den Naturwissenschaften geschuldet ist, liegt einerseits zwar die Möglichkeit einer differenzierteren Definition der Ziele, auf der anderen Seite aber auch eine Begrenzung auf eben jene messbaren Phänomene. Die Seele und die Frage nach ihrer Beschaffenheit werden durch dieses Raster nicht erfasst.

Die Annahme der Dominanz der Naturwissenschaften entwickelt sich zur zentralen Maßgabe der Psychologie; eine methodische Orientierung, die auch für Carl Stumpf von großer Bedeutung ist.[148] Dabei ist er nicht mehr nur an theoretischen Überlegungen interessiert, sondern räumt dem Experiment – in Anlehnung an den Verifizierungsanspruch der Wissenschaften – einen gewichtigen Platz ein. Die Erkenntnisse müssen experimentell überprüfbar sein, damit

---

145 Vgl. auch Pester/ Orth: Hermann Lotze, S. 238.

146 Lotze: Streitschriften, S. 98.

147 Lotze: Medicinische Psychologie, S. 67.

148 In Göttingen bildet sich Stumpf auch in den traditionellen Naturwissenschaften weiter, eine Herangehensweise, die er später an seine Schüler weitergeben wird. Dennoch: Dass Stumpf, der im Schwerpunkt Philosophie studiert, sich auch naturwissenschaftlich so konsequent weiterbildet, ist ungewöhnlich, wie die folgende Beschreibung zeigt: „Physik erschien mir seitdem [den Vorlesungen von Professor Weber; K.B.] immer als das Ideal einer induktiven Wissenschaft. In die Versuchstechnik wurde ich durch *Friedrich Kohlrauschs* [i.O. gesperrt] Übungen eingeführt. Heute gilt solche Vorbereitung wenigstens für den Psychologen für selbstverständlich; damals war ein Philosoph in chemischen und physikalischen Übungskursen noch ein weißer Rabe." (Stumpf: Selbstdarstellung, S. 209.)

sie als korrekt gelten können. Diese Leitidee zieht sich über Stumpf bis hin zu dessen Schülern, die die experimentelle Basis der Psychologie noch weiter ausbauen werden. Damit steht Stumpf deutlich in der Tradition der von Brentano und Lotze aufgezeigten Argumentationslinien. Bonacchi schreibt diesbezüglich:

> Die von Stumpf angestrebte Integration zwischen Theoretischem und Experimentellem, die sich in seiner Lehrtätigkeit widerspiegelte, ließ sich nicht zuletzt auf die Zwitterstellung der Psychologie zwischen Philosophie und exakten Wissenschaften zurückführen.[149]

Mit Blick auf die sich entwickelnde Gestaltpsychologie sind besonders zwei Überlegungen Stumpfs von Bedeutung: erstens das Prinzip der Verschmelzungen, die er in seinem Werk ‚Tonpsychologie' beschreibt und zweitens die Differenzierung der Psyche in psychische Funktionen, Erscheinungen und deren Korrelate.

Stumpfs private Leidenschaft gilt der Musik,[150] eine Kunstform, deren wissenschaftliche Bedeutung für ihn jedoch ebenfalls relevant ist. In der Untersuchung akustischer Phänomene liegt für ihn das Fundament der Leistungsfähigkeit der Psychologie.[151] So schreibt er im Vorwort zu dem Band Tonpsychologie I: Es

> finden sich für manche Fragen, z.B. nach den Wirkungen der Aufmerksamkeit, nach der Unterscheidbarkeit gleichzeitiger und gleichlocalisirter Empfindungen, ausschliesslich oder hauptsächlich hier die nötigen Thatsachen; finden sich namentlich für die so entwicklungsbedürftige Gefühlslehre auf keinem Gebiet von Sinnesinhalten so reizvolle Probleme, reizvoll durch die Eigenart der psychischen Zustände, die aus Tonverbindungen hervorspriessen, und durch die Ausbeute an allgemeineren Erkenntnissen, welche die in's Einzelnste geführte Analyse verspricht. [...] Vielleicht lassen sich überhaupt nirgends sämmtliche Hilfsmittel der psychologischen Forschung, Selbstbeobachtung und fremde Anhaben, statistische Sammlung von Urteilsreihen, physiologische Thatsachen und Hypothesen, Vergleichung der Völker und Zeiten, Biographisches u.s.w. in gleicher Vereinigung heranziehen.[152]

---

149 Bonacchi: Die Gestalt der Dichtung, S. 68.

150 Vgl. Stumpf: Selbstdarstellung, S. 3f.

151 Diese Faszination kann Musil nicht teilen. So schreibt er: „Ich merke mir keine Melodien. Aber ich weiß genau, wann mir ein Gefühl auffiel" (Musil, KA; LESETEXTE; Band 15, Fragmente aus dem Nachlass, Erzählerische Fragmente; Anfänge und Notizen, Reiseblätter.). In dem Text ‚Gibt es dumme Musik?' fragt er provokant: „Ist vielleicht die Dummheit musikalisch? Dauernde Wiederholungen, eigensinniges Beharren auf einem Motiv, Breittreten ihrer Einfälle, Bewegung im Kreis, beschränkte Abwandlung des einmal Erfaßten, Pathos und Heftigkeit statt geistiger Erleuchtung: ohne unbescheiden zu sein, könnte sich die Dummheit darauf berufen, daß dies auch ihre Lieblingseigenheiten sind!" (Musil, KA; LESETEXTE; Band 14, Gedichte, Aphorismen, Selbstkommentare, Aphorismen; Aus einem Rapial, 31.).

152 Stumpf: Tonpsychologie. Erster Band. Amsterdam: E.J. Bonset 1965, hier S. VI.

Stumpf gesteht damit den klanglichen Erscheinungen ein besonders großes Reservoir an Analysemöglichkeiten zu. Mit Blick auf die sich generierende Gestalttheorie ist das von Stumpf beschriebene akustische Phänomen der Verschmelzung von besonderer Bedeutung. Er analysiert die Relation und das Zusammenspiel von Tönen und stellt fest, dass sukzessive und simultane Tonfolgen unterschiedlich wahrgenommen werden. Stumpf prägt daher den Begriff der ‚Verschmelzung', der dieses divergierende Verhältnis beschreiben soll. Er definiert: „Wir nannten Verschmelzung dasjenige Verhältnis zweier Inhalte, speciell Empfindungsinhalte, wonach sie nicht eine blosse Summe sondern ein Ganzes bilden."[153] Stumpf ist sich bewusst, dass dieses Ganze eine größere Komplexität aufweist und sich somit der Gesamteindruck „immer mehr dem einer Empfindung nähert und immer schwerer analysirt [sic] wird."[154] Zwar klingt hier der von Aristoteles formulierte und später von den Gestaltisten als Leitfaden aufgenommene Satz ‚Das Ganze ist verschieden von der Summe seiner Teile' bereits an, dennoch weist Adhémar Gelb zu Recht darauf hin, dass die Verschmelzung nach Stumpf keine neuen Inhalte hervorbringt, sondern er sich darauf beschränkt, das Verhältnis der verschiedenen Komponenten untereinander als solches zu analysieren.[155]

Bemerkenswert ist, dass Christian von Ehrenfels sich später ausdrücklich auf Ernst Mach beziehen wird und das, obwohl Stumpf seine Theorien früher veröffentlicht und sich zudem mit Phänomenen beschäftigt, die denen in der von Ehrenfelschen Arbeit stark ähneln: Beide greifen die Prinzipien der Wahrnehmung von Melodien und Raum auf. Margret Kaiser-El-Safti sieht einen möglichen Grund dafür darin, dass sich die Ansichten Stumpfs und Brentanos zur Perzeption im Laufe der Zeit auseinander dividiert haben und von Ehrenfels, seinerseits Schüler von Franz Brentano, diesem Umstand mit der Orientierung an Ernst Mach Rechnung trägt.[156]

---

153 Stumpf: Tonpsychologie. Zweiter Band. Amsterdam: E.J. Bonset 1965, hier S. 128.

154 Ebd., S. 128.

155 Vgl. Gelb, Adhémar: Theoretisches über Gestaltqualitäten. In: Zeitschrift für Psychologie 58 (1910), S. 1–58, hier S. 50.

156 Von Ehrenfels ist seinerseits wiederum Schüler von Franz Brentano. Brentano ist durchaus interessiert an den Ausführungen Machs und steht mit diesem im Laufe der Jahre auch in (allerdings recht lockerem) Briefkontakt (vgl. Anhang zu Brentano, Franz: ‚Über Ernst Machs „Erkenntnis und Irrtum"'. Hg. v. Roderick M. Chisholm und Johann C. Marek. Amsterdam: Rodopi 1998 (Studien zur österreichischen Philisophie, Bd. 6.), hier ab S. 203.). In Brentanos Ausführungen (die erst im Nachlass gefunden und posthum veröffentlicht werden) wird deutlich, dass er Mach zwar nicht durchgängig zustimmen wollte, seine Überlegungen aber immerhin bedenkenswert fand. Es ist somit möglich, dass von Ehrenfels aus dieser Tatsache eine

Laut Carl Stumpf ist es weiterhin unmöglich, die Unterscheidung zwischen Physischem und Psychischem zu eliminieren, er differenziert in seinen Ausführungen explizit zwischen den beiden Polen – und bildet damit den Kontrapunkt zu den Überlegungen Ernst Machs, die im weiteren Verlauf der Arbeit noch näher betrachtet werden sollen. In seinem wichtigen Artikel ‚Erscheinungen und psychische Funktionen' führt er für den Bereich der sensoriellen Wahrnehmungen die Idee der Erscheinungen ein und für den der inneren Wahrnehmung den Begriff der psychischen Funktionen.[157]

Dabei handelt es sich bei den Erscheinungen um physische Akte oder allgemeiner um Sinnesempfindungen. Die psychischen Funktionen hingegen beschreiben „das Bemerken von Erscheinungen und ihren Verhältnissen, das Zusammenfassen von Erscheinungen zu Komplexen, die Begriffsbildung, das Auffassen und Urteilen, die Gemütsbewegungen, das Begehren und Wollen."[158] Es ist somit zu konstatieren, dass sich aus den psychischen Funktionen das menschliche Denken konstituiert. Zu diesen beiden Unterscheidungen fügt Stumpf noch eine weitere hinzu, nämlich den Begriff des Gebildes,[159] ein sogenanntes Korrelat der Funktionen.

---

größere wissenschaftliche Nähe zu Mach empfindet und sich daher auf ihn stützt (Brentanos Schrift entsteht zwar erst später, dennoch ist nicht auszuschließen, dass Brentano seine wissenschaftlichen Ansichten bereits vorher kundtut). Die Positionen von Stumpf und Brentano wiederum unterscheiden sich im Laufe der Jahre immer mehr voneinander. Stumpf rückt die Dominanz der Naturwissenschaftler in den Fokus, eine Herangehensweise, die Brentano in ihrer Konsequenz zu weit geht. Brentano schreibt in einem Brief vom 18.08.1899 an Stumpf, dass „nicht nur ein Weiterschreiten auf meiner Seite, sondern auch ein Entfernen von Ihnen selbst von unseren einst gemeinsamen Anschauungen die Schuld an der Divergenz" trage (Brentano: Briefe an Carl Stumpf 1867–1917. Hg. v. Peter Goller und Gerhard Oberkofler. Graz: Akademische Druck- und Verlagsanstalt 1989, hier S. 115.). Zudem konzentriert Stumpf sich darauf, die Struktur der wahrgenommenen Phänomene experimentell zu dechiffrieren, Brentano legt hingegen den Fokus auf philosophische Fragestellungen (Vgl. auch: Kaiser-El-Safti: Robert Musil und die Psychologie seiner Zeit, S. 131.).

157 Vgl. Stumpf, Carl: Erscheinungen und psychische Funktionen. In: Beiträge zur Geschichte der Psychologie. Bd. 14: Carl Stumpf – Schriften zur Psychologie. Hg. v. Helmut E. Lück. Frankfurt am Main: Lang 1997, S. 104–141, hier S. 105.

158 Ebd., S. 106.

159 Stumpf arbeitet diese Idee später zu einer eigenen Disziplin aus, der sogenannten Eidologie. In seinem Vortrag ‚Zur Einteilung der Wissenschaften' führt er diesbezüglich aus: „Also die Lehre von den Begriffen, ihrem Verhältnis zu den Erscheinungen und zueinander, dann die Lehre von den Inbegriffen […]. Die Gesamtheit dieser

An dieser Stelle rückt Stumpf selbst seine Ausführungen in die Nähe der Gestalttheorie, indem er schreibt, dass man hier „am besten von dem aus[geht], was v. Ehrenfels ‚Gestaltqualitäten' nannte."[160] Er betont diese dynamische Interaktion, indem er ausführt, das Gebilde sei

> nicht die zusammenfassende Funktion selbst, noch das zusammengefaßte Material. Es ist das notwendige Korrelat der zusammenfassenden Funktion. Formen (Gestaltqualitäten) sind dann spezifische Fälle von Inbegriffen, bei denen noch die sachlich verbindenden Beziehungen der Glieder hinzukommen.[161]

Indem Stumpf die Nähe zu von Ehrenfels herstellt, der sich seinerseits auf Mach bezieht, macht Ersterer aber nur scheinbar Zugeständnisse an die Gestalttheorie. Bonacchi weist darauf hin, dass Stumpf seine zustimmende Haltung lediglich „auf den intellektuellen Bereich der Begriffbildung und auf die Wahrnehmung" beziehe – „das Gefühl, das emotionelle Leben, die Wertgebung blieben davon ausgeschlossen."[162] Damit ist er noch weit von der grundsätzlichen Verortung der Gestaltqualitäten in mannigfaltigen Zusammenhängen entfernt, wie sie seine Schüler später anstreben werden.

Die nachgezeichneten Zusammenhänge haben die Traditionslinien aufgezeigt, aus denen die Gestaltpsychologie hervorgehen wird. Carl Stumpf entwickelt dabei die Annahmen und Fragestellungen seiner Mentoren weiter, ein Prozess, bei dem seine Untersuchungen konsequent dem Anspruch der wissenschaftlichen Validierung genügen müssen. Mit dieser Zielsetzung bewegt er sich zugleich auf einer gemeinsamen Linie mit anderen zeitgenössischen Wissenschaftlern, wie zum Beispiel Wilhelm Wundt. In der Umsetzung dieser Maßgabe

---

Untersuchungen, die Wissenschaft der Gebilde, der sachlichen Korrelate psychischer Funktionen, können wir als Eidologie bezeichnen." (Stumpf, Carl: Zur Einteilung der Wissenschaften, Zur Einteilung der Wissenschaften. In: Philosophische und historische Abhandlungen der Königlich Preussischen Akademie der Wissenschaften. Berlin: Verlag der Königlichen Akademie der Wissenschaften 1907, S. 3–93, hier S. 32). Es drängt sich durch die etymologische Nähe der Gedanke an Husserls Eidetik auf. Gosvil Olesen geht davon aus, dass diese Relation so weit geht, dass sich Husserl, Schüler von Brentano und Stumpf, von Letzterem zu dieser Bezeichnung hat inspirieren lassen. (Vgl. Gosvil Olesen, Søren: Wissen und Phänomen: eine Untersuchung der ontologischen Klärung der Wissenschaften bei Edmund Husserl, Alexandre Koyré und Gaston Bachelard. Würzburg: Königshausen & Neumann 1997 (Epistemata: Reihe Philosophie, Bd. 209), hier S. 126.).

160 Stumpf: Erscheinungen und psychische Funktionen, S. 129.

161 Ebd., S. 130.

162 Bonacchi: Gestalt der Dichtung, S. 76.

jedoch zeigt sich, dass Stumpf die exakten Wissenschaften als Ausgangspunkt, gleichsam als Mittel zum Zweck einsetzt, um neue Erkenntnisse zu gewinnen. Dabei macht er es sich jedoch nicht zur Aufgabe, die Psyche in naturwissenschaftlicher Manier zu ‚vermessen', wie Wundt dies anstrebt. Für Stumpf stellen derartige Forschungen lediglich gedankliche Ausgangspunkte dar, denen die tiefer liegenden psychischen Prozesse noch verborgen bleiben. Indem er die Introspektion als psychologisches Instrumentarium favorisiert, versucht er diesem Anspruch Rechnung zu tragen und weiterhin die komplex gestalteten psychischen Funktionen zu fokussieren. In dieser Herangehensweise liegt Stumpfs eigentliches Verdienst, denn er bedenkt zu jeder Zeit die Vielschichtigkeit der psychischen Gegebenheiten, deren Abbildung im wissenschaftlichen Experiment nicht konsequent möglich ist.

## 2.3 Ernst Mach und der neutrale Monismus

Mit Ernst Mach soll im Folgenden ein Wissenschaftler betrachtet werden, dessen Schriften für Robert Musils literarisches Werk eine große Bedeutung haben, da in ihnen Überlegungen präsentiert werden, deren dynamisches Potential Musil für seine eigenen poetologischen Reflexionen genutzt hat.

Im Jahre 1886 veröffentlicht der Physiker und Philosoph Ernst Mach (1838–1916) ‚Die Analyse der Empfindungen und das Verhältnis des Physischen zum Psychischen'. In dieser Arbeit beschäftigt er sich mit den Empfindungen der menschlichen Sinne und der Frage, in welchem Zusammenhang die sinnlichen Wahrnehmungen und die Umwelt stehen.[163] Im Jahr 1905 erscheint das Werk ‚Erkenntnis und Irrtum', in dem sich Mach radikal gegen die im damaligen

163 Wissenschaftshistorisch sind die Ideen Machs auf die Schriften von Gustav Theodor Fechner und Wilhelm Wundt zurückzuführen, die als Vertreter der naturwissenschaftlichen Psychologie zu werten sind (vgl. Kaiser-El-Safti: Robert Musil und die Psychologie seiner Zeit, S. 130.). So schreibt Fechner: „Unter *Psychophysik* [i.O. gesperrt; K.B.] soll hier eine exacte Lehre von den functionellen oder Abhängigkeitsbeziehungen zwischen Körper und Seele, allgemeiner zwischen körperlicher und geistiger, physischer und psychischer Welt verstanden werden. […] Allgemein nennen wir das Psychische *Function* des Physischen, *davon unabhängig* [i.O. gesperrt; K.B.] und umgekehrt, insofern eine derartige Beziehung zwischen beiden besteht, dass von dem Dasein und den Veränderungen des Einen auf die des Anderen geschlossen werden kann." (Fechner, Gustav Theodor: Elemente der Psychophysik. Erster Theil. Leipzig: Breitkopf und Härtel 1860, hier S. 8.).

Wissenschaftsdiskurs[164] vorherrschende Meinung wendet, dass die (Um-)Welt grundsätzlich kausalen Gesetzmäßigkeiten gehorche, die nach dem Schema ‚Ursache bedingt Wirkung' funktionierten. Eng verknüpft mit dieser These ist auch die Ablehnung des Substanzbegriffes, besonders im Zusammenhang mit der Konzeption des Ich. Indem Mach sich gegen die Vorstellungen seiner Zeit wendet, gehört er zu den prägenden Wissenschaftlern des ausgehenden 19. und beginnenden 20. Jahrhunderts und bereitet mit seinen Ideen u.a. den Weg für die bahnbrechenden Erkenntnisse Albert Einsteins.[165]

Machs Thesen wurden in Fachkreisen unterschiedlich aufgenommen. Während unter den Philosophen nur Schüler Machs uneingeschränkt den Postulaten ihres Lehrers zustimmen, können sich die Naturwissenschaftler durchaus mit den Theoremen identifizieren.[166] Die Tatsache, dass sich Vertreter beider Denkrichtungen angesprochen fühlen, zeigt bereits, dass die Faszination der Thesen Machs von der Begegnung von Philosophie und Naturwissenschaften ausgeht.[167] Er schafft im Laufe seines Lebens ein Werk, dessen Wirkung in Physik und Philosophie weit über die Erkenntnisse seiner Zeit hinausreicht.[168] 1895 wird Mach auf den eigens für ihn eingerichteten Lehrstuhl für ‚Philosophie, insbesondere Geschichte und Theorie der induktiven Wissenschaften' berufen,[169] mit dem seine disziplinübergreifenden Forschungen honoriert werden.

---

164 Für eine genaue Verortung von Ernst Mach im Wissenschaftsfeld seiner Zeit, vgl. Diersch, Manfred: Empiriokritizismus und Impressionismus. Über Beziehungen zwischen Philosophie, Ästhetik und Literatur um 1900 in Wien. Berlin: Rütten & Loening 1977, hier S. 15ff.

165 Vgl. Pfohlmann, Oliver: Robert Musil. Reinbek bei Hamburg: Rowohlt-Taschenbuch-Verlag 2012, hier S. 38.

166 Vgl. Diersch: Empiriokritizismus und Impressionismus, S. 16.

167 Hier liegt sicherlich auch eine mögliche Begründung, warum Musil mit seinen vielseitigen Begabungen und Interessen sich so intensiv mit den Theoremen Machs auseinandersetzt: die enge Verbindung der beiden Fachrichtungen kommt seinen Neigungen entgegen.

168 Im Folgenden sollen nur einige für die Arbeit mit den Texten Musils relevante Aspekte herausgegriffen und isoliert werden. Für eine genauere Betrachtung des Werks Machs, vgl. Rudolf Haller: Grundzüge der Machschen Philosophie. In: Ernst Mach – Werk und Wirkung. Hg. v. Rudolf Haller und Friedrich Stadler. Wien: Hölder-Pichler-Tempsky 1988, S. 64–86.

169 Vgl. Stadler, Friedrich: Ernst Mach – Leben, Werk und Wirkung. In: Ernst Mach – Werk und Wirkung. Hg. v. Rudolf Haller und Friedrich Stadler. Wien: Verlag Hölder-Pichler-Tempsky 1988, S. 11–63, hier S. 24.

Im Zentrum der erkenntnistheoretischen Überlegungen[170] Machs steht bereits früh der Ansatz eines neutralen Monismus'. Seine Kernthese lautet dabei,

> dass sich das ganze Innenleben des Menschen in Elemente auflösen lässt, deren Abhängigkeit von zwei Gruppen dieser Elemente das gesamte Erleben des Menschen darstellt und zwar das Aussenleben, oder das physische oder Empfindungsleben und das Innenleben oder das psychische Leben als Vorstellungsleben. Dass ersteres Leben keine willkürliche Schöpfung unserer Phantasie ist, habe ich, wie ich glaube hinreichend deutlich gesagt. Es war also nicht nötig, dass manche Physiker dies verstehen mussten, noch weniger, dass gewisse Philosophen erstere zu dieser Auffassung anleiten mussten.
>
> Ich habe auch von einem Monismus des physischen und psychischen Geschehens gesprochen. Es sind nicht zwei verschiedene Welten, um die es sich hier handelt, sondern nur die Beachtung der Art der Abhängigkeit der einen und der anderen. Zu diesem Monismus bin ich auch gelangt, indem ich mir die Einheitlichkeit des Lebens vor der Unterscheidung des eigenen und des fremden Ich vorgestellt habe.[171]

Mit dieser Verbindung von Körper und Geist entledigt sich Mach auch gleichzeitig der Notwendigkeit einer Erklärung der Beschaffenheit der Seele. Er schließt sie mit den psychischen Phänomene und den physikalischen Gegebenheiten kurz und geht davon aus, dass die Untersuchung der jeweiligen Komponenten Aussagen über die jeweils anderen erlauben.

Dieses Theorem, das im Folgenden unter Berücksichtigung seiner Konsequenzen noch näher beleuchtet werden soll, wird flankiert von Überlegungen, die als Ausgangspunkt für Machs Forschungen dienen. In seinem Werk ‚Erkenntnis und Irrtum' widmet sich Mach der Frage nach der Relation von Wirklichkeit (zum Beispiel der Vielfältigkeit von Sinnesempfindungen) und ihrer im Grunde vereinfachenden Abbildung durch Begriffe[172] – ein Ansatz, der im weitesten Sinne als sprachskeptisch zu bezeichnen ist, zeigt Mach doch in wissenschaftlich neutraler Manier die Grenzen und Möglichkeiten von Begriffen auf.[173] Dabei ist das instinktive Trachten nach Schematisierung als Ausdruck des

---

170 Mach selbst schreibt über seine philosophischen Ansätze: „Meine Erkenntnistheorie ist, wie man sieht, möglichst hausbacken und einfach [...]. Ich habe sie nie für eine vollendete Arbeit gehalten." (Zitiert nach: Blackmore, John: Three Autobiographical Manuscripts by Ernst Mach. In: Annals of Science 35 (1978), S. 401–418, hier S. 417.).

171 Zitiert nach: Ebd., S. 416f.

172 Mach schreibt diesbezüglich: „Die Sinnesempfindungen sind eben die eigentlichen ursprünglichen Motoren, während die Begriffe sich auf jene, oft nur durch andere begriffliche Zwischenglieder berufen. (Mach: Erkenntnis und Irrtum, S. 154.).

173 Mach beschäftigt sich in seinem Werk ‚Die Principien der Wärmelehre' in einem Kapitel mit den Leistungen der Sprache. Er schreibt: „Der Hauptwerth [sic] der

Ökonomiestrebens des Menschen zu betrachten – eine Tatsache, die sich im alltäglichen Denken ebenso widerspiegelt wie in der wissenschaftlichen Tätigkeit, denn der

> *Zweck* des Begriffs ist es, in der verwirrenden Verwicklung der Tatsachen sich zurechtzufinden. [...] So wie es biologisch wichtig ist, durch Beobachtung von Reaktionen [...] zu konstatieren, so geht auch jede Naturwissenschaft darauf aus, *Beständigkeiten* des Zusammenhangs oder der *Verbindungen der Reaktionen*, der *Abhängigkeit der Reaktionen voneinander* aufzufinden.[174]

Das auf wissenschaftlichen Begriffen basierende Denken[175] stellt somit eine Weiterentwicklung des alltäglichen Denkens dar,[176] wobei es sich bei selbigem um „die Zusammenschau der Erscheinungen"[177] handele. In seiner Schrift ‚Die Mechanik in ihrer Entwicklung' bringt Mach diese Idee später prägnant auf den Punkt,

---

Sprache liegt in der Vermittlung der Gedanken*übertragung*. Dadurch aber, dass die Sprache uns nöthigt, das Neue durch Bekanntes zu darzustellen, also das Neue mit dem Alten vergleichend zu analysiren, gewinnt nicht nur der Angesprochene, sondern auch der Sprechende. [...] Die Sprache hat auch hohen Werth für das *einsame* Denken. Die sinnlichen Elemente gehen in die verschiedensten Combinationen ein, und haben in diesem das mannigfaltigste Interesse. Das *Wort* fasst das alles zusammen, was für *eine* Interesserichtung wichtig ist, und zieht alle zusammengehörigen anschaulichen Vorstellungen wie an einem Faden hervor. Merkwürdig ist, dass wir die Wortsymbole auch richtig verwenden können, ohne dass die symbolisirten anschaulichen Vorstellungen alle zum Klaren Bewusstsein kommen, ähnlich wie wir richtig lesen, ohne die Buchstaben einzeln zu betrachten. [...] Wir lernen mit diesem System mechanisch zu operiren, ohne immer die volle Bedeutung der Operationen gegenwärtig zu haben." (Mach, Ernst: Die Principien der Wärmelehre. Leipzig: Barth 1900, hier S. 412ff.). Zur ausführlichen Frage nach einer möglichen Sprachskepsis in Machs Werk (abgekoppelt von literaturwissenschaftlichen Belangen), vgl. Berlage, Andreas: Empfindung, Ich und Sprache um 1900. Ernst Mach, Hermann Bahr und Fritz Mauthner im Vergleich. Frankfurt am Main: Peter Lang 1994 (Europäische Hochschulschriften Bd. 414), hier S. 159f., in dem Berlage sich ebenfalls auf die oben zitierte Textstelle bezieht.

174 Mach: Erkenntnis und Irrtum, S. 144.

175 Für eine ausführliche Verortung des Prozesses des Denkens in der Geschichte von Philosophie und Wissenschaft, vgl. Krämer, Olav: Denken erzählen. Repräsentationen des Intellekts bei Robert Musil und Paul Valéry. Berlin u.a.: De Gruyter 2009.

176 Mach spricht in diesem Zusammenhang ohne diffamierende Absicht von der „Vulgärsprache". (Mach: Erkenntnis und Irrtum, S. 140).

177 Mach: Die Geschichte und die Wurzel des Satzes von der Erhaltung der Arbeit. In: E. Mach – Abhandlungen. Hg. v. Joachim Thiele. Amsterdam: Bonset 1969, S. 1–60, hier S. 46.

wenn er schreibt, die „Natur der Wissenschaft [sei] als eine[r] Ökonomie des Denkens" zu betrachten.[178] Mit dieser grundsätzlichen Annahme verortet Mach seine Erkenntnisse in einem Rahmen, in dem naturwissenschaftlichen und philosophischen Überlegungen gleichermaßen eine prominente Rolle zukommt. Das Wissen um das Ökonomiestreben in der Wissenschaft entbindet laut Mach den Forscher aber nicht davon, bei seinen Beobachtungen besondere Sorgfalt walten zu lassen und keinerlei Neigung zu der durch die Arbeit mit Begriffen implizierten Schematisierung zu entwickeln. Gerade eine solche konstatiert er aber in der Wissenschaft des ausgehenden 19. und beginnenden 20. Jahrhunderts, indem seiner Ansicht nach mit simplifizierenden Prinzipien gearbeitet wird, zu der er auch die Dominanz der Kausalität als Explikationsinstrumentarium in den Naturwissenschaften zählt.

In seinem Werk ‚Erkenntnis und Irrtum' wendet sich Mach daher entschieden gegen die Annahme, dass die Umwelt kausal erklärbaren Gesetzen gehorche. Er leitet seine Ausführungen von der Annahme der Dysfunktionalität der Begriffe ‚Ursache' und ‚Wirkung' ab. Diese Hypothese steht in engem Zusammenhang mit einer weiteren Kernthese Machs, die besagt, dass das Konzept des Ich nur vermeintlich als beständig angesehen werden kann. Auf diese Idee wird im weiteren Verlauf des Kapitels noch näher eingegangen. Zur besseren Verständlichkeit sei aber hier schon ein kurzer Abriss gegeben. Mach geht in seinen Ausführungen davon aus, dass sich die Umwelt nicht aus isolierten Gegenständen zusammensetzt, sondern vielmehr aus einem Zusammenspiel diverser Komponenten, die ihrerseits untereinander Komplexe bilden. Aus diesen Komplexen, die sich aus der Wechselwirkung verschiedener Elemente bilden und die wiederum in Abhängigkeit voneinander stehen, setzen sich die Dinge (oder Körper) und globaler gesehen die Umwelt zusammen.[179] Wie später gezeigt wird, überträgt Mach diese Ideen auf das Ich, das sich ebenfalls aus den verschiedensten Elementen (den Empfindungen) zusammensetzt.[180] Die Idee, dass es möglich ist, Vorgänge oder Gegenstände isoliert zu betrachten, rührt laut dem Wissenschaftler daher, dass die vielgestaltige Abhängigkeit der Komponenten und Komplexe nicht immer auf den ersten Blick zutage tritt. Er konstatiert:

---

178 Mach, Ernst: Die Mechanik in ihrer Entwicklung. Frankfurt am Main: Minverva 1982, hier S. VI.

179 Mach, Ernst: Erkenntnis und Irrtum, S. 22.

180 Vgl. Mach, Ernst: Analyse der Empfindungen und das Verhältnis des Physischen zum Psychischen. Darmstadt: Wissenschaftliche Buchgesellschaft 1991, hier S. 17ff.

> Es ergibt sich aber, dass ein *isoliertes* Ding genau genommen nicht existiert. Nur die vorzugsweise Berücksichtigung auffallender, stärkerer Abhängigkeiten und die Nichtbeachtung weniger merklicher, schwächerer Abhängigkeiten erlaubt uns bei einer ersten vorläufigen Untersuchung die Fiktion isolierter Dinge.[181]

Aus dieser Argumentation heraus negiert Mach den Begriff der Kausalität, der in engem Zusammenhang mit der schematischen Darstellung der Interdependenz von Ursache und Wirkung steht. Mach definiert: „Ursache nennen wir ein Ereignis, an welches ein anderes (die Wirkung) unabänderlich gebunden ist."[182] Indem er aber davon ausgeht, dass sich die Umwelt und damit auch ein Vorgang aus den verschiedenen, untereinander variablen Komponenten zusammensetzt, hat Mach implizit bereits auch die Annahme der obligatorischen Sukzession von Ursache und Wirkung abgelehnt, da sie zu einer unzulässigen Vereinfachung der Vorgänge führt. Daher stellt Mach fest: „Die genauere Analyse eines solchen Vorganges zeigt [...] fast immer, dass die so genannte Ursache nur ein Komplement eines ganzen Komplexes von Umständen ist, welcher die sogenannte Wirkung bestimmt."[183]

Somit drängt sich für Mach die Ablösung des Kausalitäts- durch den Funktionalitätsbegriff (besonders für die Wissenschaften) geradezu auf, da er davon ausgeht, dass letzterer die Abhängigkeiten zwischen den verschiedenen Elementen besser abbilden könne. Zentral für seine weiteren Ausführungen ist die Annahme, dass die vermeintlich sukzessiven Vorgänge von Ursache und Wirkung nach der kausalen Begründung nicht umkehrbar sein dürften. Diese These negiert Mach entschieden und erweitert zur Demonstration die Menge von betrachteten Elementen. Wenn es sich nicht mehr um zwei in unmittelbarem Zusammenhang stehende Elemente handelt, sondern vielmehr um eine ganze Kette von Komponenten, die sich in vermittelnder Abhängigkeit befinden, zeigt sich, dass Ursache und Wirkung plötzlich vertauschbar sein können.[184] Um seine These zu untermauern, erläutert er das Beispiel von zwei wärmeleitenden Körpern, die sich berühren und bei denen die Temperaturänderung des einen Körpers gleichzeitig auch die Temperaturänderung des anderen bedingt, sodass nicht mehr ein Vorgang den anderen hervorruft, sondern sich die Vorgänge vielmehr simultan

181 Mach: Erkenntnis und Irrtum, S. 22.

182 Ebd., S. 287.

183 Ebd.

184 Musil fasst die Erkenntnisse in seiner Dissertation noch prägnanter zusammen: „Ursache und Wirkung wären in solchem Falle vertauschbar, also gar nicht als Ursache und Wirkung charakterisiert." (Musil, KA; LESETEXTE; Band 10, Wissenschaftliche Veröffentlichungen, Beitrag zur Beurteilung der Lehren Machs, 69f.).

ergeben.[185] Mach stellt fest: „Die Einführung eines solchen einfachsten Beispiels ist genügend, das *Unzureichende* der vulgären Begriffe Ursache und Wirkung und deren *Überflüssigkeit* gegenüber dem Funktionsbegriff fühlbar zu machen."[186] Gleichzeitig definiert er auch den Begriff der Funktionalität, der sich auf die Annahme der Umkehrbarkeit von Vorgängen und die Simultanität derselben stützt. Mach stellt somit abschließend fest: „Was voneinander abhängt, ändert sich im Allgemeinen miteinander."[187]

Eng verknüpft mit der Ablehnung der Kausalität ist Machs Hypothese, dass das Konzept des Ich, das im allgemeinen Verständnis als beständig angesehen wird, sich seinerseits aus diversen Komponenten zusammensetzt und damit bestenfalls als relativ beständig angesehen werden kann. Mach projiziert die Hypothesen, die er für die Umwelt aufgestellt hat, auf das Konzept des Ich und konstatiert folglich, dass es ein isoliertes Ich nicht gibt.[188] Daher geht er davon aus, dass sich das individuelle Ich eines Menschen nur in der Interaktion zwischen Subjekt und Umwelt entwickeln kann.[189] Wie genau sich diese Interaktion abspielt, soll im folgenden Abschnitt erläutert werden, der sich mit der Wechselbeziehung zwischen Physischem und Psychischem auseinandersetzt.

Zentral ist die Annahme, dass das Ich unter anderem deshalb als beständig empfunden wird, weil es mit dem generalisierenden Begriff ‚Ich' belegt wurde. Diese These erhellt einen weiteren wichtigen Pfeiler von Machs Argumentation. Er geht davon aus, dass in der Natur grundsätzlich das Ökonomieprinzip vorherrscht und dass auch der Mensch dieser Gesetzmäßigkeit in Verhalten und Denken unterworfen ist. Als Beweis führt Mach in diesem Zusammenhang an, dass Komplexe oder Vorgänge, die sich im Grunde nur noch bedingt ähneln, unter Umständen dennoch mit einem einzigen Begriff bezeichnet werden können:

> Mein Freund kann einen anderen Rock anziehen. Sein Gesicht kann ernst oder heiter werden. Seine Gesichtsfarbe kann durch Beleuchtung oder Affekte sich ändern. Seine Gestalt kann durch Bewegung oder dauernd alteriert werden. Die Summe des Beständigen bleibt aber den allmählichen Veränderungen gegenüber dennoch immer so groß, daß diese zurücktreten. Es ist derselbe Freund, mit dem ich täglich meinen Spaziergang mache.[190]

---

185 Vgl. Mach: Erkenntnis und Irrtum, S. 288.
186 Ebd. S. 288f.
187 Ebd., S. 293.
188 Vgl. Ebd., S. 22.
189 Vgl. Ebd., S. 290.
190 Mach: Analyse der Empfindungen, S. 2.

Dieses Beispiel stützt Machs These, dass ein Komplex von Komponenten – in diesem Falle ein Mensch – weiterhin als derselbe wahrgenommen wird und mit ein- und demselben Begriff belegt wird, solange die Menge der beständigen Komponenten die der variierenden überwiegt.[191] Diese Fixierung auf die Beständigkeit und das Erkennen von Gemeinsamkeiten nennt Mach Denkökonomie: „Was auf *einmal* vorgestellt wird, erhält *eine* Bezeichnung, *einen* [i.O. gesperrt; K.B.] Namen."[192] Diese Ökonomie in Denken und Sprechen schlägt sich folglich auch in der Konzeption und Beschreibung des Ich nieder. Das Ich wird von Mach als Komplex diverser Erinnerungen, Gefühle[193] und Stimmungen beschrieben; Eigenschaften, die untereinander variabel sind und sich zudem im Laufe des Lebens verändern. Dennoch wird der Komplex als beständig genug empfunden, um ihn mit dem Begriff ‚Ich' zu bezeichnen.[194] Mach schreibt:

> Größere Verschiedenheiten im Ich verschiedener Menschen, als im Laufe der Jahre in *einem* [i.O. gesperrt, K.B.] Menschen eintreten, kann es kaum geben. Wenn ich mich heute meiner frühen Jugend erinnere, so müßte ich den Knaben (einzelne wenige Punkte abgerechnet) für einen anderen halten, wenn nicht die Kette der Erinnerungen vorläge.[195]

Daher weist Mach dem Ich eine relative Beständigkeit zu, die er daher ableitet, dass die Wesensveränderungen so langsam und kontinuierlich vonstatten gehen,

---

191 Vgl. Ebd.

192 Ebd.

193 Auch die Gefühle und Empfindungen werden ihrerseits als Komplexe definiert, die sich aus verschiedenen Komponenten konstituieren: „Somit setzen sich die Wahrnehmungen sowie [...] die Gefühle, kurz die ganze innere und äußere Welt *aus einer geringen Zahl von gleichartigen Elementen* in bald flüchtigerer, bald festerer Verbindung zusammen. Man nennt diese Elemente *gewöhnlich Empfindungen* [i.O. gesperrt; K.B.]." (Mach: Analyse der Empfindungen, S. 17f.).

194 Berühmt geworden ist Machs lapidare Feststellung: „Das Ich ist unrettbar." (Mach: Analyse der Empfindungen, S. 20.) Er fährt an gleicher Stelle fort: „Teils diese Einsicht, teils die Furcht vor derselben führen zu den absonderlichsten pessimistischen und optimistische, religiösen, asketischen und philosophischen Verkehrtheiten. Der einfachen Wahrheit, welche sich aus der psychologischen Analyse ergibt, wird man sich auf die Dauer nicht verschließen können. Man wird dann auf das Ich, welches schon während des individuellen Lebens vielfach variiert, ja im Schlaf und bei Versunkenheit in eine Anschauung, in einen Gedanken, gerade in den glücklichsten Augenblicken, teilweise oder ganz fehlen kann, nicht mehr den hohen Wert legen. Man wird dann gerne auf individuelle Unsterblichkeit verzichten, und nicht mehr Wert legen als auf die Hauptsache."

195 Ebd., S. 3.

dass sie nahezu unbemerkt bleiben.[196] Damit bezeichnet Mach das Ich als „eine ideelle, denkökonomische [...] Einheit"[197], die nicht reell, unveränderlich oder scharf abgegrenzt ist.[198]

In dem Verhältnis von physischen zu psychischen Wahrnehmungen begegnen sich die bisher ausgeführten Erkenntnisse Machs schließlich. Denn er folgert daraus, „daß die vermeintlichen Einheiten ‚Körper', ‚Ich' nur Notbehelfe zur *vorläufigen* [i.O. gesperrt; K.B.] Orientierung"[199] sind und negiert die Annahme, dass es einen Unterschied zwischen den beiden scheinbar getrennten Einheiten gibt. Um seine Argumentation zu verdeutlichen, führt Mach den Begriff der Empfindungen ein und stellt sich die Frage, ob nicht die Empfindungen des Körpers auch die des Ich seien und umgekehrt. Er folgert: „Das *Physische* und das *Psychische* enthält also *gemeinsame Elemente*, steht also keineswegs in dem gemeinhin angenommenen schroffen Gegensatz."[200] Mach geht jedoch noch einen Schritt weiter und konstatiert, dass es unter Berücksichtigung dieser Annahme nahezu unmöglich sei, festzustellen, wo das Ich aufhöre und der Körper anfange, da diese Grenze nicht definierbar sei.[201] Implizit schwinge in dem Komplex des Körpers auch der Komplex der Umwelt mit, da ersterer die Wahrnehmung des zweiten Komplexes übermittele. Wenn also die Unterscheidung zwischen Physischem und Psychischem obsolet geworden ist, so hat Mach nun die Möglichkeit, die drei Komponenten Ich, Körper und Umwelt zusammenzufassen und festzustellen: „Der Gegensatz zwischen Ich und Welt, Empfindung oder Erscheinung und Ding fällt [...] weg."[202]

Die menschliche Wahrnehmung setzt sich somit zusammen aus den Wechselwirkungen der genannten Komplexe, sodass die Elemente der realen Welt gleichzeitig auch Elemente des Ich sind.[203] Die Interaktion der verschiedenen Komponenten liefert schließlich die Sinnesdaten, die Mach mit dem Begriff der

---

196 Vgl. Ebd., S. 2f.

197 Ebd., S. 18.

198 Vgl. Ebd., S. 18.

199 Ebd., S. 10f.

200 Mach: Erkenntnis und Irrtum, S. 16.

201 Vgl. diesbezüglich auch: Anders, Martin: Präsenz zu denken... Die Entgrenzung des Körperbegriffs und Lösungswege von Leibkonzeptionen bei Ernst Mach, Robert Musil und Paul Valéry. St. Augustin: Gardez! Verlag 2002 (Philosophie im Kontext. Interdisziplinäre Studien, Bd. 8), hier S. 32ff.

202 Mach: Analyse der Empfindungen, S. 11.

203 Vgl. Mach: Erkenntnis und Irrtum, S. 18.

Empfindungen umschreibt. Diese Empfindungen[204] stehen in engem Zusammenhang mit dem Subjekt, denn sie ermöglichen erst das Zustandekommen des letzteren. Mach streicht heraus, dass es sich bei dieser Interaktion um eine zirkulär anmutende Interdependenz handelt: „Aus den *Empfindungen* [i.O. gesperrt; K.B.] baut sich das Subjekt auf, welches dann allerdings wieder auf die Empfindungen reagiert."[205] Eine zusätzliche Erweiterung erfährt das Variationspotential durch das Hinzufügen der Erinnerung, denn wie Manfred Diersch richtig schreibt, kann auch „das in der Vergangenheit stattgefundene Empfindungsleben, im Gedächtnis als Erinnerung aufbewahrt, bei jedem neuen Erlebnis mitwirken"[206] und führt dazu, dass Machs Monismus „den qualitativen Unterschied zwischen objektivem Sein und dem Bewußtsein"[207] negiert.

Mach ist sich der Tatsache bewusst, dass die menschlichen Sinneswahrnehmungen getäuscht werden können; ein Umstand, der seiner Ansicht nach aber nicht im Widerspruch zu seiner bisherigen Argumentation steht.

> Bei Konstatierung unserer *physischen* Befunde unterliegen wir mancherlei Irrtümern oder ‚Täuschungen'. Ein schief ins Wasser getauchter gerader Stab wird geknickt gesehen, und der Unerfahrene könnte meinen, daß er auch haptisch sich als geknickt erweisen werde. Das Luftbild eines Hohlspiegels halten wir für greifbar.[208]

Mach geht davon aus, dass diese Täuschungen daherrühren, dass die menschliche Wahrnehmung aufgrund der Verwechslung von Befunden oder der irrigen Voraussetzung von Bedingungen falsche Schlussfolgerungen aus dem beobachteten Vorgang zieht, es sich also lediglich um eine Fehlinterpretation der gelieferten Informationen handelt.[209]

Werden aufgrund dieser Betrachtungen noch einmal die Ausführungen Carl Stumpfs betrachtet, so wird nun deutlich, warum Stumpf und Mach keine gemeinsame wissenschaftliche Basis finden können. Ebenso wie für Ernst Mach ist auch für Carl Stumpf die Frage nach der Beziehung zwischen Physischem und Psychischem zentral. Allerdings kommen seine Überlegungen zu einem völlig anderen Schluss. Während Mach radikal monistisch argumentiert und davon ausgeht, dass Körper und Geist lediglich Komponenten eines Komplexes seien,

---

204 Zum Empfindungsbegriff bei Ernst Mach vgl. Berlage, Andreas: Empfindung, Ich und Sprache um 1900. Ernst Mach, Hermann Bahr und Fritz Mauthner im Zusammenhang, S. 24ff.

205 Mach: Analyse der Empfindungen, S. 21.

206 Diersch, Manfred: Empiriokritizismus und Impressionismus, S. 35.

207 Ebd.

208 Mach, Erkenntnis und Irrtum, S. 17.

209 Vgl. Ebd.

streitet Stumpf die Folgerung, „wonach geistige und körperlich Vorgänge nur zwei Seiten eines und desselben Vorganges, Leib und Seele nur die äußere und innere Erscheinungsweise eines und desselben Wesens sind“[210] kategorisch ab. Konsequenterweise sucht Stumpf in seinen Forschungen nach einer Möglichkeit, das psychische Leben zu sezieren und zu klassifizieren – eine Aufgabenstellung, die in der Machschen Theorienbildung gar nicht erst auftaucht.

Die obigen Darlegungen haben gezeigt, dass Machs Ausführungen auf der Annahme eines engen Verhältnisses von Philosophie und Wissenschaft basieren. Indem er seine Überlegungen zur Wissenschaftstheorie, die aus seiner langjährigen Tätigkeit als Experimentalphysiker hervorgegangen sind, mit epistemologischen Erkenntnissen koppelt, fungiert er als Wegweiser für zukünftige Forschungen.[211] Mit seinen radikal monistisch agierenden Thesen, in denen er von einer Interaktion ausgeht, die dem „Prinzip des vollständigen Parallelismus des Psychischen und Physischen“[212] gehorcht, setzt er sich konsequent von der bis dato gängigen Wissenschaftspraxis ab und eröffnet sowohl theoretische als auch praktische Forschungsfelder (Albert Einstein bezeichnet ihn als einen der Wegbereiter der Relativitätstheorie)[213]. Doch auch für Robert Musil stellen die Ausführungen dieses Wissenschaftlers gedankliche Ausgangs- und Anknüpfungspunkte dar, die ihn in seinen literarischen Werken immer wieder beschäftigen werden und mit deren Hilfe er ein literarisches Instrumentarium kreiert, mit dem er seelische Prinzipien in einer Form abbilden kann, wie er sie in der Literatur bisher vergeblich sucht.

## 2.4 Christian von Ehrenfels als Namensgeber der Gestaltpsychologie

Bereits 1890 knüpft Christian von Ehrenfels in seinem Artikel ‚Über „Gestaltqualitäten“‘ an die von Mach entwickelten Theorien an. Obwohl er nicht der Erste

210 Stumpf, Carl: Leib und Seele. Der Entwicklungsgedanke in der gegenwärtigen Philosophie. Leipzig: Barth 1909, hier S. 10.

211 Stadler fasst die als Einheit agierenden Wissenschaften in Machs Werk wie folgt zusammen: „Die Aufgabe der Wissenschaften kann nur sein: 1. Die Gesetze der Verbindung der Vorstellung zu bestimmen (Psychologie). 2. Die Gesetze der Verbindung der Empfindungen zu entdecken (Physik). 3. Die Gesetze der Verbindung zwischen Empfindungen und Vorstellungen zu erklären (Psychophysik).“ (Stadler: Ernst Mach – Leben, Werk und Wirkung, S. 12f.).

212 Mach, Analyse der Empfindungen, S. 50.

213 Vgl. Stadler: Ernst Mach – Zu Leben, Werk und Wirkung, S. 11.

ist, der wissenschaftliche Konsequenzen aus den Abhandlungen Machs zieht,[214] ist es doch sein Aufsatz, der der jungen Disziplin der Gestaltpsychologie[215] ihren

---

214 In seinem Aufsatz ‚Phantasie-Vorstellung und Phantasie' äußert Alexius Meinong im gleichen Jahr ähnliche Ideen, die noch sehr skizzenhaft anmuten, aber bereits die Grundzüge der später postulierten Überlegungen zur Unterscheidung zwischen sogenannten fundierten und fundierenden Inhalten, besonders aber die argumentatorische Fundamentlegung der Komplexionen enthalten (vgl. Meinong, Alexius: Phantasie-Vorstellung und Phantasie. In: Alexius Meinong. Gesamtausgabe. Band 1: Abhandlungen zur Psychologie. Hg. v. Rudolf Kindinger und Rudolf Haller. Graz: Akademische Druck- und Verlagsanstalt 1969, S. 195–269, hier z.B. S. 205ff.). Außer Meinong veröffentlicht auch Edmund Husserl mit den ‚Logischen Untersuchungen' eine Schrift, die sich mit der Relation von Teilen zu ihrem Ganzen beschäftigt – Husserl selbst bezeichnet die Wahrnehmung der Inhalte zunächst als ‚figurale Momente', benennt diese dann aber in ‚Einheitsmomente' um und schreibt in seinen ‚Logischen Untersuchungen': „Selbstverständlich sind diese Einheitsmomente nichts Anderes als diejenigen Inhalte, die *von Ehrenfels* [i.O. gesperrt, K.B.] als ‚Gestaltqualitäten', von mir selbst als ‚figurale Momente' und von *Meinong* als ‚fundirte [sic] Inhalte' bezeichnet worden sind." (Husserl: Logische Untersuchungen. Zweiter Theil. Untersuchungen zur Phänomenologie und Theorie der Erkenntnis. Halle a. S. : Niemeyer 1900, hier S. 230f.). Husserl verweist diesbezüglich auf die Forschungen von Stumpf zu den Verschmelzungen (vgl. Husserl: Logische Untersuchungen 2, S. 240). Stumpf war Lehrer von Husserl (ihm widmet Husserl seine ‚Logischen Untersuchungen') und verdankt Stumpf „wichtige Impulse für seine eigene Arbeit" (Peuker, Henning: Von der Psychologie zur Phänomenologie. Husserls Weg in die Phänomenologie der ‚Logischen Untersuchungen'. Hamburg: Felix Meiner Verlag 2002, hier S. 43. Zu der Frage, welche genauen Auswirkungen das Lehrer-Schüler-Verhältnis für Husserl hatte, vgl. Ebd., S. 42ff.).
Gelb konstatiert aber zu Recht, dass die Verschmelzungen von Stumpf nicht identisch sind mit den Gestaltqualitäten von Christian von Ehrenfels, weil die Verschmelzungen keine neuen Inhalte hervorbringen. (vgl. Gelb: Theoretisches über Gestaltqualitäten, S. 50f.). Für weiterführende Informationen vgl. Rollinger, der sich genauer mit den verschiedenen Nuancierungen des Begriffs der Verschmelzung auseinandersetzt (Rollinger, Robin D.: Husserl's Position in the School of Brentano. Dordrecht, Boston, London: Kluwer Academic Publishers 1999, hier S. 106ff.).

215 Etwa ein Jahr nach der Veröffentlichung des Artikels von Christian von Ehrenfels publiziert Alexius Meinong, bei dem von Ehrenfels promovierte, einen Aufsatz, mit dem er auf die Ideen von Ehrenfels' reagiert. Meinong ist der Meinung, dass der Begriff ‚Gestaltqualität' problematisch sei, weil er die beschriebenen Vorgänge „eher verdunkelt als beleuchtet, von der Zustimmung zu denselben eher abhält als solche fördert." (Meinong, Alexius: Zur Psychologie der Relationen und der Komplexionen. In: Zeitschrift für Psychologie und Physiologie der Sinnesorgane 2 (1891), S. 245–265, hier S. 252.). Da er eine „angemessene Umnennung" für angebracht

Namen geben wird. Von Ehrenfels beruft sich in seiner Arbeit ausdrücklich auf die Ideen Machs. Besonders beschäftigt ihn die von Mach formulierte Annahme, dass eine Tonreihenfolge in einer bestimmten Tonart auch dann problemlos wiedererkannt wird, wenn sie in einer anderen Tonart wiederholt wird:

> Wenn zwei Tonfolgen von zwei verschiedenen Tönen ausgehen und nach denselben Schwingungszahlenverhältnissen fortschreiten, so erkennen wir in beiden dieselbe Melodie ebenso durch die Empfindung, als wenn wir an zwei geometrisch ähnlichen, ähnlich liegenden Gebilden die gleiche Gestalt erkennen.[216]

Diese Annahme legt von Ehrenfels seinen Ausführungen zugrunde und beschäftigt sich mit der Frage, „was denn jene Vorstellungsgebilde ‚Raumgestalt' und ‚Melodie' in sich *seien*, – eine bloße Zusammenfassung von Elementen, oder was diesen gegenüber Neues, welches zwar *mit* jener Zusammenfassung, aber doch *unterscheidbar* von ihr vorliegt?"[217]

Von Ehrenfels wendet sich gegen die Annahme, dass es sich bei den Komplexen (er analysiert immer zuerst die eingängigeren tonalen Beispiele und erweitert in einem nächsten Schritt seine Annahmen in Bezug auf die räumlichen Dimensionen) um die bloße Summe ihrer Komponenten handelt.[218] Er geht vielmehr

---

hält, schlägt Meinong den Begriff der ‚fundierten Inhalte' vor, mit dem Hinweis, dass das von von Ehrenfels beschriebene Prinzip auf die Grundlagen von Vorstellungstatsachen rekurriert (vgl. Meinong: Zur Psychologie der Relationen, S. 252f.). Die selbstständigen fundierenden Inhalte werden flankiert von den unselbstständigen fundierten Inhalten – unselbstständig deshalb, weil sie die fundierenden Inhalte zur Grundlage haben müssen (vgl. Ebd. S. 253f.). Darauf basierend entwickelt Meinong den Gedanken, dass die Teile in Relation bzw. Komplexion zum Ganzen stehen: „Relation kann nicht bestehen, wo nur ein Einfaches vorliegt: also keine Relation ohne Komplexion. Aber auch keine Komplexion, deren Bestandstücke nicht mindestens insofern zueinander und zur Komplexion als Ganzem in Relation stünden, daß sie eben Teile dieses Ganzen ausmachen." (Ebd., S. 254). Anhand der strukturellen Ähnlichkeiten wird also die prinzipielle Zustimmung Meinongs zu den Ideen von Ehrenfels' deutlich. Für eine ausführliche Auseinandersetzung der Auswirkungen der Ideen von Ehrenfels auf andere Forscher, vgl. Amin: Assoziationspsychologie und Gestaltpsychologie, S. 120f.

216 Mach: Analyse der Empfindungen, S. 232.

217 Von Ehrenfels, Christian: Über ‚Gestaltqualitäten'. In: Psychologie, Ethik, Erkenntnistheorie. Hg. v. Reinhard Fabian. München, Wien: Philosophia Verlag 1988 (Philosophische Schriften, Bd. 3), S. 128–167, hier S. 128f.

218 Um seine These zu verdeutlichen, verwendet von Ehrenfels erneut ein Beispiel aus der Musik: „Man betrachte etwa die Melodie der ersten Zeile des bekannten Volksliedes: ‚Muß i denn, muß i denn zum Städtle hinaus…'. Dieselbe enthält, in C-Dur

davon aus, dass etwas Neues entsteht, das zu dem aus den diversen Komponenten bestehenden Komplex hinzukommt. Aus dieser Annahme entwickelt von Ehrenfels seine Definition der Gestaltqualitäten, die als Namensgeber für die sich später entwickelnde Richtung der Gestaltpsychologie fungiert. Er definiert:

> Unter *Gestaltqualitäten* verstehen wir solche positive Vorstellungsinhalte, welche an das Vorhandensein von Vorstellungskomplexen im Bewußtsein gebunden sind, die ihrerseits aus voneinander trennbaren (d.h. ohne einander vorstellbaren) Elementen bestehen. – Jene für das Vorhandensein der Gestaltqualitäten notwendigen Vorstellungskomplexe wollen wir die *Grundlage* der Gestaltqualitäten nennen.[219]

Von Ehrenfels ist die Problematik seines Ansatzes durchaus bewusst: Wenn jede Komponente mit einer anderen Komponente einen Komplex zu bilden imstande ist, der seinerseits wiederum verschieden von den konstituierenden Komponenten ist, so würde sich das Wahrnehmungsfeld explosionsartig vergrößern. Diesem Problem der „unendlichen Komplikation unseres Vorstellungslebens“[220], das der „Endlichkeit nicht Genüge“[221] leisten könnte, begegnet von Ehrenfels mit der Annahme, dass die Aufmerksamkeit der Wahrnehmung natürliche Grenzen setzt:

> Denn wenn selbst auch hier das psychisch Vorhandene eine unendliche Teilung der Möglichkeit nach zulassen sollte, – tatsächlich findet unsere Aufmerksamkeit ebenso bald oder noch früher ihre Schranken, als bei dem räumlichen Kontinuum.[222]

---

gespielt, die Töne *c* bis *a*, und zwar das *e* und *g* je dreimal, das *f* zweimal, das *c*, *d* und *a* je einmal. Nun spiele man sie in Fis-Dur. Hier enthält sie keinen einzigen der Töne, auf welchen sie in C-Dur sich aufbaut. Dennoch ist die Ähnlichkeit jedem halbwegs musikalisch Veranlagten sofort und ohne Reflexion [...] erkennbar. Nun spiele man diese Melodie wieder in C-Dur und hierauf, in gleichem Rhythmus, die Tonfolge *egfaggfeced*, welche, ebenso wie unsere Melodie, drei *e*, drei *g*, zwei *f*, ein *c*, ein *d* und ein *a* enthält. Eine Ähnlichkeit (mit Ausnahme des beibehaltenen Rhythmus) wird jedoch hier niemandem mehr auffallen [...]. Wir haben also einerseits zwei Komplexe von Tonvorstellungen, welche aus durchgängig verschiedenen Bestandteilen gebildet werden, und doch ähnliche (nach der gewöhnliche Sprechweise sogar *dieselbe*) Melodien ergeben, auf der anderen Seite zwei Komplexe, welche aus tonal vollkommen gleichen Elementen gebildet werden und durchaus verschiedene Melodien ergeben. Hieraus geht unwiderleglich hervor, daß die Melodie oder Tongestalt etwas anderes ist als die Summe der einzelnen Töne, auf welchen sie sich aufbaut.“ (Von Ehrenfels: Über ‚Gestaltqualitäten‘, S. 134.)

219 Ebd., S. 136.

220 Ebd., S. 132f.

221 Ebd., S. 133.

222 Ebd., S. 133f.

Der Grundgedanke ist somit, dass die Aufmerksamkeit gelenkt wird und durch die Fokussierung manche Komponenten im Wahrnehmungsfeld dominanter sind als andere.

Verwendet von Ehrenfels zunächst immer Beispiele aus der Musik, um seinen Standpunkt deutlich zu machen, so erweitert er seine Betrachtungen im Verlaufe seiner Ausführungen und überträgt die Erkenntnisse, die für die auditive Wahrnehmung gelten, auch auf die anderen Wahrnehmungsfelder, so führt er beispielsweise den Begriff des ‚Gesichtssinnes'[223] ein und erweitert damit bereits in erster Instanz das Geltungsgebiet der Gestaltqualitäten. Somit

> erweisen sich die *Raumgestalten* nicht nur des *Gesichts*-, sondern auch des *Tastsinnes* in seiner Vereinigung mit den sogenannten Bewegungsempfindungen als Gestaltqualitäten. Die *Raumdaten* der *übrigen* Sinne sind so unbestimmt, daß es schwerfällt, durch sie Raumgestalten festzuhalten; doch sprechen alle Anzeichen dafür, daß die grundlegenden Verhältnisse hier keine anderen seien als auf den Gebieten des Gesichts- und Tastsinnes.[224]

Letztlich sieht von Ehrenfels also in allen Bereichen der Wahrnehmung Gestaltqualitäten[225] und führt auch Gemütszustände als Gestaltqualitäten ein. Er stellt fest:

> Man könnte meinen, nun über die Reihe möglicher [...] Gestaltqualitäten einen Überblick gewonnen zu haben, wenn nicht noch das Gebiet der *inneren Wahrnehmung* in Betracht zu ziehen sein würde. [...] Veränderungen, wie das Zunehmen oder Verschwinden einer Lust, eines Schmerzes, einer Erwartung, wenn sie Objekte eines innerlichen Vorstellens werden, [ergeben] analog wie ein anschwellender oder verklingender Ton eigentümliche zeitliche Gestaltqualitäten, welche sich mit den übrigen Vorstellungsdaten verweben.[226]

Von Ehrenfels entwickelt somit die von Mach postulierte Idee weiter, dass die Umwelt aus mannigfaltig gearteten, transponierbaren Komponenten bestehe, die vom Bewusstsein zu sinnvollen Komplexen geordnet werden, wobei der Komplex an sich verschieden ist von den einzelnen Komponenten und auch der Summe seiner Komponenten.

---

223 Vgl. Ebd., S. 137.

224 Ebd.

225 Vgl. auch Bonacchi: Die Gestalt der Dichtung, S. 53f.

226 Von Ehrenfels: Über ‚Gestaltqualitäten', S. 142f.

## 2.5 Zwischenfazit

Im Entwicklungsprozess der Psychologie wird deutlich, dass die exakte Untersuchung psychischer Phänomene immer weiter in den Vordergrund rückt. Dabei erweist sich der verstärkte Einsatz des Experiments als Instrumentarium zur Abbildung dieser Funktionen als charakteristisch für diesen Vorgang. Mit der Maßgabe, psychische Funktionen in messbare Einheiten zu fassen, setzt sich die Psychologie gleichzeitig auch der Gefahr einer Beschränkung und Vereinfachung der von ihr untersuchten Phänomene aus. Carl Stumpf erkennt diese Problematik und gesteht dem experimentellen Zugang folglich lediglich propädeutischen Wert zu. Mit der minutiösen Sezierung psychischer Vorgänge bewegt sich jedoch auch Stumpf innerhalb eines wissenschaftlich geprägten Terrains, das konsequent reliable Ergebnisse fordert. Damit geht auch er weniger der Frage nach, was genau die Seele eigentlich ist, sondern wendet sich im Gegenzug verstärkt der Untersuchung zu, was die Seele leistet.[227]

Während Stumpf die psychischen Funktionen zu unterteilen versucht, entzieht sich Ernst Mach dieser Problematik, indem er von einer psychophysischen Parallelschaltung ausgeht. Von grundsätzlicher Bedeutung sind jedoch besonders seine Ausführungen zur Aufgabe der Kausalität und der Hinwendung zur Funktionalität, denn sie ermöglichen die Annahme einer Dynamik für psychische Vorgänge, die die bis dahin mechanisch und statisch argumentierenden wissenschaftlichen Erklärungsversuche nicht bieten konnten. Mit der Annahme der Transponierbarkeit, die von Christian von Ehrenfels aufgenommen und ausgebaut wird, und der konsequenten Orientierung an der exakten Untersuchung der Psyche erfolgen wichtige Weichenstellungen für die Entwicklung der Gestaltpsychologie.

227 Aus der Annahme, dass Robert Musil das wissenschaftlich normierte Seelenbild nicht ausreicht, muss konsequenterweise eine begriffliche Unterscheidung folgen. Im weiteren Verlauf soll somit die im Mittelpunkt des wissenschaftlichen Interesses stehende Psyche von dem Komplex der literarisch umgesetzten Seele differenziert werden. Damit erfolgt eine Unterscheidung, die in den Wissenschaften so nicht angelegt ist, hier werden die Begriffe weitgehend synonym verwendet (vgl. Walach: Psychologie. Wissenschaftstheorie, philosophische Grundlagen und Geschichte, S. 305f.).

# 3. ‚Die Verwirrungen des Zöglings Törleß' – Zwischen Wissenschaft und Dichtung

Musils literarische Karriere beginnt 1906 mit der Veröffentlichung seines Erstlingswerks ‚Die Verwirrungen des Zöglings Törleß'. Nach seinem Ingenieurstudium an der Technischen Hochschule Brünn schreibt sich Musil 1903 für ein Psychologiestudium in Berlin ein. Bekannt ist, dass er sich zu dieser Zeit intensiv mit den Ideen Ernst Machs auseinandersetzt; im Mai 1902 liest er dessen ‚Populärwissenschaftliche Vorlesungen', zwischen 1902 und 1903 – also genau zu der Zeit, in der er von den reinen Naturwissenschaften zur Psychologie wechselt – fertigt Musil die ersten Niederschriften zum ‚Törleß' an.[228] Die im Machschen Werk angestrebte Schnittmenge zwischen Naturwissenschaften und Philosophie könnte als Katalysator für Musils Emanzipation von dem eigentlich vorgezeichneten Weg als Ingenieur zu werten sein. So schreibt Oliver Pfohlmann: „Entscheidend für Musils Wechsel zur Psychologie war vermutlich seine Lektüre der Werke Ernst Machs."[229] Sicher ist, dass die Kompetenzen, die er in seiner bisherigen akademischen Laufbahn erworben hatte, ihn nicht ausfüllen. Musil zufolge, der in Retrospektive berichtet, wie er den Roman schrieb, ist der ‚Törleß' ein Produkt seiner Unzufriedenheit, die ihn nach seinem Studium der Ingenieurswissenschaften umtreibt.[230] Er berichtet:

> Als ich ein Jahr später selbst nach dem Stoff griff, geschah es buchstäblich aus Langeweile. Ich war 22 Jahre alt, trotz meiner Jugend schon Ingenieur und fühlte mich in meinem Beruf unzufrieden. […] Jeden Abend um halb neun Uhr besuchte mich eine Freundin, aus dem Büro kam ich aber schon um sechs Uhr nach Hause, Stuttgart, wo sich das abspielte, war mir fremd und unfreundlich, ich wollte meinen Beruf aufgeben und Philosophie studieren (was ich bald auch tat), drückte mich von meiner Arbeit, trieb philosophische Studien in meiner Arbeitszeit und am späten Nachmittag, wenn ich mich nicht mehr aufnahmefähig fühlte, langweilte ich mich. So geschah es, daß ich

---

228 Vgl. Musil, KA; KOMMENTARE & APPARATE, Zeitleiste; Brünner und Berliner Jahre 1898–1907; 1902.

229 Pfohlmann: Robert Musil. Reinbek bei Hamburg: Rowohlt-Taschenbuch-Verlag 2012, hier S. 38.

230 Bonacchi schreibt: „Die intellektuellen Erfahrungen der Berliner Zeit sind m. E. maßgebend für die Vollendung des Erstlingswerks ‚Die Verwirrungen des Zöglings Törleß'." (Bonacchi, Silvia: Robert Musils Studienjahre, 1903–1908. Beilage zu: Musil-Forum, Saarbrücken 1992, hier S. 1f.)

etwas zu schreiben begann, und der Stoff, der gleichsam fertig dalag, war eben der der ‚Verwirrungen des Zöglings Törleß'.[231]

---

231 Musil, KA; LESETEXTE, Band 14, Gedichte, Aphorismen, Selbstkommentare, Zum Roman, Parerga und Paralipomena 1921–1927, Vermächtnis. Der Grund dafür, dass der Stoff so greifbar ist, könnte in der Biographie des Autors zu suchen sein. Ab 1894 besucht Musil die Militär-Oberrealschule Mährisch-Weißkirchen (Hranice), die er später in einem Entwurf für seine Autobiographie als „A-loch des Teufels" (Musil, KA; LESETEXTE; Band 17, Späte Tagebuchhefte 1928–1942; 33: Autobiographie, (1937–1942), 156.) titulieren wird. Er fügt an selber Stelle an, es handle sich bei seiner Biographie um „die wahre Geschichte des ‚Törleß'", eine Aussage, die mit Blick auf die Namensähnlichkeiten zwischen real existierenden Personen (Richard von Boyneberg-Lengsfeld, Jarto Reising und Franz Fabini) und den Figuren des Romans (Beineberg, Reiting und Basini) durchaus schlüssig erscheint. Charakteristisch für Musil ist allerdings die vehemente Ablehnung einer Interpretation aufgrund biographischer Tatsachen. So schreibt Musil 1906 an Paul Wiegler: „Letztlich noch die Bitte, daß Sie nichts von Weißkirchen erwähnen. Der Zusammenhang mit diesem Institut, in dem ich aufwuchs, ist ein äußerlicher. Die Erinnerung lieferte mir nur das Motiv und ich bemühte mich, möglichst zu verschleiern. Tatsächlich stimmen auch selbst Äußerlichkeiten nicht überein. Immerhin sind viele solche nur wenig verändert, besonders 2 Namen, und es ist mir sehr unangenehm, daß man real interpretiert, weil gerade das Kompromittierende zum großen Teil erfunden ist." (Musil, KA; LESETEXTE; Band 18; Vorkriegs- und Kriegskorrespondenz, 1895–1818, 1806, Robert Musil an Paul Wiegler, 21. Dezember 1906.). Inwieweit eine tatsächliche Übereinstimmung von realen und fiktiven Elementen zu finden ist, sei an dieser Stelle dahingestellt – sie hätte für die eigentlichen Ausführungen dieser Arbeit wenig Relevanz, da der Befund überwiegt, dass Musil nicht den biographischen Hintergrund in den Vordergrund stellt, sondern vielmehr die Betrachtung von Dynamiken innerhalb einer Figur und einer Gruppe. Die biographischen Hintergründe, die in der Ideengebung sicherlich eine Rolle gespielt haben mögen, treten somit in den Hintergrund. Karl Corino erarbeitet diesbezüglich mögliche Parallelen (vgl. Corino, Karl: Törleß ignotus. Zu den biographischen Hintergründen von Robert Musils Roman ‚Die Verwirrungen des Zöglings Törleß'. In: Text + Kritik. Zeitschrift für Literatur, Heft 21/22 (1971), S. 61–72.). Musil verfolgt ein abstrakteres Ziel als die realitätsnahe Skizzierung einer jugendlichen Pubertätsphase. Diese Theorie, die im weiteren Verlauf gestützt werden soll, wird durch die Tatsache untermauert, dass Musil mit hoch artifizieller Sprache arbeitet, die in keiner Weise an die Alltagssprache (schon gar nicht von sechzehnjährigen Jungen) erinnert. Musil selbst schreibt diesbezüglich: „Er behandelt ein psychologisches Sujet und genügt nicht einmal der einfachsten Psychologie. Sechzehnjährige Knaben reden darinnen wie Bücher. Und da mir doch davor bange würde, wie schlecht geschriebene Bücher." (Musil, KA; LESETEXTE; Band 14, Gedichte, Aphorismen, Selbstkommentare; Urteile über sich selbst, Ein Roman nicht ganz gewöhnlicher Art (Törleß).).

Musils Unzufriedenheit wandelt sich allmählich in das Bewusstsein, dass die rational agierenden Naturwissenschaften seinen Drang nach Erkenntnis nicht befriedigen können.[232] Dieses Defizit kann auch der Wechsel zur Psychologie nicht ausgleichen, lehnt sich diese in ihrem Emanzipationsstreben von der Philosophie doch ihrerseits an die exakten Wissenschaften an.

Symptomatisch für dieses Bemühen nach Einsichten, die tiefer gehen als das bloße Aufdecken von kausalen Zusammenhängen, ist die literarische Skizze ‚Aus dem stilisierten Jahrhundert (Die Straße)', die zwischen 1900 und 1904 verfasst wird. Musil beschäftigt sich hier – ähnlich wie im ‚Törleß' – mit der modifizierten Wahrnehmung eines besonders sensiblen Menschen. Im Mittelpunkt der Betrachtungen steht die Beschreibung einer Straße. Der Autor stellt fest, dass besagte Straße eben nicht einfach nur eine Straße, „nichts Gerades, Taghelles ist, sondern daß sie vergleichsweise ebensogut etwas Vielverzweigtes, Geheimnis- und Rätselvolles sein kann, mit Fallgruben und unterirdischen Gängen, versteckten Kerkern und vergrabenen Kirchen."[233] Eine solche Art der Perzeption bleibt den „Zweimal-zwei-ist-vier-Menschen"[234] verborgen, von denen Musil sich umgeben fühlt, die unreflektiert die tradierte Art der Wahrnehmung übernehmen und dadurch das versteckte zweite Wesen der Dinge nicht registrieren können.[235] Interessanterweise erkennt jedoch auch der junge Musil bei allen Zweifeln zu jeder Zeit die Möglichkeiten an, die die Naturwissenschaften bieten. So konstatiert er: „Aller seelische Wagemut liegt heute in den exakten Wissenschaften. Nicht von Goethe, Hebbel, Hölderlin werden wir lernen, sondern von

232 Diese klischeehaft anmutende, klare Unterteilung zwischen Naturwissenschaften und Literatur wird von Musil konsequent umgesetzt. Sie ermöglicht eine Abgrenzung der Dichtung von der Psychologie und lässt die von ihm angestrebte Unterscheidung zwischen lebenden und toten Gedanken und später der ratioïden und nicht-ratioïden Sphäre deutlich werden.

233 Musil, KA; LESETEXTE, Band 16, Frühe Tagebuchhefte 1899–1926; 4: Altes schwarzes Heft (1900–1904), Tagebuch und literarische Projekte, 27.

234 Ebd.

235 Es bedarf keiner besonderen Imaginationskraft, um zu erkennen, dass sich hier sowohl Faktoren spiegeln, die im ‚Törleß' verarbeitet wurden, als auch zu bemerken, dass es sich bei diesen Gedankengängen um zukunftsweisende Prinzipien handelt. Es ist genau dieser Unterschied zu den rational geprägten Menschen, die Törleß umgeben und deren gewohnheitsmäßige Wahrnehmung er zu durchbrechen sucht, Musil spricht hier davon, dass „Denkgewohnheiten sind die unsichtbarsten und starrsten Schranken" (Musil, KA; LESETEXTE, Band 16, Frühe Tagebuchhefte 1899–1926; 4: Altes schwarzes Heft (1900–1904), Tagebuch und literarische Projekte, 63.) seien.

Mach, Lorentz, Einstein, Minkowski, von Couturat, Russel, Peano..."[236] Seine eigenen Überlegungen fußen somit keinesfalls auf einer radikalen Ablehnung der Naturwissenschaften, vielmehr zweifelt er ihre Alleinherrschaft zur Gewinnung von Erkenntnissen an.

Konsequenterweise zielen seine Bemühungen nun darauf ab, Ersatz für diesen Mangel zu finden. Dabei orientieren sich seine Reflexionen (ganz in Machscher Tradition) zunächst an der Philosophie. Diese Konsultation ergibt sich für den literarisch Begabten nahezu von allein:

> Ein Schluß auf die Philosophie von ihrem Studium aus. Als Studierender der Philosophie macht man eine Erfahrung, die auf die eigentümliche Stellung dieses Denkgebietes zwischen Wissenschaft und Dichtung schließen läßt, wobei es weder die Vorzüge der einen noch der anderen teilt.[237]

In dieser Geisteswissenschaft hofft Musil zu finden, was ihm in den Naturwissenschaften fehlt, nämlich „jeden Tag etwas Feines, eine Vertiefung der Persönlichkeit."[238] Tatsächlich stellt sich jedoch heraus, dass auch die Philosophie nicht bereithält, was Musil sucht; dass eine übermäßige Orientierung an dieser Wissenschaft sogar schädlich sein kann, denn der Autor stellt fest: „Ich muß gestehen, daß ich – trotzdem ich glaube ein Künstler zu sein – nicht weiß, was das ist. Das Philosophische irritiert mich. Ich leide unter dieser Vermengung. Leide tatsächlich."[239] Diese Separation geht schließlich so weit, dass Musil klarstellt: „Ich bin nicht Philosoph. Sondern Dichter."[240] Diese Äußerung muss als Weigerung verstanden werden, sich einer einzigen Fachrichtung zuordnen zu lassen. Folglich handelt es sich auch hier nicht um eine prinzipielle Abkehr von der Philosophie, sondern vielmehr um eine Abgrenzung, die aber Spielraum für Anlehnungen lässt.

---

236 Musil, KA; LESETXTE; Band 15, Fragmente aus dem Nachlass; Essayistische Fragmente, Gehirnspaziergang (1906–1914), Rundschau: Profil eines Programms (I), 3.

237 Musil, KA; LESETEXTE; Band 16, Frühe Tagebuchhefte; 11; Schwarzes Heft (1905–1908); Tagebuch und Exzerpte 1905–1907.

238 Musil, KA; LESETEXTE; Band 16, Frühe Tagebuchhefte, 1899–1926, 11: Schwarzes Heft, Stilistische Studien und Projekte, 1905, 35.

239 Musil, KA; LESETEXTE; Band 16, Frühe Tagebuchhefte, 1899–1926, 11: Schwarzes Heft, Tagebuch und Exzerpte, 1905–1907.

240 Musil, KA; LESETEXTE; Band 14, Gedichte, Aphorismen, Selbstkommentare, Aphorismen aus dem Nachlass, Ich stelle zusammen, 6. An anderer Stelle schreibt er: „Bald sind mir die einen zu wenig philosophisch, bald die anderen zu wenig menschlich" (Musil, KA; LESETEXTE; Band 16, Frühe Tagebuchhefte, 1899–1926, 11: Schwarzes Heft, Tagebuch und Exzerpte, 1905–1907.).

Diese Annahme wird untermauert, wenn berücksichtigt wird, dass Musil streng zwischen dem Inhalt seines Romans und seiner eigentlichen Aussageabsicht differenziert. Musil ist sich von Anfang an darüber im Klaren, dass er einen Roman verfasst, dessen Inhalt mit den Vorstellungen seiner Zeit kollidiert und die damals vorherrschenden engen Moralvorstellungen auf das Äußerste strapaziert. Selbstironisch schreibt er, sein Roman solle „ein Genuß für Menschen mit intellektuellen Neigungen (und andere zählen ja doch nicht)“[241] sein. Bereits um 1905 ist seine Arbeit an dem Roman so weit gediehen, dass er das Manuskript mit der Bitte um Sichtung an einen Verlag schickt.[242] Das Begleitschreiben lässt erkennen, dass sich Musil bewusst ist, dass der ‚Törleß‘ die Leserschaft aufgrund seiner Modernität spalten wird:

> Es handelt sich um einen Roman von abweichender Art; gewiß, […] mit Fehlern der Hast und Ungeduld behaftet; aber einer neuen Weise zu schreiben zustrebend […]. Ein Buch, das einen Verleger braucht, der seine Unternehmungen nach dem Kurse von übermorgen richtet.[243]

Tatsächlich bricht der ‚Törleß‘ bereits bei oberflächlicher Betrachtungsweise Tabus, indem sexuelle Ausschweifungen drastisch geschildert werden. Musil weiß, dass dieses Faktum Gefahr läuft, in der Wahrnehmung des Rezipienten zu dominieren – von einem solchen Interpretationsansatz distanziert er sich jedoch in aller Deutlichkeit: „Ich will nicht die Päderastie begreiflich machen. Sie liegt mir von allen Abnormitäten vielleicht am fernsten.“[244] Diese Aussage deutet bereits in diesem frühen Stadium des literarischen Schaffens Musils auf ein basales Prinzip hin: Der Inhalt des Romans fungiert in letzter Instanz nur als Mittel zum Zweck. Es geht Musil nicht darum, ein identifikatorisch bedeutsames Werk zu schaffen, das ein realistisches und psychologisch korrektes Abbild der pubertären Irrungen eines Jugendlichen darstellt. Musil selbst kommentiert dieses Faktum folgendermaßen:

---

241 Musil, KA; LESETEXTE; Band 14, Gedichte, Aphorismen, Selbstkommentare; Urteile über sich selbst, Ein Roman nicht ganz gewöhnlicher Art (Törleß).

242 Vgl. Pfohlmann: Robert Musil, S. 46.

243 Musil, KA; LESETEXTE, Band 18, Vorkriegs- und Kriegskorrespondenz, 1905, Musil an einen Verlag 22. März 1905 oder später.

244 Musil, KA; LESETEXTE; Band 18; Vorkriegs- und Kriegskorrespondenz, 1895–1818, 1806, Robert Musil an Paul Wiegler, 21. Dezember 1906.

> Der Sechzehnjährige [...] ist eine List. Verhältnismässig einfaches und darum bildsames Material für die Gestaltung von seelischen Zusammenhängen, die im Erwachsenen durch zu viel andres kompliziert sind, was hier ausgeschaltet bleibt.[245]

Damit wird deutlich, dass seinen Untersuchungsgegenstand, nämlich das (noch nicht ausgereifte, in der Entwicklung befindliche) Seelenleben vereinfacht, um im Gegenzug das skizzierte Entwicklungspotential möglichst detailgetreu abbilden zu können – die Protagonisten werden dabei zu Platzhaltern degradiert.[246] Folglich verwundert es nicht, wenn Musil konstatiert: „Während des Törleß, so weit ich mich erinnern kann [...], höchstens eine Auseinandersetzung damit, wie man so etwas erzählt; wie man eigentlich auf etwas anderes zielt, und doch (gut) erzählt."[247] An anderer Stelle schreibt er: „Um auf den Törleß zu kommen: das Buch ist nicht naturalistisch. Es gibt nicht Pubertätspsychologie wie viele andere, es ist symbolisch, es illustriert eine Idee."[248]

Sein eigentliches Ziel ist es, seelische Zusammenhänge offensichtlich werden zu lassen; eine Intention, für deren Erreichen er die erkenntnisorientierten Wissenschaften heranzieht.[249] Dabei steht jedoch nicht die korrekte Widergabe

---

245 Musil, KA; TRANSKRIPTIONEN UND FAKSIMILES; Nachlass, Abschriften aus Essays/ 101.

246 Pfohlmann schreibt diesbezüglich: „Vom Zögling Törleß an, der sich im Spannungsfeld zwischen dem Sadisten Reiting, dem Mystagogen Beineberg und ihrem Opfer Basini bewegt, gewinnen seine eigenschaftslosen Protagonisten wie Variablen einer Gleichung ihren jeweiligen ‚Wert' erst in Relation zu den anderen Figuren." (Pfohlmann: Robert Musil, S. 40).

247 Musil, KA; LESETEXTE, Band 14; Gedichte, Aphorismen, Selbstkommentare; Rapial oder Aufzeichnungen eines Schriftstellers, Ausführung.

248 Musil, KA; LESETEXTE Band 18; Vorkriegs- und Kriegskorrespondenz 1895–1918, Robert Musil an Matthias di Gaspero, Ende 1907 oder später.

249 Musil ist sich bewusst, dass er sich in seinem Streben, Literat werden zu wollen, eigentlich an Schriftstellern orientieren könnte, die diesen Schritt bereits gegangen sind. Doch Musil sind die Vorgaben, die die Autoren bereit halten, nicht genug. In der Retrospektive schreibt er über jene Zeit der ersten literarischen Orientierung: „Ich hatte noch wenig gelesen und kannte kein Vorbild. Hauptmann, der schon sehr berühmt war, hatte für meinen Geschmack eine zu geringe geistige Kapazität, was an Ibsen bedeutend war, verstand ich damals ebensowenig, wie man es etwa heute versteht, und was an ihm gerühmt wurde, seine geistige Tiefe, war ein lächerlicher Irrtum, Hamsun – der in seinen Frühwerken große geistige Erörterungen bot, legte sie ein, wie man in der alten Oper die Arien in die Handlung einlegte und nicht viel anders verfuhr d'Annunzio. Stendhal verstand ich nicht und Flaubert kannte ich nicht. Aber ich kannte Dostojewskij und da ich ihn heiß liebte – ohne übrigens das Bedürfnis zu haben, ihn ganz kennenzulernen: sonderbar sind junge

wissenschaftlicher Postulate im Vordergrund, vielmehr fungieren sie als ihrerseits als Mittel zum Zweck, um das literarische Ideal der Abbildung seelischer Prinzipien umsetzen zu können.[250]

## 3.1 Experimentalpsychologische Ansätze im Roman

Die Experimentalpsychologie stellt einen ersten, zur Zeitpunkt der Entstehung des ‚Törleß' für Musil sehr aktuellen gedanklichen Anknüpfungspunkt dar. Am Berliner Institut für Psychologie wird großer Wert auf eine experimentelle Verifizierung der theoretischen Überlegungen gelegt, eine Grundidee, die in den Folgejahren auch für die Gestaltisten dominant sein wird. Mit Blick auf die folgenden Ausführungen stellt sich die Frage, in welchem Maße Robert Musil am Experimentalbetrieb des Instituts beteiligt war. Der Autor selbst beschreibt in der Retrospektive sein Verhältnis zu dieser Art der Wissensgewinnung wie folgt: „Anständigerweise, daß ich mich psychologisch nicht versiert genug fühlte und wenig Freude am psychologischen Experiment hatte; schon in Berlin dem Betrieb ferngeblieben war."[251]

Nichtsdestoweniger ist mit großer Sicherheit davon auszugehen, dass Musil an experimentalpsychologischen Versuchen beteiligt war. Corino schreibt zwar:

---

Leute oder vielleicht Leute überhaupt! –, kann ich heute an meinem Verhältnis zu ihm am deutlichsten meinen damaligen Standort und Zustand ermessen: Er kam mir geistig zu ungenau vor! Ich hatte den Eindruck, seine Problembehandlung sei nicht eindeutig genug! Es kam mir zu wenig heraus! Während ich mir selbst also in richtiger Einschätzung meiner geringen Kraft mein Ziel sehr eng steckte, schweiften irgendwie meine Absichten weit darüber hinaus, und ich selbst verstehe erst in dem Augenblick, wo ich das niederschreibe, den merkwürdigen nächsten Schritt, den ich dann tat." (Musil, KA; LESETEXTE, Band 14; Gedichte, Aphorismen, Selbstkommentare; Zum Roman; Parerga und Paralipomena 1921–1937; Vermächtnis.). Auch wenn Musil sich an dieser Stelle von literarischen Texten emanzipiert, so muss doch betont werden, dass er viele Texte vorwiegend philosophischer Natur liest und aus ihnen Inspiration bezieht. Als Beispiele solcher Autoren wären hier Friedrich Nietzsche, Ralph W. Emerson, Maurice Maeterlinck und Ellen Key anzuführen.

250 Diese Erkenntnis ist allerdings nicht neu, sondern gilt in der Wissenschaft als erwiesen. Zahlreiche Literaturwissenschaftler setzen sich mit diesem Verhältnis auseinander, wie z.B. Thomas Pekar (‚Die Sprache der Liebe bei Robert Musil'), Christoph Hoffmann (‚Der Dichter am Apparat'), Oliver Pfohlmann („„Eine finster drohende und lockende Nachbarmacht"?: Untersuchungen zu psychoanalytischen Literaturdeutungen am Beispiel von Robert Musil'), um nur einige wenige zu nennen.

251 Musil, KA, LESETEXTE; Band 17, Späte Tagebuchhefte, 33: Autobiographie (1937–1942), 18.

„Bis zum Abschluß seines ‚Törleß' etwa im Februar 1905 wird sich Musil nicht übermäßig heftig am Experimentierbetrieb im psychologischen Seminar beteiligt haben"[252], es ist aber fraglich, ob diese Aussage – obwohl sie sich mit Musil Beschreibung deckt – so haltbar ist und ob nicht trotz Musils mäßiger Begeisterung Spuren der experimentellen Arbeit in seiner Literatur nachweisbar sind. Dieser Ansatz ist nicht neu; Christoph Hoffmann geht in seinen Ausführungen davon aus, dass ein solcher gedanklicher Anschluss besteht. Um seine Theorie zu untermauern, beschäftigt sich Hoffmann in diesem Zusammenhang in besonderem Maße mit der Arbeit von Friedrich Schumann. Schumann arbeitet als Assistent am Psychologischen Institut in Berlin unter der Leitung von Carl Stumpf und gibt in dieser Funktion auch Lehrveranstaltungen. Er veröffentlicht im Jahr 1900 den ersten Artikel einer Aufsatzreihe, die sich mit der Wahrnehmungs- und Aufmerksamkeitssteuerung befasst, deren Funktionsweise er experimentell untersucht. Seine Schrift ‚Beiträge zur Analyse der Gesichtswahrnehmungen' beschäftigt sich vornehmlich mit optischen Täuschungen des menschlichen Perzeptionsapparats. Die Teilnahme Musils an den Veranstaltungen von Schumann ist dank der Forschung von Silvia Bonacchi gut belegt.[253] Hoffmann stellt basierend auf diesen Erkenntnissen die These auf, dass Musil nicht nur mit den Untersuchungen Schumanns vertraut war, sondern möglicherweise sogar als Versuchsperson in dessen Experimenten fungiert.[254] Basales Element der Versuche am Psychologischen Institut sind gemäß Stumpfs Vorgabe Selbstbeobachtungen, die dann verbalisiert werden. Diese Art der Versuchsdurchführung erfordert viel Übung, damit die Beschreibungen möglichst objektiv erfolgen können – eine Fähigkeit, die nicht viele Personen haben und die ein hohes Maß an Übung verlangt.[255] Ist die Versuchsperson zu ungeübt, läuft das Experiment Gefahr, an den dann subjektiv gefärbten Beschreibungen zu scheitern. Schumann schreibt diesbezüglich: „Die einen vermögen überhaupt sehr wenig zu constatieren [sic], weil für sie im Wesentlichen nur die Außenwelt Interesse besitzt, während andere der Selbsttäuschung sehr zugänglich sind."[256] Entsprechend schwierig gestaltet sich

252 Corino: Robert Musil. Eine Biographie. Reinbek bei Hamburg: Rowohlt 2003, hier S. 225.

253 Vgl. Bonacchi: Robert Musils Studienjahre in Berlin, S. 13ff.

254 Vgl. Hoffmann: Der Dichter am Apparat, S. 69.

255 Vgl. Schumann, Friedrich: Beiträge zur Analyse der Gesichtswahrnehmungen. Erste Abhandlung: Einige Beobachtungen über die Zusammenfassung von Gesichtseindrücken zu Einheiten. In: Zeitschrift für Psychologie und Physiologie der Sinnesorgane 23 (1900), S. 1–32, hier S. 4.

256 Ebd.

die Suche nach versierten Versuchskandidaten. Auch Schumann stellt in dieser Frage keine Ausnahme dar. Allerdings hat er die Möglichkeit, auf seine Studenten zurückzugreifen, wie ein Blick in seine Ausführungen beweist. Er schreibt: „Da aber diese [kompetenten Versuchspersonen; K.B.] nicht häufig zur Verfügung stehen werden, so wird ein Lehrer der Psychologie in erster Linie auf seine Schüler angewiesen sein."[257] Hinzu kommt, dass Schumann seine aktuellen Überlegungen in seinen Übungen und Seminaren mit seinen Studenten thematisiert: „Ich bespreche öfter in meinen Seminarübungen das Vergleichungsproblem."[258]

Weiterhin wird die Annahme Hoffmanns, dass Musil mit den Forschungen Schumanns vertraut war, dadurch gestützt, dass der Assistent Stumpfs ein sogenanntes Rotationstachistoskop verwendet, um den Umfang und den Inhalt der Wahrnehmung der Probanden zu untersuchen, ein Gerät, das Schumann speziell für seine Experimente entwickelte. Musil kennt diese Apparatur,[259] denn er beschreibt in einer Notiz eben jene Prozesse am Tachistoskop:

Von einer gewissen Geschwindigkeit aufwärts werden sich schon die vorzentralen Prozesse verwirren.

> Rein optische Nachbilder sind eigentlich ausgeschlossen, da ja die Buchstaben nacheinander im selben Punkt gesehen werden. Es wäre aber zu untersuchen, ob nicht doch ein Totalanblick des Wortes oder doch seiner mittleren Partien zustande kommen kann. Sodaß die mittleren Buchstaben befestigter sind. (Entweder die Buchstaben hinterlassen zwei Eindrücke, – für sich und in der Gesamtheit – oder es ist bloß ihr Zusammenhang lebhafter.)
>
> Die ersten Buchstaben können am leichtesten vergessen werden. Wenn das ganze Gesichtsfeld ausgefüllt ist, ist die Aufmerksamkeit am wenigsten gehetzt; woher gerade die mittleren Partien zusammengefaßt werden. Die gemachten Fehler können ihren Grund haben in: optischen Prozeß, Apperzeption, Reproduktion. Je nach dem wird Anderes aus ihnen zu schließen sein.[260]

---

257 Ebd.

258 Schumann, Friedrich: Beiträge zur Analyse der Gesichtswahrnehmungen. Dritte Abhandlung: Der Successivvergleich [und Schluß], In: Zeitschrift für Psychologie und Physiologie der Sinnesorgane 30 (1902), S. 241–291; S. 321–339, hier S. 242. Das Problem des Sukzessivvergleichs, das Schumann hier anspricht, ist eines, das im Folgenden noch zu betrachten sein wird.

259 In seinen Studienjahren entwickelt Musil zudem auch eine eigene Apparatur. Mit dem Farbkreisel, den Johannes von Allesch für seine Forschung zur Farbwahrnehmung benötigt, erstellt Musil ein Instrument, mit dem den Versuchspersonen gleichgeartete Mischfarben dargeboten werden können (vgl. Corino: Robert Musil, S. 245f.).

260 Musil, KA; LESETEXTE; Band 16, Frühe Tagebuchhefte; 24; Wissenschaftliche Notizen 1904–1906, Notizen und Exzerpte 1906, 18.

Hoffmann erkennt zu Recht, dass Musil hier kein Wortprotokoll der während des Versuchs erlebten Eindrücke führt, wie es die Studenten unter Stumpfs Leitung eigentlich lernen. Vielmehr handelt es sich um Notizen, die „durchsetzt von Reflexionen und Wertungen, [...] kaum etwas von den tatsächlichen Bewusstseinsinhalten des Beobachtersubjekts Musil"[261] vermitteln. Diese Beschreibung offenbart das eigentliche Verhältnis Musils zum wissenschaftlichen Experiment. In diesem sehr subjektiv gefärbten Text emanzipiert er sich deutlich von der Zielvorstellung einer objektiven Beschreibung seiner Wahrnehmung, die für ihn keinerlei Mehrwert aufweisen. Interessanter sind für ihn vielmehr die möglichen Folgen der Apperzeption, eine Herangehensweise, die bereits hier in Ansätzen Musils Neigung zur seelischen Dekomposition verrät.

Die bisherigen Ausführungen, die auf Hoffmanns Untersuchungen basieren, machen deutlich, dass es legitim ist, anzunehmen, dass Musil nicht nur mit den Forschungen Schumanns vertraut war, sondern auch aktiv an ihnen beteiligt war. Im Folgenden sollen daher von Friedrich Schumann aufgezeigte Phänomene betrachtet werden, deren gedankliches Gerüst von Musil in die Literatur transferiert wird.[262]

261 Hoffmann: Der Dichter am Apparat, S. 70.

262 Dabei werden die Ausführungen dieser Arbeit die Überlegungen Hoffmanns ergänzen. Dieser Autor, der sich Musils Texten unter Berücksichtigung experimentalpsychologischer Ideen nähert, die zudem eine Fokussierung auf der entstehenden Medientechnik aufweisen, führt an dieser Stelle eine interessante Beobachtung an. Er interpretiert ‚Die Verwirrungen des Zöglings Törleß' mit Blick auf experimentalpsychologische Untersuchungen Schumanns. Hoffmann macht den Beginn seiner Ausführungen an der einleitenden Passage des Romans fest. Da der Argumentation des Autors in dieser Arbeit gefolgt werden soll, wird an dieser Stelle das entsprechende Zitat in voller Länge präsentiert: „Eine kleine Station an der Strecke, welche nach Rußland führt. Endlos gerade liegen vier parallele Eisenstränge nach beiden Seiten zwischen dem gelben Kies des breiten Fahrdammes; neben jedem wie ein schmutziger Schatten der dunkle, von dem Abdampfe in den Boden gebrannte Strich." (Tö, 7). Diese Beschreibung widerspricht dem Erfahrungshorizont des Rezipienten, da die Stränge „endlos gerade" verlaufen und nicht, wie es der Wirklichkeitswahrnehmung entspricht, gen Horizont optisch zulaufend. Hoffman geht davon aus, dass diese bizarr anmutende Beschreibung sich lösen lässt „wenn man weiß, daß hier nicht menschliche Blicke, sondern experimentalpsychologische Objekte beschrieben werden." (Hoffmann: Der Dichter am Apparat, S. 61.) Stellt man sich die beschriebene Konstruktion bildlich vor, so ergeben sich acht Linien, von denen je zwei paarweise verlaufen (vgl. ebd.). Dieses Bild lässt tatsächlich an die Ausführungen Schumanns denken, der untersucht, welche Gegebenheiten erfüllt sein müssen, damit sich Objekte in der Wahrnehmung zu Gruppen formieren (Vgl. Schumann: Beiträge zur

Der Protagonist Törleß, Schüler in einer k.u.k. Militärakademie, kann als erster Vertreter der Musilschen Frage nach dem Verhältnis von Wissenschaft und Dichtung gewertet werden. Zentral für die Hauptfigur ist der Konflikt zwischen tradierten rationalen Prinzipien zur Erfassung der Umwelt und der ihm eigenen subjektiven Sichtweise, die im weitesten Sinne als emotional dominiert bezeichnet werden kann (tatsächlich stellt diese Art der individuellen Welterfahrung eine wichtige Komponente der Verwirrungen des Protagonisten dar).

Um die innere Zerrissenheit Törleß‘ zu illustrieren,[263] bedient sich Musil experimentalpsychologischer Prinzipien, die sich im wissenschaftlichen Rahmen mit visuellen Wahrnehmungsmechanismen auseinandersetzen. Dabei wird deutlich, dass sich Musil bereits zu diesem frühen Zeitpunkt seiner literarischen Laufbahn konsequent von den wissenschaftlichen Vorgaben emanzipiert: Sämtliche der von nun an beschriebenen Täuschungen, die in ihrem ursprünglichen Zusammenhang optischer Art sind, also visuell wahrgenommen werden, spielen sich grundsätzlich innerhalb von Törleß‘ Imagination ab. Es handelt sich somit nicht um tatsächliche visuelle Reize, die falsch verarbeitet werden und daher eine optische Täuschung nach sich ziehen. Vielmehr werden diese Prinzipien lose aufgegriffen, von ihrem primären Kontext abgelöst und in den imaginären Raum der Gedanken transferiert.

Die Erkenntnis, dass ursprünglich optische Phänomene zur Veranschaulichung der seelischen Unsicherheiten des Protagonisten herangezogen werden, ist nicht neu. In der Forschung wird in dieser Hinsicht unter besonderer Berücksichtigung der Inversionen als Explikationsinstrumentarium argumentiert. Diese optische Illusionsvariante stellt in späteren Jahren einen beliebten Zeitvertreib in Musils Bekanntenkreis dar; sein Freund Erich von Hornbostel publiziert zudem eine Schrift, in der er sich mit diesem Phänomen beschäftigt. Karl Corino geht

---

Analyse der Gesichtswahrnehmungen 1, S. 10.). Das von ihm beschriebene Prinzip des „Lattenzaun[s]“ (Ebd., S. 7.) findet sich in augenfälliger Form in dem folgenden Zitat wieder: „Ihre Ränder verloren sich in dem ringsum zertretenen Boden und waren nur an zwei Akazienbäumen kenntlich, die traurig mit verdursteten Blättern zu beiden Seiten standen.“ (Tö, 7).

263 In der Forschung wird die Frage nach der Ich-Konstitution Törleß‘ vielfach diskutiert. So geht Roland Kroemer davon aus, dass Törleß „ähnlich wie Musil […] im Brennpunkt der unterschiedlichen Ich-Konzepte“ steht (Kroemer: Ein endloser Knoten?, S. 121). Vgl. diesbezüglich auch: Trommler, Frank: Roman und Wirklichkeit. Eine Ortsbestimmung am Beispiel von Musil, Broch, Roth, Doderer und Gütersloh. Stuttgart u.a.: W. Kohlhammer Verlag 1966 und Söder, Thomas: Untersuchungen zur Robert Musils ‚Verwirrungen des Zöglings Törleß‘. Rheinfelden: Schäuble 1988.

in seinen Ausführungen allerdings davon aus, dass die Hochzeit des Invertierens erst um 1913 begann, also deutlich nach der Veröffentlichung des ‚Törleß'.[264] Spätestens in dem Novellentriptychon ‚Drei Frauen' sind die Einflüsse der Inversionstechnik dann nicht mehr zu übersehen. Die Überlegungen, die Oliver Simons im Rahmen seines Werkes anstellt, in dem er sich mit der Raumwahrnehmung in verschiedenen literarischen Werken beschäftigt, lassen allerdings durchaus darauf schließen, dass Musil das Prinzip der Inversionen auch schon früher bekannt ist. Simons schreibt: „Inversionen sind ein Leitmotiv in seinem [Musils; K.B.] ersten Roman [...]"[265] und fährt fort: „In den [...] ‚Verwirrungen' führen die Inversionen geradewegs in das Innere der Romanfigur".[266] Der Autor geht somit davon aus, dass es dieses Prinzip ist, über das das gestörte Verhältnis von Außen- und Innenwelt ausgelotet wird. Als Törleß mit Beineberg im Café sitzt, zeigt er bereits seine ausgeprägte Fähigkeit zum visuellen Invertieren:

> Aus dem verlassenen Garten tanzte hie und da ein Blatt an das erleuchtete Fenster und riß auf seinem Rücken einen hellen Streifen in das Dunkel hinein. Dieses schien auszuweichen, sich zurückzuziehen, um im nächsten Augenblicke wieder vorzurücken und unbeweglich wie eine Mauer vor den Fenstern zu stehen. (Tö, 24)[267]

Indem der Protagonist im weiteren Verlauf seine Bemühungen intensiviert, dem Verhältnis von Innen- und Außenwelt auf die Spur zu kommen, verlegt er diesen Vorgang zunehmend in seine Gedankenwelt.[268] Simons kann somit zeigen, dass der Vorgang, der eigentlich in der geistigen Sphäre Törleß' vonstatten geht, mit seiner Beschreibung auf ein visuelles Kippbild rekurriert, dessen Gestalt keine eindeutige Zuordnung ermöglicht. Indem das Bild als eine Art Leitmotiv für Törleß' Leben ausgegeben wird, wird jedoch der gleiche Universalitätsanspruch suggeriert, wie dies bei optischen Phänomenen der Fall ist.[269]

---

264 Vgl. Corino: Robert Musil, S. 232.

265 Simons: Raumgeschichten. Topographien der Moderne in Philosophie, Wissenschaft und Literatur. München: Wilhelm Fink Verlag 2007, hier S. 279.

266 Ebd., S. 280.

267 Simons verwendet eben jene Textstelle, um seine Argumentation zu untermauern (vgl. Simons: Raumgeschichten, S. 279f.).

268 Das folgende Zitat demonstriert diesen Zusammenhang zusätzlich: „Als ob über seinem Leben nun beständig ein grauer, verhängter Himmel stehen werde – mit großen Wolken, ungeheuren, wechselnden Gestalten und der immer neuen Frage: Sind es Ungeheuer? Sind es nur Wolken?" (Tö, 50).

269 Auch Kroemer konstatiert: „Die ganze Welt wird für ihn zum Würfel, und gerade weil er niemals zwei Perspektiven einnehmen kann, bleibt ihm die dunkle Seite

Neben der Deutung, die Simons vorschlägt, kann diese Problematik aber auch unter einem anderen Gesichtpunkt betrachtet werden, der zum Zeitpunkt der Entstehung des Romans für Musil ebenfalls naheliegend ist. In seinen Experimenten befasst sich Schumann ausführlich mit der Wahrnehmungssteuerung und stellt sich dabei die Frage, wie das menschliche Gehirn perzipierte Inhalte ordnet – dabei legt er den besonderen Fokus auf die Frage, wie optische Täuschungen zustande kommen. Es soll die These gelten, dass Musil sich dieser Überlegungen bedient, um Törleß' „psychologisches Problem" (Tö, 61) zu präsentieren. Dabei scheint sich der Kernkonflikt in der Unvereinbarkeit zweier Arten des Sehens anzusiedeln:

> Törleß vermochte nichts zu denken; er sah… […] er sah Menschen in einer Weise, wie er sie noch nie gesehen, noch nie gefühlt hatte: Aber er sah sie, ohne zu sehen, ohne Vorstellungen, ohne Bilder; so als ob nur seine Seele sie sähe; sie waren so deutlich, daß er von ihrer Eindringlichkeit tausendfach durchbohrt wurde, aber, als ob sie an einer Schwelle Halt machten, die sie nicht überschreiten konnten, wichen sie zurück, sobald er nach Worten suchte, um ihrer Herr zu werden. (Tö, 55).

Neben dem Element der Sprachkritik, das im folgenden Kapitel näher behandelt werden soll, führt dieses Zitat die beiden Dimensionen zusammen, die Törleß in seinen Überlegungen problematisiert. Törleß differenziert hier das seelische Sehen vom optischen Sehen, wobei das erstere die Dimension des Fühlens einbindet. Obwohl sich das seelische Sehen dadurch von der visuellen Wahrnehmung unterscheidet, verortet Musil es weiterhin in der Nähe der optischen Perzeption, indem er Töleß auch mit der Seele ‚sehen' lässt. Diese Tatsache untermauert so die These, dass sich der Autor an den wissenschaftlichen Reflexionen Schumanns orientieren könnte.

Dabei muss jedoch zu jeder Zeit berücksichtigt werden, dass die Ausführungen Schumanns, die sich auf die räumliche Wahrnehmung beziehen, für Musil lediglich gedankliche Ausgangspunkte darstellen, von denen aus er seine Überlegungen entwickelt. Immer aber erhalten diese wissenschaftlichen Ausgangspunkte, angereichert mit ästhetischen Überlegungen, eine eigene Dynamik, da sie, ihren ursprünglichen Bedeutungsfeldern enthoben, in der andersartigen Kombination in der Lage sind, zu neuer Sinnhaftigkeit zu gelangen.

In diesem Zuge hebelt Musil die wissenschaftlichen Erkenntnisse, die zur Vermittlung der Verwirrungen Törleß' dienen, aus und stellt ihnen ein diametral agierendes und argumentierendes Bild bei. Zentral für die Erkenntnisse Schumanns sind diejenigen optischen Täuschungen, in denen zwei Elemente

verschlossen, wenn er sich ihr von der hellen Seite zu nähern versucht." (Kroemer: Ein endloser Knoten?, S. 166.).

miteinander verglichen werden. Werden der Versuchsperson beispielsweise zwei gleiche Quadrate dargeboten, von dem eines auf der Seite und das andere auf der Spitze steht, so wird der Rezipient die auf der Spitze stehende Figur unwillkürlich als größer wahrnehmen. Dabei stellt Schumann fest, dass die Täuschungen umso deutlicher ausfallen, je kürzer der Betrachtungszeitraum ist. Er schreibt: „Eine solche etwas sorglose Beobachtung kommt aber überhaupt den geometrisch optischen Täuschungen zugute."[270] und fügt an anderer Stelle hinzu: „Je flüchtiger man hinsieht, desto stärker ist die Täuschung."[271]

Bringt man diese Feststellung in Zusammenhang mit Törleß' Wahrnehmungsproblemen, so zeigt sich, dass sich die Parallele zu Schumanns Ideen daraus ergibt, dass Musil sie aufnimmt und invertiert: Je mehr sich der Protagonist bemüht, die gedankliche Unschärfe zu umreißen, desto ungenauer wird sie. Dabei scheint der Schlüssel zu dieser Wahrnehmungsschwierigkeit in eben jener Fähigkeit zu liegen, die ihn dazu bringt, die Umwelt anders zu perzipieren als es seine Mitmenschen tun. Der Versuch, diese Fähigkeit auszuloten, verlangt Töleß eine enorme mentale Leistung ab und führt dazu, dass er versucht, sie in allen Einzelheiten wahrzunehmen. Ihm ist, als ob er „einen Sinn mehr hätte als die anderen, aber einen nicht fertig entwickelten, einen Sinn, der da ist, sich bemerkbar macht, aber nicht funktioniert." (Tö, 89). Aus diesem zusätzlichen Sinn, an dessen näherer Definition Törleß immer wieder scheitert, ergibt sich seine Fähigkeit der ‚Doppelsichtigkeit':

> Gewiß, es gibt für alles eine einfache, natürliche Erklärung, und Törleß wußte sie auch, aber zu seinem furchtsamen Erstaunen schien sie nur eine ganz äußere Hülle fortzureißen, ohne das Innere bloßzulegen, das Törleß wie mit unnatürlich gewordenen Augen stets noch als zweites dahinter schimmern sah. (Tö, 64)

Mit dieser Fertigkeit ergibt sich der Vergleichsmoment zu Schumanns Arbeit. Statt der Betrachtung zweier optischer Erscheinungen, deren scheinbarer Unterschied auf einer visuellen Täuschung beruht, lässt der ‚zusätzliche' Sinn Törleß eine zweite Welt erahnen, deren Unterscheidung von der ‚normalen' Welt und ihr Vergleich mit derselben seine ganze Aufmerksamkeit fordert. Dabei gehorcht dieser Vorgang nicht den Regeln, denen die optische Parallele gehorcht. Denn während sich Törleß der zweiten Welt, die den Dingen, Menschen und Vorgängen immanent ist, bewusst wird und einen Abgleich mit der einfachen, normalen

270 Schumann, Friedrich: Beiträge zur Analyse der Gesichtswahrnehmungen. Zweite Abhandlung: Zur Schätzung räumlicher Größen. In: Zeitschrift für Psychologie und Physiologie der Sinnesorgane 24 (1900), S. 1–33, hier S. 8.

271 Ebd., S. 15.

Welt anstrebt, um daraus Erkenntnisse für diese neue Welt zu gewinnen, entzieht sich diese jenem Vorgang: „Ja, je genauer er seine Empfindungen mit den Gedanken umfaßte, je bekannter sie ihm wurden, desto fremder und unverständlicher schienen sie ihm gleichzeitig zu werden." (Tö, 25) Gilt also für die optischen Phänomene, dass die „geometrisch-optischen Täuschungen erheblich nachlassen bzw. ganz aufhören, sobald man die betreffende Figur öfter betrachtet und sich dabei immer bemüht möglichst genau zu vergleichen"[272], so sind Törleß' minutiöse Bemühungen, die beiden Perzeptionsoptionen, die sich ihm bieten, in ein Verhältnis zu setzen, zum Scheitern verurteilt:

> Diese Eindrücke waren daher unbeständig, wechselnd, von einem Bewußtsein ihrer Zufälligkeit begleitet. Nie konnte Törleß sie festhalten, denn wenn er genauer zusah, fühlte er, daß diese Repräsentanten an der Oberfläche in gar keinem Verhältnis zu der Wucht der dunklen ungehobenen Masse standen, die zu vertreten sie vorgaben. (Tö, 90)

Musil transferiert das Prinzip der optischen Täuschung in den seelischen Bereich und setzt zudem seinen Protagonisten einer ständigen gedanklichen Unschärfe bei der versuchsweisen Erfassung der Anschauungen aus. Aus dieser Duplikation der Unwägbarkeiten resultiert Törleß' ständiges Unsicherheitsgefühl.

Ungeachtet der Tatsache, dass er an dem Versuch des Vergleichens scheitert, durchziehen Törleß' diesbezügliche Bemühungen den Roman wie ein roter Faden. Immer wieder versucht er, die beiden Sinneswelten in Einklang zu bringen. Mit Blick auf die wissenschaftliche Vorlage Schumanns wird deutlich, wo die Schwierigkeiten des Protagonisten herrühren. Schumann schreibt, es gebe zwei Möglichkeiten, wie der visuelle Vergleich zweier oder mehrerer Gegebenheiten zustande kommen könne:

> In doppelter Weise können wir zu einem Vergleichsurtheil [sic] über zwei räumliche Größen gelangen, welche im Gesichtsfelde dicht neben einander gleichzeitig sichtbar sind. Entweder werden die zu vergleichenden Größen gleichzeitig von der Aufmerksamkeit erfaßt und das Urteil drängt sich sofort beim ersten Blick auf; oder aber wir concentriren die Aufmerksamkeit nach einander auf die beiden Größen und das Urtheil bildet sich erst bei der Betrachtung der zweiten. Den ersten Fall bezeichnet man als Simultanvergleich, den zweiten als Successivvergleich.[273]

Der Sukzessivvergleich beinhaltet des Weiteren, dass den Probanden eine visuelle Größe gezeigt wird, sie ihnen dann wieder entzogen wird und der Betrachter nach einen kurzen Pause eine weitere, von der ersten verschiedene Darbietung vorgelegt wird, die er mit der primären vergleichen soll. In der damaligen Forschung ist

272 Schumann: Beiträge zur Analyse der Gesichtswahrnehmungen 3, S. 264.
273 Schumann: Beiträge zur Analyse der Gesichtswahrnehmungen 2, S. 134.

die Meinung vorherrschend, dass nach der ersten Präsentation ein sogenanntes ‚Gedächtnisbild'[274] vorhanden ist, das als Referenz für den zweiten visuellen Eindruck dient.

Musil nimmt dieses Prinzip auf, ersetzt aber den Terminus ‚Gedächtnisbilder' durch den Begriff ‚Erinnerungsbilder', die in diesem Zusammenhang aber als synonym bezeichnet werden können:

> Und immer wieder versuchte er die Erinnerungen der beiden verschiedenen Perspektiven miteinander zu vergleichen […].
>
> Seine Aufmerksamkeit war durch das ganze Bestreben gefesselt, jenen Punkt in ihm wieder aufzufinden, wo plötzlich jener Wechsel in der innerlichen Perspektive stattgefunden hatte.
>
> Aber sooft er in dessen Nähe kam, erging es ihm wie einem, der Nahes mit Fernem vergleichen will: er erhaschte nie die Erinnerungsbilder beider Gefühle zugleich, sondern jedes Mal ging wie ein leiser Knacks zwischendurch ein Gefühl, wie es im Körperlichen etwa den kaum merkbaren Muskelempfindungen entspricht, die das Einstellen des Blickes begleiten. Und jedes Mal beanspruchte dies gerade im entscheidenden Momente die Aufmerksamkeit für sich, die Tätigkeit des Vergleichens drängte sich vor den Gegenstand des Vergleiches, es gab einen kaum fühlbaren Ruck, – und alles stand still. (Tö, 105f.)

Törleß wird somit erneut mit einem Problem konfrontiert, das im Vergleich zur wissenschaftlichen Ausgangsidee in seiner Komplexität gesteigert wurde. Liegen den Probanden Schumanns mindestens ein visueller und damit leicht zugänglicher Reiz vor, der dann mit einem Gedächtnisbild abgeglichen werden muss, so versucht der Protagonist zwei in hohem Maße flüchtige und zudem äußerst abstrakte Erinnerungsbilder zu vergleichen. Um sein Scheitern erklärbar zu machen, bedient sich Musil einer psychologischen Größe, deren Bedeutung in den späteren Jahren immer weiter an Relevanz gewinnt: Es ist die unbewusste Steuerung der Aufmerksamkeit, die verhindert, dass Törleß im

---

274 Vgl. Schumann: Beiträge zur Analyse der Gesichtswahrnehmungen 3, S. 242. Schumann emanzipiert sich von dieser Ansicht und stellt sich die Frage, wie es sein kann, dass weitgehend richtige Schätzungen zustande kommen können, obwohl keine explizite Erinnerung an die Darbietung vorhanden ist. Im Laufe seiner Ausführungen identifiziert er „Nebeneindrücke […], welche beim Eintritt des zweiten von zwei nacheinander der Beobachtung dargebotenen Wahrnehmungsinhalten sich geltend machen […]. Diese Nebeneindrücke sind jedenfalls darauf zurückzuführen, daß Residuen, welche vom ersten Wahrnehmungsinhalte zurückbleiben, mit dem zweiten Reize bzw. Reizcomplexe zusammenwirken." (Schumann: Beiträge zur Analyse der Gesichtwahrnehmungen 3, S. 338.).

entscheidenden Moment gedanklich auf den Unterschied zugreifen kann.[275] Damit überträgt Musil das Prinzip der Aufmerksamkeit,[276] das ein Mittel zur Regulierung der Wahrnehmungslenkung darstellt, auf seelische Begebenheiten. In der sich entwickelnden Gestaltpsychologie spielt die Frage nach der

---

275 Schumann spricht in einem anderen Zusammenhang von einer „Zusammenziehung der Aufmerksamkeit" (Schumann: Beiträge zur Analyse der Gesichtswahrnehmungen 3, S. 254) – ein Begriff, der in diesem Kontext nur bedingt transferiert werden kann, den Sachverhalt aber dennoch treffend bezeichnet.

276 Unter anderem beschäftigt sich Musil in diesem Zusammenhang auch mit dem Aufsatz ‚Über willkürliche Vorstellungsverbindungen' von Stephan Witasek, einem Grazer Gestaltpsychologen und Schüler Alexius Meinongs. Musil exzerpiert und kommentiert diesen Artikel, u.a. mit einem Hinweis auf einen Aufsatz von Meinong (‚Phantasievorstellung und Phantasie'). Witasek beschäftigt sich in seinem Aufsatz mit der Frage, wie aus unanschaulichen (abstrakten) Vorstellungen anschauliche werden können und beleuchtet zudem, welchen Beitrag der Wille zu diesem Vorgang leistet. Er schreibt: „Das Objekt des Willens ist [...] ein psychischer Thatbestand [sic]: ich will mir etwas vorstellen. Ich will es *anschaulich* vorstellen, und zwar soll diese anschauliche Vorstellung *dasselbe* vorstellen, wie diese meine vorläufige unanschauliche, d.h. sie soll die dieser letzteren zugehörige anschauliche Vorstellung sein. [...] *Soll ich also diese Willensobjekt vorstellen, so muß ich auch die Relation, die zwischen der unanschaulichen und der zugehörigen anschaulichen Vorstellung besteht, vorstellen* [i.O. gesperrt; K.B.]." (Witasek: Über willkürliche Vorstellungsverbindungen. In: Zeitschrift für Psychologie und Physiologie der Sinnesorgane 12 (1896), S. 185–225, hier S. 194). Musil kommentiert diese Ausrichtung des Willens auf den Komplex der anschaulichen Vorstellung wie folgt: „Das Objekt meines Willens ist also wohl ein anschauliches Vorstellen nicht aber die anschauliche Vorstellung; diese brauche ich also auch nicht indirekt zu haben. Zur Vorstellung gelangt die Relation nur im letzten Stadium – in der Erfüllungssynthese –, „das ist ja das Gemeinte" – aber auch da nicht als ausdrückliche Vorstellung einer Relation, sondern mehr verflochten mit anderen Akten." (Musil, KA; LESETEXTE; Band 16, Frühe Tagebuchhefte 1899–1926, 24: Wissenschaftliche Notizen, Notizen und Exzerpte, 1906, 28.). Diese Grundidee erinnert entfernt an die Vorgehensweise Törleß', wenn er versucht, sich die Vorgänge, die sich aufgrund seiner ‚Doppelsichtigkeit' ergeben, nachzuvollziehen. Für ihn liegt die Problematik darin, dass er versucht, die unanschauliche Vorstellung des ‚Etwas' zu einer anschaulichen, also konkreten werden zu lassen. Auch hier richtet sich seine Aufmerksamkeit (oder sein Wille) weniger auf das Ergebnis, sondern vielmehr auf den Vorgang an sich. Es findet sich also die ‚Korrektur', die Musil an Witaseks Ausführungen vornimmt, in der Darstellungsweise des undefinierbaren ‚Etwas' wieder. Indem Musil den Fokus weniger auf die endgültige Transformation legt, sondern vielmehr Törleß' Weg (und Scheitern) beschreibt, prononciert er die Prozesshaftigkeit des Vorgangs.

Funktion und der Lenkung der Aufmerksamkeit eine wichtige Rolle – Musil erkennt hier somit bereits einen zentralen Topos der jungen Disziplin und schreibt ihm Bedeutung zu, indem er ihn an einer für den Handlungsverlauf so bedeutsamen Stelle positioniert.

Der Protagonist kapituliert schließlich vor diesem seinen Geist überfordernden Prozess und erkennt, dass die Prinzipien nicht in eins zu fassen sind: „[...] ich werde sie [die Dinge; K.B.] wohl immer bald so, bald so ansehen. Bald mit den Augen des Verstandes, bald mit den anderen... Und ich werde nicht mehr versuchen, dies miteinander zu vergleichen..." (Tö, 138).

## 3.2 Törleß' Verwirrungen im Spiegel der Thesen Ernst Machs

Robert Musils Beschäftigung mit der Psychologie umfasst nicht nur die Übungen und Seminare im Berliner Institut, sondern auch die Lektüre der Werke Ernst Machs.[277] Diese fasziniert ihn so sehr, dass er später seine Dissertation über ihn verfassen wird und somit die Auseinandersetzung mit dessen Ideen auch in einem wissenschaftlichen Rahmen situiert. Doch bereits vorher interessieren Musil Machs Ausführungen, sodass sich die Frage stellt, welche konkreten Spuren die Lektüre der Werke hinterlassen hat.

Einen wesentlichen Punkt im Roman stellt das Element der Sprachskepsis dar, mit der die Unverhältnismäßigkeit von Signifikat und Signifikant beschrieben wird – eine Idee, die von Musil auf ein sehr abstraktes Niveau gehoben wird. Das Element der Sprachskepsis im Zusammenhang mit dem ‚Törleß' ist in der Literatur vielfach behandelt worden, zumal Musil selbst auf diese Interpretationsmöglichkeit hinweist, indem er seinem Werk einen Auszug aus Maurice Maeterlincks ‚Schatz der Armen' voranstellt.[278] Zudem bewegt sich der Roman in einem literarischen Umfeld, in dem die Sprachskepsis und ihre Auswirkungen

277 Vgl. besonders Kroemer, Roland: Ein endloser Knoten? Robert Musils ‚Verwirrungen des Zöglings Törleß' im Spiegel soziologischer, psychoanalytischer und philosophischer Diskurse. München: Wilhelm Fink Verlag 2004 (Musil-Studien Bd. 33).

278 Die These, dass Sprachkritik einen wichtigen Analysepunkt im ‚Törleß' darstellt, ist in der Forschung bereits vielfach besprochen worden. Vgl. beispielsweise Kroemer: Ein endloser Knoten?, S. 158ff, aber auch Huber, Lothar: ‚Robert Musils Törleß und die Krise der Sprache'. In: Sprachkunst 4. Beiträge zur Literaturwissenschaft (1973), S. 91–99, Brosthaus, Heribert: Der Entwicklungsroman einer Idee. Untersuchungen zu Gehalt, Struktur und Stil in Robert Musils ‚Die Verwirrungen des Zöglings Törleß'. Würzburg 1969, besonders S. 89ff. und Magris, Claudio: Musil und die Nähte der Zeichen. In: Philologie und Kritik. Klagenfurter Vorträge zur Musilforschung. Hg. v. Wolfgang Freese. München, Salzburg: Wilhelm Fink Verlag 1981, S. 177–193.

auf das Individuum zu einem zentralen Topos erklärt wird. Iris Paetzke schreibt diesbezüglich, charakteristisch für das Erzählen in der Wiener Moderne[279] sei „eine Figur, die eine grundlegende Verstörung erfährt, eine Figur, deren Selbstsicherheit im Handeln und Erkennen problematisch eingeschränkt ist."[280] Wie tiefgreifend diese Thematik behandelt wird, zeigt sich, wenn Paetzke an anderer Stelle schreibt, Musils Roman nehme „die Verselbständigung der Worte ganz in das Subjekt zurück: Der Bruch zwischen Wort und Empfindung verläuft durch das Individuum, die gestörte Subjekt-Objekt-Relation schlägt unmittelbar in Selbstentfremdung um."[281] Dieser Befund korreliert in seinem Fundament mit wissenschaftlichen Beobachtungen, die Ernst Mach in Bezug auf die Funktionsweise von Begriffen ausführt. Daher sollen im Folgenden die literarischen Erscheinungsformen der Sprachskepsis im ‚Törleß' betrachtet werden, um sie dann mit den wissenschaftlichen Ideen Machs[282] in Verbindung zu setzen – es gilt die

Daher sollen im Folgenden zwar bereits bekannte Überlegungen angeführt, jedoch mit neuen Facetten angereichert werden.

279 Die folgenden Ausführungen werden die Verortung in der Wiener Moderne nicht weiter berücksichtigen. Im Mittelpunkt soll vielmehr die Untersuchung des wissenschaftlichen Unterbaus stehen, der u.a. von Ernst Mach geliefert wird. Dabei wird sich zeigen, dass die Erkenntnisse, die aus der Wahl eines solchen Analyseschwerpunktes resultieren, in keiner Weise mit denen konfligieren, die die Beziehungen der Werke im Epochenkontext anvisieren.

280 Paetzke: Erzählen in der Wiener Moderne, Tübingen: Francke Verlag 1992 (Edition Orpheus Bd. 7), hier S. 10.

281 Ebd., S. 114.

282 Selbstverständlich ist Ernst Mach nicht der einzige Wissenschaftler (und Philosoph), mit dem Musil sich – auch schon zu diesem frühen Zeitpunkt – auseinandersetzt. Die Einflüsse, die auf Robert Musil gewirkt haben, sind in der Forschung vielfach untersucht worden – es ist inzwischen ein wissenschaftliches Textkonvolut entstanden, das kaum noch zu überblicken ist. All diese Einflüsse miteinander zu verbinden und ihre Interaktion zu untersuchen, wäre aufgrund des Umfangs der Musilschen Beschäftigung und der Komplexität der einzelnen Lehren nicht möglich. Edmund Husserl beispielsweise war Thema der Vorlesungen am Berliner Institut (vgl. Bonacchi: Robert Musils Studienjahre in Berlin 1903–1908, S. 14ff.). Husserl entwickelte eine Position, die die Ideen Machs nicht akzeptieren wollte, eine Haltung, die sich zu diesem Zeitpunkt im Übrigen im Einklang mit seinem Lehrer Carl Stumpf befindet – später entwickeln die beiden sehr unterschiedliche Sichtweisen, besonders mit Blick auf die Phänomenologie (vgl. Bonacchi; Die Gestalt der Dichtung, S. 86f.). Eine ausführliche Untersuchung der Einflüsse Husserls auf Musil führt Venturelli durch (Vgl. Venturelli: Robert Musil und das Projekt der Moderne, S. 115ff.). Dieser Ansatz soll in dieser Arbeit nicht weiter verfolgt werden, da im Sinne der Fokussetzung auf die

These, dass ein solches Vorgehen Elemente der Funktionsweise der Sprachskepsis Törleß' aufdecken kann. Sicher ist, dass Musil Machs Ausführungen zum Zeitpunkt, zu dem er am ‚Törleß' arbeitet, bereits kennt.[283] Er schreibt:

> Mach's populär wissenschaftliche Vorlesungen fielen mir heute zur rechten Zeit in die Hand, um mir das Vorhandensein einer vorwiegend verstandlichen Existenz von trotzdem hoher Bedeutung zu erweisen. Schließlich habe ich ja daran nie gezweifelt [...].[284]

Es ist das dennoch vorhandene „Mißtrauen gegen den Verstand"[285], das Musil umtreibt, als er sich im Schreibprozess mit dem Stoff seines Frühwerks auseinandersetzt.

Es zeigt sich, dass sich in diesem Roman nicht mehr nur die Frage nach der Arbitrarität der Begriffe stellt,[286] mit der die Sprachkrise Törleß' einhergeht – sie

---

Gestaltpsychologie die Ideen Machs mit dem Grundsatz der Komponentenhaftigkeit eine unmittelbare Nähe zu den späteren Gestaltisten ergibt.

283 Musil beschäftigt sich später im Zuge seiner Dissertation auch im universitären Kontext mit den Ausführungen Machs (welche Konsequenzen er daraus für sein literarisches Schaffen zieht, wird im weiteren Verlauf der Arbeit noch zu beleuchten sein). Diese Dissertation muss er für die Zulassung überarbeiten, weil Carl Stumpf sie in ihrer ersten Fassung nicht akzeptiert. Diese Tatsache führt dazu, dass Desportes schreibt: „Dieser Roman [‚Die Verwirrungen des Zöglings Törleß'; K.B.] scheint wohl die eigentliche Dissertation zu sein, die Musil über Ernst Mach verfasst hat: von Mach übernimmt Musil den Primat der Empfindung, er gibt den Empfindungen ihre ganze Reinheit zurück." (Desportes, Yves: Vergleichende Untersuchung eines Stils und einer Philosophie Ein Werk Musils aus der Sicht Machs. In: Robert Musil. Hg. v. Renate von Heydebrand. Darmstadt: Wissenschaftliche Buchgesellschaft 1982 (Wege der Forschung, Bd. 588), S. 281–295, hier S. 294.) Diese These lässt jedoch wichtige Tatsachen unberücksichtigt. Bereits biographische Fakten sprechen dagegen: Als Musil den Roman ‚Die Verwirrungen des Zöglings Törleß' veröffentlicht, beginnt er gerade mit der Arbeit an seiner Dissertation (Bonacchi geht davon aus, dass er von 1906 bis 1908 an diesem wissenschaftlichen Text gearbeitet hat (vgl. Bonacchi: Die Gestalt der Dichtung, S. 76.)). Insofern ist die These von Desportes bereits mit Blick auf die zeitlichen Dimensionen als problematisch zu bezeichnen. Hinzu kommt, dass Musil in seinem Roman zu keiner Zeit die wissenschaftliche Beschäftigung mit den Thesen Machs in den Vordergrund stellt. Vielmehr erfolgt eine Literarisierung, die aber keinen Anspruch an die wissenschaftliche korrekte Wiedergabe von Machs Ideen stellt.

284 Musil, KA; TRANSKRIPTIONEN UND FAKSIMILES; Nachlass, Hefte, Heft 4/56.

285 Ebd., 4/55.

286 Oliver Simons sieht hier eine Parallele zu der ambivalenten Beziehung zu Sprache, wie sie auch Lord Chandos aufweist (vgl. Simons: Raumgeschichten, S. 291, aber auch Paetzke: Erzählen in der Wiener Moderne, S. 116.).

klingt allerdings ebenfalls deutlich an, bildet in diesem Kontext aber nur die Oberfläche ab. Bereits zu Beginn der Handlung offenbart sich die Problematik, die Törleß von nun an beherrschen wird, nämlich die mangelnde Abbildungskraft von Begriffen, die immer dann virulent wird, wenn er versucht, die Vorgänge in seinem Inneren auszudrücken:

> [...] die Worte sagten es nicht; so arg, wie es die Worte machten, ist es gar nicht; es ist etwas ganz Stummes, - ein Würgen in der Kehle, ein kaum merkbarer Gedanke, und nur dann, wenn man es durchaus mit Worten sagen wollte, käme es so heraus; aber dann ist auch nur mehr entfernt ähnlich [...]. (Tö, 18)

Dass neben dieser Facette der Sprachlosigkeit noch profundere Konsequenzen zu konstatieren sind, zeigt sich daran, dass Törleß zudem nicht in der Lage ist, gedanklich zu dem Wesen der Dinge vorzudringen und damit ihren Kern zu erfassen – immer hat „sich etwas gefunden, womit seine Gedanken nicht fertig werden konnten. Etwas, das so einfach und so fremd erschien" (Tö, 61). Es wird für Törleß zu einer (über-)lebensnotwendigen Aufgabe, diesem Etwas, das er noch nicht fassen kann, nachzuspüren.

Betrachtet man das rohe Gerüst des Romans, so wird deutlich, dass sich ein zentraler Konflikt Törleß' isolieren lässt: Die Frage nach der Beziehung zwischen Ich und Außenwelt und – eng damit verknüpft – die mangelnde Ausdrucksfähigkeit der Begriffe für die inneren Empfindungen. Bereits eine oberflächliche Betrachtung zeigt, dass sich hier deutliche Parallelschaltungen zu den Ausführungen Machs ergeben, der sich intensiv mit der Natur der Empfindungen auseinandersetzt und zudem in diesem Zusammenhang in seinem Werk ‚Erkenntnis und Irrtum' ein ganzes Kapitel der Begriffsbildung widmet.

Mach skizziert in seinen Ausführungen bereits ein Grundproblem, an das Musil in seinem ‚Törleß' konsequent anknüpfen wird. Mach führt aus, dass er in seinen Überlegungen

> dem Umstande Rechung [trägt], dass der Begriff kein *Augenblicksgebilde* ist, wie eine einfache konkrete sinnliche Vorstellung, wenn wir bedenken, dass jeder Begriff seine zuweilen recht lange und ereignisreiche Bildungsgeschichte hat, und dass sein Inhalt ebenso wenig durch einen Augenblicksgedanken dargelegt werden kann.[287]

Diese Aussage impliziert nicht nur die ‚mangelnde'[288] Abbildungskraft der Begriffe, sondern deutet noch eine weitere Problematik an: Es sind die tradierten gedanklichen Konstrukte, die aufgrund der Habituierung keinerlei Skepsis an

287 Mach: Erkenntnis und Irrtum, S. 135.

288 Für Mach handelt es sich weniger um einen Mangel als vielmehr um eine Tatsache, die er wissenschaftlich neutral konstatiert. Die Idee, dass die fehlende Abbildungskraft

ihrer Verwendung mehr aufkommen lassen – Törleß bezeichnet dieses Prinzip als eine „Kraft, die […] einen so festhält, daß man doch wieder richtig landet." (Tö, 105).[289] Die Stärke, die in diesem Zusammenhang von der Gewohnheit ausgeht, wird von Mach reflektiert. Er zeichnet diesen Vorgang, in der die individuelle Einstellung zu einem Objekt oder Vorgang von der kollektiv gebräuchlichen Begrifflichkeit überlagert wird, wie folgt nach:

> Durch vielfache Übung ist uns das Sprechen, Hören und Verstehen der Sprache so geläufig geworden, dass alles beinahe automatisch verläuft. Wir halten uns bei der Analyse der Bedeutungen der Worte nicht mehr auf, und die sinnlichen Vorstellungen, welche der Rede zugrunde liegen, treten kaum in Andeutungen oder gar nicht mehr ins Bewusstsein.[290]

Mit Blick auf den Roman zeigt sich somit, dass Törleß diese Habituierung nicht durchlaufen hat und mit der damit einhergehenden Multiplikation des Wahrnehmungsfeldes zu kämpfen hat: Er spürt die sinnlichen Vorstellungen in allen ihren Facetten und fühlt, dass die Begriffe, die über Jahrhunderte überliefert wurden, die Fähigkeit verloren haben, genau das abzubilden, was zu bedeuten sie sich entwickelt haben. Mach formuliert als Anspruch an die Begriffe: „Die Sprache bedingt wie die Algebra eine zeitweilige *Entlastung* des Denkens."[291] – genau dieser Anforderung können sie in Törleß' Perzeptionskontinuum nicht genügen.

Diese Beobachtung gewinnt weiter an Kontur, wenn die laut Mach allumfassende Komponentenhaftigkeit der (Um-)Welt hinzugezogen wird. Die Begriffe müssen schematisieren, um die Tatsache zu bewältigen, dass die Menge der möglichen Fälle die der tatsächlichen überwiegt – es wird also, um das Vokabular von Mach aufzugreifen, eine bestimmte Komponente eines Komplexes stärker bewertet als die anderen, um begriffliche Abbildbarkeit zu erzeugen. Damit entsteht möglicherweise eine Ähnlichkeit, die als solche tatsächlich nicht vorhanden ist. Mach drückt dies folgendermaßen aus: „So entspricht also schon in […] primitiven Fällen der unerschöpflichen sinnlich-physischen Mannigfaltigkeit eine sehr eingeschränkte gleichmäßige sinnlich-psychische Reaktion und hiermit eine entschiedene Tendenz zur Schematisierung."[292]

---

als Mangel begriffen werden kann, wird erst durch die Interpretation der Figur des Törleß' hinzugefügt.

289 Eine nahezu parallel lesbare Stelle findet sich bei Mach, der schreibt: „Das Gefühl der *Geläufigkeit* und sicheren *Reproduzierbarkeit, der potentiellen Anschaulichkeit* muss hier die aktuelle Anschaulichkeit ersetzen." (Mach: Erkenntnis und Irrtum: S. 143).

290 Mach: Erkenntnis und Irrtum, S. 140.

291 Mach: Die Principien der Wärmelehre, S. 414.

292 Mach: Erkenntnis und Irrtum, S. 142.

Durch die Kombination der hier vorgestellten Annahmen werden die Verwirrungen Törleß' erklärbar. Unter Voraussetzung der vielschichtigen Komponentenhaftigkeit der Umwelt und der gleichzeitigen Schematisierung durch die Begriffe ergibt sich die folgende Deutungsperspektive: Törleß ist nicht in der Lage, die Dinge selbst mit Begriffen zu beschreiben, weil ihnen in seinem Wahrnehmungshorizont noch ein „zweite[s], geheime[s], unbeachtete[s] Leben" (Tö, 137) anhaftet. Damit wird dem Komplex des Begriffs, der selbst unter normativen Gesichtspunkten schematisiert und seine Bedeutung nur über die Tradierung erhält, eine weitere Komponente hinzugefügt, deren addierter Sinngehalt nun aber nicht mehr von ihm geleistet werden kann. Folglich kann der Bedeutungsträger als solcher nicht mehr fungieren und das deskriptive Konstrukt des Begriffs ist zum Scheitern verurteilt.

Unter Berücksichtigung der Machschen Ausführungen ergibt sich zudem eine Überleitung zu einer zweiten Perspektive: der Frage nach der Verarbeitung der Empfindungen – ein Topos, das im Folgenden in unterschiedlichen Variationen immer wieder auftaucht. Mach schreibt: „Die Sinnesempfindungen sind eben die eigentlichen *ursprünglichen Motoren*, während die Begriffe sich auf jene, oft nur durch andere begriffliche Zwischenglieder berufen."[293] Damit ergibt sich im Laufe der Handlung eine zirkulär anmutende Struktur: Törleß begibt sich in der Suche nach dem ‚Etwas', das für ihn unfassbar bleibt, zurück zum Ursprung der Begriffe – den Sinnesempfindungen.[294] Von dort aus erkennt er, dass er nicht in der Lage sein wird, diese zusätzliche Komponente, die der Vielschichtigkeit seiner Wahrnehmungen (und den daraus resultierenden Empfindungen) Rechnung trägt, in den schematisierenden Komplex der Begriffe zu integrieren und differenziert fortan zwischen diesen beiden Sektoren.

Auch die Frage nach Erinnerungen und ihren Auslösern gehört zu der Kommunikation zwischen Außen- und Innenwelt, können doch Erlebnisse in der Außenwelt Erinnerungsketten im Ich in Gang setzen. Mach stellt diesbezüglich die These auf, dass auch die Erinnerungen der Komponentenhaftigkeit gehorchen, die er bereits bei der Umwelt konstatiert hat. Aufgrund dieser angenommenen freien Kombinationsmöglichkeiten der Komponenten, die die Erinnerungen darstellen, ist es nicht möglich, diese zu steuern. Er schreibt: „Wir sind

293 Ebd., S. 154.

294 Auch diese Annahme ist bereits bei Mach angelegt, der schreibt: „So geht alles intellektuelle Leben von den Sinnesempfindungen aus und kehrt wieder zu diesen zurück." Er fährt fort: „Wie sehr aber der Verkehr mit den *Begriffen* jenem mit *sinnlichen* Vorstellungen an Unmittelbarkeit *nachsteht*, erfahren wir häufig genug." (Mach: Erkenntnis und Irrtum, S. 153.).

nicht Herren darüber, *welche* Erinnerungen uns auftauchen und *welche* den Sieg davon tragen."[295] Da die Erinnerungen je an Erfahrungen geknüpft sind, können neue Erfahrungen wiederum Erinnerungen auslösen; problemlos können aber auch ganze Ketten von Erinnerungen provoziert werden, die nicht mehr in direktem Zusammenhang mit dem ursprünglichen Erlebnis stehen: „Das ganze vorausgehende Empfindungsleben, soweit es in der *Erinnerung* aufbewahrt ist, wirkt nun bei jedem neuen Empfindungserlebnis mit."[296]

Die Annahme solch freier Kombinationsmöglichkeiten übt eine besondere Faszination auf Robert Musil aus, erlaubt sie ihm doch, nur lose verbundene gedankliche Ebenen zu verbinden. Folglich setzt er eine solche Engführung auch im ‚Törleß' um. Exemplarisch kann in diesem Zusammenhang die Erinnerung an die Einsamkeit im Wald angeführt werden, die Törleß als kleiner Junge verspürt, als er sein Kindermädchen verliert (vgl. Tö, 24f.). Der Protagonist hat diese Erinnerung zwar oberflächlich mit der Dämmerung assoziiert (und diese zusätzlich verfremdet, denn sie hat „für ihn den Reiz eines Weibes und einer Unmenschlichkeit" (Tö, 25)), kann aber nicht steuern, wann diese Erinnerungen von ihm Besitz ergreifen: „Er fürchtete diese Phantasie, denn er war sich ihrer ausschweifenden Heimlichkeit bewußt, und der Gedanke, daß solche Vorstellungen immer mehr Herrschaft über ihn gewinnen könnten, beunruhigte ihn." (Tö, 25). Insgesamt ergibt sich problemlos die Möglichkeit einer parallelisierten Lesart, denn indem aus der Erinnerung ein emotional aufgeladenes Empfindungserlebnis geworden ist, das eng mit dem Gefühl der Einsamkeit verbunden ist, wird eben jene Dynamik offenbar, die Mach in dem obigen Zitat darlegt. Dabei sind die einzelnen Komponenten des Erinnerungserlebnisses nicht sukzessiv miteinander verknüpft, sondern weisen akausale Verbindungen auf. In dieser Hinsicht sind die folgenden Ausführungen des Wissenschaftlers aufschlussreich, denn Mach schreibt weiterhin, es gebe

> Erinnerungsspuren älterer Empfindungserlebnisse, welche das psychische Schicksal neu eintretender Empfindungskomplexe wesentlich *mitbestimmen*, sich mit letzteren unvermerkt *verweben* und, an das Empfindungsleben anknüpfend, dieses *weiterspinnend* sich anschließen.[297]

Dieses gedankliche Potential, das sich aus solchermaßen gearteten Erinnerungsketten erschließt, wird auch Törleß erfahren. Interessanterweise bedient sich

295 Ebd., S. 32.
296 Ebd., S. 28.
297 Ebd., S. 29.

Musil an der Stelle, die im Folgenden zitiert werden soll, ebenfalls des semantischen Felds des Spinnens. So heißt es im Roman:

> So lag Törleß und war ganz eingesponnen von Erinnerungen, aus denen wie fremde Blüten seltsame Gedanken wuchsen. Jene Augenblicke, die keiner vergisst, Situationen, wo der Zusammenhang versagt, der sonst unser Leben sich lückenlos in unserem Verstande abspiegeln läßt, als liefen sie parallel und mit gleicher Geschwindigkeit nebeneinander her, – sie schlossen sich verwirrend eng aneinander. (Tö, 64)

Es stellt sich heraus, dass Törleß eben jenen Vorgang durchläuft, den Mach in seinen Darlegungen beschreibt. Er ist plötzlich in der Lage, die ‚Erinnerungsspuren älterer Empfindungserlebnisse' nachzuvollziehen – aus der Kombination mit den gegenwärtigen Empfindungen ergibt sich eine Fülle von Sinnesempfindungen, die Törleß aufgrund ihrer psychophysisch omnipräsenten Wucht temporär handlungsunfähig machen.

Die oben behandelte Frage nach Erinnerungskomponenten impliziert gleichzeitig eine erste Parallelschaltung von Körper und Geist im Machschen Sinne. Wie bereits ausgeführt geht Mach konsequent davon aus, dass die beiden Dimensionen in Form eines psychophysischen Parallelismus interagieren; er schreibt: „Das Empfinden, welches zugleich physisch und psychisch ist, bildet die Grundlage alles psychischen Lebens."[298] Die Beschreibung der Erinnerung an die Einsamkeit im Wald stellt eine solche Parallelschaltung dar. Törleß fühlt die Erinnerung „als eine Frau, aber ihr Atem war nur ein Würgen in seiner Brust, ihr Gesicht ein wirbelndes Vergessen aller menschlichen Gesichter und die Bewegungen ihrer Hände Schauer, die ihm über den Leib jagten…" (Tö, 25). Indem die Erinnerung an die Einsamkeit, konnotiert mit dem Bild einer Frau, die wiederum nur ein Glied in einer Kette von ausgelösten Erinnerungen darstellt, sowohl körperlich als auch seelisch wahrgenommen wird, führt Musil die beiden Sphären Körper und Geist nicht nur zusammen, sondern schafft sich selbst die Möglichkeit einer omnipräsenten Gefühlswelt, der Törleß sich nicht entziehen kann. Indem die Empfindungen Geist und Körper erfassen und sich ihrerseits in ihrer Spontaneität nicht steuern lassen, wird die zeitweilige Apathie erklärbar, die Törleß immer wieder ergreift. Sein Verstand ist damit beschäftigt, das komplexe Zusammenspiel zu entwirren, ohne jedoch die Grenzen der beiden Dimensionen wirklich fassen zu können.

Aufschlussreich ist in diesem Zusammenhang auch die folgende Textstelle: „Abermals bemächtigte sich eine tiefe Unlust und förmlich körperliche Übelkeit seiner. So lag er minutenlang, vom Ekel ganz ausgehöhlt." (Tö, 86). Bei diesem

---

298 Mach: Erkenntnis und Irrtum, S. 30.

Zitat kann bei genauerer Analyse eine Parallelschaltung von Körper und Geist konstatiert werden und wieder ist es eine Kette von Erinnerungen (dieses Mal an das Gespräch mit Beineberg), die sie auslöst. Bemerkenswert ist die Formulierung ‚förmlich körperliche Übelkeit'. Im Alltagsverständnis wird Übelkeit als körperliche Befindlichkeit gewertet, meist als Reaktion auf unverträgliche Nahrung. Törleß hingegen zeigt die Symptomatik als Resonanz auf einen problematischen Gedankengang. Somit gehen die psychischen Indizien der Unlust einher mit den körperlichen Symptomen der Übelkeit.

Es gibt noch weitere Stellen, die an Machs Prinzip des leib-seelischen Parallelismus' denken lassen: „In seiner Haut, rings um den Körper, erwachte ein Gefühl, das plötzlich zu einem Erinnerungsbilde wurde." (Tö, 86). Deutlich tritt in dem folgenden Zitat nicht nur die Engführung von Körper und Geist, sondern auch die Bedeutung der Erinnerung für die Komposition des Ich hervor. In der Folge spürt Törleß „etwas, das Körper und Seele zugleich zu sein schien." (Tö, 86).[299] Damit wird die Untrennbarkeit der beiden Dimensionen manifestiert.

Die bereits beschriebenen Beobachtungen decken erst einen Teil der relevanten Beobachtungen ab. Schon die Tatsache, dass im Titel von ‚Verwirrungen', also dem Plural des Substantivs gesprochen wird, zeigt an, dass Törleß nicht nur auf einer Ebene um Orientierung ringt. Die bisher dargestellten Überlegungen deuten darauf hin, dass es sich um ein kompliziertes Geflecht von Problemen handelt, die sich zwar auf verschiedenen Ebenen bewegen und auf ebenso verschiedene Systeme rekurrieren, dennoch aber obligatorische Komponenten im Komplex der Verwirrungen darstellen und erst in ihrem Zusammenspiel ihre volle Bedeutungsträchtigkeit entfalten können.

Die Beschreibungen der Verwirrungen machen konsequenterweise den Hauptteil der Handlung des Romans aus. Wohin Törleß sich auch wendet, er findet scheinbar nirgendwo die Antwort auf die drängende Frage nach dem Etwas, das ihn von seinen Mitmenschen unterscheidet. Auf der Suche nach einer Antwort entwickelt Törleß verschiedene Strategien, in der Hoffnung, mit ihrer Hilfe das Problem zu bewältigen. Diese Strategien, die immer aufs Neue zum Scheitern verurteilt sind, beziehen sich zu einem großen Teil auf tradierte Ordnungssysteme wie die Mathematik oder die Philosophie. In der Konfrontation mit den (scheinbar gefestigten) Tatsachengebieten entwickelt Törleß ein

299 Vgl. auch Fick, Monika: Sinneswelt und Weltseele. Der psychophysische Monismus in der Literatur der Jahrhundertwende. Tübingen: Max Niemeyer Verlag 1993, hier S. 270f.

Gespür dafür, dass auch diese bei genauerer Betrachtung nicht immer kausal und plausibel agieren.

Musil präsentiert in diesem Roman einen jungen Menschen, dessen innere Wahrnehmung wie ein hochsensibler Seismograph jede noch so feine Regung seines Umfelds registriert, aufgrund seiner Jugendlichkeit aber – um im Bild zu bleiben – noch keine Einheit zur Beschreibung seiner Messdaten gefunden hat. Im Vergleich zu den beiden anderen Jungen, Beineberg und Reiting, ist Törleß zu besonderer Sensibilität fähig. So heißt es: „Es vermochte keiner so genau wie er die verschiedenen, von dem Verhalten eines Menschen in einer gegebenen Lage zu erwartenden Möglichkeiten vorauszusagen." (Tö, 41). Es ist diese Fähigkeit, dieses „Talent des Staunens" (Tö, 25), das die Entdeckung des Undefinierbaren in Törleß' Seele überhaupt erst ermöglicht.

Reis schreibt, Törleß sei „ein ‚Genauigkeitsmensch', ein ‚Ingenieur der Seele', der jene Grenzbereiche der Seele erforscht."[300] Damit ist der Raum des Experiments, das Laborfeld gewissermaßen, gesetzt: Es geht darum, die Transformation von seelischen Begebenheiten in Begriffe adäquat zu bewältigen und die Erkenntnis, dass die Gedanken und seelischen Vorgänge durch diesen sprachlichen Transformationsprozess gewissermaßen an Energie verlieren und damit das eigentlich Zugrundeliegende nicht mehr abbilden können. Reis konstatiert weiterhin: „Es ist das kühne, ‚ingenieurhafte' Ausloten der inneren, seelischen Möglichkeiten – in der Verfolgung der idealen Grenze, an der das Gefühl sich zu einer neuen Einheit, einer neuen Welt schließt."[301] Bei genauerer Betrachtung stellt sich jedoch dar, dass genau hier das Problem Törleß' seinen Ursprung findet. Treffender wäre die Aussage, dass er versucht, den Grenzbereich der Seele mithilfe tradierter Begriffe, die in ihrer formelhaften Verwendung schon beinahe technisch anmuten, abzutasten – er aber bei diesem Vorgang immer wieder aufs Neue scheitert, da er versucht, Messbarkeit auf seelischem Gebiet herzustellen.[302] So besteht seine innere Entwicklung darin, verschiedene Möglichkeiten auszuloten und nach dem Prinzip Versuch und Irrtum das Problem immer weiter einzukreisen, bis er ihm schließlich Herr wird – die von ihm gewählte Möglichkeit lässt sich allerdings nicht in die Wirklichkeit der anderen Personen seines Umfelds integrieren.

300 Reis, Gilbert: Musils Frage nach der Wirklichkeit. Königstein/ Ts.: Verlag Anton Hain 1983 (DISKURS. Forschungen zur deutschen Literatur, Bd. 3), hier S. 38.

301 Ebd., S. 62.

302 Dass er damit das Grundproblem der Psychologie auf den Punkt bringt, ist offensichtlich.

Der Vorgang der gedanklichen Abgleichung immer neuer Erklärungsmöglichkeiten mit dem Ausgangsproblem lässt wiederum an eine von Ernst Mach dargestellte Idee denken. Er schreibt in seinem Werk ‚Erkenntnis und Irrtum': „Außer dem physischen Experiment gibt es noch ein anderes, welches auf höherer intellektueller Stufe in ausgedehntem Maße geübt wird – das *Gedankenexperiment.*"[303] Interessanterweise rückt Mach selbst in augenfälliger Weise die Arbeit eines Dichters in unmittelbare Nähe zu dieser (eigentlich) naturwissenschaftlich geprägten Arbeitsweise, indem er anfügt: „Der Projektemacher, der Erbauer von Luftschlössern, der Romanschreiber, der Dichter sozialer und technischer Utopien experimentiert in Gedanken."[304] Für Mach entfaltet die Idee des Gedankenexperiments eine große Vielzahl an Möglichkeiten.[305] Allerdings differenziert er hinsichtlich des Ziels der Gedanken: Während ein Forscher sich in seinen gedanklichen Versuchen möglichst nah an die realen Gegebenheiten zu halten hat, darf der Dichter „in der Phantasie Umstände kombinieren, die in Wirklichkeit nicht zusammentreffen, oder diese Umstände von Folgen begleitet werden, welche nicht an dieselben gebunden sind."[306] Damit weist Mach der Phantasie (auch im wissenschaftlichen Rahmen[307]) einen erstaunlich großen Spielraum zu. Er geht in seinen Ausführungen davon aus, dass „das Experimentieren in Gedanken […] nicht nur für den Forscher von Beruf wichtig, sondern auch der psychischen Entwicklung überhaupt sehr förderlich [ist]."[308] Damit entspricht Törleß instinktiv dem didaktischen Gedanken, der hinter Machs Aussage steht. Doch die Parallelführung geht noch weiter, denn Mach führt aus, es komme darauf an,

---

303 Mach: Erkenntnis und Irrtum, S. 196.

304 Ebd.

305 Die Assoziation zwischen Musils Werk und dem Machschen Prinzip des Gedankenexperiments ist nicht neu. Auch Andrea Pelmter weist auf ihre Bedeutung hin. Allerdings bezieht sie ihre Ausführungen nicht auf den ‚Törleß', sondern streicht vielmehr die Faszination Musils für das gedankliche Experiment im Allgemeinen heraus (vgl. Pelmter: ‚Experimentierfeld des Seinkönnens'- Dichtung als Versuchsstätte, S. 64ff.). In Bezug auf den ‚Törleß' geht sie im weiteren Verlauf ihrer Arbeit zwar davon aus, dass der Protagonist „in Manier der Vorgehensweisen des Berliner Psychologischen Instituts" (Ebd., S. 124) herauszufinden sucht, welche inneren Beweggründe Basini dazu bewogen haben könnten, zum Sklaven der beiden Klassenkameraden zu werden, sie beschränkt sich dabei aber auf die konkrete Rolle Törleß' als Experimentator (vgl. Ebd. 124ff.).

306 Mach: Erkenntnis und Irrtum, S. 196.

307 Vgl. Ebd., S. 197ff. Es wird gleichzeitig offensichtlich, dass Mach nicht so streng zwischen Dichtung und Naturwissenschaften differenziert wie Musil dies tut.

308 Ebd., S. 205.

dass einmal durch *passende* Umstände ein *unabsichtliches* Variieren der Gedanken eingeleitet werde, damit diese durchschaut, und zu einer *bleibenden* Gepflogenheit werde. Dies geschieht am natürlichsten durch das *Paradoxe*. Nicht nur lernt man durch das Paradoxe am besten die Natur eines Problems fühlen, welches ja eben durch den paradoxen Gehalt zu einem Problem wird, sondern die widerstreitenden Elemente lassen auch die Gedanken nicht mehr zur Ruhe kommen, und lösen eben den Prozess aus, den wir als Gedankenexperiment bezeichnen.[309]

Diese Textstelle ist in ihrer Gedankenführung der im ‚Törleß' so ähnlich, dass eine simultane Lesart problemlos möglich ist. Das ‚unabsichtliche Variieren' (Musil bezeichnet einen solchen Vorgang in einem Essayfragment als „Ausrutschen der Gedanken"[310]) fungiert als Katalysator der Handlung: Als Törleß bei Božena ist, verbindet er plötzlich und ohne dass er sich dagegen wehren kann, den Gedanke an seine Mutter mit der Prostituierten: „Törleß sättigte sich mit den Augen an Božena und konnte dabei seine Mutter nicht vergessen; durch ihn hindurch verkettete die beiden ein Zusammenhang: Alles andere war nur ein sich Winden unter dieser Ideenverschlingung." (Tö, 33). Dabei ist ihm der Widerspruch, den diese gedankliche Assoziation beinhaltet, stets gegenwärtig, sodass er sich fragt:

„Was ist es, das es ermöglicht, daß diese Božena ihre niedrige Existenz an die meiner Mutter heranrücken kann? Daß sie sich in der Enge desselben Gedanken an jene herandrängt? [...] Dieses Weib ist für mich ein Knäuel aller geschlechtlichen Begehrlichkeiten; und meine Mutter ein Geschöpf, das bisher in wolkenloser Entfernung, klar und ohne Tiefen, wie ein Gestirn jenseits alles Begehrens durch mein Leben wandelte..." (Tö, 33)

Erst diese Diskrepanz, die der Protagonist in aller Deutlichkeit spürt, löst seine Verwirrungen aus, denn schon hier weiß er: „Aber alle diese Fragen waren nicht das Eigentliche. Berührten es kaum. Sie waren etwas Sekundäres; etwas, das Törleß erst nachträglich eingefallen war. Sie vervielfältigten sich nur, weil keine das Rechte bezeichnete." (Tö, 33). Er kann sich dieser gedanklichen Verknüpfung nicht mehr entziehen, alles in seiner Umwelt „hatte nun schon diese eine Beziehung angenommen." (Tö, 33). In dieser Situation ist der Kernkonflikt somit bereits angelegt, denn Törleß ist nicht in der Lage, die Konnexion zwischen den beiden Frauen, die sich ihm aufdrängt, rational zu entschlüsseln. Bereits hier bezeichnen die Fragen, die er sich stellt, nicht die eigentliche Problemlage; sie

309 Ebd., S. 206.

310 Musil, KA; LESETEXTE, Band 16, Frühe Tagebuchhefte 1899–1926; 4: Altes schwarzes Heft (1900–1904), Tagebuch und literarische Projekte, 30.

umkreisen sie vielmehr, ohne jedoch einen Erkenntniswert zu liefern. Dabei stellt der für Törleß irritierende und ungewohnte Topos der Sinnlichkeit einen Grund für diese Unzugänglichkeit dar. Es zeigt sich, dass es sich bei der Sinnlichkeit um ein komplexhaft strukturiertes Konstrukt handelt, denn neben der Mutter und Božena ordnet Törleß ihr auch Basini zu.

Diese Zuordnung ergibt sich daraus, dass die Prostituierte im weiteren Verlauf des Gesprächs die Besuche von Törleß' Schulkameraden Basini erwähnt. Mit dieser Beschreibung wird die Erinnerungsspur oder auch die „Kette hässlicher Gedanken" (Tö, 32) komplettiert und die spätere Verankerung Basinis als sinnliches Substrat für Törleß' Begehren erklärbar. Die Sinnlichkeit wiederum wird, wie sich zeigen wird, als letzte Station von Törleß' Gedankenexperiment dienen. Als die durch die Verknüpfung mit den beiden Frauen sinnlich aufgeladene Figur des Basini aus dem Wahrnehmungsfeld Törleß' verschwindet, findet dieser endgültig zu sich zurück:[311]

> In die rote Kammer war er nie mehr hinaufgestiegen. Das schien alles weit, weit hinter ihm zu liegen.
>
> Seit Basinis Entfernung war es tot. Fast so, als ob dieser Mensch, der alle Beziehungen an sich gekettet hatte, sie nun auch mit sich fortgenommen hätte. (Tö, 139)

Besonders hilfreich bei der Abbildung von Törleß' Gedankenexperiment ist das Bild der Brücke, das sich wie ein roter Faden durch den Roman zieht und immer dann virulent wird, wenn Törleß den Widerspruch zwischen der inneren und der äußeren Wirklichkeit zu beschreiben sucht.[312]

---

311 Des Weiteren offenbart sich noch eine weitere Parallele mit dem obigen Zitat von Ernst Mach. Das vom Wissenschaftler beschriebene Variieren der Gedanken wird, wie der Erzähler ausführt, Törleß sein Leben lang begleiten und wird damit zu einer ‚bleibenden Gepflogenheit': „Späterhin wurde er nämlich von einer eigentümlichen Fähigkeit geradezu beherrscht. Er war dann gezwungen, Ereignisse, Menschen, Dinge, ja sich selbst häufig so zu empfinden, daß er dabei das Gefühl sowohl einer unauflöslichen Unverständlichkeit als einer unerklärlichen, nie völlig zu rechtfertigenden Verwandtschaft hatte." (Tö, 25).

312 Zu der Frage, inwieweit sich die innere von der äußeren Realität unterscheidet und welche gesellschaftlich tradierten Werte sich darin abbilden, die Törleß zu durchbrechen sucht, sodass eine implizite Gesellschaftskritik deutlich wird, vgl. Baur, Uwe: Zeit- und Gesellschaftskritik in Robert Musils Roman ‚Die Verwirrungen des Zöglings Törleß'. In: Vom Törleß zum Mann ohne Eigenschaften. Hg. v. Uwe Baur und Dietmar Goltschnigg. München, Salzburg: Wilhelm Fink Verlag 1973 (Musil-Studien Bd. 4), S. 19–45, hier besonders S. 31ff.

Törleß' Bemühungen, dieses noch sehr diffuse Gefühl der Unzulänglichkeit zu fassen, dieses Etwas, „womit seine Gedanken nicht fertig werden konnten" (Tö, 61), wird erstmals konturiert, als ihm die Unendlichkeit des Himmels bewusst wird. Das Prinzip der Unendlichkeit ist ihm aus dem Mathematikunterricht bekannt: „Es kam ihm vor wie ein gezähmter Begriff, mit dem er täglich seine kleinen Kunststückchen gemacht hatte und der nun plötzlich entfesselt worden war" (Tö, 63). Törleß stolpert nun über diesen Begriff, der eine Dimension darstellt, die für den menschlichen Geist nicht greifbar ist. An dieser Stelle taucht das poetische Bild der Brücke zum ersten Mal auf: „Er hatte das Bedürfnis, rastlos nach einer Brücke, einem Zusammenhange, einem Vergleich zu suchen – zwischen sich und dem, was wortlos vor seinem Geiste stand." (Tö, 65) Mit diesem Bild wird das Prinzip des Gedankenexperiments gleichsam eingeleitet und das zu lösende Problem beschrieben: Törleß sucht nach einer Verbindungsmöglichkeit zwischen den seelischen Vorgängen in seinem Inneren und einer Abbildungsmöglichkeit dieser Gedanken und Vorgänge in der Außenwelt – eine Konnexion, die sich bei genauerer Betrachtung als akausal erweist und in ihrer Willkürlichkeit paradox anmutet. Bereits hier ist sich Törleß der Ambiguität seiner Umwelt bewusst:

> Es kam wie eine Tollheit über Törleß, Dinge, Vorgänge und Menschen als etwas Doppeldeutiges zu empfinden. Als etwas, das durch die Kraft irgendwelcher Erfinder an ein harmloses, erklärendes Wort gefesselt war, und als etwas Fremdes, das jeden Augenblick sich davon loszureißen drohte. (Tö, 64)

Das bereits erwähnte „Talent des Staunens" (Tö, 25) ist es, das es Törleß ermöglicht, zwar auch die „einfache, natürliche Erklärung" (Tö, 64) zu kennen; es offenbart sich ihm aber auch noch eine zweite, modifizierte Perzeption, denn die eine Erklärung scheint „nur eine ganz äußere Hülle fortzureißen, ohne das Innere bloßzulegen, das Törleß wie mit unnatürlich gewordenen Augen stets noch als zweites darunter schimmern sah." (Tö, 64). Diese ‚Doppelsichtigkeit' ist es, die Törleß' Verwirrungen auslöst und die über weite Teile der Handlung verhindert, dass er in der Lage ist, dieses ‚Etwas' zu erkennen. Von nun an zielen alle seine intellektuellen und emotionalen Bestrebungen auf die Lösung dieses Paradoxons ab und er wird versuchen, den fehlenden Pfeiler zu finden, der es ermöglicht, diese gedankliche Kluft zu überwinden. Es ist zu bemerken, dass der Protagonist nicht nur näherungsweise sein Problem als solches zu konturieren sucht, sondern auf diesem Weg aus seinen Verwirrungen deutlich voneinander abzugrenzende Etappen beschreitet – ähnlich wie in einem Puzzle hält er versuchsweise verschiedenen Komponenten an seinen unvollständigen Gedankenkomplex, um sie immer wieder wegen mangelnder Passgenauigkeit zu verwerfen.

Als erster Versuch dient ihm die Mathematik, in der er Ähnlichkeiten mit seiner Lebenswelt entdeckt.[313] Als Synthese dient hier der Begriff der Unendlichkeit, die sowohl visuell (verkörpert durch den Himmel) als auch als geistiges Konstrukt in der Mathematik auftaucht. Konsequenterweise erfolgt auch hier der Nexus über das poetische Bild der Brücke. Törleß sagt zu Beineberg, mit dem er das Problem bespricht:

> Denk doch nur einmal so daran: In solch einer Rechung sind am Anfang ganz solide Zahlen, die Meter oder Gewichte oder irgend etwas anderes Greifbares darstellen können und wenigstens wirkliche Zahlen sind. Am Ende der Rechnung stehen ebensolche. Aber diese beiden hängen miteinander durch etwas zusammen, das es gar nicht gibt. Ist das nicht wie eine Brücke, von der nur Anfangs- und Endpfeiler vorhanden sind und die man dennoch so sicher überschreitet, als ob sie ganz dastünden? Für mich hat so eine Rechnung etwas Schwindliges; als ob es ein Stück des Weges weiß Gott wohin ginge. (Tö, 74)

Ähnlich wie die mangelnde Kausalität zwischen den Wahrnehmungen der Seele und der Artikulierung ergibt sich für Törleß aus den imaginären Zahlen das Problem einer änigmatischen Kraft, die, über Generationen tradiert, als begriffliche Plattitüde fungiert und als unhinterfragbar gilt. Törleß jedoch blickt hinter diese scheinbar sichere Fassade und entdeckt gedankliche Lücken. Zwar geht auch er nicht so weit, die Mathematik in ihren Grundpfeilern infrage zu stellen („Ich habe nie bezweifelt, daß die Mathematik recht hat, - schließlich lehrt's doch auch der Erfolg, mir war vielmehr nur das sonderbar, daß die Sache mitunter so gegen den Verstand geht […]". (Tö, 81)), aber im Gegensatz zu den Schulkameraden und Lehrern (die als Multiplikatoren für die unreflektierte Übernahme der tradierten Gedankenkonstrukte agieren) weigert Törleß sich, diese Lücken in der Kausalität zu übersehen, die durch die Arbitrarität hervorgerufen werden.

In der Erkenntnis, dass er sein Problem unmöglich wird alleine lösen können, wendet sich Törleß an den Mathematiklehrer, der für ihn zumindest anfänglich als Autorität auf dem Gebiet als erster Ansprechpartner gilt. Hier jedoch stellt sich schnell heraus, dass auch der Lehrer Törleß nicht helfen kann. Ohne ein Wort mit ihm gesprochen zu haben, erkennt er bereits intuitiv, dass der Gang zu dem Pädagogen, aber auch die Suche nach einer Lösung in der Mathematik sich

---

313 Das Verhältnis Musils zur Mathematik und dessen Einflüsse auf sein literarisches Schaffen sind vielfach untersucht worden. Lohnenswert sind in diesem Zusammenhang u.a. die folgenden Studien: Meyer, Jürgen: Musils mathematische Metaphorik. Geometrische Konzepte in ‚Die Verwirrungen des Zöglings Törleß' und in ‚Die Vollendung der Liebe'. In: Hofmannsthal-Jahrbuch zur europäischen Moderne 5 (1997), S. 317–345, aber auch Kaizik, Jürgen: Die Mathematik im Werk Robert Musils – Zur Rolle des Rationalismus in der Kunst. Wien: Josef Steiner 1980.

als Irrweg erweisen werden:[314] „Das Gewöhnliche [in dem Zimmer des Lehrers; K.B.] verletzte ihn; er übertrug es auf die Mathematik, und sein Respekt begann einem misstrauischen Widerstreben zu weichen.“ (Tö, 76). Die bereits betrachtete Problemlage im Umgang mit Begriffen tut ihr Übriges, um das Gespräch ergebnislos verlaufen zu lassen: Wie immer, wenn Törleß etwas genauer betrachtet, weichen die Konturen im Versuch, es genauer zu fokussieren oder sprachlich zu fixieren, immer weiter, bis zur Unkenntlichkeit auf.[315] Törleß versucht nichtsdestoweniger seine Frage vorzubringen, „aber ihm war, als müßte er durch einen dicken, trüben Nebel hindurch sprechen und seine besten Worte erstickten schon in der Kehle.“ (Tö, 76). Hier offenbart sich eine doppelte Perspektive von Törleß‘ Problem: Die Frage nach der fehlenden Kausalität und den Logikbrüchen in der Mathematik übersteigt bereits die Grenzen der Fassbarkeit seines (und des menschlichen) Intellekts. Hinzu kommt aber noch die für Törleß allgegenwärtige Problematik der fehlenden Abbildbarkeit von seelischen Vorgängen. Diese Kopplung verunmöglicht eine adäquate Verständigung, zumal Törleß bereits vorher schon bezweifelte, dass die Mathematik eine Antwort auf seine Fragen bereit halten würde.

Der Mathematiklehrer eröffnet Törleß jedoch eine zweite Möglichkeit, den fehlenden Konnex zwischen den ‚Brückenpfeilern‘ zu finden. Indem er ihm Kant als Lektüre empfiehlt, eröffnet er ihm das Fenster zur Philosophie, die die „Bestimmungsstücke unseres Handelns“ (Tö, 77) enthält. Törleß ist zunächst wie geblendet von der Aura, die Kant umspielt: „Es war wie das Heiligtum einer Gottheit, der man nicht gerne naht und die man nur verehrt, weil man froh ist, daß man sich dank ihrer Existenz um gewisse Dinge nicht mehr zu kümmern braucht.“ (Tö, 78f.). Er glaubt, in der Philosophie nun die Antwort auf die Fragen zu erhalten, die ihn umtreiben. Doch geht sein Gedankenexperiment, auf der Annahme der Verlässlichkeit der Erfahrungen und der tradierten Werte der

314 Ralf Wohlgemuth geht davon aus, dass das Scheitern an der Mathematik zum „Verschwinden der kontrollierenden Vernunft in Törleß“ führt (Wohlgemuth, Ralf: Eroserleben als Macht- und Ohnmachtserleben. Robert Musils ‚Die Verwirrungen des Zöglings Törleß‘ und Benjamin Leberts ‚Crazy‘. In: Sexualität und Macht. Kultur-, literatur- und filmwissenschaftliche Betrachtungen. Hg. v. Corinna Schlicht. Oberhausen: Karl Maria Laufen 2004 (Autoren im Kontext. Duisburger Studienbögen. Bd. 6), S. 153–162, hier S. 156.) Eine solche Feststellung ist insofern problematisch, als Törleß sich dann dem hochkomplexen philosophischen Ansatz Kants zuwendet.

315 Wie genau sich dieses Phänomen darstellt und welche Parallelen zu experimentalpsychologischen Ansätzen gezogen werden können, wird im weiteren Verlauf der Arbeit noch ausgeführt, an dieser Stelle sei lediglich darauf verwiesen.

vorherigen Generationen aufgebaut, erneut nicht auf, da es sich bei der Konfrontation mit der Wirklichkeit als nicht tragfähig erweist. Fick konstatiert in diesem Zusammenhang: „Nicht umsonst markiert der Name Kants die äußerste Grenze, zu der Törleß mit seinen Bemühungen, verstandesgemäß der ‚anderen' sich zu bemächtigen, gelangt."[316] Nachdem Törleß mit dem Extremwert der Intellektualität seinem Ziel nicht näher gekommen ist, setzt er am anderen Ende der Skala neu an und konfrontiert sein Konstrukt mit der Sinnlichkeit, personifiziert durch seinen Klassenkameraden Basini. Indem Musil die Frage nach der psychophysischen Wahrnehmung mit der Sinnlichkeit koppelt, eröffnet er eine weitere Perspektive. Törleß selbst stellt in der Retrospektive die Verbindung her: „Daß wir mit dem Denken alleine nicht auskommen, fühlte ich auch an Basini." (Tö, 138f.). Mit dieser Verknüpfung der Sinnlichkeit (verkörpert durch Basini) mit den beiden im Roman virulenten Sphären von Körper (Fühlen) und Gedanken (Denken) führt Törleß die ihn umtreibenden Größen zusammen, deren Auslotung dazu geführt haben, dass er seine Verwirrungen überwinden konnte. Hilfreich zur weiteren Beschreibung dieser Engführung ist auch die folgende Textstelle: „Denn wenn Törleß sich auch mit ihm gemein machte, sein Begehren sättigte sich niemals an ihm, sondern wuchs zu einem neuen ziellosen Hunger über Basini hinaus." (Tö, 109).

Hier wird deutlich, dass die sinnliche Wahrnehmung, die zum Teil auch mit geschlechtlicher Erregung einhergeht, von Basini abgekoppelt wird. Fick spricht in diesem Zusammenhang davon, dass „sich die Begierde von ihren Objekt emanzipiert."[317] Basini fungiert lediglich als Platzhalter für die gedanklichen Experimente Törleß', nicht jedoch als wahres Objekt seiner Lust, er stellt lediglich das Mittel zum Zweck dar.[318] Obwohl Törleß mit seiner Hilfe versucht, die Untiefen der Sinnlichkeit auszuloten, die einen Grenzbereich zwischen Körper und Seele darstellen, kann er die Dimensionen der menschlichen Gefühle lediglich erahnen. Damit wird deutlich, dass mit der Sinnlichkeit das Thema der Unendlichkeit variiert wird. Während Törleß zunächst die rationalen Kausalitätslücken

316 Fick: Sinnenwelt und Weltseele, S. 265.

317 Ebd., S. 267.

318 Auch Kroemer geht davon aus, dass Basini nicht als tatsächliches Objekt der Lust gelten kann, macht seine Argumentation allerdings an der These fest, dass Basini einen verborgenen Teil von Törleß' Identität darstelle. Damit würde die Überwindung dieses anderen, dunklen Teils einen wichtigen Bestandteil der Handlung ausmachen und die Verurteilung Basinis am Ende den Schlusspunkt dieser Entwicklung markieren, die gleichzeitig auch die weitere, ‚normative' Persönlichkeitsentfaltung Törleß erklärbar machen (vgl. Kroemer: Ein endloser Knoten?, S. 103f.).

der Mathematik auslotet, die mit der Unmöglichkeit des Erfassens der Unendlichkeit einhergehen, macht er am anderen Ende der Skala dieselbe Entdeckung. Sein sinnliches Empfinden, das durch Basini angeregt wird, ist für ihn in seinen Tiefen genauso unfassbar wie das mathematische Analogon:

> Eigentlich war es ja immer nur ein und dasselbe Gefühl gewesen. Und ganz eigentlich überhaupt kein Gefühl, sondern mehr ein Erdbeben ganz tief am Grund, das gar keine merklichen Wellen warf und vor dem doch die ganze Seele so verhalten mächtig erzitterte, daß die Wellen selbst der stürmischsten Gefühle daneben wie harmlose Kräuselungen der Oberfläche erscheinen. (Tö, 90)

Mit der bereits angesprochenen Entkopplung der Sinnlichkeit macht Törleß den Weg frei für die Lösung aus seinen Verwirrungen. Indem er erkennt, dass es sich um zwei verschiedene Welten handelt, er also in der Lage ist, seine Umwelt und Mitmenschen in doppelter Perspektive wahrzunehmen[319], ist er imstande, zwischen den beiden zu differenzieren. Törleß integriert das Prinzip des Unendlichen in sein Ich und erkennt, dass es (seelische) Vorgänge gibt, die in ihren Dimensionen nicht abgebildet werden können. Damit klingt ein wichtiger Grundsatz der Machschen Lehren an, der aber nur unterschwellig zutage tritt. Wie sich zeigen wird, arbeitet Musil die Idee der Komponentenhaftigkeit des Ich in den ‚Vereinigungen' noch wesentlich stringenter aus. Doch auch im ‚Törleß' findet sich bereits eine Ahnung dieses Prinzips, denn der Protagonist integriert schlussendlich die Komponente der Fähigkeit der ‚Doppelsichtigkeit' in sein Ich.

## 3.3 Zwischenfazit – Törleß zwischen Psyche und Seele

Betrachtet man die obigen Ausführungen unter Berücksichtigung der Foucaultschen Annahme, dass Literatur eine besondere Form der Diskursverarbeitung darstellt, so zeigt sich, dass in der Tat Überschneidungen zu beobachten sind. Ausgehend vom psychologischen Diskurs muss besonders nach dem Umgang mit seelischen Prinzipien gefragt werden, setzt sich diese Wissenschaft doch die Erforschung der Seele zum Ziel. Ausgehend besonders von den Ausführungen Ernst Machs und Carl Stumpfs kristallisieren sich zwei Standpunkte heraus, die für die kommenden Analysen von besonderer Bedeutung sind. Während Mach radikal monistisch argumentiert, setzt Stumpf dieser Annahme den Versuch einer

319 Dies passiert allerdings nie gleichzeitig. Dieses Phänomen wird im folgenden Kapitel noch zu untersuchen sein. Es scheint, als würden Grundzüge von literarischen Kippbildern und Inversionen verwendet, um die Unmöglichkeit der doppelten Wahrnehmung deutlich zu machen.

differenzierten Unterscheidung psychischer Phänomene entgegen – beide Wissenschaftler eint aber der Versuch, die psychophysische Interaktion zu erhellen.

Auch Robert Musil positioniert sich in diesem Spannungsverhältnis; dabei zeigt er sich deutlich geprägt vom Machschen Monismus. Im Gegensatz zu Mach geht Musil aber davon aus, dass die Annahme eines psychophysischen Parallelismus' nicht zwangsläufig davon entbindet, weiterhin nach der Beschaffenheit der Seele zu fragen.[320] Musil setzt zwar den Ansatz einer Parallelschaltung von Körper und Geist in seinem Werk um und erreicht so eine Intensivierung der Wahrnehmung des Geschehens, gleichzeitig beschäftigt er sich jedoch weiter mit der Frage, wie die Seele beschaffen sein muss – eine Fragestellung, die grundsätzlich in die gedankliche Richtung von Carl Stumpf tendiert.[321] Dabei unterscheidet Musil aber nur zwei gegensätzliche Kriterien: Er differenziert zwischen toten und lebendigen Gedanken, deren Unterschied im Maß der seelischen Betroffenheit des Individuums zu finden ist. Im ‚Törleß' wird diese Unterscheidung ebenfalls verarbeitet:

> Ja, es gibt tote und lebendige Gedanken. Das Denken, das sich an der beschienenen Oberfläche bewegt, das jederzeit an dem Faden der Kausalität nachgezählt werden kann, braucht auch nicht das lebendige zu sein. Ein Gedanke, den man auf diesem Wege trifft, bleibt gleichgültig wie ein beliebiger Mann in der Kolonne marschierender Soldaten. Ein Gedanke, – er mag schon lange vorher durch unser Hirn gezogen sein, wird erst in dem Momente lebendig, da etwas, das nicht mehr Denken, nicht mehr logisch ist, zu ihm hinzutritt, so daß wir seine Wahrheit fühlen, jenseits von aller Rechtfertigung, wie einen Anker […]. Eine große Erkenntnis vollzieht sich nur zur Hälfte im Lichtkreise des Gehirns, zur andern Hälfte in dem dunklen Boden des Innersten, und sie ist vor allem ein Seelenzustand, auf dessen äußerster Spitze der Gedanke nur wie eine Blüte sitzt. (Tö, 136f.)

Implizit liegt Musils Werk hier somit bereits früh eine These zugrunde, die in den späteren Werken immer wieder auftaucht und gleichzeitig auch die Psychologie

---

320 Für Ernst Mach entfällt eine weitere Untersuchung, da er davon ausgeht, dass Körper und Seele den gleichen Regeln unterworfen sind. Eine Analyse der körperlichen Phänomene würde somit ausreichen, da sie gleichzeitig auch die Psyche beträfen.

321 Diese Aussage ist mit der gebotenen Vorsicht zu betrachten, denn von einer passgenauen Übertragung kann nicht die Rede sein, allenfalls von einer Anlehnung. Allerdings weist auch Rudolf Haller darauf hin, dass sich „Musils Gliederung des intellektuellen Globus in das gleiche Bild [fügt]: Er unterscheidet nämlich zwei Gebiete und zwei Verhaltensweisen, wobei nur die eine der Stumpfschen Forderung naturwissenschaftlicher Grundlegung entspricht: Das […] ist das ratioide Gebiet." (Haller, Rudolf: Carl Stumpf, Ernst Mach und Robert Musil. In: Musik und Sprache. Zur Phänomenologie von Carl Stumpf. Hg. v. Margret Kaiser-El-Safti und Matthias Ballod. Würzburg: Königshaus & Neumann 2003, S. 95–107, hier S. 99.).

seiner Zeit indirekt angreift. Denn der Psychologie geht es in erster Linie darum, Wahrnehmungen, Vorstellungen und Empfindungen in ihrer Interaktion darzustellen und wissenschaftlich nutzbar zu machen, ohne dass eine konkrete Definition dessen vorliegt, was die Seele genau sei. In ihrer Zielsetzung kann die Psychologie somit nur nach den Leistungen und Fähigkeiten der Seele fragen.

Der Unterscheidung zwischen lebenden und toten Gedanken liegt somit eine Differenzierung zugrunde, die am ehesten mit der Unterscheidung zwischen Seele und Psyche zu vergleichen ist. Für Musil sind lediglich die individuellen seelischen Vorgänge von Bedeutung, während die allgemein gültigen psychischen Prozesse, die von der Wissenschaft anvisiert werden, für seelische Fragestellungen nicht aussagekräftig sind. Parallel zu dieser Unterscheidung wird auch die Frage nach Erkenntnis ins Auge gefasst. Törleß ringt darum, sich aus dem tradierten, wissenschaftlich geprägten Denkschema zu befreien und jenes Etwas zu benennen, das sich ihm immer wieder entzieht. Allerdings wird die Unterscheidung zwischen lebenden und toten Gedanken implizit weitergeführt, denn tote Gedanken können zu wissenschaftlicher Erkenntnis führen, die ihrerseits den Anspruch von allgemeiner Gültigkeit erhebt, lebende Gedanken hingegen zielen auf individuelle (seelische) Erkenntnis ab – letztere wird besonders in den ‚Drei Frauen' maßgeblich zum Tragen kommen. In keinem anderen Text seines Frühwerks differenziert Musil so ausgeprägt zwischen der wissenschaftlichen Erkenntnis (die er im gleichen Moment bereits als unzureichend deklariert) und der seelischen Erkenntnis. In dieser Abwertung der Wissenschaften, die in ihrem Streben nach Allgemeingültigkeit keine Individualität zulassen, liegt der Ansatzpunkt für Musils Literatur. Dabei stehen die beiden Erkenntnissysteme zu diesem Zeitpunkt noch weitgehend unverbunden nebeneinander, es ist unmöglich, dass sie von einer Interaktion profitieren. Die wesentliche Frage, die Törleß aufwirft, ohne sie jedoch abschließend beantworten zu können, lautet somit: Wenn die Naturwissenschaften keine wirkliche Erkenntnis schaffen können, welche Größe ist dann dazu in der Lage?

# 4. Musils Dissertation über Ernst Mach und die Aufgabe von literarischen Kausalzusammenhängen

Im Anschluss an die Veröffentlichung des Romans ‚Die Verwirrungen des Zöglings Törleß' beginnt für Musil die intensive Arbeit an seiner Dissertation. Die Beschäftigung mit den Lehren Machs hat ihn so fasziniert, dass er sich entschließt, seine Doktorarbeit über ihn zu schreiben.[322] Manfred Diersch geht davon aus, dass Musils Arbeit ein nicht zu unterschätzender Wert beigemessen werden muss, stellt sie doch die erste größere wissenschaftliche Studie zu Machs Werk dar.[323] Als Doktorvater wählt Musil Carl Stumpf, als Zweitkorrektor Alois Riehl, einen Neukantianer. Diese Wahl prädisponiert Probleme, denn Stumpf lehnt die Thesen Machs konsequent ab. So führt er aus:

> Es wird mir schwer, einem Kenner der Wissenschaftsgeschichte wie Mach gegenüber auszusprechen, er habe die wahre Tendenz physikalischer Untersuchungen verkannt, ja auf den Kopf gestellt. Aber die größte persönliche und wissenschaftliche Verehrung kann Überzeugungen nicht ändern.[324]

Entsprechend schwierig gestaltet sich das Ringen um die Annahme der Dissertation – Musil kann sich jedoch behaupten. Unter Berufung auf Johannes von Allesch schreibt Karl Dinklage:

> Stumpf [...] war ein Gegner der philosophischen Anschauungen Machs und wollte daher Musils im wesentlichen bejahende Behandlung der Auffassungen Machs nicht akzeptieren. Deswegen kam es zwischen Stumpf und Musil zu vielen wissenschaftlichen

---

322 Der Abschluss der Dissertation kann als Umschlagspunkt in Musils Karriere betrachtet werden, da er die Stelle bei Meinong ablehnt und sich für die Karriere als Schriftsteller entscheidet. Arvon schreibt: „So besiegelt die 1908 vorgelegte Inaugural-Dissertation sozusagen den festen Entschluß ihres Verfassers, mit sich selbst endgültig ins klare zu kommen und sein literarisches Werk auf gewissen Grundsätzen aufzubauen, die er mit Hilfe von Machs Lehren und vor allem auch durch eine Auseinandersetzung mit ihr herausschält." (Arvon, Henri: Robert Musil und der Positivismus. In: Robert Musil. Studien zu seinem Werk. Hg. v. Karl Dinklage. Hamburg: Rowohlt Verlag 1970, S. 200–213, hier S. 202.).

323 Vgl. Diersch: Empiriokritizismus und Impressionismus, S. 14.

324 Stumpf, Carl: Leib und Seele. Der Entwicklungsgedanke in der gegenwärtigen Philosophie, S. 23.

Auseinandersetzungen, bis dieser doch durchsetzen konnte, daß die Dissertation angenommen wurde.[325]

Zeugnis dieser Auseinandersetzung ist die Tatsache, dass Musils erste Version der Arbeit, die den Titel ‚Studien zur erkenntnistheoretischen Grundlage der Physik mit Bezug auf die Anschauungen E. Machs' trug, von Stumpf abgelehnt wurde.[326] Corino konstatiert: „Es ist anzunehmen, Mach sei darin – angesichts des kühlen Verhältnisses zwischen ihm und Stumpf – zu gut weggekommen."[327]

Musil muss den Text überarbeiten und reicht ihn 1908 erneut ein, nun unter der Überschrift ‚Beiträge zur Beurteilung der Lehren Machs'; er beendet seine Dissertation schließlich im Februar 1908 und erhält das Prädikat ‚laudabile'. Besser schneidet er bei der Disputation im März desselben Jahres ab,[328] bei der er die Note ‚cum laude' erhält.[329] Immerhin eröffnet ihm die Dissertation die Möglichkeit zu einer Universitätslaufbahn. Alexius Meinong, Experimentalpsychologe

---

325 Dinklage, Karl: Musils Herkunft und Lebensgeschichte. In: Robert Musil. Leben, Werk, Wirkung. Hg. v. Karl Dinklage. Wien: Rowohlt Verlag 1960, S. 187–264, hier S. 217.

326 Kurt Lewin, selbst Schüler von Carl Stumpf, schreibt über dessen Betreuungsprinzip: „Stumpf gewährte seinen Studenten ein ungewöhnliches Ausmaß an Freiheit. Ich wählte zum Beispiel ein Thema für meine Dissertation aus; es wurde Stumpf von einem Assistenten unterbreitet, während ich in einem anderen Raum wartete. Der Assistent kam heraus, um mir zu sagen, daß das Thema angenommen war; während der nächsten drei oder vier Jahre, die ich mit dieser Arbeit zubrachte, erinnere ich mich nicht, jemals die Sache vor der endgültigen Übergabe mit Stumpf besprochen zu haben." (Kurt Lewin: Carl Stumpf. In: Kurt-Lewin-Werkausgabe, Hg. v. Carl-Friedrich Graumann. Stuttgart: Klett-Cotta 1981 (Bd. 1: Wissenschaftstheorie I), S. 339–345, hier S. 343). Sicher ist es u.a. auf diese große ‚Freiheit' zurückzuführen, dass sich Doktorvater und Promovent nicht kurzschließen und damit Missverständnisse ausschließen konnten, die auf eine unterschiedliche Interpretation der Aufgabenstellung zurückzuführen sind.

327 Corino: Robert Musil: Eine Biographie, S. 310. Er schreibt weiterhin: „Alles in allem will einem die approbierte Fassung von Musils Dissertation letztlich als Ergebnis einer gelungenen akademischen Dressur, als Anpassung an die Position des akademischen Lehrers, erscheinen." (Ebd., S. 312.).

328 Selbstironisch schreibt er später an seinen Freund Johannes von Allesch: „Die Prüfung bei Rubens ist unangenehm, denn ich wenigstens verstand kein Wort von dem, was er wollte. [...] Die psychologische Frage beantwortete ich gut. Bei den vorigen Fragen beschränkte ich mich aber auf Aufreißen von Augen und Ohren." (Musil, KA; LESETEXTE; Band 18, Vorkriegs- und Kriegskorrespondenz, 1908, Robert Musil an Johannes von Allesch, 13. März 1908.).

329 Vgl. Pfohlmann: Robert Musil, S. 52.

in Graz, bietet Musil eine Stelle zur Habilitation an, dieser lehnt jedoch ab.[330] Wie groß der Einfluss Stumpfs auf den Inhalt der Arbeit war, kann nicht mehr mit absoluter Sicherheit bewiesen, sondern lediglich anhand der Dominanz verschiedener Positionen und Einflüsse rekonstruiert werden.

Aus dieser grundlegenden Fragestellung ergibt sich ein fruchtbares Forschungsfeld, das in den letzten Jahren nahezu erschöpfend bearbeitet wurde.[331] Daher soll an dieser Stelle lediglich ein Abriss über die Wirkung Machs auf Musil gegeben werden, da diese Betrachtungen mit Blick auf die Untersuchung der Novellen ‚Vereinigungen' zeigen können, dass die intensivierte Arbeit mit den Thesen Machs Musils Bild eines funktional agierenden Seelenkonstrukts deutlich konturiert hat. So schreibt Claudia Monti: „Musils Mach-Rezeption hat sich – nach dem ersten allgemeinen Enthusiasmus von 1902 – um vieles vertieft, nach Jahren der Reflexion, die ausschlaggebend waren für die Entwicklung des Denkens des Schriftstellers."[332] Diese These ist mit Blick auf die anvisierte Untersuchung der ‚Vereinigungen' interessant, würde sie doch bedeuten, dass Musil dort im Vergleich zum ‚Törleß' seinem Ziel eines literarästhetischen Programms näher gekommen sein müsste. Bereits in Musils Erstlingswerk konnten, wie bereits ausgeführt wurde, Anknüpfungspunkte an die Machsche Theorie nachgewiesen

330 Er schreibt an Meinong: „Verzeihen Sie, daß ich solange meine Antwort zurückhielt, der Grund lag in der Schwierigkeit des Entschlusses für mich. […] Ich möchte Sie, sehr geehrter Herr Professor, bitten, daß Sie mir wirklich glauben, ich hätte es nicht nur als Auszeichnung, sondern auch für meine wissenschaftliche Weiterbildung als den denkbar größten Gewinn betrachtet, an Ihre Seite zu gelangen, allein meine Liebe zu künstlerischer Literatur ist nicht geringer als die zur Wissenschaft und durch sie wurde die scheinbar leichte Entscheidung zu einer Lebensfrage für mich." (Musil, KA; LESE-TEXTE; Band 18, Vorkriegs- und Kriegskorrespondenz 1909, Robert Musil an Alexius Meinong, 18. Januar 1909.) Musil wird die Entscheidung, sich so uneingeschränkt der Literatur widmen zu wollen, später kritisch hinterfragen. Geprägt von der ständigen finanziellen Unsicherheit und geplagt von Existenzängsten weiß er die Möglichkeiten, die die berufliche Perspektive einer Professur geboten hätten, mehr zu schätzen.

331 Vgl. u.a. die folgenden Arbeiten: Venturelli: Robert Musil und das Projekt der Moderne, Bonacchi: Die Gestalt der Dichtung, Diersch, Manfred: Draußen, Drinnen und Ich. Ernst Machs ‚Spiegel der Erkenntnis' als Anregung für österreichische Erzählkunst des 20. Jahrhunderts. In: Genauigkeit und Seele. Zur österreichischen Literatur seit dem Fin de siècle. Hg. v. Josef Strutz und Endre Kiss. München: Wilhelm Fink Verlag 1990 (Musil Studien Bd. 18), S. 29–42, Monti, Claudia: Funktion und Fiktion. Die Mach-Dissertation von Robert Musil, aber auch Czaja, Johannes: Psychophysische Grundperspektive und Essayismus. Untersuchungen zur Robert Musils Werk mit besonderem Blick auf Gustav Theodor Fechner und Ernst Mach. Tübingen 1993.

332 Monti: Funktion und Fiktion, S. 42.

werden. In den Jahren, in denen Musil an der Dissertation arbeitet und sich entschließt, sich ganz dem Schriftstellertum zu widmen, beschäftigt er sich somit intensiv nicht nur mit den Lehren Machs, sondern versucht auch, sein Bild dessen, was Literatur zu leisten imstande sein sollte, genauer zu umreißen. Bonacchi bringt diesen Gedankengang auf den Punkt, wenn sie konstatiert:

> Die Argumentation, die Musil in seiner Dissertation gegen Machs Auffassungen brachte, wurde in den Novellen ‚Die Versuchung der stillen Veronika' und ‚Die Vollendung der Liebe' zu erzählerischen Strukturen. In den Novellen versuchte Musil, trotz und dank der Auflösung der der Kausalkette, das Gefühl als „zweite, imaginäre Verknüpfung der Welt"[333] darzustellen.[334]

Bereits der erste Paragraph in Musils Dissertation weist auf die grundlegende Problematik hin:

> Das Wort des Naturforschers wiegt schwer, wo immer heute erkenntnistheoretische oder metaphysische Fragen von einer exakten Philosophie geprüft werden. Die Zeiten sind vorbei, wo das Bild der Welt in Urzeugung dem Haupte des Philosophen entsprang. Die Philosophie sucht heute [...] ihre Stellungnahme zu dem alten Suchen nach einer richtigen Fassung des Substanzbegriffes und des Begriffs der Kausalität, zu den Beziehungen zwischen Psychischem und Physischem usw. mit Berücksichtigung aller Mittel und Ergebnisse der exakten Forschung neu zu gestalten.[335]

Musil stellt sich der Frage, welche Konsequenzen aus der Tatsache zu ziehen sind, dass mit Ernst Mach ein gestandener Forscher nicht nur naturwissenschaftliche, sondern auch metaphysische und psychologische Probleme ins Visier nimmt – möglich wird diese Sphäreninterferenz durch den von Mach angepeilten Monismus. In seiner Einleitung, die die Aufgabenstellung darlegt, fasst Musil die wissenschaftstheoretischen Überlegungen Machs prägnant zusammen[336] und folgert aus diesem Resümee: „Unsere wissenschaftliche Orientierung in der Außenwelt besteht also in nichts anderem als in dem Aufsuchen von Gleichungen zwischen Elementen. Dies ist somit das aus der hochentwickelten

---

333 Bonacchi arbeitet mit einer anderen Ausgabe. Sie zitiert mit Verweis auf: TB II, 932. Hier: Musil, KA; TRANSKRIPTIONEN UND FAKSIMILES; Nachlass, Mappen, Mappe VII/ 6/186, 3.

334 Bonacchi: Die Gestalt der Dichtung, S. 92.

335 Musil, KA; LESETEXTE, Band 10, Wissenschaftliche Veröffentlichungen, Beitrag zur Beurteilung der Lehren Machs, 15.

336 Eine Zusammenfassung der wichtigsten Thesen wurde in dieser Arbeit bereits in Kapitel 2.3 geliefert. Für weitere Resümees vgl. Czaja: Psychophysische Grundperspektive und Essayismus, S. 95f.

Physik abstrahierte Ideal der Erkenntnis."[337] Im weiteren Verlauf der Einleitung parallelisiert Musil im Machschen Sinne die beiden Dimensionen Psychologie und Physik:

> Dann kann aber auch die Psychologie, soferne sie wissenschaftliche Festigkeit anstrebt, nur nach der Aufstellung funktionaler Beziehungen trachten, und ihr Substanzbegriff, das Ich, die Seele, fällt dabei ebenso für die wissenschaftliche Bearbeitung weg, wie es mit dem Begriff einer physischen Substanz geschah. Nun sieht Mach als die psychischen Grund-Elemente, in deren funktionaler Abhängigkeit voneinander das wissenschaftliche Bild des Seelenlebens erfaßt wird, die Empfindungen an. Empfindungen waren aber auch die Elemente des physischen Geschehens: also zeigt sich, daß Physik und Psychologie ein und dasselbe Objekt haben.[338]

Es ist genau diese Überlegung, an der Musil seine Ausführungen ansetzen lässt und die er im Laufe der Arbeit zu überprüfen sucht.

Im Zentrum der Überlegungen steht dabei die problematisierende Untersuchung der Kausalität – an ihr macht Musil einen grundsätzlichen Kritikpunkt fest. In Kapitel 2.3 wurden bereits die fundamentalen Lehren Machs umrissen, sodass deutlich geworden ist, dass die Ablehnung der Kausalität eine der Ideen ist, die in der zeitgenössischen Wissenschaft als äußerst problematisch empfunden wurde. Mach bezieht seine Ausführungen, in denen er die Funktionalität als Ersatz für die Kausalität vorschlägt, in erster Instanz auf naturwissenschaftliche Phänomene – man denke an die beiden wärmeleitenden Körper, in deren Fall keine Sukzession feststellbar ist; ihre Erwärmung kann somit keinen kausalen Gesetzmäßigkeiten gehorchen. Ausgehend von diesen Überlegungen erarbeitet Mach dann z.B. mit der Frage nach der Beschaffenheit des menschlichen Ich zudem auch mögliche philosophische Geltungsbereiche: Das Ich ist für ihn lediglich eine denkökonomische Einheit, für deren Entwicklungsbeschreibung kausale Explikationsmuster nicht greifen. Robert Musil erkennt diese beiden Bedeutungsdimensionen des Kausalitätsbegriffs (die seiner Meinung nach voneinander zu trennen sind) und beschäftigt sich eingehend mit möglichen funktionalen Alternativen – sieht sich dabei aber stets gezwungen,

---

337 Musil, KA; LESETEXTE, Band 10 Wissenschaftliche Veröffentlichungen; Beiträge zur Beurteilung der Lehren Machs; 1. Einleitung. Stellung der Aufgabe, 18.

338 Ebd. Musil betont somit auch in seiner wissenschaftlichen Arbeit, dass die Seele als solche für die wissenschaftliche Untersuchung nicht geeignet ist. Zwar begründet er diese Ansicht an dieser Stelle mit dem Verweis auf den Machschen Monismus, im Grunde spiegelt sich hier aber auch seine grundsätzliche Ansicht wider, dass die Seele als solche nicht von der Wissenschaft erfasst werden kann.

den konträren Standpunkt seines Lehrers und Doktorvaters Carl Stumpf im Auge zu behalten.[339]

Bei den folgenden Ausführungen sollte immer das Wissen um die Tatsache implizit mitschwingen, dass Musil nicht so sehr die Ideen Machs infrage stellt, sondern vielmehr die Art der Argumentation, die sich bei näherer Betrachtung als anfechtbar erweist. Obwohl sich Musil zudem Stumpfs Ansichten verpflichtet fühlt,[340] vermeidet er es, klar Position für eine der beiden Sichtweisen zu ergreifen. Er schreibt:

> Um im Herakliteischen Gleichnis zu bleiben: der Fluß der Erscheinungen zeigt gewisse Eigentümlichkeiten der Strömung, die die Annahme fester, richtunggebender Gefüge erschließen lassen, auch wenn diese nicht unmittelbar sichtbar sind. Dem entgegen betont Mach Anhaltspunkte, die auf eine immer weitere Auflösung hinweisen. Aber man kann es wenden, wie man will, berücksichtigt man die Schwierigkeiten, auf die wir bei jedem Schritt dieses Weges Machs verweisen konnten, und die stets übrig gebliebenen Möglichkeiten des Andersseins, so ergeben sich aus seinen Ausführungen wohl Einwände, Direktiven, Anhaltspunkte, aber keine stringenten Nachweise.
>
> Andrerseits mußten auch wir uns in dem gegebenen Rahmen mit Hinweisen und Andeutungen begnügen. Alles in Allem stehen sich daher hier zwei Ansichten gegenüber. Beide glauben sich nach den Erfahrungen zu richten, aber die eine weist nach links, die andere nach rechts. Auf eine Widerlegung Machs durch Ausbau der entgegenstehenden Ansicht müssen wir verzichten, denn wir wollen hier weder mit eigenen Untersuchungen einsetzen, noch auch uns bloß auf fremde berufen, die Mach vielleicht gar nicht anerkennt. Also bleibt uns nur übrig nachzuprüfen, ob die Machsche Anschauungsweise zumindest in sich selbst genügend gefestigt und in wenigstens widerspruchsfreier Weise ausgebaut sei.[341]

Genau dies gelingt Mach aber nach Musils Ansicht nicht, da seine Thesen weniger erkenntnisbegründet, sondern post festum lediglich als illustrierend zu bezeichnen seien.[342] Musil kritisiert, dass in Machs Ausführungen „erstens die

---

339 Venturelli geht davon aus, dass im dritten und vierten Kapitel der Dissertation Musils wahrer Standpunkt am unverfälschstesten wiedergegeben wird. (vgl. Venturelli: Robert Musil und das Projekt der Moderne, S. 107.).

340 Musil weist ausdrücklich darauf hin, dass die von ihm dargestellten Sachverhalte nicht seine eigenen Meinung widerspiegeln: „Natürlich soll hierdurch nur Machs Standpunkt verständlich gemacht werden, eine persönliche Stellungnahme liegt in diesen Ausführungen nicht." (Musil, KA; LESETEXTE; Band 10, Wissenschaftliche Veröffentlichungen; Beiträge zur Beurteilung der Lehren Machs; 4. Die Polemik gegen den Begriff der Kausalität, sein Ersatz durch den Funktionsbegriff, 75.).

341 Ebd., 88.

342 Vgl. Ebd., 41.

sachliche Begründung“ fehle und er zweitens „dort in Widersprüche, mit eigenen Ansprüchen und mit den Konsequenzen wichtiger Bestandstücke seiner Aufstellungen“[343] gerate.

Problematisch ist aus Musils Sicht also weniger die Tatsache, dass Mach die tradierten Begriffe der Kausalität und der Substanz angreift, vielmehr sieht er die Schwierigkeit darin, dass Mach sie auf die Philosophie überträgt. Denn die wissenschaftlich geprägten Fragen, die Mach aufwirft, liegen „nicht nur in der physikalischen, sondern auch in der philosophischen Interessensphäre.“[344] Hier liegt der Punkt, an dem Musils fundamentale Kritik ansetzt. Hatte er im vorherigen Kapitel bereits die wissenschaftshistorischen Ausführungen Machs beleuchtet, nach denen die Wissenschaft auf Begrifflichkeiten aufbaut, die lediglich denkökonomischen Prinzipien gehorchen, die ganze Wissenschaft als solche somit also lediglich Ausdruck des menschlichen Ordnungsstrebens ist, so offenbart sich an dieser Stelle die logische Konsequenz aus diesen Überlegungen. Musil stellt fest, dass alleine schon das „methodische Interesse [der beiden Wissenschaften; K.B.] nach einer Scheidung der Anteile“[345] dränge und historisiert dieses Bestreben mit Blick auf andere Wissenschaftler. Obwohl also im Prinzip dieses Trachten nach Differenzierung nicht neu ist, identifiziert Musil eine Argumentationsstruktur bei Mach, die „speziell nur ihm eigentümlich ist.“[346] Mach tilge die Existenzberechtigung der Begriffe vollkommen, da „das wissenschaftliche Weltbild [...] auch ohne sie vollständig in sich geschlossen“[347] sei. Da er diese Ideengebung aufgrund von physikalischen Gleichungen zu verifizieren sucht, zweifelt Musil die Transponierbarkeit in philosophische Gedankengerüste an und konstatiert: „[...] dies ist eine unvollständige Betrachtungsweise.“[348] Selbst in der Physik kann Musil Machs Argumentation in ihrer ganzen rhetorischen Strenge nicht folgen. Als Beispiel wählt Musil das Phänomen der Reibung. Zwar gibt er zu, dass „rein funktional ein gewisser Arbeitsbetrag an einen bestimmten Wärmebetrag geknüpft“[349] sei, fügt aber hinzu, dass auf der einen Seite Reibung in der Lage sei, Wärme zu erzeugen, Wärme aber in sehr indirektem Maße Reibung erzeugen könne. Damit kritisiert Musil die Machsche Annahme, dass

343 Ebd., 42.
344 Ebd., 84.
345 Ebd.
346 Ebd., 85.
347 Ebd.
348 Ebd.
349 Ebd., 87.

derartige Verbindungen grundsätzlich als funktional und damit revidierbar zu betrachten seien.[350]

Musil weist nach, dass sowohl dem Substanz- als auch dem Kausalitätsbegriff durchaus eine tatsächliche Existenzberechtigung zugewiesen werden kann und bemängelt: „Diese tatsächliche Grundlage ist es, die Mach nirgends genügend in Rechnung stellt.“[351] Musil negiert somit, dass Machs Ausführungen erkenntnistheoretisch fruchtbar gemacht werden können und führt aus:

> Wir gelangten [...] zu der Ansicht, daß Mach die funktionale Verknüpfung ausschließlich unter dem Gesichtspunkt von Erkenntnisgrund und -folge betrachtet und zudem übersieht, daß auch eine logische Verknüpfung nur dann einen Erkenntnisgrund abgeben kann, wenn sie durch eine sachliche Grundlage gerechtfertigt ist.[352]

Indem Mach den psychophysischen Parallelismus einführt und somit innere mit äußeren Erscheinungen zu erklären, zumindest aber zu vergleichen sucht, bewegt er sich bereits im Gebiet der Psychologie, sodass Musil dann auch folgerichtig konstatiert, „daß sich überall die psychologische Betrachtungsweise vordrängt.“[353] Tim Mehigan folgert schlussendlich:

> Musils Kritik an Mach kann also zusammengefaßt werden: Die Analyse der Sinnesdaten der Umgebungswelt, die durch die experimentelle Methode erschlossen werden, will empirisch verfahren, stellt aber psychologische Kategorien in den Vordergrund.[354]

Damit ist auch die Stoßrichtung von Musils Kritik definiert: Die verabsolutierende Argumentationsstruktur Machs, die in ihrem Innovationsstreben auch fruchtbare Ansätze der tradierten Perspektive prinzipiell negiert, kann Musil in ihrer Eindimensionalität nicht teilen. Monti folgert, dass Musil zwar ebenso wie Stumpf oder Husserl die Machsche Position kritisiert, stellt aber auch heraus, dass er

> mit einem weit größeren Gerechtigkeitssinn [...], mit einer streng wissenschaftlichen Objektivität, die ihm in diesen Jahren des dominierenden Antimachismus angerechnet werden müssen, er unaufhörlich das Vorhandensein auch jener [...] Linie in Mach, mit der er selbst im Grunde übereinzustimmen scheint [...][355]

350 Vgl. Ebd.
351 Ebd., 88.
352 Ebd., 89.
353 Ebd., 102.
354 Mehigan: Robert Musil, Ernst Mach und das Problem der Kausalität. In: Deutsche Vierteljahresschriften für Literaturwissenschaft und Geistesgeschichte 71 (1997), S. 264–287, hier S. 273.
355 Monti: Funktion und Fiktion, S. 49.

unterstreicht. Czaja spricht in diesem Zusammenhang von einer „intellektuellen Affinität“[356], eine Formulierung, die die gedankliche Konnexion zwischen Musil und Mach sehr gut beschreibt.[357]

Somit wird deutlich, dass Musil das Potential, das in den Ansätzen Machs liegt, durchaus erkennt.[358] In seinen die Dissertation abschließenden Worten kommt Musil folglich zu dem Fazit:

> [...] einen voll befriedigenden Standpunkt für künftige Lösungen hat Mach nicht aufgezeigt. Freilich gilt dies nur bezüglich der letzten metaphysischen und erkenntnistheoretischen Resultate, wie sie hier erwogen wurden.[359]

Damit wird noch einmal akzentuiert, dass Musil weit davon entfernt ist, die Lehren Machs vollständig zu negieren.[360] Musil ist mit Mach insofern d'accord, als er

---

356 Czaja: Psychophysische Grundperspektive und Essayismus, S. 99.

357 Nebenbei bemerkt ist Mach, dessen wissenschaftliche Wurzeln in den Naturwissenschaften liegen, auch aufgrund der großen Affinität zu denselben für Musil über die Maßen interessant. Als studierter Ingenieur liegt auch seine Primärbildung in den Naturwissenschaften, erst die Unzufriedenheit mit den bestehenden Ansätzen lässt ihn nach weiteren Lösungsmöglichkeiten suchen.

358 In seinem Essay ‚Geist und Erfahrung', der allerdings erst nach der Veröffentlichung der ‚Vereinigungen' entstand und damit nur bedingt für die Untermauerung der These geeignet ist, führt Musil seine Ansichten zu der Frage nach einer kausalen Ursachenkette aus: „Man führt ja auch den Weltkrieg oder unsren Zusammenbruch bald auf diese, bald auf jene Ursachengruppe zurück. Aber das ist Täuschung. Ebensolcher Schwindel, wie wenn man ein einzelnes physisches Ereignis auf eine Ursachenkette zurückführt. In Wirklichkeit zerfließen die Ursachen schon bei den ersten Gliedern der Kette in eine unabsehbare Breite.“ (Musil, KA; LESETEXTE, Band 12, Essays, Geist und Erfahrung, 856.). Diese Einschätzung rekurriert ganz offensichtlich auf die von Mach angeführten Beobachtungen, der feststellt, dass die Begriffe Ursache und Wirkung nicht mehr praktikabel sind, wenn „die betrachteten Elemente nicht mehr in unmittelbarer, sondern in mittelbarer, durch mehrfache Ketten von Elementen vermittelter Abhängigkeit stehen.“ (Mach: Erkenntnis und Irrtum, S. 288.) Die große Ähnlichkeit der ausgeführten Gedanken und die Wahl der Begriffe untermauern die These, dass Musil sich auch später noch weiterführend mit den Gedanken Machs auseinandergesetzt hat und ihm zumindest in Teilen seiner Argumentation folgt.

359 Musil KA; LESETEXTE; Band 10 Wissenschaftliche Veröffentlichungen; Beiträge zur Beurteilung der Lehren Machs, 5: Ergänzung der Bedeutung des Begriffs ‚funktionale Verknüpfung' durch Leugnung der Naturnotwendigkeit. Die Elemententheorie. Endgültige Widersprüche, 134.

360 Bonacchi schreibt zum Zusammenhang von Musils Dissertation mit Ernst Mach, Musil habe „in seiner Arbeit versucht, Mach zu ‚korrigieren' und das ‚Konstruktive' des Machschen Denkens hervorzuheben.“ Zudem sei es Musils Ziel gewesen, „Machs

den Status des skizzierten, naturwissenschaftlichen Kausalzusammenhangs anzweifelt (wenn auch nicht so konsequent wie Mach dies tut) – zu komplex sind die Vorgänge, mit denen sich die Wissenschaften zu beschäftigen haben. Die Übertragung der konsequent empiristisch argumentierenden Theorien auf philosophische Gesichtspunkte empfindet er aber in weiten Teilen als problematisch.[361] Seine Kritik bezieht sich dabei u.a. auf die Abkehr vom Substantialitätsanspruch, die mit dem Zusammenfall des inneren und äußeren Erlebens einhergeht, denn an dieser Stelle werden die Grenzen zwischen physikalischen und psychologischen Gegebenheiten verwischt (es handelt sich hier um einen Befund, der von Mach durchaus intendiert war. Für ihn haben Physik und Psychologie ein- und dasselbe Untersuchungsobjekt: die Analyse der Elemente und Empfindungen).[362] Schon die konsequente Annahme von funktionalen Gegebenheiten in der Wissenschaft relativierte Musil mit Blick auf die Erzeugung von Reibungswärme – eine Tatsache, die darauf hinweist, dass kausale Vorgänge nicht per se negiert werden dürfen. Mit dieser Differenzierung muss aber auch die Möglichkeit einer physikalischen Notwendigkeit wieder ins Auge gefasst werden, die Mach in seiner Argumentation konsequent negiert. Noch größer ist Musils Skepsis in Bezug auf eine Übertragung auf philosophische bzw. psychologische Dimensionen, denn bei allen Veränderungen, die das Ich durchläuft, muss auch hier eine Kontinuität vorausgesetzt werden, die die Identifikation desselben ermöglicht, er weist in diesem Zuge auf die „Annahme fester, richtungsgebender Gefüge“[363] hin, die zwar nicht unmittelbar offensichtlich sind, deren Existenz aber dennoch wahrscheinlich ist. Bonacchi verweist mit Blick auf Musils Argumentationsstruktur

Ausführungen zu einer begrifflichen Kohärenz zu bringen, und zugleich deren Unklarheiten und Widersprüche hervorzuheben; durch die Aufdeckung der ‚Fehler‘ Machs wollte Musil ihn ‚retten […].“ (Bonacchi: Die Gestalt der Dichtung, S. 80.). Monti konstatiert diesbezüglich: „Musil ist ein Verfechter der Lehren Machs, und in noch größerem Ausmaß als die Dissertation vermuten läßt […], aber er kann die letzten und lähmenden erkenntnistheoretischen Konsequenzen des Machschen Denkens nicht akzeptieren, das in der Skepsis und einem totalen Sensualismus mündet und das […] nicht genau aus der wissenschaftlichen Forschung hergeleitet, sondern ihr willkürlich zugeordnet wird.“ (Monti: Funktion und Fiktion, S. 50f.).

361 Czaja beschreibt diesen Tatsachenverhalt wie folgt: „Musil bewegte sich zeit seines Lebens philosophisch eher zwischen, neben und jenseits der fixierten Positionen […].“ (Czaja, Johannes: Psychophysische Grundperspektive und Essayismus, S. 99.).

362 Vgl. Bonacchi: Die Gestalt der Dichtung, S. 82.

363 Musil, KA; LESTEXTE, Band 10, Wissenschaftliche Veröffentlichungen, Beitrag zur Beurteilung der Lehren Machs, 4. Die Polemik gegen den Begriff der Kausalität, sein Ersatz durch den Funktionsbegriff, 88.

darauf, dass hier offensichtlich die Arbeit von Carl Stumpf Einfluss genommen hat, der sich zu der Zeit, in der Musil seine Dissertation erarbeitet, seinerseits mit dem Verhältnis zwischen psychischen und physischen Gegebenheiten auseinandersetzt und dabei die Annahme eines Dualismus postuliert.[364] Musil folgt dieser Grundannahme indirekt, indem er davon ausgeht, dass die von Mach angenommenen Relationen zwischen Begrifflichkeiten und den Gegenständen in der Wahrnehmungswelt idealisiert seien. Tatsächlich würden die Regelmäßigkeiten, die die begriffliche Bezeichnung erlauben, nicht in den Begriffen, sondern in den vorangestellten Tatsachen liegen. In der Abwendung vom Substanzbegriff negiert Mach auch die Substantialität der Tatsachen – ein Trugschluss, wie Musil herausstellt. Es müsse ihnen eine Tatsächlichkeit zugesprochen werden, sodass „wieder eine Möglichkeit für die Kausalität geschaffen“[365] werde. Wenn somit die Gegenstände tatsächlich gegeben sind und sich die Empfindungen auf sie beziehen, fordert dies zugleich die Restauration einer Annahme zwischen inneren und äußeren Gegebenheiten und damit die eines Dualismus'.[366]

Wissenschaftlich gesehen opponiert Musil somit gegen die Ablehnung des Kausalitätsbegriffs – eine Haltung, die er in der Arbeit für die ‚Vereinigungen‘ nicht einnimmt.

Die Konsultation des Essayfragments ‚Gehirnspaziergang‘,[367] das in den Jahren zwischen 1906 und 1914 entstanden ist und in dessen Zuge Musil sein ‚Profil eines Programms‘ entwirft, legt den Gedanken nahe, dass Musil die Aufgabe des Kausalzusammenhangs von der Wissenschaft trotz aller Skepsis auf die Dichtung überträgt:[368]

> Denn auch hier kann man […] so ziemlich jeden Endzustand aus jedem Anfang ableiten, aber was man gewinnt und das Bindende, das man anstrebt, liegen nicht in diesem Schein von zwangsmäßigem Nacheinander. Ich meine, die Wege, die in einem Menschen etwa von Liebe zu Untreue führen, sind auch ästhetisch interesselos (bieten kein volles

364 Vgl. Bonacchi: Die Gestalt der Dichtung, S. 82ff.

365 Musil, KA; LESTEXTE, Band 10, Wissenschaftliche Veröffentlichungen, Beitrag zur Beurteilung der Lehren Machs, 4. Die Polemik gegen den Begriff der Kausalität, sein Ersatz durch den Funktionsbegriff, 133.

366 Vgl. zu dieser Beweisführung auch: Mehigan: Robert Musil, Ernst Mach und das Problem der Kausalität, S. 272f.

367 In der literaturtheoretischen Bugwelle der ‚Vereinigungen‘ sind noch weitere Essays und Fragmente entstanden, deren theoretisches Gerüst mit Blick auf die literarische Praxis in den folgenden Kapiteln anhand der Arbeit mit den Novellen konkretisiert werden soll.

368 Ein Befund, der auch diskursanalytisch nachzuweisen sein wird.

künstlerisches Interesse), sofern nicht jeder Schritt auf ihnen außer seiner psychologischen Wahrscheinlichkeit noch den Wert einer Nachfühlbarkeit, einer Lockung, – eben einen Wert hat. Der Kausalzusammenhang erweist sich auch in der Kunst nur als der Vorwand, Schritt um Schritt dieses Zusammengehänge mitführerischer Werte auszubreiten. (Auch hier ist das Eigentliche nur das Zusammengehänge mitführerischer Werte und der Kausalzusammenhang erweist sich als der bloße Vorwand es auszubreiten.)[369]

Hier zeigt sich, weshalb Musil die Loslösung vom Kausalzusammenhang so sehr fasziniert: Dieser fungiert als strukturierendes Ordnungsprinzip, um das Eigentliche (die Gefühle und das Seelische) vor dem Rezipienten auszubreiten. Somit ist der Zusammenhang als solcher lediglich als oberflächlich und damit als wertlos zu bezeichnen, eben als ‚Vorwand'. Es zeigt sich, dass die Gefühle in ihren inneren Zusammenhängen als kausal nicht definierbare Elemente fungieren. Musil folgert daraus, dass er sich anderer Mittel bedienen muss, wenn er eine Erzählung konzipieren will, die darauf angelegt ist, eben diese inneren Zusammenhänge aufzudecken. Die Konstruierung eines Kausalzusammenhangs auf dem Gebiet des Seelischen kommt für ihn nicht infrage, weil sie zu reduktionistisch wäre:

Nehme ich also an, daß eine Erzählung geschrieben werden soll, um einen jener seltsamen Gefühlszusammenhänge zu entfalten, so muß ich schließen, sie wird … sein dürfen …[…] Sie wird ihrem Wesen nach nicht kausal sein, das heißt – in seine zwei Unterabteilungen zerlegt –, sie wird nicht auf äußere Ereignisse sich stützen, noch psychologisch sein dürfen.[370]

Damit verweist Musil bereits auf die sich anbahnende Konzeption des Novellendyptichons ‚Vereinigungen', das der funktionalen Abbildung von seelischen Zusammenhängen gehorchen soll.[371]

Er erkennt die Bedeutung, die die Überlegungen Machs haben. Auch wenn Musil ihm in wissenschaftlicher Hinsicht nicht grundsätzlich zustimmen kann, so bietet die Ablösung von kausalen Prinzipien doch einen Anknüpfungspunkt für seine Literatur. Er zeigt zwar die Problemstellungen auf, die Machs Ansätze für die Naturwissenschaften haben, erkennt aber gleichzeitig auch den Wert der funktionalen Herangehensweise. Folglich emanzipiert er sich vom wissenschaft-

369 Musil, KA; LESETEXTE; Band 15, Fragmente aus dem Nachlass, Essayistische Fragmente, Gehirnspaziergang; Profil eines Programms II, 1.

370 Ebd., 2.

371 Dennoch mutet Mehigans Formulierung krass an, wenn er schreibt, Musil habe den tiefempfundenen Wunsch gehabt, mit den ‚Vereinigungen' „eine – wenn nicht *die* – Antwort auf Mach zu finden" und sei letztlich daran gescheitert. (Mehigan, Tim: Robert Musil, Ernst Mach und das Problem der Kausalität, S. 265.).

lichen Ursprung und setzt die Funktionalität als literarisches Mittel zur Abbildung der Seele ein.[372] In dieser Ablösung zeigt sich bereits die große gedankliche Freiheit, die Musil im Umgang mit wissenschaftlichen Ansätzen zeigt: Mach erklärt die Beschäftigung mit Untersuchungskriterien zur Analyse der Seele durch die Parallelisierung mit dem Körper für obsolet und lässt auf dieser Grundlage die Ausführungen zur Funktionalität fußen. Musil hingegen greift das Prinzip der Funktionalität auf, um eben jene seelische Beschaffenheit zu beleuchten.

372 Der Begriff der seelischen Funktionalität bleibe in diesem Zusammenhang noch recht abstrakt, wird aber durch die Ausführungen im folgenden Kapitel konturiert werden können.

# 5. ‚Vereinigungen' – Ein literarisches Experiment zur Negierung des Kausalzusammenhangs

> Wenn man sagt: in der Neigung zu einem Tier kann partiell etwas von der Hingebung an einen Priester sein, oder: eine Untreue kann in einer tieferen Innenzone eine Vereinigung sein - so hat man die Basis von Veronika und Claudine umschrieben. Es ist nicht mehr darinnen als dies. Freilich ist jetzt der Innenbereich mit einer subtilen Mannigfaltigkeit gefüllt.[373]

schreibt Robert Musil in sein Tagebuch und umreißt damit die Handlung zweier enorm komplexer Novellen,[374] die – „radikal avantgardistisch"[375] – dem Rezipienten bis heute eine große Abstraktionsleistung abverlangen. Die ‚Vereinigungen', bestehend aus den Novellen ‚Die Vollendung der Liebe' und ‚Die Versuchung der stillen Veronika', erscheinen im Jahr 1911. Bereits 1908 entsteht eine frühe Fassung von ‚Die Versuchung der stillen Veronika', die unter dem Titel ‚Das verzauberte Haus' im Jahr 1908 publiziert wird. Eigentlich plante Robert Musil eine zweite Erzählung in ähnlichem Stil, die unmittelbar folgen sollte. Der Text, der als entspannte „Gelenkprobe"[376] geplant war und sich schnell und einfach schreiben lassen sollte (im Stile von „Skizzen à la Maupassant"[377]), entwickelte sich zu einer mehrjährigen Herausforderung, an der Musil beinahe gescheitert wäre. Er selbst schreibt rückblickend:

---

373 Musil, KA; LESETEXTE; Band 16, Frühe Tagebuchhefte; 5: Pappheft; Poetologisches zu den ‚Vereinigungen', 33.

374 Er selbst rückt aber die Entstehung der Novellen in ein ähnliches Licht wie die des ‚Törleß', als er am 11. Januar 1911 schreibt: „Ich glaube wirklich, damals war der Sack voll, und ich nahm alles, was mir zur Hand kam und legte auf nichts Einzelnes Wert. Danach war der Sack leer und die Novellen sind zum Teil noch aus dem gleichen Reservoir heraus geschrieben wie der Törleß. Und zugleich suchte ich dieses Reservoir nachzufüllen und suchte deshalb die Einzelheiten wie Selbstzwecke. Und es fehlt den Novellen etwas, das vielleicht der Törleß hat, das Wortkarg-Sichere, das ohne viel Worte über viel Verfügen. Die Haltung." (Musil, KA; LESETEXTE; Band 16, Frühe Tagebuchhefte; 5: Pappheft; Tagebuch und literarische Projekte, 64.).

375 Pfohlmann: Robert Musil, S. 58.

376 Musil, KA; LESETEXTE; Band 14, Gedichte, Aphorismen, Selbstkommentare; Selbstkommentare aus dem Nachlass, Vorwort I-IV, 8.

377 Musil, KA; LESETEXTE; Band 14, Gedichte, Aphorismen, Selbstkommentare; Selbstkommentare aus dem Nachlass, Parerga und Paralipomena zu den ‚Vereinigungen', Prologe, 9.

> Nun wird es für den, der die ‚Vollendung der Liebe' gelesen hat, wohl kaum einen unverständlicheren Gegensatz als den geben, der zwischen dieser Absicht und ihrer Ausführung bestand. Er ist ungefähr ebenso gross wie der zwischen dem Vorsatz, schnell eine kleine Geschichte zu schreiben, und dem Ergebnis, dass ich an zwei Novellen 21/2 Jahre, und man kann beinahe sagen: beinahe Tag und Nacht, gearbeitet habe. Ich habe mich seelisch für sie zugrunde gerichtet, denn es streift an Monomanie, solche Energie an eine schliesslich doch wenig fruchtbare Aufgabe zu wenden (denn eine Novelle lässt sich intensiver behandeln, aber quantitativ ist ihr Ertrag gering), und ich habe das immer gewusst, aber ich wollte nicht ablassen.[378]

Die zeitgenössische Kritik konnte dem Werk, das radikal mit der „alten Naivität des Erzählens"[379] aufräumen will, wenig Positives abgewinnen[380] und auch der Absatz im Buchhandel ging nur schleppend voran. Bis 1938 waren noch nicht alle der 3000 gedruckten Exemplare verkauft.[381]

Oliver Pfohlmann stellt fest: „Die ‚Vereinigungen' [...] gehören zu den in sich geschlossensten Werken der Weltliteratur. Selbst nach mehrmaliger Lektüre ist man sich nicht sicher, was genau in den zwei Novellen [...] geschieht."[382] Obwohl Musil im Laufe seiner jahrelangen Arbeit die Handlung der Novellen immer weiter verdichtet und ästhetisiert, geht die Forschung doch davon aus, dass der Entstehung biographische Begebenheiten zugrunde liegen. Der Novelle ‚Die Versuchung der stillen Veronika' liegt die sexuell gespannte Situation seiner späteren Ehefrau Martha Heimann im Verhältnis zu ihren Cousins Fritz und Edmund Alexander zugrunde, die als Vorbilder für die literarischen Figuren Johannes und Demeter fungieren.[383] Die ‚Vollendung der Liebe' hingegen verarbeitet eine Affäre Marthas mit einem anderen Mann, die Musil tief getroffen haben mag.[384] Obwohl die Arbeit an den Novellen Musil große Anstrengungen abverlangte, folgert er rückblickend: „Es ist das einzige meiner Bücher, worin ich heute noch manchmal lese. Ich ertrage keine großen Stücke. Aber ein bis zwei Seiten nehme ich jederzeit – abgesehen von bestimmten schmerzlichen Ausdrucksmängeln – gern wieder in mich auf."[385]

---

378 Musil, KA; LESETEXTE; Band 14, Gedichte, Aphorismen, Selbstkommentare, Selbstkommentare aus dem Nachlass, Parerga und Paralipomena 1921–1937, Vermächtnis.

379 Musil, KA; LESETEXTE, Band 19, Korrespondenz; Robert Musil an Johannes von Allesch, 15. März 1931.

380 Vgl. Corino, Karl: Robert Musil: Eine Biographie, 396ff.

381 Vgl. Ebd., S. 395.

382 Pfohlmann: Robert Musil, S. 57.

383 Vgl. Corino: Robert Musil: Eine Biographie, S. 366.

384 Vgl. Ebd., S. 384.

385 Musil, KA; LESETEXTE; Band 14, Gedichte, Aphorismen, Selbstkommentare; Selbstkommentare aus dem Nachlass, Vorwort I–IV, 8.

Mit Blick auf die intensive Beschäftigung Musils mit den Ideen Machs im Zuge der Dissertation sollen im Folgenden schlaglichtartig die fundamentalen theoretischen Überlegungen Musils während des Schreibprozesses der ‚Vereinigungen' beleuchtet werden, bevor die Novellen im Einzelnen genauer analysiert werden. Dabei wird sich zeigen, dass eine solche Betrachtung sich nicht alleine auf die Untersuchung der Machschen Prinzipien kaprizieren darf. Musil assoziiert vielmehr weitere theoretische Überlegungen anderer Wissenschaftler (z.B. Konstantin Oesterreich) und lässt aus dieser Reflexion eigene theoretische Konstrukte erwachsen, die im Dienste seiner Devise stehen: das Erreichen „einer maximalen Stringenz der Darstellung und einem in die Tiefe Treiben des Problems."[386]

Zunächst aber manifestiert sich die Annahme, dass Musil besonders die Ablösung vom Kausalitätsprinzip in der Literatur für ein zukunftsweisendes und fruchtbares Vorgehen hält. Beide Novellen des Dyptichons stehen unter dieser Maxime. So schreibt er in dem Essay ‚Das Unanständige und Kranke in der Kunst':

> Der Eindruck, den ein Künstler erhält, irgend etwas Gemiedenes, eine unbestimmte Empfindung, ein Gefühl, eine Willensregung, zerlegt sich in ihm und die Bestandteile, losgelöst aus ihrem gewohnheitsstarren Zusammenhange, gewinnen plötzlich unerwartete Beziehungen zu oft ganz anderen Gegenständen, deren Zerlegung dabei unwillkürlich mit anklingt. Bahnungen werden so geschaffen und Zusammenhänge gesprengt, das Bewußtsein bohrt sich seine Zugänge. Das Ergebnis ist: eine meist nur ungenaue Vorstellung des zu schildernden Vorganges, aber ringsherum ein dunkles Klingen seelischer Verwandtschaften, ein langsames Bewegen weiter Gefühls-, Willens- und Gedankenzusammenhänge.[387]

Damit wird deutlich das Prinzip der Kausalität[388] als ordnendes System negiert und auf einen anderen, loseren und affektiveren Zusammenhang verwiesen. Musil

---

386 Musil, KA; LESETEXTE, Band 16, Frühe Tagebuchhefte 1899–1926; 5: Pappheft (1910–1913), Poetologisches zu den ‚Vereinigungen' (1910–1911), 33.

387 Musil, KA; LESETEXTE, Band 12, Essays 1908–1914, Das Unanständige und Kranke in der Kunst, 307.

388 Als aufschlussreich erweist sich in diesem Zusammenhang auch die folgende Textstelle, die Musil zwar erst später verfasst, hier aber ebenfalls deutlich die Ablehnung der Kausalität ins Auge fasst: „Die Vereinigungen. Erschienen 1911. Musil verläßt in diesem Buch mit einem entscheidenden Schritt die realistische Erzähltechnik, die ihm seinen Erfolg eingebracht hat, und stellt zwei Geschichten nicht in der üblichen Schein-Kausalität dar, sondern so, dass die Personen im Spiel höherer Notwendigkeiten erscheinen. Tief, luzid, aber infolge mancher Eigenheiten schwer lesbar, leitete dieses Buch – vielleicht durch Irrtum – den literarischen Expressionismus in Deutschland ein, mit dem Musil aber weiterhin nichts zu schaffen haben wollte." (Musil, KA, LESETEXTE, Band 14, Gedichte, Aphorismen, Selbstkommentare, Selbstkommentare aus dem Nachlass, Curriculum vitae 1931).

reflektiert intensiv über diese neue (und für den Rezipienten ungewohnte) Art des inhärenten Zusammenhangs. Er schreibt: „Ich leugne gar nicht, daß diese Art der [kausalen; K.B.] Darstellung Vorzüge hat, die sich anders überhaupt nicht erreichen lassen, aber allen diesen Zwischenbrücken fehlt etwas."[389] Es ist dieses ‚Etwas', nach dem Musil sucht, von dem er den Anspruch hat, dass es „die Seele tiefer furchen"[390] soll und das er durch „die Entwertung alles Kausalen"[391] anstrebt.

Als Surrogat für das entwertete Kausalitätsprinzip[392] schlägt Musil das der Motivation vor.[393] Er führt aus:

---

389 Musil, KA; LESETEXTE; Band 15, Fragmente aus dem Nachlass; Essyistische Fragemente; Gehirnspaziergang (1906–1914), Profil eines Programms (IV).

390 Ebd.

391 Musil, KA; TRANSKRIPTIONEN & FAKSIMILES, Nachlass, Mappe II/1/253, Musil, Robert an Levin, Kurt.

392 Dieser Schritt weg von der kausalen Betrachtungsweise wird aber nicht nur von Ernst Mach propagiert. In dieser Hinsicht unterstützt ihn Theodor Lipps, der seinerseits zwischen Motivation und Kausalität differenziert und zu einem Ergebnis kommt, das parallel zu den Resultaten aus Musils Überlegungen zu lesen ist: „[…] in der Tat [schließen] die kausalen Beziehungen zwischen Dingen und Geschehnissen in der Außenwelt nichts von jenem Icherlebnis in sich […]. Umgekehrt hat das unmittelbare Bedingt-, Bestimmtsein usw. mit kausalen Beziehungen ganz und gar nichts gemein. Beide Begriffe gehören völlig verschiedenen Welten an; ja sie bezeichnen in der Gesamtwelt unserer Begriffe äußerste Gegensätze. Kausale Beziehungen gibt es nur für den Verstand. Sie sind von ihm erschlossen, und sie gehören der von uns unabhängigen Außenwelt an. Und es hätte keinen Sinn dasselbe erschließen zu wollen, da sein Dasein eben in seinem Erlebtwerden besteht. Beide Begriffe, der Kausalität einerseits, des Bedingtseins, des Hervorgehens, der Abhängigkeit, andererseits, verhalten sich zu einander, wie die erkannte Realität der Dinge, und unmittelbare Bewußtseinswirklichkeit. Wie gesagt, sind aber die fraglichen Icherlebnisse in Wahrheit unmittelbar erlebte Beziehungen. Wir bezeichnen dieselben schließlich mit einem Namen, der ihre Eigenart am besten zur Geltung bringt, nämlich als Beziehungen der Motivation, oder als Beziehungen zwischen Motiven und Motivaten. Dieser ‚Motivation' steht dann, als damit völlig unvergleichlich, die ‚Kausation' gegenüber. Die kausalen Beziehungen stellen den Zusammenhang der erkannten dinglich realen Welt her; die Motivationsbeziehungen bezeichnen den unmittelbar erlebten Zusammenhang des Bewußtseinslebens. […] Die Motivation bezeichnet sozusagen die lebendigen ‚Gelenke' zwischen den Teilen oder Absätzen der inneren Tätigkeit." (Lipps, Theodor: Leitfaden zur Psychologie. Zweite, völlig umgearbeitete Auflage. Leipzig: Verlag von Wilhelm Engelmann 1906, hier S. 28f.).

393 Mishiko Mae beschäftigt sich intensiv mit der Ablösung von der Idee der Kausalität und der Hinwendung zur Motivation (vgl. Mae, Mishiko: Motivation und Liebe,

> Statt ein wertvolles Erlebnis oder einen wertvollen Menschen aus bloß geeigneten Elementen aufzubauen, kann man auch die umgekehrte Einstellung haben, ein beliebiges, bloß geeignetes Erlebnis aus wertvollen Elementen aufzubaun. Aus einem Maximum solcher. Nicht aus den gerade hinreichenden Gründen der Kausalität, sondern aus Motiven.[394]

Mit diesem Prinzip[395] – Musil bezeichnet es an anderer Stelle als „das Ideal des ‚Lebens aus der Idee', wo jeder Schritt nicht aus kausaler Notwendigkeit erfolgt, sondern einer inneren Lichtausbreitung gleicht"[396] – visiert er sein Ziel an: „das innerliche Verstehen, ein Betroffenwerden, ein Mit- und Einfühlen."[397]

Unter Berücksichtigung dieser Aspekte wird das Prinzip („das der ‚motivierten Schritte'"[398]), dem die ‚Vereinigungen' gehorchen, verständlicher. Musil muss sich zwangsläufig von einem kausal gangbaren Weg emanzipieren, um der Komplexität seiner literaturästhetischen Ansprüche gerecht zu werden. In Abwendung von dem Kausalitätsprinzip bietet sich (u.a. über die Lektüre von Mach) das ästhetisierte Funktionalitätsprinzip an, das sich in seiner Deskription der „mannigfaltige[n], allseitige[n] Abhängigkeit der Elemente voneinander"[399] als gedanklich flexibler erweist. Es ist diese Idee der emotionalen Deklination, die der Funktionalität inhärent ist und die Musil so fasziniert (er spricht zwar in diesem Zusammenhang von Motivation, die beiden Begriffe ‚Motivation' und ‚Funktionalität' können

---

Zum Strukturprinzip der Vereinigungen bei Robert Musil. München: Wilhelm Fink Verlag 1988 (Musil-Studien, Bd. 16), hier S. 86ff.).

394 Musil, KA; LESETEXTE; Band 15, Fragmente aus dem Nachlass; Essayistische Fragmente; Gehirnspaziergang (1906–1914), Profil eines Programms (IV).

395 Mae, die auf den Zusammenhang zwischen den Äußerungen von Musil und Lipps hinweist, konstatiert: „Diese Gegenüberstellung von unmittelbarem Erleben innerer Beziehungen, das Lipps auf die Motivation bezieht, und dem Erfassen objektiver Gegebenheiten als Kausalbeziehungen erscheint innerhalb der Psychologie als die Auseinandersetzung zweier Richtungen, die fast ebenso zwei verschiedenen Welten anzugehören scheinen wie die Motivation und Kausation bei Lipps. Es sind die beiden sich kritisierenden und bekämpfenden Richtungen der geisteswissenschaftlich orientierten und fundierten empirischen Psychologie" (Mae: Motivation und Liebe, S. 90). In diesem Zusammenhang zeigt sich, wie weit die bereits im Verlaufe der Arbeit angesprochene Differenz der konkurrierenden Richtungen in der Psychologie geht, mit der sich auch Brentano und seine Schüler auseinandersetzen müssen.

396 Musil, KA; TRANSKRIPTIONEN & FAKSIMILES, Nachlass, Mappe II/1/253, Musil, Robert an Levin, Kurt.

397 Musil, KA; LESETEXTE; Band 15, Fragmente aus dem Nachlass; Essayistische Fragmente; Gehirnspaziergang (1906–1914), Profil eines Programms (IV).

398 Musil, KA; LESETEXTE; Band 14, Gedichte, Aphorismen, Selbstkommentare, Vorwort I-IV, 10.

399 Mach: Erkenntnis und Irrtum, S. 22.

aber als synonym gewertet werden). Die Funktionalität ermöglicht es, Untreue und Treue, Leben und Tod widerspruchslos nebeneinander zu stellen und aus ihrer Interaktion den „Wert einer Nachfühlbarkeit, einer Lockung“[400] zu kreieren. Baumann schreibt, es handle sich um eine „Vereinigung des Gegensätzlichen“[401], ohne zu erkennen, dass es sich eben nicht mehr um Gegensätzliches handelt, sondern vielmehr um Komponenten ein und desselben Komplexes. Erst wenn diese Struktur immer und konsequent mitgedacht wird, ist eine Analyse der ‚Vereinigungen‘ überhaupt erst sinnvoll. Jeder Versuch, kausale und damit traditionelle Maßstäbe anzusetzen, muss zwangsläufig im Sand verlaufen.[402]

Dass Musils sich darüber im Klaren war, dass eben dieses Faktum zu Problemen in der Leserschaft führen würde („Für mich entstand ein großer Mißerfolg daraus“[403]), zeigt auch die folgende Beschreibung der ‚Vereinigungen‘:

> [...] zu meiner andern Seite hatte ich die kleine, seltsam intarsierte Doppelpyramide der Vereinigungen. Eigensinnig kahl in der Linie, glich sie, von einer engen Bilderschrift bedeckt, dem Mal einer unbekannten Gottheit, in dem ein unverständliches Volk die Erinnerungszeichen an unverständliche Gefühle zusammengetragen und aufgeschichtet hat.[404]

Er spielt hier darauf an, dass die Novellen nahezu ohne Handlung auskommen – eine Tatsache, die bei der ‚Versuchung der stillen Veronika‘ noch stärker zum Tragen kommt als bei der ‚Vollendung der Liebe‘ –, die Bildersprache aber umso reichhaltiger ist, die auf Musils eigentliches Ziel[405] verweist, denn er „will nicht

---

400 Musil KA; LESETEXTE; Band 15, Fragmente aus dem Nachlass; Essayistische Fragmente; Gehirnspaziergang (1906–1914), Profil eines Programms (IV).

401 Baumann, Gerhart: Robert Musil. Zur Erkenntnis der Dichtung, Bern, München: Francke Verlag 1965, hier S. 114.

402 Diese Art des Schreibens erfordert folglich auch eine neue Art des Lesens. Mit der Sprachstruktur setzen sich u.a. die folgenden Autoren auseinander: Allais, Kai: ‚Geräusche‘ – Textlichkeit und Serialität. Musils Novelle ‚Die Versuchung der stillen Veronika‘. In: Robert Musils Kakanien – Subjekt und Geschichte. Festschrift für Karl Dinklage zum 80. Geburtstag, Hg. v. Joseph Strutz. München: Fink 1987 (Musil-Studien Bd. 15), S. 77–94 und Schröder, Jürgen: Am Grenzwert der Sprache. Zu Robert Musils ‚Vereinigungen‘. In: Euphorion 60 (1966), S. 311–334.

403 Musil, KA; LESETEXTE; Band 14, Gedichte, Aphorismen, Selbstkommentare, Selbstkommentare aus dem Nachlass, Vorwort I-IV, 8.

404 Musil, KA, LESETEXTE, Band 12, Essays, 1908–1914; Über Robert Musils Bücher, 221.

405 Pfohlmann geht in diesem Zusammenhang davon aus, dass Musil „die Vereinigung des Lesers mit der Figur“ anstrebt (Pfohlmann: Robert Musil, S. 58).

begreiflich sondern fühlbar machen."[406] Philip Payne konstatiert diesbezüglich: „Musil seeks to capture feelings[407] and thoughts which are so transitory, or so profound, that they barely touch the fringes of the consciousness of his characters."[408]

Hier findet sich ein weiteres Symptom der konsequenten Umsetzung des Funktionalitätsprinzips. Dabei spielt die These, dass das Ich ein dynamisches Konzept darstellt, das durch seine Komplexhaftigkeit variabel und funktional veränderlich ist, eine zentrale Rolle. Diese Überlegung übernimmt Musil von Ernst Mach, der davon ausgeht, dass das menschliche Ich zu so starken Wandlungen fähig ist, dass es lediglich aufgrund denkökonomischer Strukturen möglich ist, diachron eine Einheit zu erkennen. Musil spitzt diese Ansätze Machs zu und lässt die skizzierten Entwicklungen innerhalb von Stunden bzw. Tagen ablaufen. Besondere Bedeutung kommt dieser Tatsache in der ‚Vollendung der Liebe' zu, doch auch Veronikas Ich wird in der Vereinigung mit Johannes verändert. Zwar äußert Musil sich nicht explizit zu der Frage nach der variablen Substanz des Ich, aber das ist aufgrund der engen Verknüpfung des Funktionalitätsbegriffs mit der Idee der Komponentenhaftigkeit, die wiederum auch das Ich tangiert, auch nicht nötig. Für ihn stellt die Tatsache, dass (seelische) Entwicklungen nicht mehr zwangsläufig sukzessiv in eine Richtung verlaufen müssen, sondern vielmehr frei kombiniert werden können, einen wichtigen gedanklichen Fortschritt dar. Aus dieser Annahme eröffnet sich ein Spielraum, in dem Musil die Möglichkeiten ausloten kann, die mit einer solchen Freiheit verbunden sind – grundsätzlich steht somit die Betrachtung der Genese des Ich im Vordergrund.

Die Konsequenzen dieser Herangehensweise liegen dabei auf der Hand: Indem die Handlung inflationiert wird, muss die emotionale Basis der Erzählung aufgewertet werden. Musil jedenfalls fasst den Inhalt seines Dyptichons nicht ohne Selbstironie retrospektiv wie folgt zusammen:

> ‚Was ist denn der Inhalt seiner letzten Erzählungen?' fragte er [der Geologe in einem fingierten Gespräch; K.B.] überzeugend. ‚Keiner', antwortete gestillt glücklich der Literat.

---

406 Musil; KA; LESETEXTE; Band 18, Vorkriegs- und Kriegskorrespondenz, 1895–1918, 1906: Robert Musil an Paul Wiegler, 21. Dezember 1906.

407 Es zeigt sich, dass Musil hier auch bei sich selbst keine Ausnahme macht. Er schreibt: „[…] mein Leben besteht in nichts anderem, als auf die feinsten Bewegungen in meinem Inneren zu achten." (Musil; KA, LESETEXTE; Band 18 Vorkriegs- und Kriegskorrespondenz 1895–1918, 1907. Robert Musil an Anna [7].).

408 Payne, Philip: Robert Musil's Works, 1906–1924. A critical introduction. Frankfurt a.M., Bern, New York: Peter Lang 1987 (Europäische Hochschulschriften, Reihe I: Deutsche Sprache und Literatur, Bd. 961.), hier S. 74.

‚Was ereignet sich?' ‚Nichts!' lächelte der Schriftsteller, mit dem Ausdruck des Wozu-viele-Worte-Machens. ‚Diese eine Frau wird ihrem Mann untreu, aus irgendeinem konstruierten Einfall heraus, daß dies die Vollendung ihrer Liebe bedeuten müsse, und jene andre schwankt neuropathisch zwischen einem Mann, einem Priester und der Erinnerung an einen Hund, der ihr bald wie der eine, bald wie der andre erscheint. Was geschieht, ist darin schon von Anfang an beschlossen und ist widerwärtig und unbedeutend, ein intellektuelles und Gefühlsgestrüpp, in dem selbst die Personen der Handlung nicht vorwärtskommen.'[409]

Parallel zur Arbeit an der Novelle setzt sich Musil mit den Erkenntnissen des Wissenschaftlers Konstantin Oesterreich auseinander. Christoph Hoffmann weist darauf hin, dass Veronika (wie auch Claudine) zusätzlich Symptome einer Krankheit aufweisen, die Oesterreich um 1910 mit dem Begriff der ‚Depersonalisation' beschreibt.[410] Bonacchi weist darauf hin, dass Oesterreichs Ansätze im Sommersemester 1907 im Seminar von Carl Stumpf besprochen wurden – Musil kennt Oesterreichs Theorien somit. Es handelt sich bei der Psychasthenie um ein Phänomen, bei dem die Kranken ihr Persönlichkeitsbewusstsein verlieren. So zitiert Oesterreich einen Kranken mit den Worten: „Meine eigentliche normale Persönlichkeit rückte ständig weiter zurück [...]. Meine Persönlichkeit begann zu schwinden."[411] Es ist für die Betroffenen nicht mehr möglich, auf die eigenen Emotionen zuzugreifen oder sie als die eigenen zu identifizieren. Ein Patient fasst diese Tatsache wie folgt zusammen: „Es fehlt mir der Gefühlston auf allen (Sinnes-) Gebieten gleichmäßig. [...] Ich habe immer das Empfinden, als ob ich gar nichts empfinde. Als ob alle Eindrücke von außen in mein Inneres nicht mehr hinein gelangen."[412]

---

409 Musil, KA; LESETEXTE, Band 12, Essays, 1908–1914, Über Robert Musils Bücher, 124f.

410 Vgl. Oesterreich, Konstantin: Die Phänomenologie des Ich in ihren Grundproblemen. Band 1: Das Ich und das Selbstbewusstsein. Die scheinbare Spaltung des Ich. Leipzig: Barth 1910, hier S. 321.

411 Ebd., S. 322.

412 Oesterreich, Konstantin: Die Entfremdung in der Wahrnehmungswelt und die Depersonalisation in der Psychasthenie: Ein Beitrag für Gefühlspsychologie. In: Journal für Psychologie und Neurologie, Bd. VIII, Heft 3/4 (1906), S. 141–174, hier S. 152.

Christoph Hoffmann stellt den Bezug zu Veronika[413] und den Ähnlichkeiten in der Beschreibung des seelischen Zustandes her,[414] indem er die folgende Textstelle aus der Novelle zitiert:

> Sie kannte keine starken Freuden mehr und kein starkes Leid, nichts, das sich merklich oder bleibend aus dem übrigen herausgehoben hätte. [...] Die Dinge traten weiter und weiter zurück und verloren ihr Gesicht und auch ihr Gefühl von sich selbst sank immer tiefer in die Ferne. (V, 206f.)[415]

Musil nimmt somit die Ideen Oesterreichs auf und verarbeitet sie in dem Fragment ‚Bemerkungen über Apperceptor', dessen Entstehung um 1910 datiert wird. Dieses Fragment ist deutlich geprägt durch die Arbeit an der Dissertation.[416] Augenfällig wird hier zum einen die Tatsache, dass sich Musil in der Wahl des Vokabulars deutlich an seiner Dissertation orientiert, die sich auch mit Fragen der Mechanik beschäftigt. So spricht Musil von dem Wertgefühl als ‚Puffer'[417] und davon, dass Innen- und Außenwelt immer „neue dynamische

413 Interessant ist auch, dass Oesterreich davon ausgeht, dass psychasthenische Patienten zwar gewissermaßen das Gefühl für sich selbst verlieren, sie aber sich selbst „dauernd sozusagen interessant sind und sie sich deshalb einer fortgesetzten keine Minute aussetzenden Selbstbeobachtung unterziehen." (Oesterreich: Die Entfremdung der Wahrnehmungswelt und die Depersonalisation, S. 147.). Dies ist insofern für die Novellen relevant, als sie nahezu ohne Handlung auskommen, weil sich die Protagonistinnen (von wenigen Momenten der äußeren Handlung abgesehen) ständig selbst reflektieren und nur daher in der Lage sind, jede einzelne Gefühlsregung zu perzipieren.

414 Vgl. auch Bonacchi: Die Gestalt der Dichtung, S. 92ff. Die Autorin stellt ebenfalls einen solchen Bezug her, bezieht ihre Erkenntnisse allerdings hauptsächlich auf eine Vorläuferversion der Novelle (Veronika I).

415 Hoffmann arbeitet noch weitere Textpassagen heraus, die sich deutlich an die von Oesterreich ausgeführten Krankengeschichten anlehnen (vgl. Hoffmann: Der Dichter am Apparat, S. 92ff.).

416 Bonacchi weist darauf hin, dass Musil von Wilhelm Wundt zu dem Begriff des Apperzeptors inspiriert worden sein könnte. Wundt führt in seinem Werk ‚Grundriss der Psychologie' aus, dass die Apperzeption (im Gegensatz zu passiven Assoziation) „*unter Mitwirkung der Aufmerksamkeit zustande kommen* [i.O. gesperrt; K.B.] aufgefaßt werden" muss (Wundt, Wilhelm: Grundriss der Psychologie. Leipzig: Alfred Kröner Verlag 1913, hier S. 307.). Damit kommt dem Ich eine aktive Rolle der Wahrnehmungsverarbeitung zu.

417 Vgl. Musil, KA; TRANSKRIPTIONEN & FAKSIMILES; Nachlass, Mappen, Mappe VII/6/181. Vgl. dazu auch Bonacchi: Die Gestalt der Dichtung, S. 115f.

Gleichgewichtsformen“[418] finden müssen. In seinen Überlegungen nimmt Musil außerdem die Kritik am Kausalitätsbegriff wieder auf. So schreibt er beispielsweise: „Der Mensch geht natürlich auch durch Causalketten zugrunde, die nur der Außenwelt angehören.“[419]

Er geht des Weiteren der Frage nach, wie sich das Gleichgewicht zwischen Außen- und Innenwelt austariert. Dabei kommt dem Apperceptor eine wichtige Rolle zu. Musil definiert ihn wie folgt: „Der Apperceptor ist ein Constituens der Ichvorstellung, er liefert ihren Kern, ihre Idee“.[420] Damit dieser Kern der Ichvorstellung im Gleichgewicht bleibt, wird er von einem emotionalen und einem intellektuellen Faktor flankiert. Musil betont, dass diese beiden Faktoren in Kommunikation miteinander stehen müssen, denn wenn nur einer der beiden korrekt agiert, stellen sich Entfremdungszustände ein. Er erläutert:

> Wir können sehr wohl die Umwelt wahrnehmen und uns auch intellektuell über sie Rechenschaft geben [...], dennoch aber innerlich beziehungslos zu ihr bleiben und sie uns entfremdet fühlen. Das gleiche gilt von Emotionen; unsere eigenen Gefühle können uns fremd vorkommen, als ob sie ein anderer empfände oder als ob sie beziehungslos irgendwo in der Welt umhertrieben.[421]

Musil differenziert innerhalb des emotionalen Faktors erneut zwei Gebilde[422] – die gefühlsbetonte Außen- und Innenwelt –, die wiederum im Gleichgewicht zu halten sind, damit ein drittes Gebilde, das sogenannten Wertgefühl, hinzutreten kann. Musil konstatiert: „Die Erhaltung dieses Wertgefühls ist [...] eine vitale Frage der menschlichen Persönlichkeit.“[423] Wird das fragile Gleichgewicht zerstört, so wird auch das Ich destruiert.

Die Verbindung zwischen objektiver und perzipierter Welt mutet laut Musil geradezu ‚irreal‘ an: „Die appercipirte Welt ist mit der objectiven eindeutig

---

418 Vgl. Musil, KA; TRANSKRIPTIONEN & FAKSIMILES; Nachlass, Mappen, Mappe VII/6/181.

419 Vgl. Ebd.

420 Ebd.,180.

421 Ebd.

422 Bonacchi führt aus, dass es sich bei dem Musilschen Gebilde um ein Konstrukt handelt, das sich weniger an der von Wilhelm Wundt geprägten Begriffsdefinition orientiert als vielmehr an der von Stumpf ausgearbeiteten – diese ist im Gegensatz zu Wundt nicht von einem psychischen Elementarismus geprägt (vgl. Bonacchi, S. 118).

423 Musil, KA; TRANSKRIPTIONEN & FAKSIMILES; Nachlass, Mappen, Mappe VII/6/180.

verknüpft durch den intellektuellen Faktor, mit seiner Hülfe hat sie Teil an der Objectivität. Durch den emotionalen Faktor ist sie aber etwas Singuläres."[424]

Ein zentrales Bestreben der Literatur Musils ist die Erfassung von emotionalen Schwingungen und Nuancierungen. Um deutlich zu machen, wie die Interaktion von Außenwelt und Subjekt funktioniert, bedient sich Musil des Prinzips der Gestaltqualitäten. Er differenziert

> 1. die physikalische 2. die sensorielle Welt [.] Diesen beiden entspricht ein ebensolcher Teil des Menschen 3. Die emotionale Welt; ist eine Färbung, Tönung der sensoriellen, einer Art Gestaltqualität [...] 2 wird aus 1 durch Hinzutritt des Individuums, 3 aus 2 durch abermaligen Hinzutritt.[425]

Es ist diese als Gestaltqualität klassifizierte Eigenart, die die besondere singuläre Tönung in der Wahrnehmungswelt von Claudine und Veronika motivieren wird.

Die vorangegangenen Ausführungen haben gezeigt, wie komplex die theoretischen Überlegungen Musils sind, die sich schließlich in der Praxis der Literatur niederschlagen. Bonacchi fasst prägnant zusammen: „In dem Musilschen Modell der Dynamik des Ich im apperzeptiven Akt fließen die postevolutionistische Perspektive Machs, die Theorien Oesterreichs über die Störung der Persönlichkeit und die Debatte über die Gestaltqualitäten zusammen."[426] Der apperzeptive Akt als solcher stellt somit eine Gestaltqualität dar. Es fällt auf, dass Musil den Begriff zu diesem Zeitpunkt bereits in sehr komplexer Weise interpretiert. 1890 von Christian von Ehrenfels erstmals verwendet, ist die Definition, wie Musil sie im Jahr 1911 anstrebt, nun schon deutlich konturiert. Musil ist das Prinzip der Gestaltqualitäten allerdings bereits wesentlich früher bekannt. So exzerpiert er Stephan Witaseks[427] Schrift ‚Über willkürliche Vorstellungsverbindungen' aus dem Jahr 1896 und setzt sich in diesem Zusammenhang am Rande mit den Gestaltqualitäten auseinander – die Entstehung des Hefts, in dem Musil dieses Exzerpt niederschreibt, ist auf die Zeit zwischen 1902 und 1904 datiert.[428] Er ist sich somit bereits früh der möglichen Bedeutung des Gestaltbegriffs bewusst und erarbeitet schließlich unter Berücksichtigung verschiedener anderer wissenschaftlicher Positionen eine eigene Definition dessen, was Gestaltqualitäten sein sollen. Damit wird deutlich, dass Musil der Begriff bereits bekannt war, als er den

424 Ebd.,181.
425 Ebd.,186.
426 Bonacchi: Die Gestalt der Dichtung, S. 115.
427 Stefan Witasek wiederum ist Schüler von Alexius Meinong.
428 Vgl. Musil, KA; TRANSKRIPTIONEN & FAKSIMILES; Nachlass, Hefte, Heft 24/1.

‚Törleß' schreibt, er ihn erst in den ‚Vereinigungen' auch literarisch konsequent umzusetzen vermag.

## 5.1 ‚Die Vollendung der Liebe' – Treue und Untreue als Komponenten des funktionalen Komplexes der Liebe

„Ich hatte den Weg zu beschreiben, der von einer innigsten Zuneigung beinahe bloß binnen 24 Stunden zur Untreue führt"[429], schreibt Musil über ‚Die Vollendung der Liebe' und umreißt damit den Inhalt einer Erzählung, die minutiös die geistige Entwicklung der Protagonistin Claudine protokolliert. Diese geht eine Affäre mit einem fremden Mann ein, um so die Vollendung der Liebe zu erleben – ein kühnes Gedankenspiel,[430] dessen Konflikt, wie Musil selbst schreibt „schon in einer übernormalen Sphäre spielt."[431]

Die Novelle[432] ist in drei Teile unterteilt: Im ersten wird die intensive Beziehung zwischen Claudine und ihrem Ehemann beschrieben, im zweiten Teil wird

---

429 Musil, KA; LESETEXTE; Band 14, Gedichte, Aphorismen, Selbstkommentare, Selbstkommentare aus dem Nachlass, Vorwort I-IV, 10.

430 Marja Rauch weist zu Recht darauf hin, dass beim Rezipienten die Erwartungshaltung geweckt würde, es würde sich beim den Protagonisten um ein glückliches Liebespaar handeln – eine Illusion, die sich schon nach kurzer Zeit als solche entpuppt. (vgl. Rauch, Marja: Vereinigungen Frauenfiguren und Identität in Robert Musils Prosawerk. Würzburg: Königshausen & Neumann 2000 (Epistemata. Würzburger wissenschaftliche Schriften, Bd. 310), hier S. 31). Bereits diese Erwartungshaltung, mit der Musil bewusst spielt, zeigt die enormen Differenzen zwischen den tradierten Normvorstellungen und der konsequenten Umsetzung einer funktional agierenden Welt.

431 Musil, KA; TRANSKRIPTIONEN & FAKSIMILES; Nachlass, Mappen, Mappe VII/6/187.

432 Die folgenden Ausführungen beschränken sich auf die Analyse der endgültigen Fassung. Im Gegensatz zu ‚Die Versuchung der stillen Veronika' weist ‚Die Vollendung der Liebe' keine so große Zahl an handschriftlich dokumentierten Vorstufen auf. Karl Corino vollzieht die Entwicklung nach und stellt fest, dass insgesamt vier Fassungen unterschieden werden können. Dabei ist die erste noch „ziemlich kraus" (Corino: Vereinigungen, S. 252), während die drei folgenden sich schon vergleichsweise eng an der späteren Druckfassung orientieren. Die folgenden Überlegungen werden sich auf die Betrachtung der Druckfassung beschränken, denn obwohl auch in der Erstfassung bereits Fragen des Verhältnisses von Innen- und Außenwelt aufgegriffen werden, können diese noch nicht systematisch in einen gestalttheoretischen Kontext eingeordnet werden. Für einen genauen Vergleich des Entwurfs mit der Druckfassung, vgl. Corino: Vereinigungen, S. 259ff.

die Reise Claudines zum Internat ihrer Tochter geschildert und im dritten Part erlebt der Rezipient, wie Claudine eine Affäre mit einem Mann eingeht, den sie auf der Reise kennengelernt hat. Die angesprochene Vollendung der Liebe, die sich aus dem Zusammenspiel von Gegenwart und Vergangenheit, körperlicher und seelischer Liebe generiert, wäre in einer kausal erklärbaren erzählten Welt nicht möglich – Musil siedelt sie somit konsequenterweise in einer funktional agierenden Erzählwelt an. Diese literarische Funktionalität zeichnet sich in erster Linie durch „eine ganze Mannigfaltigkeit von Beziehungen"[433] aus, die Komponenten, aus denen sich in einem ersten Schritt die Gefühle und in zweiter Instanz die Seelen der Protagonisten zusammensetzen, sind dabei frei miteinander kombinierbar. Damit ist bereits eine erste Orientierung an Ernst Mach gegeben – wie sich zeigen wird, setzt Musil die von Mach erhaltenen Impulse in mehrfacher Hinsicht literarisch um.[434] Es wird weiterhin demonstriert werden, dass neben der funktionalen Weltsicht auch die variable Substanz von Claudines Ich dazu beiträgt, dass die Protagonistin die Vollendung der Liebe erleben kann.[435]

Im ersten Teil steht die Beschreibung des status quo der Beziehung Claudines zu ihrem Mann im Vordergrund. Tatsächlich definiert sich Claudine im ersten Teil hauptsächlich über das Zusammensein mit ihrem Mann. Explizit äußert Claudine die Idee, dass ihr Mann für sie das identitätsstiftende Element darstellt allerdings erst im dritten Teil und damit in der Retrospektive, als sie denkt: „Nur ein Schein, das ist, du weißt, ich bin nur etwas in dir, nur etwas durch dich, nur solange du mich festhältst, sonst irgend etwas, Geliebter, so seltsam vereint…" (C, 180). Das zentrale und bindende Element ist in diesem Zusammenhang der Blick, der als identitäts- und gemeinschaftsstiftend dargestellt wird, wobei

---

433 Musil, KA; LESETEXTE, Band 10, Wissenschaftliche Veröffentlichungen, Beitrag zur Beurteilung der Lehren Machs, 4. Die Polemik gegen den Begriff der Kausalität; sein Ersatz durch den Funktionsbegriff, 69.

434 Thomas Pekar hat sich in seinem Artikel ‚Zum Zusammenhang von Musils Dissertation mit seiner Erzählung „Die Vollendung der Liebe"' die These aufgestellt, dass es einen engen Zusammenhang zwischen den Werken Musils und Machs gibt. Im Vergleich zu den Ausführungen dieser Arbeit ist der Artikel jedoch wesentlich knapper gehalten. Die Thesen Pekars lohnen aber einen genaueren Blick auf den angesprochenen möglichen Zusammenhang. Daher werden die Grundzüge von Pekars Argumentationsstruktur beibehalten, die Punkte werden aber ausführlicher beleuchtet und mit größerer Textnähe referiert (vgl. Pekar Thomas: Zum Zusammenhang von Musils Dissertation mit seiner Erzählung ‚Die Vollendung der Liebe'. In: Colloquia Germania 24/1 (1991), S. 13–23.).

435 Vgl. Pekar: Zum Zusammenhang von Musils Dissertation mit seiner Erzählung ‚Die Vollendung der Liebe', S. 17.

festzuhalten ist, dass Identität und Gemeinsamkeit in diesem Falle als synonym zu bezeichnen sind, da sich Claudine ausschließlich über ihren Mann und ihr gemeinsames Leben definiert: „Sie fühlten, daß sie ohneeinander nicht leben konnten und nur zusammen, wie ein kunstvoll gestütztes System, das zu tragen vermochten, was sie wollten" (C, 159f.).

Neben diesem ehelichen Gefüge, das sie aneinanderschmiedet, wird die Identität, wie oben bereits kurz angerissen, auch durch den Blick gefestigt und im Umkehrschluss durch sein Ausbleiben geschwächt (und damit auch bereits vorab eine Erklärung dafür geliefert, warum Claudine bereits bei ihrer Ankunft am Bahnhof innerlich ins Straucheln gerät). Besonders deutlich wird die große Bedeutung des Blicks an der folgenden Textstelle: „Ihre Blicke klammerten sich aneinander fest, mit jenem gespannten Schwanken der Körper zweier Menschen, die auf einem Seil nebeneinanderstehn" (C, 159).

In seinem Buch ‚Die Sprache der Liebe bei Robert Musil' weist Pekar dem Blick weiterhin ausführliche Bedeutung zu.[436] Dieser Blick wird als starres Gefüge eingeführt, das zwar jedem der beiden Ehepartner seinen Platz in der Beziehung zuweise, gleichzeitig aber auch eine Annäherung, die über die zugeteilten Positionen in der Beziehung hinausgeht, verunmöglicht:

> Der Arm der Frau aber ragte von der Kanne weg und der Blick, mit dem sie nach ihrem Manne sah, bildete mit ihm einen starren, steifen Winkel.
>
> Gewiß einen Winkel, wie man sehen konnte; aber jenes andere, beinahe Körperliche konnten nur diese beiden Menschen in ihm fühlen, denen es vorkam, als spannte er sich zwischen ihnen wie eine Strebe aus härtestem Metall und hielte sie auf ihren Plätzen fest und verbände sie doch, trotzdem sie so weit auseinander waren, zu einer Einheit, die man fast mit den Sinnen empfinden konnte […]. (C, 156)

Durch dieses Zitat wird offenbar, wie weit die Identitätsstiftung geht. Gleichzeitig wird die Ambivalenz der Beziehung hier so deutlich gemacht, wie an keiner anderen Stelle des Textes. Der Blick, der hier mit einer harten Metallstrebe verglichen wird, schafft zwar eine Verbindung zwischen den beiden Figuren, verhindert aber gleichzeitig auch, dass sie sich körperlich annähern und stellt damit das genaue Gegenteil von dem dar, was Claudine in der körperlichen Hingabe an den fremden Mann erleben wird.[437] Interessanterweise wird im Anschluss an

436 Vgl. Pekar: Die Sprache der Liebe, S. 60f.

437 In der Forschung wird die Frage, inwieweit dieser Blick eine Vereinigung oder doch eher eine Trennung darstellt, kontrovers diskutiert. Da eine solche Problemstellung das Thema dieser Arbeit nur am Rande berührt, sei auf die Ausführungen von Pekar verwiesen, der die verschiedenen Positionen darstellt und abschließend

die obige Beschreibung dieses statische Verhältnis mobilisiert: „[…] und doch fühlten sie dort, wo er [der Blick; K.B.] sie traf, eine zärtliche Bewegtheit, etwas ganz Leichtes, als ob ihre Herzen wie zwei Schwärme kleiner Schmetterlinge ineinanderflatterten…" (C, 156).[438]

Bereits in diesem frühen Stadium der Handlung deutet sich die funktionale Interpretation von Moral im Allgemeinen an (zu der später auch die Frage nach der Differenzierung von Treue und Untreue zählen wird). Claudine und ihr Mann unterhalten sich über G., einen Gewalttäter. Die Protagonistin äußert sich diesbezüglich wie folgt: „‚Ich glaube aber', sagte die Frau, und jetzt zeigte sich darin, daß sie gar nicht von diesem einen zufälligen Menschen sprach, sondern von irgend etwas Bestimmtem, das für sie bereits hinter ihm dämmerte, ‚ich glaube, er meint gut zu handeln.'" (C,157). Hier zeigt sich bereits Claudines funktionale Wirklichkeitsperzeption, die es ihr erlaubt, die beiden konträren Pole ‚Gut' und ‚Böse' in eins zu fassen.[439]

Im zweiten Teil der Handlung wird die Perspektive der vormals scheinbar gefestigten Identität verzerrt. Als Claudine aus dem identitätsstiftenden Gefüge heraustritt, fällt ihre Identität, die geradezu marionettenhaft an ihren Ehemann

---

selbst vermittelnd Stellung zu dieser Frage bezieht (Vgl. Pekar, Die Sprache der Liebe, S. 60.). In den folgenden Ausführungen dieser Arbeit soll davon ausgegangen werden, dass der Blick ambivalent zu sehen ist.

438 Ulrich Karthaus beschäftigt sich eingehender mit den Tierbildern, die in der ‚Vollendung der Liebe' vorkommen und interpretiert diese dahingehend, dass sie eine Zeitlosigkeit implizieren, die dem menschlichen Wesen abgehen. (vgl. Karthaus, Ulrich: Der andere Zustand. Zeitstrukturen im Werke Robert Musils. Berlin: Erich Schmidt Verlag 1965 (Philologische Studien und Quellen, Heft 25), hier S. 93ff.). Ähnliche Interpretationsansätze können auch mit Blick auf die zweite Novelle des Dyptichons ‚Die Versuchung der stillen Veronika' angenommen werden.

439 Vgl. auch Rauch, die von einer „Wahlverwandtschaft zwischen Claudine und G." spricht und von einer „Strukturgleichheit zwischen dem Gespräch über G. und der Thematik der Novelle selbst" ausgeht (vgl. Rauch: Vereinigungen, S. 37.). Vgl. diesbezüglich auch Magnou, die schreibt, dass „das ‚Schicksal' G.s mit dem Claudinens eng verbunden ist. Ein grundlegender Unterschied kann jedoch nicht übersehen werden: wie schon gesagt, wird G. ausdrücklich als Kranker dargestellt, Claudine in keiner Weise." (Magnou, Jacqueline: Grenzfall und Identitätsproblematik (oder die Rolle der Psychopathologie) in der literarischen Praxis und Theorie Musils anhand der Novellen ‚Vereinigungen'. In: Beiträge zur Musil-Kritik. Hg. v. Gudrun Brokoph-Mauch. Bern, Frankfurt am Main: Peter Lang 1983, S. 129–147, hier S. 133.). Ganz ohne Widerspruch kann diese Aussage nicht bleiben, denn Claudine weist sehr wohl Symptome einer psychischen Störung auf (vgl. Annahme in dieser Arbeit).

gebunden ist, mit jedem Meter, den sie sich weiter von ihrem Zuhause entfernt, in sich zusammen. Bereits am Bahnhof wird diese Entwicklung eingeleitet: „Sie suchte vergeblich in sich einen Schutz; es war, als hätte sie sich, langsam und wiegend, in dem Gedränge verloren […]“ (C, 162). Das Verlassen der Wohnung und die damit verbundene räumliche Trennung von ihrem Mann bewirkt bei Claudine, dass sie sich verloren fühlt und Erinnerungen an die Zeit hochsteigen, bevor sie ihren Mann kannte; eine Zeit, in der sie „scheinbar ganz unter der Herrschaft irgendwelcher Männer stand, für die sie dann bis zur Selbstaufopferung und vollen Willenlosigkeit alles tun konnte, was sie von ihr verlangten […]“ (C, 160). Indem auf die Vergangenheit rekurriert wird, Claudine dann ihre in der Interaktion mit ihrem Mann gestiftete Identität verliert und sich schließlich danach sehnt, wieder so zu werden, wie vor ihrer Heirat, wird ein kreisförmiger Dreischritt vollzogen, einem „Sinken durch Seelenzeiten“ (C, 184), der Vergangenheit, Gegenwart und Zukunft gleichermaßen durchläuft und schließlich (scheinbar) wieder an die Vergangenheit anknüpft.[440]

Ganz deutlich wird dem Zerfall ihrer gegenwärtigen Identität, die nun zur vergangenen wird, Ausdruck verliehen: „Dieses Leben, das kurz vorher noch in sie hineingedrungen und Gefühl geworden war, sah sie noch da, draußen, voll von sich und benommen, aber sobald sie es an sich zu ziehen suchte, bröckelten die Dinge ab und zerfielen unter ihrem Ansehn“ (C, 166). Hand in Hand mit diesem Zerfall geht der Wunsch nach dem alten Leben, das sie glaubte, hinter sich gelassen zu haben: „Und sie begann, sich mit einemmal ganz dunkel nach ihrem früheren, von fremden Menschen missbrauchten und ausgenützten Leben zu sehnen […]“ (C, 167).

Neben der Beobachtung, dass die Thesen Machs eine wichtige Rolle bei der Konstitution der Novelle spielen, ist auch die Tatsache von Bedeutung, dass Claudine deutlich Züge einer Psychasthenikerin aufweist.[441] Wurde auf diesen Bezug bereits im vorigen Abschnitt im Allgemeinen hingewiesen, so soll im Folgenden eine genauere Untersuchung am Text erfolgen. So heißt es in Bezug auf Claudines Vergangenheit: „[…] sie beging und erlitt Handlungen von einer Stärke der Leidenschaft bis zur Demütigung und verlor doch nie ein Bewußtsein, daß alles, was sie tat, sie im Grunde nicht berühre und im Wesentlichen nichts mit ihr zu tun habe.“ (C, 160). Hier wird eine weitere Überlegung Musils

440 Dass Claudine nur einzelne Komponenten ihres früheren Ich in die Gegenwart ‚hinüberrettet‘ und diese zudem mit weiteren, sie ausbalancierenden Komponenten kombiniert werden, soll im Verlauf des Kapitels dargelegt werden.

441 Vgl. auch Hoffmann: Der Dichter am Apparat, S. 93ff.

eingeführt, die den Charakter der Figur beherrscht. So schreibt er in ‚Bemerkungen über den Apperceptor':

> Ist dieses [das Wertgefühl; K.B.] bedroht, so ändert sich bei gleichbleibendem intellektuellem der emotionale Faktor des Apperceptors. Haben [...] wir beispielsweise eine Demütigung erlitten, so bleibt wohl das intellektuelle Bild der Sache aber statt der vernichtenden Scham kann sich etwa die feine christliche Lust an Demütigungen einstellen, wir erleben Demut als [...] den Sinn der Welt, erleben alles in Demut gefärbt.

Im ersten Teil der Novelle ist Claudines Wertgefühl weitgehend ausbalanciert, da ihr Mann als solches fungiert. Mit seiner Präsenz vergeht Claudines inneres Bedürfnis, sich in den Dienst anderer Männer zu stellen.

Indem Claudine sich (bedingt durch den Verlust der schützenden Anwesenheit ihres Mannes) durch die Menschenmassen auf dem Bahnsteig gedemütigt fühlt (vgl. C, 161f.), erinnert sie sich wieder an die Zeit, bevor sie ihren Mann kannte, in der sie die in der obigen Textstelle beschriebenen Demütigungen erlitten hat. Verwendet wird hier eine Allusion auf die ‚christliche Lust', denn mit der Erinnerung glaubt Claudine „einen schneidenden Reif um die Stirn zu fühlen" (C, 162).

Bevor mit der Frage nach der Neukonstitution von Claudines Ich fortgefahren wird, soll an dieser Stelle die Frage nach einer möglichen literarischen Umsetzung eines psychophysischen Parallelismus' untersucht werden. Wie bereits ausgeführt wurde, geht Mach in Bezug auf die Beziehung zwischen Körper und Ich davon aus, dass es sich hierbei um eine parallel geschaltete Wahrnehmungsstruktur handelt, dass also die Empfindungen des Ich gleichzeitig auch die Empfindungen des Körpers sind und umgekehrt. Aufbauend auf dieser Hypothese postuliert Mach, dass die Grenze zwischen Ich und Körper nicht mehr definierbar sei. Diese Annahme wird von Musil aufgegriffen. Ein erstes Indiz für die Stützung dieser These findet sich, als Claudine sich im Zug an ihre Vergangenheit erinnert. Sie wird „plötzlich leise von einem Gefühl berührt [...], das sie, wie es so halb und verschwindend vorbeitrieb, dunkel und fern und doch in fast leibhafter Gleichheit an jenen beinahe vergessenen Lebensabschnitt erinnerte" (C, 161). Bereits an dieser frühen Stelle der Handlung wird auf die Möglichkeit hingewiesen, dass nicht nur der Körper Wahrnehmungen an das Ich weiterleiten kann, die dann Empfindungen konstituieren, sondern dass auch der umgekehrte Weg möglich ist und die Empfindungen des Ich zu körperlichen Reaktionen führen können. Enggeführt werden die beiden Dimensionen auch in der folgenden Textstelle: Claudine „hatte nichts als diesen Körper, den sie preisgeben sollte, und dieses geistigste, wirklichkeitsübersehnende Gefühl von Seele als ein Gefühl von ihm [...]" (C, 183). Hier wird deutlich, dass das Körpergefühl und das Gefühl der Seele parallel zu sehen sind, dass also das Gefühl der Seele das des Körpers konstituiert und umgekehrt.[442]

Im Zuge seiner Überlegungen in Bezug auf die das Ich konstituierenden Elemente (Empfindungen), betrachtet Mach die Sinnesempfindungen Schmerz und Lust als fundamentale Bestandteile des Ich-Komplexes:

> Auch Schmerz und Lust können mit Recht Empfindungen genannt werden. Sie sind nur nicht so gut analysiert und so geläufig als die Sinnesempfindungen, vielleicht auch nicht auf so wenige Organe beschränkt als letztere. Schmerz- und Lustempfindungen, mögen sie noch so schattenhaft auftreten, bilden einen wesentlichen Inhalt aller sogenannten Gefühle.[443]

Interessant ist nun in diesem Zusammenhang der Blick auf die Novelle. Heruntergebrochen auf die fundamentalen Grundzüge, stellt die sexuelle Lust[444] einen

---

442 Erwähnenswert ist an dieser Stelle eine weitere Parallele mit den Ausführungen Machs: die Frage nach der psychischen Fehldeutung von Wahrnehmungen. Mach zeigt diese Annahme anhand eines Beispiels auf: ein das Wasser fälschlicherweise geknickt erscheinender Bleistift beweist, dass die physischen Eindrücke, die die Wirklichkeit vermittelt, täuschen können. Bezeichnenderweise nimmt Musil auch das Prinzip der Sinnestäuschung auf (Mach spricht in diesem Zusammenhang davon, dass Befunde verwechselt würden (Vgl. Mach: Erkenntnis und Irrtum, S. 17f.)). Im dritten Teil der Erzählung fahren Claudine und der Ministerialrat im Dunkeln mit einem Schlitten zu ihrem Ziel. Der Mann zündet ein Streichholz an und „sein Bart, ein Auge leuchteten auf […]" (C, 170). Bereits hier wird die Wirklichkeit verzerrt wahrgenommen, denn es sind nicht das Auge und der Bart, die aufleuchten, sie werden vielmehr von dem Schein des Streichholzes beleuchtet. An dieser Stelle wird dem Rezipienten zudem ein Anknüpfungspunkt für das Verständnis der etwas später im Text auftauchenden Passage geliefert, in der es heißt: „Dann machte sie den Versuch, sich den Menschen vorzustellen. Aber es gelang ihr nicht […]. Nur zuweilen sah sie etwas von ihm, wie es in Wirklichkeit war, seinen Bart, sein eines leuchtendes Auge…" (C, 172). Die Formulierung, der die fälschliche Zuordnung von Agens (Streichholz und Feuer) und Patiens (Bart und Auge) zugrunde liegt, wird hier wieder aufgenommen und mit dem Begriff der Wirklichkeit konfrontiert. Analog zu dem von Mach betrachteten Beispiel mit dem Bleistift wird Claudine von ihren Sinneswahrnehmungen getäuscht, allerdings ohne dass sie dies erkennt. Denn sie fährt fort, das durch die Illuminierung des Streichholzes leuchtende Auge als selbsttätig leuchtend und diese ausschnitthafte Sicht auf den Ministerialrat als Wirklichkeit zu betrachten.

443 Mach: Analyse der Empfindungen, S. 17.

444 Mach führt den Begriff der Lust ein, der in seinen Ausführungen allgemein gehalten wird und somit in erster Instanz nichts weiter bedeutet als das Streben nach der Befriedigung eines Bedürfnisses. In den folgenden Ausführungen soll aber die sexuell motivierte Lust im Vordergrund der Betrachtungen stehen.

wesentlichen Bestandteil der Handlung dar. Dies ist besonders im letzten Teil der Novelle zu beobachten. Immer wieder taucht allerdings im Radius des Begriffs der Lust auch der des Schmerzes auf, sodass die Ähnlichkeit dieser beiden Empfindungen, wie Mach sie herausstreicht, aufgenommen wird: „Es war ein eigentümlich quälender Reiz, eine dehnende Lust des Gehirns, etwas wie eine dünne gläserne Scheibe lag davor, an die sich ihre Gedanken schmerzhaft pressten [...]“ (C, 178). An dieser Stelle, die dem eigentlichen Triebdurchbruch, wie Pekar ihn bezeichnet,[445] vorausgeht, wird bereits die angesprochene Verbindung angedeutet. In ihrer ganzen Konsequenz wird sie jedoch erst nach dem Triebdurchbruch ausgespielt:

> [...] und empfand trotzdem in diesem Augenblick ihr Knie sinnlos gegen den Boden gepresst, wie ein Ding, und fühlte sich darin, unzugänglich, mit dieser wehen, ungeschützten Gebrechlichkeit der innersten Menschenmöglichkeiten, die kein Wort, keine Wiederkehr festhält und in den Zusammenhang ordnet. Es war kein Gedanke mehr in ihr, sie wußte nicht, ob sie unrecht tat, es war alles um sie wie ein seltsamer Schmerz. Ein Schmerz, der wie ein Raum war, ein aufgelöster, schwebender und doch wie um ein mildes Dunkel zusammenhängender, leise steigender Raum. (C, 190)

Diese explizite Engführung zwischen der sich im Triebdurchbruch formulierenden Lust und dem Schmerz und der Omnipräsenz der beiden Empfindungen lassen die Rückführung auf die Machsche Annahme zu, sodass, verkürzt gesprochen, diese beiden Elemente als Basis für das Konstrukt Ich betrachtet werden können.

In den bisherigen Ausführungen wurden somit das Parallelismusprinzip von Körper und Seele und die Bedeutung von Lust und Schmerz für die Konstitution des Ich getrennt beleuchtet. Implizit schwingt in den Lehren Machs aber mit, dass es problematisch wäre, diese Komponenten einzeln zu betrachten, da sie, wie bereits mehrfach betont wurde, zusammenwirken. Mach formuliert die Relation zwischen den beiden Ideen wie folgt:

> Daß aus diesem Elementenkomplex, welcher im Grund nur *einer* ist, die *Körper* und das *Ich* sich nicht in bestimmter, für alle Fälle zureichender Weise abgrenzen lassen, wurde schon gesagt. Die Zusammenfassung der mit Schmerz und Lust am nächsten zusammenhängenden Elemente in einer ideellen denkökonomischen Einheit, dem Ich, hat die höchste Bedeutung für den im Dienste des schmerzmeidenden und lustsuchenden Willens stehenden Intellekts.[446]

Es ist somit nicht erkennbar, ob der Ursprung der Empfindungen Schmerz und Lust im Körper oder im Ich zu suchen ist. In eine ähnliche Richtung weist auch

445 Pekar: Die Sprache der Liebe, S. 57.
446 Mach: Analyse der Empfindungen, S. 18.

das obige Zitat aus der Novelle. Indem der Schmerz mit einem dunklen Raum verglichen wird, wird sein Ursprung verschleiert, denn nicht er wird im Körper verortet, sondern der Körper im Schmerz. Damit wird ihm eine Allgegenwärtigkeit zuerkannt, die eine Zuordnung der Quelle verunmöglicht. Sicher ist nur, dass das Ich danach trachtet, Lust zu empfinden und Schmerz aus dem Weg zu gehen. Die literarische Figur der Claudine weicht in dieser Frage von dem von Mach vorgezeichneten Weg ab. Es scheint, als würde sie den Schmerz in Verbindung mit der Lust suchen, um die Grenzen ihres Ichs zu spüren. Aufschlussreich für die Unterstützung dieser Hypothese ist die folgende Textstelle:

> Vielleicht hatte sie da nichts als den Wunsch, diesen Leib ihrem Geliebten hinzugeben, aber durchzittert von der tiefen Unsicherheit der seelischen Werte faßte er sie wie das Verlangen nach jenem Fremden, und während sie in die Möglichkeit starrte, daß sie sich, noch wenn sie in ihrem Körper das sie Zerstörende erlitte, durch ihn als sie selbst empfinden würde, und vor seinem geheimnisvoll jeder seelischen Entscheidung ausweichenden Gefühl von sich wie vor etwas finster und leer sie in sich selbst Einschließendem schauderte, lockte sie bitterseelig ihr Leib, ihn von sich zu stoßen, in der Wehrlosigkeit der sinnlichen Verlorenheit von einem Fremden ihn niedergestreckt und wie mit Messern aufgebrochen zu fühlen, ihn mit Grauen und Ekel und Gewalt und ungewollten Zuckungen füllen zu lassen, – um ihn in einer seltsam bis zur letzten Wahrhaftigkeit geöffneten Treue um dieses Nichts, dieses Schwankende, dieses gestaltlose Überall, diese Krankengewißheit von Seele dennoch wie den Rand einer traumhaften Wunde zu fühlen, der in den Schmerzen des endlos erneuten Zusammenwachsenwollens vergeblich den anderen sucht. (C, 186)

Dieses Zitat ist in seiner Komplexität kaum zu überbieten, da es als eine der Schlüsselstellen der Novelle das Maximum an bedeutungstragenden Elementen enthält. Hier werden die bisher betrachteten Elemente Körper, Ich, Schmerz und Lust konfrontiert und durch ihre Interaktion untereinander und in Abgrenzung voneinander in ihrer das Ich konstituierenden Funktion definiert. Deutlich wird zunächst, dass Claudines bisheriges Ich durch die körperliche Hingabe an den Fremden zerstört würde. Es wird zudem offensichtlich, dass die Zerstörung des alten Ich, die mit der Hingabe an den Fremden und damit dem Gehorchen des Triebs des Körpers einhergeht, Claudine ermöglichen würde, sich selbst zu fühlen. Lust und Schmerz fungieren an dieser Stelle als Mittel zum Zweck. Durch sie soll die von Mach als Unmöglichkeit eingeführte Unterscheidung zwischen den Grenzen des Körpers und denen des Ich fühlbar gemacht werden.[447] Die Engführung von Körper und Seele manifestiert sich auch

447 Vgl. Pekar: Zum Zusammenhang von Musils Dissertation mit seiner Erzählung ‚Die Vollendung der Liebe', S. 18.

auf sprachlicher Ebene. Betrachtet man die Wendung ‚bitterseelig', so zeigt sich, dass Musil hier die Formulierung ‚bittersüß' modifiziert hat. Somit werden die beiden Dimensionen, um deren Differenzierung Claudine bemüht ist, auch im Bereich der Sprache parallelisiert. Bei dem Kompositum ‚bitterseelig' wird eine körperlich erfahrbare Geschmacksrichtung mit einer von ‚Seele' abgeleiteten Suffigierung zu einem Neologismus kombiniert – somit findet sich die Engführung von Körper und Geist bereits in dieser Wendung.[448] Hinzu kommt, dass es Claudines Körper ist, der sie ‚bitterseelig' lockt – auch hier erfolgt die Konnotation zum Körper. Erst in einem zweiten Schritt wird die Trennung der beiden Dimensionen anvisiert: Indem der durch die Lust initiierte Schmerz des Körpers zu seiner vollen Entfaltung kommt, fühlt Claudine ihre körperlichen Grenzen. Diese Fühlbarkeit der Grenze wiederum markiert die Möglichkeit der Abgrenzung zum Ich, dargestellt durch die Metapher des Wundrandes. Pekar konstatiert: „Hier wird der Dualismus von Seele und Körper aufgehoben; Seele und Körper sind beides Grenzbegriffe, die allein durch ihr Aufeinandertreffen erfahrbar werden […].“[449]

Im dritten Teil schließlich konstituiert sich Claudines Identität neu.[450] Motiviert wird diese Suche Claudines durch das Bedürfnis, ihr inneres Gleichgewicht erneut auszubalancieren – sie ist nicht in der Lage, dies selbstständig zu tun; für die Entstehung ihres Wertgefühls ist die Existenz eines Dritten obligatorisch. Somit ist in diesem Zusammenhang die Frage nach einer möglichen Vereinigung zentral, aus der sich das Wertgefühl generieren kann. Es gibt Positionen in der Forschung, die davon ausgehen, dass Claudine im dritten Teil die Vereinigung

448 Hinzu kommt, dass Musil die Schreibung variiert. Aus dem tatsächlich (wenn auch in anderem Kontext) existenten Adjektiv ‚selig' macht er durch die Dopplung des ‚e' das Wort ‚seelig' und verweist so auch orthographisch auf den Kontext der Seele.

449 Pekar: Zum Zusammenhang von Musils Dissertation mit seiner Erzählung ‚Die Vollendung der Liebe', S. 19.

450 Des Weiteren wird deutlich, dass die Erinnerungen an dieser Stelle ein wichtiges Element sind; eine Erkenntnis, die Hand in Hand mit den Postulaten Machs geht, der schreibt: „Wenn ich mich heute meiner frühen Jugend erinnere, so müsste ich den Knaben (einzelne Punkte abgerechnet) für einen anderen halten, wenn nicht die Kette der Erinnerungen vorläge.“ (Mach: Analyse der Empfindungen, S. 3.). Musil fasst diese Entwicklung mit dem Begriff „Gefühlszusammenhang ihres Daseins“ (C, 185) zusammen. Erst durch diesen sich aus Erinnerungen synthetisierenden Gefühlszusammenhang ist Claudine in der Lage, sich gegen ihre alte Identität zu entscheiden und eine neue zu kreieren.

mit ihrem Mann völlig löst[451] – dass dies ein problematischer Rückschluss ist, soll im Folgenden gezeigt werden. Es scheint vielmehr, als würde zu der geistigen Unitas mit ihrem Mann noch ein weiterer Faktor hinzutreten, aus dem sich das Neue konstituiert.

Möglich wird diese innovative Vollendung der Liebe erst durch die funktional geprägte Bewertung des zentralen Konflikts in der Novelle: die Beziehung der beiden Pole Treue und Untreue. In traditioneller Denkweise schließen diese beiden Begriffe sich aus. Würde man die Handlung der Novelle unter kausalen Gesichtspunkten betrachten, so würde sich herausstellen, dass Claudine zu Beginn treu ist, sich schließlich auf den Ministerialrat einlässt (Ursache) und daher ihrem Mann untreu wird (Wirkung). Diese sukzessive Betrachtung der Handlung wird jedoch von Musil unterwandert. Die beiden scheinbar gegensätzlichen Pole werden nun als Komplemente des Komplexes Liebe definiert. Pekar führt zu Recht aus: „‚Treue' und ‚Untreue' sind hier nicht mehr zwei wohlunterschiedene Bereiche, sondern – wenn man die Sprache Machs gebrauchen will – Tatsachenkomplexe, die allein aus denkökonomischen Gründen so genannt werden."[452]

Festzuhalten bleibt also die Annahme, dass dem Komplex ‚Liebe' die Komponenten ‚Treue' und ‚Untreue' zugeordnet werden können. Musil ersetzt den Begriff ‚Komplex' durch den des ‚Systems', der in diesem Falle aber als synonym bezeichnet werden kann: „Sie fühlten, daß sie ohneeinander nicht leben konnten und nur zusammen, wie ein kunstvoll in sich gestütztes System, das zu tragen vermochten, was sie wollten" (C, 159f.). Durch den Vergleich der ehelichen Beziehung zwischen Claudine und ihrem Mann mit einem System wird vor allem die Vielschichtigkeit der Beziehung deutlich, die wiederum auf den Machschen Komplex rekurriert, gleichzeitig aber auch die Fragilität fokussiert; das System kann nur bestehen, wenn beide Partner anwesend sind. Dass Treue und Untreue ein Kräfteverhältnis bilden, das Claudines Beziehung zu ihrem Mann im Gleichgewicht hält, zeigt sich bereits im zweiten Teil in folgender Textstelle:

> In der letzten Zeit […] war dieses Zurücksehnen, ein stärkeres Sichzurückbiegen nach der Vergangenheit. Claudinens Treue lehnte sich dagegen auf, gerade weil sie keine Ruhe, sondern ein Kräftegleichgewicht war, ein gegenseitiges Einanderstützen, ein Gleichgewicht durch die beständige Bewegung nach vorwärts. (C, 163f.)

451 Vgl. Mae: Motivation und Liebe, S. 173. Vgl. auch Hans-Georg Pott, der schreibt: „Die Liebe vollendet sich nicht in *dieser* Vereinigung, die sich als Schein erweist" (Pott: Robert Musil, S. 28.).

452 Pekar: Zum Zusammenhang von Musils Dissertation mit seiner Erzählung ‚Die Vollendung der Liebe', S. 14.

In diesem Zitat[453] wird die bereits angedeutete Betrachtung der Liebe als komplexes und dynamisches System ausgebaut, in dem der Kausalität eine Absage erteilt wird. Denn die Liebe Claudines zu ihrem Mann erscheint als Produkt des Zusammenwirkens von Treue und Untreue, die in diesem Zusammenhang zusätzlich noch an die zeitlichen Größen Vergangenheit und Zukunft gebunden sind und in ihrem Zusammenspiel die Gegenwart konstituieren.

Dieses Gleichgewicht von Treue und Untreue, aus dem Claudines Liebe zu ihrem Mann hervorgeht, wird im dritten Teil verschoben, indem die für den Rezipienten ungewohnte Zusammenführung von Liebe und Untreue initiiert wird (die Konnotation Liebe – Treue wird als bekannt vorausgesetzt und daher nicht näher expliziert): „Und da […] der Gedanke: wir waren einander untreu, bevor wir einander kannten […] wir liebten einander, bevor wir einander kannten […]" (C, 174). Mit diesem Zitat führt Musil die Untreue als festen Bestandteil der Liebe ein und negiert erneut einen kausalen Zusammenhang: Er nennt die Untreue zuerst und dann die Liebe, obwohl im Allgemeinen die Liebe als Voraussetzung für die Treue oder Untreue gesehen wird und daher in ihrer

453 Pekar, von dem die grundlegende Idee stammt, dass die Themenkomplexe der Novelle als literarische Antwort auf Mach in der Arbeit für die Dissertation entstanden sind, setzt in diesem Abschnitt einen anderen Schwerpunkt. Er sieht die Veränderung in Claudines Wertevorstellung, die im Folgenden noch näher betrachtet werden soll, als Ausbruch aus dem Liebessystem mit ihrem Mann. Er begründet seine These damit, dass die Beziehung im Laufe der Zeit in Kristallisation erstarrt sei und Claudine daher aus dieser leblosen Beziehung auszubrechen versuche (vgl. Pekar: Zum Zusammenhang von Musils Dissertation mit seiner Erzählung ‚Die Vollendung der Liebe', S. 15.) Der Begriff der Kristallisation taucht übrigens auch bei Lönker auf. Er schreibt: „Damit hat sich die Bedeutung des Kristalls […] radikal verändert: seine Struktur, anfangs Ausdruck eines Raum und Zeit transzendierenden Glücks, wird […] zum Kristall*gitter* hinter dem Claudines Körper eingesperrt ist" (Lönker, Fred: Poetische Anthropologie: Robert Musils Erzählungen ‚Vereinigungen'. München: Fink 2002 (Musil-Studien Bd. 30), hier S. 49.). Diese Interpretationen sind nicht von der Hand zu weisen, beschäftigen sich aber eher am Rande mit der dieser Arbeit übergeordneten Fragestellung. Daher sei der Vollständigkeit halber auf sie verwiesen, ohne dass auf die von ihnen verfolgte Argumentationsstruktur näher eingegangen würde. Pekar verwendet in seinem Artikel ähnliche Textstellen, wie sie im Folgenden auch zur Darlegung der Thesen verwendet werden sollen, interpretiert sie aber immer unter dem Gesichtspunkt des Gegensatzes der Begriffe ‚Liebessystem' und ‚Liebesgestalt'. In diesem Kapitel werden die Textstellen aber immer mit Blick auf eine mögliche Erhellung der Frage betrachtet, wie Musil seine Einstellung zum Kausalitätsbegriff literarisch umsetzt. Daher wird eine andere Argumentationsweise gewählt, auch wenn der Schluss, der daraus gezogen werden kann, sich Pekar wieder annähert.

Funktion als bedingende Instanz als erstgenanntes Element zu erwarten gewesen wäre. Indem er aber die Reihenfolge verkehrt, definiert Musil die Liebe als einen Komplex, der von der Untreue mitgestaltet wird.

So folgt auf die Engführung eine Erkenntnis Claudines, die in der Folge ihr Verhältnis zum Ministerialrat ermöglichen wird: es ist „als dehnte sich plötzlich in ihr die unendliche Spannung ihrer Liebe weit über das Gegenwärtige in die Untreue hinaus, aus der sie einst zu ihnen gekommen war wie aus einer früheren Form ihres ewigen Zwischenihnenseins" (C, 174). Auf den ersten Blick werden hier scheinbar heterogene Komponenten miteinander in Beziehung gesetzt. Setzt man jedoch dieses Zitat in Beziehung mit dem weiter oben genannten, in dem die Komponenten Treue und Untreue als konstituierende Elemente der Liebe mit den zeitlichen Kategorien von Vergangenheit, Gegenwart und Zukunft in Verbindung gebracht werden, so ergibt sich ein Schlüssel zur Dechiffrierung der Textstelle. Allerdings korrigiert Claudine ihre Wahrnehmung: Während vorher die Einteilung Vergangenheit – Untreue und Gegenwart – Treue vorherrscht, wird Claudine nun klar, dass diese kausalen Zusammenhänge nicht bestehen. Musil führt hier das Motiv der Untreue als Ursprung der Liebe ein, denn Claudines Liebe dehnt sich „in die Untreue hinein, aus der sie einst [...] gekommen war." Damit wird die gängige Vorstellung, dass die Liebe die Treue bedingt, erneut negiert. Interessant ist zudem, dass Musil in dieser Textstelle die zeitliche Einteilung Vergangenheit – Gegenwart – Zukunft durch die Komponente der Ewigkeit ersetzt und somit im Zusammenhang mit der Liebe den Begriff der Unendlichkeit einführt. Damit enthebt er den Komplex der Liebe der Messbarkeit und weist die Möglichkeit einer Beschreibung der Liebe durch Zeit und Raum zurück. Mit diesem Postulat setzt Musil zum Rundumschlag der Ablehnung des Kausalzusammenhangs an, denn in einer Welt, in der die Untreue als grundlegende Komponente der Liebe gewertet wird, die ihrerseits wiederum zeitlich und räumlich omnipräsent ist, hat die Vorstellung von sukzessiven Vorgängen keinen Platz.

In dieses entwertete Spannungsverhältnis von Treue und Untreue wird das Motiv der Vereinigung auch im dritten Teil immer wieder integriert – und zwar interessanter Weise nicht im Zusammenhang mit dem Ministerialrat. Vielmehr visiert Claudine weiterhin die Vereinigung mit ihrem Mann an, wenn auch unter modifizierten Vorzeichen. Von dem Moment der räumlichen Trennung an wird die (imaginierte) geistige Verbindung zu Claudines Ehemann aufrecht erhalten: „[...] zuweilen aber war ihr ganz sonderbar, als sei ihr Mann ihr jetzt wieder ganz nahe und diese Schwäche und Sinnlichkeit ein wunderseliges Gefühl ihrer Liebe." (C, 171). Sie fügt später hinzu: „[...] wir geben alles preis, was sich preisgeben läßt, um uns mit dem woran niemand heran kann, fester zu umschlingen." (C, 191).

Auch im direkten Vergleich mit dem fremden Mann ist Claudine sich sicher, dass die Affäre mit ihm den Kern ihrer Gefühle zu ihrem Mann nicht tangiert:

> Daß es etwas in ihr gab [...], das um verstanden zu werden geliebt werden mußte, wie es sich selbst liebte, etwas das sie nur mit ihrem Mann gemeinsam hatte, empfand sie stärker bei diesem Schweigen; so war es eine innere Vereinigung, während sie die Oberfläche ihres Wesens diesem Fremden überließ, der sie verunstaltete. (C, 181)

Im Gegenteil: Im Kontakt mit dem Ministerialrat empfindet Claudine „die wunderbare Unbegreiflichkeit des zu ihrem Geliebten Gehörens tiefer" (C, 181). Damit kann die eingangs formulierte These gestützt werden, dass sie die Vereinigung mit ihrem Mann nicht löst, sondern etwas addiert, das die Vollendung der Liebe erst ermöglichen wird. Mit Blick auf das Fragment ‚Bemerkungen über den Apperzeptor' wird diese These konturiert. Musil geht davon aus, dass die „Änderungen des Apperzeptors [für die Wahrnehmung von; K.B.] Färbungen, Tönungen der Welt, Spannungen, eine Art Gestaltqualität, leichte Wolken im Objektiven"[454] verantwortlich sind, die zu „kaum wahrnehmbaren Verschiebungen"[455] führen (eine Formulierung, die sich im Übrigen deckungsgleich in der Novelle wiederfindet, als die Protagonistin das Zusammensein mit dem fremden Mann beschreibt: „[...] es war ein unmerkliches Verschieben der Welt und Vorsichhinrücken" (C, 181)). Tatsächlich oszilliert Claudine zwischen der tradierten Vorstellung, dass es nicht möglich ist, die Liebe zu ihrem Mann mit der Affäre in Relation zu bringen (sie empfindet „ihr schlechtes Gewissen wie eine letzte sie begleitende Zärtlichkeit" (C, 191)) und der Ahnung, dass eben diese Affäre etwas Neues kreieren kann: „Sie fühlte, wie etwas in ihr entstand [...]" (C, 184). Durch die Zuordnung der beiden Sphären Treue und Untreue zu dem Komplex der Liebe wird es ihr aber möglich, sowohl die Liebe zu ihrem Mann als auch die superfizielle Hinwendung zum Ministerialrat einander beizuordnen. Es wird somit deutlich, dass Musil davon ausgeht, dass die emotionale Apperzeption Relationen zum Prinzip der Gestaltqualitäten aufweist. Dass Musil das Prinzip der Gestaltqualitäten zu diesem Zeitpunkt bereits längst bekannt war, zeigt das folgende Zitat:

> Man sagt ein Ding sei die Summe seiner Eigenschaften oder doch ähnlich. Mitunter besteht aber auch ein Verhältnis, das dem widerspricht. Vielleicht in allen Dingen der Sympathie. Ich habe einen alten Sessel jahrelang. Und ich schneide in seine Lehne eine Kerbe, oder ich ritze seine Polster auf. Ich nehme also etwas von ihm weg. Und doch erscheint er mir durchaus nicht neu; er wird vielmehr erst recht zu dem, was ich als

---

454 Musil, KA; TRANSKRIPTIONEN & FAKSIMILES; Nachlass, Mappen, Mappe VII/6/183.

455 Ebd.

meinen alten Sessel fühle, indem ich etwas von ihm wegnehme. So geht es häufig auch in der Liebe.[456]

Wie bereits ausgeführt sind die Ideen Christian von Ehrenfels' den Wissenschaftlern des Berliner Instituts bekannt. Indem Musil Claudine in einer funktionalen Wirklichkeit nach Machschen Prinzipien verortet, kann diese Komponentenhaftigkeit gleichzeitig auch unter den von Christian von Ehrenfels artikulierten Gesichtspunkten betrachtet werden. Dabei stellt der Ministerialrat diejenige Komponente dar, die durch ihr Hinzutreten aus dem Komplex der Liebe zwischen Claudine und ihrem Mann etwas Neues werden lässt. Schlüssel zu dieser Art der Interpretation ist die folgende Feststellung Claudines: „Dazwischen fühlte sie, als ob es ihr eigenes Gefühl wäre, wie dieser Mensch [der Ministerialrat; K.B.] sich liebte." (C, 192). Mit dieser Selbstbezüglichkeit der Liebe, die demonstriert, dass die Gefühle dieses Mannes buchstäblich von Claudine wegzeigen, wird erklärbar, warum sie die Liebe zu Claudines Mann ergänzen, nicht aber gefährden können. Indem der andere Mann lediglich in Selbstliebe aufgeht, kann er Claudines Seele nicht mehr tangieren, wohl aber den Komplex der Liebe komplettieren. Dieser verkompliziert sich durch das Hinzutreten der neuen Komponente, zumal er auch die temporalen Komponenten der Gegenwart und Vergangenheit inkorporiert.

Die genauere Analyse hat gezeigt, dass dieser Vorgang über die bloße Addition der Komponenten hinausgeht und es wird ersichtlich, dass das Motiv der Gestaltqualität auf die Figur der Claudine projiziert wird: Die Fusion von Gegenwart und Vergangenheit und die Integration von körperlicher und seelischer Liebe stellt an sich eine Gestaltqualität dar, die die Vollendung der Liebe, in der sich alle Widersprüche der objektiven Welt auflösen, erst ermöglichen. Signifikant ist in dieser Hinsicht die folgende Textstelle, in der sich zeigt, dass Claudines Vorstellung von der Vollendung der Liebe der objektiven Wirklichkeit völlig entrückt ist und schlussendlich zu einem singulären Ereignis mutiert, in dem beide Männer lediglich als Mittel zum Zweck fungieren: „Und es kam ein Augenblick des sich Schließens und alles Fremde aus sich Ausschließens und in einer halb schon träumenden Vollendung eine große, ganz rein sie enthaltende Liebe. Ein zitterndes Auflösen aller scheinbaren Gegensätze." (C, 191).

Musil transferiert in dieser Novelle (ebenso wie in der ‚Versuchung der stillen Veronika') seine theoretischen Überlegungen in die literarische Praxis. Indem er scheinbar konträre Prinzipien in einem globalen Komplex subsumiert, der in

456 Musil, KA; LESETEXTE, Band 16, Frühe Tagebuchhefte, 1899–1926, 3: Altes schwarzes Heft; Brünn, Stuttgart, Berlin, 1901–1903, 44.

seiner funktionalen Komplexität der Kausalität eine Absage erteilt, demonstriert er eindrücklich, wie trag- und strapazierfähig sein Gerüst ist. Es ermöglich eine flexible Auslotung der seelischen Untiefen, ohne auf moralische Fragestellungen Rücksicht nehmen zu müssen, da diese in einem solchen System kaum Platz haben. Indem er die Novelle diesen moralischer Problematisierungen enthebt, verschafft er sich Bewegungsfreiheit, um seinen eigentlichen Zweck zu erreichen: Die Entdeckung der Globalität der seelischen Prinzipien, die nicht kausal-sukzessiv agieren, sondern unkalkulierbare Sprünge aufweisen, vor denen auch die rational agierende Wissenschaft mit ihrem unstillbaren und sezierenden Wissensdurst kapitulieren muss.

## 5.2 ‚Die Versuchung der stillen Veronika' – Der funktionale Zusammenhang von Leben und Tod

Die Novelle ‚Die Versuchung der stillen Veronika' ist wohl „von allen Erzählungen Musils […] die *abstrakteste*."[457] Bekannt ist, dass Musil intensiv daran arbeitete; ein Schaffensprozess, der durch die Existenz der einzelnen Fassungen gut nachvollziehbar und in der Forschung nahezu erschöpfend untersucht worden ist. Insgesamt lassen sich fünf Stadien nachweisen: Notizen, die im April 1908 geschrieben wurden und den Titel ‚Der Schutzengel' oder ‚Der Dämon' tragen, dann die im Jahr 1908 veröffentlichte Novelle ‚Das verzauberte Haus', zudem ein Fragment, das bereits den Titel der späteren Endfassung trägt und von Lorna Martens unter dem abgekürzten Arbeitstitel ‚Veronika I' verwendet wird[458] und das ebenfalls auf das Jahr 1908 datiert wird, außerdem ein Fragment, das in Tagebuchform geschrieben ist und schließlich die Endfassung, die im Dezember 1910 veröffentlicht wird.[459] Bei diachroner Betrachtung wird augenfällig, dass Musil die sprachliche Gestaltung wiederholt minutiös überarbeitet, in einer Weise „wie es sonst nur für die lyrische Sprache kennzeichnend ist."[460] In der Forschung gibt es unterschiedliche Ansichten darüber, in welcher Reihenfolge die unterschiedlichen Versionen entstanden sind. Während Annie Reniers-Servranckx davon ausgeht, dass das Fragment ‚Veronika I' eine Zwischenstufe

---

457 Zeller, Rosmarie: ‚Die Versuchung der stillen Veronika'. Eine Untersuchung ihres Bedeutungsaufbaus. In: Sprachkunst 12 (1981), S. 364–381, hier S. 365.

458 Vgl. Martens, Lorna: Musil und Freud: The foreign body in ‚Die Versuchung der stillen Veronika'. In: Euphorion 81 (1987), S. 100–117, hier S. 102.

459 Vgl. Ebd.

460 Zeller: Eine Untersuchung des Bedeutungsaufbaus, S. 365.

zwischen der Novelle ‚Das verzauberte Haus' und der endgültigen Fassung sei,[461] ist Karl Corino anderer Ansicht. Er geht davon aus, dass ‚Veronika I' als Vorstufe von ‚Das verzauberte Haus' zu sehen ist.[462] Diese Diskussion ist für die vorliegende Arbeit allerdings nicht von Bedeutung.[463]

Mit Blick auf den gestalttheoretischen Fokus dieser Arbeit sei jedoch darauf verwiesen, dass ‚Das verzauberte Haus' in dieser Hinsicht keine thematischen Bezüge zeigt; Bonacchi konstatiert:

> Das Element der Gestaltqualitäten, das Entstehen einer Realität höherer Ordnung, des Wertgefühls, bleibt ‚Das verzauberte Haus' aus; es werden dagegen jene Elemente gestärkt, die die Geschlossenheit und Unvereinbarkeit darstellen.[464]

In dem Fragment ‚Die Versuchung der stillen Veronika I' hingegen wird mit der konkreten Erwähnung der Gestaltqualitäten eine Referenz erstellt, die nicht unberücksichtigt bleiben sollte. Folglich wird die relevante Textstelle an entsprechender Stelle im Zuge der Analyse betrachtet werden – grundsätzlich wird jedoch die Werkfassung im Vordergrund der Betrachtungen stehen, da die literarische Umsetzung von gestalttheoretischen Ansätzen erst hier ihre volle Bedeutung entfaltet.

Dominant in der Forschung in Bezug auf ‚Die Versuchung der stillen Veronika' ist immer noch die Analyse unter psychoanalytischen Gesichtspunkten.[465] Dabei wird die Novelle mit Blick auf die Musilsche Beschäftigung mit Sigmund

461 Vgl. Reniers-Servranckx, Annie: Robert Musil. Konstanz und Entwicklung von Themen, Motiven und Strukturen in den Dichtungen. Bonn: Bouvier 1972, hier S. 120f.

462 Vgl. Corino, Karl: Robert Musils ‚Vereinigungen', S. 125ff.

463 Won Koh hat in dem Werk ‚Robert Musils „Versuchung der stillen Veronika" Entwicklung der fünf Fassungen' die Entstehung der Novelle einer sehr genauen Untersuchung unterzogen, in der die einzelnen Fassungen unter verschiedenen Gesichtspunkten analysiert und gegeneinander gestellt werden. (Vgl. Koh, Won: Robert Musils ‚Die Versuchung der stillen Veronika'. Entwicklung der fünf Fassungen. St. Ingbert: Röhrig Verlag 1992 (Beiträge zur Robert-Musil-Forschung und zur neueren österreicherischen Literatur, Bd. 2)).

464 Bonacchi: Die Gestalt der Dichtung, S. 108.

465 Um nur eine kleine Auswahl zu nennen: Corino, Karl: Robert Musils ‚Vereinigungen': Studien zu einer historisch-kritischen Ausgabe. München: Fink 1974; Ders.; Ödipus oder Orest? Robert Musil und die Psychoanalyse. In: Vom ‚Törleß' zum ‚Mann ohne Eigenschaften'. Hg. v. Uwe Baur und Dietmar Goltschnigg. München: Fink 1973 (Musil-Studien, Bd. 4), S. 123–235; Cremerius, Johannes: Freud und die Dichter. Gießen: Psychosozial-Verlag 2003. Cremerius' Rückschlüsse sind allerdings problematischer Natur. Außerdem: Pfohlmann, Oliver: „Eine finster drohende und lockende Nachbarmacht"?: Untersuchungen zu psychoanalytischen Literaturdeutungen am Beispiel von Robert Musil. München: Fink 2003 (Musil-Studien Bd. 32).

Freud untersucht. Freud hatte u.a. gemeinsam mit seinem Kollegen Joseph Breuer das Phänomen der Hysterie untersucht, eine psychische Krankheit, die überwiegend bei Frauen auftritt und bei der sich ein (meist lange Jahre) unterdrückter Affekt in sogenannten Ticks äußert, die für die Betroffenen unkontrollierbar sind.[466] Freud und Breuer fanden heraus, dass das Memorieren der unterdrückten (meist mit Scham besetzten) Erinnerung diesen Affekt abreagieren und zu einer Heilung führen kann. Mit Blick auf die Novelle birgt diese Herangehensweise unbestreitbar ein großes Analysepotential: Veronika, die in ihrer Jugend durch den Anblick eines sexuell erregten Hundes traumatisiert wird, erinnert sich im Laufe der Novelle an diese Begebenheit und kann dadurch den Affekt abreagieren. Auch wenn durch den Rückfall am Ende der Novelle keine Genesung folgt, sind Parallelen mit den von Freud und Breuer geschilderten Krankheitsverläufen vorhanden, die über eine reine Zufälligkeit hinausgehen.[467] Musil selbst stellt im Übrigen diesen Zusammenhang her, wenn er über die Erzählung schreibt: „Nüchtern betrachtet wäre es eigentlich der Bericht über einen nahezu pathologischen Fall […]“[468], um wenig später einschränkend hinzuzufügen:

> Es scheint mir nun selbstverständlich, das Geschäft solches Berichts auch wirklich den Psychiatern und wissenschaftlichen Psychologen zu überlassen; ich bin kein Freund des psychologischen Romans, der interessante Fall ist mir nichts, wir haben keine Tatsachen sondern den Gefühlswert von Tatsachen zu geben.[469]

---

466 Vgl. Freud, Sigmund und Josef Breuer: Studien über Hysterie. Frankfurt am Main: Fischer 1981; eng verknüpft sind diese Studien mit Freuds Erkenntnissen zum Prinzip des Unbewussten, aber auch: Freud, Sigmund: Drei Abhandlungen zur Sexualtheorie und verwandte Schriften. Frankfurt am Main: Fischer 1985.

467 Corino weist darauf hin, dass deutliche Anlehnungen an besagte Ausführungen in den verschiedenen Fassungen zu erkennen sind, die aber zum Teil durch die Überarbeitung der Texte wieder verschwinden. So kann an dieser Stelle beispielsweise der Name der Protagonistin in ‚Der Schutzengel' Aufschluss geben. Es zeigt sich, dass die Hauptfigur zunächst Cäcilie heißen sollte (Vgl. Corino: Robert Musils ‚Vereinigungen', S. 127f.) und Freud in ‚Studien über Hysterie' über eine Patientin solchen Namens referiert (vgl. Freud und Breuer: Studien über Hysterie, S. 57.). Des Weiteren lassen sich auch Ähnlichkeiten in der Formulierung von Beschreibungen nachweisen. In der Endfassung der Novelle ist beispielsweise die Rede von der „Enges ihres Bewusstseins“ (V, 215), während Freud im Falle der Emmi von N. von der „abnormen Enge des Bewußtseinsfeldes“ der Patientin spricht (vgl. Henninger, Peter: ‚Wissenschaft' und ‚Dichtung' bei Musil und Freud. In: Modern Language Notes 94 (1979), S. 541–568, hier S. 542f.).

468 Musil, KA, LESETEXTE, Band 14, Gedichte, Aphorismen, Selbstkommentare, Zur Novelle, Parerga und Paralipomena zu den ‚Vereinigungen', Zum Stoff.

469 Ebd.

Mit diesem Zusatz gibt Musil die Richtung seines literarischen Schaffensprozesses vor: Es geht ihm weniger um die wissenschaftlich korrekte Abbildung einer psychologisch analysierten Hysterie als vielmehr um das Streben, sinnliche Wahrnehmungen fühlbar zu machen.

Dies gilt auch für die Untersuchung der Erzählung mit Blick auf die Erkenntnisse Machs – ein Vorgehen, das bisher nur am Rande vorgeschlagen wurde.[470]

Als zentral kann in dieser Novelle das Verhältnis von Veronika und Johannes bezeichnet werden, das sich zunächst als Relation zwischen zwei (in der erzählten Welt) real existierenden Figuren darstellt, dann aber abgelöst wird durch Veronikas imaginierte Verbindung mit einem in ihrer Vorstellung übersteigerten Ideal Johannes', mit dem eine geistige Vereinigung möglich wird.

Beleuchtet wird zunächst die Phase, in der Veronika und Johannes am gleichen Ort weilen. Zweierlei fällt bereits bei oberflächlicher Betrachtung auf: Erstens suchen beide nach etwas Verborgenen in sich oder der Welt, das sie nicht verbalisieren können. Als zweiter Befund kann konstatiert werden, dass konsequenterweise eine Kommunikation über dieses Unfassbare scheitert. Allerdings muss die Frage gestellt werden, ob dieses Scheitern auf die Unfähigkeit der Verbalisierung zurückgeführt werden kann oder ob nicht vielmehr, und dies erscheint im Licht der nun folgenden Betrachtungen wahrscheinlicher, zwei ‚Systeme' miteinander konfligieren, deren profundes Divergieren das Erstellen einer gemeinsamen Kommunikationsmatrix verunmöglicht. Angenommen wird hier somit die Konfrontation eines traditionell und damit kausal geprägten Ordnungsprinzips (verkörpert von Johannes) mit einem funktional ausgerichteten System (Veronika).

Wie bereits angerissen wurde, fühlen beide Figuren, dass es in ihrer Welt etwas gibt, das für sie intellektuell nicht greifbar ist. Johannes versucht als Erster, dieses für ihn Unfassbare zu benennen und mit der Verbalisierung greifbar zu machen:

> Und einmal hatte er zu Veronika gesagt: es ist Gott; […] es war sein erster Versuch, das Unbestimmbare, das sie beide fühlten, fest zu machen […]. Aber wie er es aussprach, war es wie ein entwerteter Begriff und sagte nichts von dem, was er meinte. (V, 195)

Indem Johannes dieses Etwas mit einem Begriff belegt, erfährt er, dass sich die Sprache als unzulänglich erweist und in keiner Weise das abbildet, was er auszudrücken sucht. In dieser Erfahrung ähnelt er Törleß, der ebenfalls immer wieder an dem Versuch scheitert, seine inneren Vorgänge, die das unbenennbare Etwas

---

470 So konstatiert Hoffmann: Musils „Sprachstil scheint aus [der] Auseinandersetzung mit der erkenntnistheoretischen Position Ernst Machs erwachsen zu sein. Die ‚Vereinigungen' sind bisher nur selten in diesem Kontext gelesen worden." (Hoffmann: Der Dichter am Apparat, S. 103.).

inkorporieren, zu beschreiben und damit der Außenwelt zugänglich zu machen.[471] Indem Johannes versucht, das Etwas in die tradierten Normen der Sprache zu überführen, unterscheidet er sich von Veronika, die diesen Versuch rigoros ablehnt. So sagt sie zu Johannes:

> Also ist auch etwas in dir, daß du nicht klar fühlen und verstehen kannst, und du nennst es bloß Gott, außer dir und als Wirklichkeit gedacht, von dir, als ob es dich dann bei der Hand nähme? Und es ist vielleicht das, was du nie Feigheit oder Weichheit nennen willst [...]. (V, 196)

Neben der Ablehnung Veronikas wird deutlich herausstellt, dass zwar der gleiche Grundgedanke immanent ist, ein gemeinsamer Terminus hingegen nicht gefunden werden kann: Veronika erteilt dem Versuch der Benennung mit dem Begriff ‚Gott' eine klare Absage und bezeichnet ihn als feige. Exemplarisch wird hier deutlich, warum die Kommunikation zwischen den beiden Figuren scheitern muss: Während Johannes in „einer ganz einfachen Wirklichkeit" (V, 209) lebt, in der der Versuch, das Unfassbare durch eine Verbalisierung im Zweifelsfall unzulässig zu simplifizieren, durchaus legitim ist, ist Veronikas Wahrnehmung der Realität um ein Vielfaches komplizierter – eine gemeinsame Kommunikation ist daher nicht möglich, denn wenn Veronika ihrerseits versucht, zu veranschaulichen, was in ihr vorgeht, so „sagte sie Dinge, die Johannes völlig unklar blieben" (V, 201). Es ist diese vielschichtig verwobene „größere[n]" (V, 203) Wirklichkeit, an der Johannes stets aufs Neue scheitert.

Veronika selbst wirkt auf Johannes, dessen Wahrnehmung der Umwelt wesentlich simpler strukturiert ist, wie ein Komplex im Machschen Sinne, in dem Komponenten wechselweise dominieren können. Die Beschreibung ihres Äußeren wirkt wie ein Vorläufer der literarischen Kippbilder, derer sich Musil später in dem Novellentriptychon ‚Drei Frauen' bedient: „Und zuweilen, wenn er an sie dachte, war ihm als ob sie schön wäre. Von einer höchst zusammengesetzten Schönheit, die man so leicht zu bewundern vergessen und wieder häßlich finden kann." (V, 203).

Veronikas funktionales Verhältnis zur Welt manifestiert sich in vielerlei Hinsicht. Exemplarisch kann in dieser Hinsicht der zunächst irritierend anmutende Brückenschlag von Johannes zu Demeter angeführt werden, den Veronika über den Begriff des Animalischen vollzieht.

---

471 Die Ähnlichkeit zwischen den beiden Protagonisten geht sogar so weit, dass ein Motiv, das bereits im ‚Törleß' auftaucht, im Zusammenhang mit Johannes wieder aufgenommen wird. Während Törleß die Einsamkeit „wie eine Frau fühlt" (T, 25), ist es bei Johannes die Angst, die „etwas von einer Frau" (V, 195) an sich hat.

Veronika führt aus, dass auch in ihr etwas sei, dass sie nicht benennen könne, erkennt aber Johannes' Lösungsvorschlag, wie oben dargelegt, nicht an. Im Anschluss an seine Antwort auf Veronikas Frage, ob da auch etwas in ihm sei, antwortet sie ihm: „Auch in mir ist etwas,… siehst du: Demeter…" (V, 196) und setzt damit erneut explizit Johannes' Benennung des Unfassbaren als ‚Gott' mit ihrer Benennung gleich, ohne die von ihm gewählte Begrifflichkeit jedoch für sich selbst anzuerkennen.[472] Unmittelbar danach erfolgt durch den Bericht der Szene auf dem Hühnerhof die Besetzung Demeters mit dem Triebbegriff. Indem Demeter mit dem Hahn des Hofes gleichgesetzt wird, der die Hennen begattet („[…] mir ahnte plötzlich, Demeter müßte so sein wie der Hahn […]" (V, 197)), wird er aber nicht nur mit dem Trieb assoziiert, sondern eben auch mit dem Animalischen, einer Komponente, die immer wieder als verbindendes Element in der Novelle auftaucht.

Nicht nur durch die Verbindung mit dem Hahn wird die Konnotation von Demeter und einem Tier offensichtlich, zusätzlich wird sie von Demeter selbst benannt: „‚[…] es ist manchmal etwas sinnlos Aufgerichtetes in mir, […] ich brauche mich bloß zu beugen, so komme ich mir wie ein Tier vor… ich möchte manchmal mein Gesicht bemalen…'" (V, 200). Hier erfährt das Konnotationsfeld eine erneute Erweiterung. Dem Animalischen und dem Triebhaften wird nun noch die Komponente der Ursprünglichkeit beigestellt, indem eine Allusion zu den Ritualen indigener Völker hergestellt wird. Insgesamt bedient Demeter somit eine ganze Palette an Attributen, die allesamt in krassem Gegensatz zur Zivilisation stehen und Unbeherrschtheit und Unbeherrschbarkeit implizieren. Interessanterweise manifestiert sich diese These auch auf sprachlicher Ebene. Der letzte Satz des Zitats enthält eine Alliteration auf ‚m', mit der eine Rhythmisierung und damit eine weitere Anspielung auf Stammesgesänge von Naturvölkern erfolgt.

Bedeutsam ist somit die Tatsache, dass Veronika nach dem Bericht des Vorfalls zwischen Demeter und Johannes feststellt: „‚Da begriff ich plötzlich: nicht Demeter, sondern du bist das Tier…'" (V, 198). Lönker konstatiert: „Erscheint die Charakterisierung Demeters als Tier noch nachvollziehbar, so wirkt sie bei Johannes wohl nicht nur auf den ersten Blick rätselhaft."[473] Er schlägt als Lösung einen Brückenschlag zwischen Demeter und Johannes vor, der sich über den Begriff der ‚Leere' vollziehen soll.[474] Über Demeter, den sie an dieser Stelle mit dem Hahn gleichsetzt, sagt Veronika, auch er müsse „in einer schrecklichen, weiten

472 Vgl. Pekar: Die Sprache der Liebe, S. 94.
473 Lönker, Fred: Poetische Anthropologie, S. 87.
474 Vgl. Ebd.

Leere“ (V, 197) leben. Als sie nun ihrerseits Johannes mit einem Tier gleichsetzt und er mit Unverständnis reagiert, fügt sie hinzu: „[...] Ein Priester hat etwas von einem Tier! Diese Leere, wo andre sich selbst haben. Diese Milde, die man schon an den Kleidern riecht. Diese leere Milde, die das Geschehen einen Augenblick lang angehäuft hält, das dann gleich wieder leerläuft.“ (V, 198).

Der von Lönker anvisierte Brückenschlag ist aber nur dann möglich, wenn der Begriff der Leere unterschiedlich akzentuiert wird. In Demeters Fall wird damit die Verbindung zum triebhaften Tier beschrieben, das nicht in der Lage ist, über den Moment der Gegenwart hinaus zu agieren. Es ist dieses Attribut des Lebens im Moment der Gegenwart, das Veronika fasziniert und das sie auch in Verbindung mit Johannes zu sehen glaubt.

Lönkers Vorgehen kann als richtungsweisend bezeichnet werden; allerdings benötigt er für seine Interpretation ein künstliches Konstrukt (das der Leere), das zudem noch verschieden akzentuiert werden muss, um beide Figuren abzudecken. Einfacher erscheint in diesem Fall eine Argumentation über die von Mach eingeführte Komponentenhaftigkeit des Ich und der Welt überhaupt. Damit kann das Animalische, das Veronika an beiden Männern festmacht, als Komponente im Komplex des Ich von Demeter und Johannes gewertet werden.[475] Während diese animalische Komponente bei Demeter stärker ins Auge fällt (u.a. auch weil er sie selbst verbalisiert), erweist sie sich bei Johannes zunächst vermeintlich als weniger manifest, sodass die Zuordnung durch Veronika auf den Rezipienten überraschend wirkt. Die Tatsache, dass sie weniger offensichtlich ist, erlaubt aber nicht, ihre Existenz zu negieren. Mach spricht in diesem Sinne davon, dass eine „vorzugweise Berücksichtigung auffallender, stärkerer Abhängigkeiten und die Nichtbeachtung weniger merklicher, schwächerer Abhängigkeiten“[476] die Illusion aufkommen lassen könne, dass die schwächeren Abhängigkeiten nicht vorhanden seien.

Ihre volle Bedeutung kann diese Interpretation allerdings erst entfalten, wenn zudem die Komponentenhaftigkeit der Umwelt konsequent zu Ende gedacht wird. In diesem Fall muss auch das Animalische an sich als Komplex gewertet werden, bei dem wiederum einzelne Komponenten unterschiedlich markant sind und ihrerseits Verbindungen mit anderen Komponenten eingehen. Auf diese Weise ist die Triebhaftigkeit als eine dominante, weil tradierte und damit leicht zu

---

475 Diese Annahme steht in keinem Widerspruch zu der Aussage, dass Johannes’ Charakter als kausal und damit simplifiziert zu bezeichnen ist, da es sich hier um eine Beschreibung aus Veronikas Sicht handelt, die ihre Umwelt nach funktionalen Maßstäben wahrnimmt.

476 Mach: Erkenntnis und Irrtum, S. 22.

evozierende Konnotation zu werten, die der Rezipient problemlos zu akzeptieren weiß. In Bezug auf Johannes gelten diese Prinzipien allerdings nicht, es kommt vielmehr eine andere Komponente zum Vorschein, die den Komplex des Animalischen aber nichtsdestoweniger markiert. Aufschlussreich ist in diesem Zusammenhang der Moment, in dem Johannes nicht auf die Provokation Demeters reagiert. Hier wurzelt der Vorwurf Veronikas, dass Johannes sich von dem anderen Mann unterscheide. In Johannes' Tatenlosigkeit sieht Veronika die Parallele zum Tier: Auch Johannes lässt die Erfahrung (in diesem Falle die der Provokation durch Demeter) einfach passiv über sich ergehen, ähnlich wie die Tiere, die von jeder (sexuellen) „Erregung ganz befreit [...] eine Weile wie blöd und empfindungslos dastehn [...] wie mit dem Gedanken irgendwo fern [...]" (V, 197).

Somit sind zwei unterschiedlich dominante Komponenten des Komplexes des Animalischen identifiziert: Neben der Triebhaftigkeit kann auch die Passivität (oder das Leben im Augenblick) als konstituierende Komponente gewertet werden – in Veronikas funktionaler Wahrnehmung stehen diese beiden Teile gleichberechtigt nebeneinander.

Im Verlauf der Arbeit wurde bereits dargelegt, dass Mach davon ausgeht, dass Ich und Außenwelt nicht zu differenzieren sind, sondern lediglich zwei Seiten ein und derselben Medaille darstellen. Es scheint, als habe diese These auf Musil eine besondere Faszination ausgeübt. Relevant ist in diesem Zusammenhang der zweite Teil der Erzählung, in der Johannes physisch abwesend ist. Hier erlebt Veronika „diese eine Nacht ihres Lebens" (V, 214), in der sie den Tod Johannes' imaginiert. Damit wird die Konfrontation der zwei Systeme (kausal und funktional) aufgelöst und Veronikas funktionale Sichtweise inkorporiert Johannes bzw. das idealisierte Bild von ihm.

In der Forschung findet sich die Ansicht, dass in dieser Nacht die geistige Vereinigung mit Johannes stattfindet, ermöglicht durch dessen (imaginierten) Tod. So schreibt Marja Rauch: „In einer phantasmatischen Selbsterfahrung erlebt sie [...] zugleich [...] eine höhere Form von Wirklichkeit, obgleich die äußere Welt bei ihren Vereinigungsphantasien vollständig ausblendet wird."[477] Dass es sich bei dieser These um eine Simplifizierung handelt, soll die folgende Analyse zeigen.[478]

---

477 Rauch, Marja: Vereinigungen, S. 57.

478 Rauch verweist später auf Goltschnigg, der ebenfalls davon ausgeht, dass weniger die Vereinigung von Seele und Gott im Vordergrund steht als vielmehr die von Welt und Ich (vgl. Goltschnigg: Mystische Tradition im Roman Robert Musils. Martin Bubers ‚Ekstatische Konfessionen' im ‚Mann ohne Eigenschaften'. Heidelberg: Lothar Stiehm Verlag 1974, hier S. 23.). Allerdings sind Goltschniggs Äußerungen eher allgemeiner Natur und beziehen sich nicht, wie von Rauch angenommen, auf die ‚Versuchung der

Generell ist an dieser Stelle eine sehr pointierte Betrachtung angezeigt: Veronika erlebt in dieser Nacht nicht nur eine Vereinigung mit Johannes, sondern auch mit der Außenwelt. Bereits im Vorfeld äußert sie, dass sie eine Ahnung davon habe, wonach sie suche, wenn sie zu Johannes sagt: „[...] ich meine aber eine Art, wo man sich ganz in dem auflöst, was man einander ist, und nicht außerdem noch fremd dabeisteht und zuhört...“ (V, 201). Damit formuliert sie gewissermaßen das Fernziel ihrer Bestrebungen, das eine Integration des physisch existenten Johannes allerdings von vorneherein refüsiert. Die enorme Relevanz der geistigen Vereinigung wird zudem offenbar durch die Beschreibung der letzen Momente, in denen sich Veronika und Johannes körperlich nah sind, denn Veronika hat „in diesem Augenblick ein Gefühl wie ein Auseinanderfallen.“ (V, 209).

Mit Unterstützung des Wissens um die psychasthenische Komposition der Figur der Veronika ergibt sich das enorme Bedeutungspotential der Vereinigung, bei dem deutliche Anleihen an die Thesen Machs hergestellt werden. Da dieser Textstelle eminente Bedeutung zugewiesen werden muss, wird sie im Folgenden in Gänze zitiert werden:

> Der leere Raum zwischen ihr und den Dingen verlor sich und war seltsam beziehungsgespannt. Die Geräte wuchteten wie unverrückbar auf ihren Plätzen, – der Tisch und der Schrank, die Uhr an der Wand, – ganz erfüllt von sich selbst, von ihr getrennt und doch so fest in sich geschlossen wie eine geballte Faust; und doch waren sie manchmal wie in Veronika oder sie sahen wie mit Augen auf sie, aus einem Raum, der wie eine Glasscheibe zwischen Veronika und dem Raum lag. Und sie standen da, als ob sie viele Jahre nur auf diesen Abend gewartet hätten, um sich zu finden, so wölbten und bogen sie sich in die Höhe, und unaufhörlich strömte dieses Übermäßige von ihnen aus, und das Gefühl des Augenblicks hob und höhlte sich um Veronika, wie wenn sie selbst plötzlich wie ein Raum mit schweigend flackernden Kerzen um alles stünde. (V, 214)

Dieses Zitat bietet zahlreiche Anknüpfungspunkte. In erster Instanz wird die Nähe zu den Lehren Machs deutlich, indem Veronikas Ich keinerlei Distanz mehr zu der Außenwelt aufweist: Ihr Ich verschmilzt mit den Dingen im Raum. Dieser Vorgang legt unmittelbar den Gedanken an Ernst Mach nahe, der eine Unterscheidung zwischen physischen und psychischen Sphären für obsolet erklärt und somit als reine Fiktion deklariert. Nun aber nimmt Veronika, deren Beziehung zwischen Innen- und Außenwelt bis dato grundlegend gestört und damit von einer gewissen Distanziertheit geprägt war, in aller Deutlichkeit wahr, dass die beiden Dimensionen miteinander verschmolzen sind – so sehr, dass sie nicht mehr unterscheiden kann, ob sie selbst in ihnen ist oder die Gegenstände in ihr

stillen Veronika‘ (vgl. Rauch: Vereinigungen, S. 69.). Zudem wird die Vereinigung als mystisches Ereignis gewertet, eine Interpretation, der hier nicht gefolgt werden soll.

sind. Aber: So präsent die Verschmelzung von Ich und Außenwelt für Veronika auch sein mag, wird die sprachliche Ebene zur Untersuchung hinzugezogen, so zeigt sich deutlich, dass sie sich ausschließlich auf gedanklicher Ebene abspielt. Musil verwendet zu diesem Zweck zahlreiche Vergleiche. Wenn beispielsweise die Dinge „manchmal wie in Veronika" sind (V, 214), so werden die geschilderten Vorgänge und damit auch die scheinbare Omnipräsenz zu jedem Zeitpunkt relativiert.

Des Weiteren manifestiert sich an dieser Textstelle eine Überlegung, die Musil in dem Fragment ‚Bemerkungen über den Apperceptor' dargelegt hat, wenn er in Bezug auf die Anpassung des Apperceptors an die Außenwelt schreibt:

> Freilich ist auch dies eine beiderseitige [...] Assimilation, denn mit dem Apperceptor ändert sich auch das Ich. Aber [...] seine [...] Anpassung verhält [...] sich gegen die [...] der [...] Außenwelt wie von zwei gravitirenden Massen die größere gegen die kleinere; es ist ein Ansichreißen, Hineinströmen der Welt.[479]

In der Novelle findet sich eine nahezu wortgleiche Entsprechung, wenn ‚dieses Übermäßige' von der Außenwelt ausströmt. Damit erfährt Veronika in doppelter Hinsicht – sozusagen mit zweifacher theoretischer Unterstützung – eine Vereinigung mit der Außenwelt. Nicht nur, dass im Machschen Sinne Innen- und Außenwelt parallelisiert werden; auch Veronikas Apperceptor passt sich in diesem Moment (temporär) der Außenwelt an, ein Vorgang, der durch seine Plötzlichkeit seinen besonderen Status erhält. Litt die Protagonistin bis zu diesem Moment unter Depersonalisierungszuständen, die durch eine weitgehende Entfremdung von Ich und Welt geprägt waren, so wird dies nun gleich zweifach kompensiert: Innen- und Außenwelt fallen zunächst zusammen und werden dann austariert. Diese Fusion ermöglicht in einem zweiten Schritt die zusätzliche geistige Vereinigung mit Johannes. Dazu wird dieser zunächst in die neu kreierte (sich als fragil erweisende) Wirklichkeit integriert: „[...] nach einer Weile und hatte [sie] plötzlich ganz deutlich die Empfindung: so ist jetzt Johannes, in dieser Wirklichkeit, in einem veränderten Raum." (V, 215). Bereits hier zeigt sich, dass nicht davon ausgegangen werden kann, dass Veronika die geistige Verbindung mit Johannes unter Ausblendung der äußeren Wirklichkeit vollzieht. Es muss vielmehr angenommen werden, dass die Verschmelzung mit der Außenwelt als notwendige Voraussetzung für die folgende Vereinigung zu sehen ist.

Doch die oben skizzierte Zuordnung ist nur ein erster Schritt in Richtung Vereinigung. Ein weiteres Mal erweist sich das Prinzip der Komponentenhaftigkeit

479 Musil, KA; TRANSKRIPTIONEN & FAKSIMILES; Nachlass, Mappen, Mappe VII/6/181.

als Schlüssel zur Dechiffrierung dieses Vorgangs. Indem Johannes den (imaginierten) Tod erleidet, weist Veronika ihm eine zunächst irritierend anmutende Lebendigkeit zu. Diese eigentümliche Überschneidung deutet sich bereits vor Johannes' Abreise an, als sie bereits zu diesem Zeitpunkt beginnt, Johannes als Toten vorzustellen: „[...] und sie stieß überall an seine Lebendigkeit, wie man an einen toten Körper stößt, der starr und feindselig und allen Bemühungen widerstehend ist, ihn zur Seite zu schieben" (V, 210f.). Was auf den ersten Blick wie eine bloße Verkehrung der Sphären Leben und Tod erscheint, erweist sich als weitere ästhetisierte Umsetzung der Lehren Machs. Ähnlich wie Claudine die beiden scheinbar unvereinbaren Pole der Treue und der Untreue dem Komplex der Liebe zuordnet und damit vereint, konföderiert Veronika Leben und Tod in dem Komplex der Existenz. Wie stringent sie dies in ihrer Vorstellung umsetzt, zeigt das folgenden Zitat:

> Kinder und Tote haben keine Seele; die Seele aber, die lebende Menschen haben, ist, was sie nicht lieben läßt, wenn sie es noch so wollen, was in aller Liebe einen Rest zurückhält, – Veronika fühlte, was durch alle Liebe sich nicht verschenken kann, ist das, was allen Gefühlen eine Richtung gibt, von dem weg, was ängstlich glaubend an ihnen hängt, was allen Gefühlen etwas dem Geliebtesten Unerreichbares gibt, etwas Umkehrbereites; selbst wenn sie auf ihn zurückkommen, etwas wie auf geheime Verabredung lächelnd Zurückblickendes. Aber Kinder und Tote, sie sind noch nichts oder sie sind nichts mehr, sie lassen denken, daß sie noch alles werden können oder alles gewesen seien; sie sind wie die gehöhlte Wirklichkeit leerer Gefäße, die Träumen ihre Form leiht. Kinder und Tote haben keine Seele, keine solche Seele. Und Tiere. Tiere waren schrecklich für Veronika in ihrer drohenden Hässlichkeit, aber sie hatten das punktförmig- augenblicks hinabtropfende Vergessen in den Augen. (V, 215)

Diese Textstelle macht deutlich, welche Konsequenzen die Unterordnung von Leben und Tod zu ein und demselben Komplex nach sich zieht. Sie ermöglicht die Aussage, dass Kinder und Tote keine Seele haben – eine Feststellung, die nun nicht mehr als widersprüchlich bezeichnet werden kann, da das Konstrukt der Seele nicht obligatorisch mit dem Attribut der Lebendigkeit assoziiert wird und folglich auch Kinder als seelenlos bezeichnet werden können. Somit ist nicht mehr die Frage nach den Dimensionen Leben und Tod von Bedeutung, sondern vielmehr die Frage nach der Seelenlosigkeit, denn es ist die fertig gestaltete und damit fixierte Seele der Erwachsenen, die verhindert, dass eine völlige Hingabe möglich wird.[480] Folglich werden Kinder, Tote und Tiere[481] in eine Reihe gestellt

480 Vgl. Lönker: Poetische Anthropologie, S. 112.

481 Musil lehnt sich diesbezüglich an die Thesen von Ellen Key an, wie Exzerpte zeigen. So schreibt er beispielsweise: „Das Kind und das Tier sind häufig ihre Musterbeispiele.

und als seelenlose und damit der völligen Hingabe fähige Wesen deklariert. Allerdings muss an dieser Stelle zwischen Kindern und Toten auf der einen und Tieren auf der anderen Seite differenziert werden. Die Formulierung, dass sie entweder noch alles werden können oder schon alles gewesen sind und Träumen ihre Form leihen, legt den Gedanken nahe, dass Kinder und Tote nicht selbst in totaler Hingabe lieben, sondern vielmehr passiv, als Projektionsfläche für die völlige Liebe genutzt werden. Die radikale Orientierung an der Zukunft bzw. an der Vergangenheit lässt alle Möglichkeiten offen, während ‚beseelte' Menschen durch ihre fixierte reale Gestalt festgelegt sind und sich somit nur bedingt zur Projektion der eigenen Wünsche eignen.

Zu differenzieren sind des Weiteren die Tiere. Sie sind seelenlos, da die Existenz einer Seele in Veronikas Vorstellung zwangsläufig auch etwas ‚Umkehrbereites' voraussetzt, das die völlige Hingabe verunmöglicht. Tiere jedoch, die ausschließlich in der Gegenwart leben, verfügen nicht über die Möglichkeit, an Vergangenem zu hängen, sondern vergessen bereits in dem Moment, in dem die Gegenwart zur Vergangenheit wird.[482]

Auch Veronika identifiziert an sich eine Eigenschaft, die die Vereinigung erst ermöglichen wird, denn „[...] es hatte nichts in ihr von einem Tier, nur gewisse Linien seiner Wirkung auf ihre Seele, über sich hinaus verlängert [...]" (V, 216). Hier wird ein klarer Bezug zu der oben zitierten Textstelle hergestellt. Veronika projiziert mit den ‚gewissen Linien' die Eigenschaft des Vergessens auf sich selbst. Indem sie sich die animalische Form der Seelenlosigkeit zuspricht, weist sie sich selbst auch die Fähigkeit der völligen Hingabe zu. Mit dieser Bezugnahme ist für Veronika der Weg für die Vereinigung frei: Sie selbst ist nun der völligen Hingabe fähig. Damit ergibt sich eine Konstellation, die in doppelter Sichtweise zielführend ist: Johannes, der streng genommen gleich in zweifacher

---

Die Seele des Tieres ist nun allerdings nur ein tendenziöses Postulat der Key, bezüglich des Kindes hat sie aber in einem Punkte recht: Hingabe an den Augenblick, Aufgehen im Spiel der Kräfte." (Musil, KA; LESETEXTE; Band 16, Frühe Tagebuchhefte 1899–1926, 11: Schwarzes Heft; Stilistische Studien und Projekte, 1905, 55). Hier wird der Grundgedanke, der auch der obigen Textstelle (wenn auch in erweiterter Form) zugrunde liegt, deutlich.

482 Hier wird eine weitere zunächst enigmatische Äußerung Veronikas erklärbar. Als sie Johannes' Antrag ablehnt, der bestrebt ist, ihrer Suche nach dem Unfassbaren eine gemeinsame Richtung zu geben, sagt Veronika: „So unpersönlich kann wohl gar kein Mensch sein, könnte nur ein Tier..., ja vielleicht wenn du sterben müsstest..." (V,202). Somit zeigt sich, dass die Komponente des Animalischen, die Veronika bereits vorher an Johannes festgestellt hat, die Komponente der Seelenlosigkeit mit den Toten teilt und somit als Konnektor fungiert.

Hinsicht als Projektionsfläche geeignet ist (nicht nur, weil er als tot vorgestellt wird; zudem haften ihm noch Züge des Animalischen an), und Veronika, die durch die animalische Fähigkeit des Im-Moment-Lebens ihrerseits ebenfalls in der Lage ist, völlig in ihren Empfindungen aufzugehen.

Dominant ist in diesem Zusammenhang weiterhin das Motiv der Seelenlosigkeit, das trotz seiner Erklärbarkeit irritierend auf den Rezipienten wirkt. Wieder hilft ein Rückgriff auf die Aussagen Ernst Machs, um eine mögliche Basis zu aufzuzeigen. Es scheint, als habe Musil Machs Forderung nach einer „Psychologie ohne Seele“[483] in literarisch ästhetisierter Form umgesetzt. Indem der Seelenlosigkeit auf dem Weg zur Vereinigung eine derart essentielle Rolle zugewiesen wird, gelingt es Musil, eine mögliche Variation eines solchen Gedankenspiels aufzuzeigen.

Die schließlich erreichte Vereinigung geht so weit, dass Veronika Johannes emotional inkorporiert; es ist ihr kaum mehr möglich, zwischen sich und ihm zu differenzieren:

> Sie empfand eine wollüstige Weichheit und ein ungeheures Nahesein. Mehr noch als eines des Körpers eines der Seele; es war wie wenn sie aus seinen Augen heraus auf sich selbst schaute und bei jeder Berührung nicht nur ihn empfände, sondern auf eine unbeschreibliche Weise auch sein Gefühl von ihr, es erschien ihr wie eine geheimnisvolle geistige Vereinigung. (V, 220)

Zudem erfährt an dieser Stelle die Zuordnung von Leben und Tod zum Komplex der Existenz eine Fortsetzung. Es heißt einleitend zur geistigen Vereinigung:

> Und je heller es wurde, desto unwahrscheinlicher erschien ihr, daß Johannes tot sei, es war nur noch eine leise Begleitung, aus der sie sich selbst herauslöste. Es war – mit einer wieder nur mehr ganz fernen, ungeglaubten Beziehung zu ihm – als ob sich auch eine letzte Grenze zwischen ihnen beiden öffnete. (V, 220)

Für Veronika tritt die Frage nach der tatsächlichen Lebendigkeit Johannes’ in den Hintergrund. Ihr erscheint zwar unwahrscheinlich, dass Johannes tot sei; diese Aussage ist jedoch nicht in konventioneller Weise zu lesen. Die Notwendigkeit zu einer diesbezüglichen Nuancierung zeigt sich darin, dass die geistige Verbindung zu Johannes sofort abbricht, als Veronika durch den Brief erfährt, dass Johannes tatsächlich nicht tot ist. An dieser Stelle jedoch intensiviert die Idee, dass er lebendig sein könnte, die geistige Verbindung und „öffnet eine letzte Grenze“. Dieser Vorgang wird erklärbar, wenn angenommen wird, dass Johannes unter Annahme seines Todes eine (imaginierte) Lebendigkeit zugeschrieben

483 Mach: Erkenntnis und Irrtum, S. 19.

wird. Die geistige Verbindung zu ihm (ihrem „Schutzengel" (V, 220)) ist so eng, dass er in Veronikas Vorstellung lebt. Damit kumuliert die funktionale Betrachtung von Leben und Tod in ein jede herkömmliche Betrachtungsweise negierendes System, in dem die Negation nicht nur ihren Wert als solche verliert, sondern ihr sogar noch vitalisierendes Potential zugewiesen wird.

Es wurde bereits im Verlauf des Kapitels die These angerissen, dass weniger die Vereinigung mit Johannes im Vordergrund steht als vielmehr die Produktion eines temporären und fragilen Gleichgewichts zwischen Innen- und Außenwelt, das Veronikas Ich für einen Moment austariert. Diese These soll im Folgenden untermauert werden. Wie bereits dargestellt, erfolgt die Definition des emotionalen Faktors des Apperceptors durch das Verhältnis von Innen- und Außenwelt. Ist es im Gleichgewicht, tritt als Phänomen dieser Ausbalanciertheit ein dritter Faktor hinzu: das Wertgefühl.

Interessanterweise taucht dieses Element bereits in einer früheren Fassung der Novelle auf. In dem Fragment ‚Die Versuchung der stillen Veronika I' verbindet Musil den Begriff der Gestaltqualitäten mit einem Ideengebäude, das bereits Züge des später als Wertgefühl bezeichneten Prinzips erkennen lässt. Auch hier wird im Vorfeld die geistige Vereinigung – „die Beziehung ihrer Seele zu dieser andern Seele"[484] – zwischen Veronika und dem Priester, der der Bruder ihrer Freundin Cäcilie ist, skizziert. Um diese zu beschreiben, wählt Musil den Begriff der Gestalt: Veronika „erfaßt diese Gestaltqualität als ein Sonderbares […]."[485] Erwähnenswert ist in diesem Zusammenhang, dass in unmittelbarer Nähe zu dieser Begriffsverwendung auch das Element des Wertgefühls eingeführt wird:

> Sie [Veronika: K.B.] sah – wie nach rückwärts gewandt sah sie ihr Leben und dieses andere Leben so nebeneinander, als ob aus ihnen beiden etwas Drittes bestanden hätte, ein Mehr, etwas, das es nicht gab und doch so gab wie einen Ruf in zwei Tönen oder wie zwei hölzerne Balken zum Schweigen eines Kreuzes werden.[486]

---

484 Musil, KA; LESETEXTE Band 15, Fragmente aus dem Nachlass; Erzählerische Fragmente; Vorstufen zu: Die Versuchung der stillen Veronika, Die Versuchung der stillen Veronika I, 13.

485 Ebd., 14. Silvia Bonacchi weist darauf hin, dass in dem Fragment auch ohne explizite Erwähnung klassische Gestalten auftauchen (vgl. Bonacchi: Die Gestalt der Dichtung, S. 105.). Musil setzt dieses Prinzip somit auch in dieser frühen Fassung bereits um.

486 Musil, KA; LESETEXTE Band 15, Fragmente aus dem Nachlass; Erzählerische Fragmente; Vorstufen zu: Die Versuchung der stillen Veronika, Die Versuchung der stillen Veronika I, 15.

An dieser Stelle wird das ‚Mehr' dargestellt, dass aus der Vereinigung der beiden Seelen entsteht. Deutlich wird hier auf die Definition des Wertgefühls angespielt, das als „ein Drittes, das sich als Gegenstand nächsthöhere[r] Ordnung auf diesen beiden aufbaut"[487], klassifiziert wird. Indem die Abwesenheit des Priesters zu seiner Überhöhung genutzt wird, sind bereits Ansätze erkennbar, wie Musil die Frage nach der Ausgestaltung des Wertgefühls in der Endfassung umsetzen wird: Ausgehend von der „Intensitätssteigerung"[488], die durch die Abreise des Priesters initiiert wird, erlebt Veronika eine durch das Wertgefühl modifizierte Welt. Allerdings bleibt das Element des Wertgefühls an dieser Stelle abstrakt – Musil greift lediglich auf Vergleiche mit akustischen und visuellen Perzeptionen zurück, um dieses Prinzip zu erhellen.[489] Hier wird nun die Ausgestaltung offenbar, die sich zwischen dem Fragment ‚Die Versuchung der stillen Veronika I' und der Endfassung vollzogen hat.

Der Schlüssel zu diesem Prozess liegt in der Endfassung in der (physisch abwesenden) Figur des Johannes, mit der ein konkreter Bezugsrahmen geschaffen wird. Indem Veronika es wie dargestellt schafft, Innen- und Außenwelt für einen kurzen Zeitraum in Einklang zu bringen, fungiert die Vorstellung von Johannes als personifiziertes Wertgefühl: „[…] und sie meinte nichts als dieses seltsame Gefühl mitten zwischen ihr und außen, in dem Johannes' Vorstellung für sie lebte […]" (V, 217). Als sich mit Ankunft des Briefes diese übersteigerte Vorstellung von Johannes als unhaltbar erweist, löst sich das Wertgefühl auf und die Allianz von Innen- und Außenwelt zerbricht ebenso wie das funktionale System von Leben und Tod.

Während Musil in seinem Fragment ‚Bemerkungen über den Apperceptor' davon ausgeht, dass ohne das Wertgefühl das Ich „keinen Halt in der Welt" findet und somit durch „die Geschehnisse der Welt"[490] verdrängt wird, ist Veronika in der Lage, in der Erinnerung an das Gleichgewicht die Depersonalisation zumindest auf Abstand zu halten. So heißt es, nachdem sie erfahren hat, dass Johannes noch lebt: „Und doch fühlte sie sich." (V, 222). Somit wird deutlich, dass Veronika die Erfahrung der Vereinigung in ihr Ich integriert hat. Es bleibt

487 Musil, KA; TRANSKRIPTIONEN & FAKSIMILES; Nachlass, Mappen, Mappe VII/6/180.

488 Musil, KA; LESETEXTE Band 15; Fragmente aus dem Nachlass; Erzählerische Fragmente; Vorstufen zu: Die Versuchung der stillen Veronika, Die Versuchung der stillen Veronika I, 14.

489 Vgl. auch: Corino: Vereinigungen, S. 132.

490 Musil, KA; TRANSKRIPTIONEN & FAKSIMILES; Nachlass, Mappen, Mappe VII/6/181.

ihr „jener Schatten von verborgener Freude an sich, den sie gewonnen hatte, auf der Wirklichkeit, in der sie lebte." (V, 222).

Ähnlich wie in der ‚Vollendung der Liebe' wird der Rezipient somit auch in dieser Novelle mit einem konsequent funktional agierenden System konfrontiert, in dem die zu einer Einheit verschmolzenen Komponenten von Leben und Tod temporär ein dynamisches Gleichgewicht eingehen. Erneut eröffnet diese funktionale Alternative eine ganze Facette an Möglichkeiten, die in einer kausal erzählten Welt nicht bestehen könnte.

## 5.3 Zwischenfazit – Die Seele als Gestalt

Auch in den ‚Vereinigungen' geht Musil der Frage nach der Konstitution der Seele weiter nach. Wurde im ‚Törleß' der Annahme, dass die Naturwissenschaften in der Lage seien, die wahre Beschaffenheit der Seele zu erhellen und damit verbunden auch Erkenntnis zu vermitteln, mit dem Entwicklungsprozess des Protagonisten eine Absage erteilt, so muss diese Negierung in dem Novellendyptichon als etabliert gelten. Folglich legt Musil sein Augenmerk auf eine differenziertere Betrachtung der Seele und versucht nun, ihr Wesen zu skizzieren – nicht jedoch ihre Funktionsweise, da sich eine solche Perspektive zu sehr an der naturwissenschaftlichen Vorgehensweise orientieren würde. Dabei emanzipiert sich Musil in einem entscheidenden Punkt von den Wissenschaften: Beschrieb sich die seelische Erscheinung in Form von lebenden Gedanken im ‚Törleß' noch wesentlich über die Abgrenzung von den toten Gedanken, also der Wissenschaft, so versucht Musil nun, eine Form der Demonstration zu finden, die sich nur über sich selbst definiert.

Die Konsequenz aus diesem Experiment zeigt sich im Umkehrschluss in ‚Die Versuchung der stillen Veronika', in der mit dem Begriff der ‚Seelenlosigkeit' gearbeitet wird – eine Wortwahl, die nur im ersten Moment irritierend wirkt. Betrachtet man die Beschreibung, mit der die Seele definiert wird, so zeigt sich, dass sie als statisch fixierendes Moment dargestellt wird, das besonders den vernunftgesteuerten Erwachsenen anhaftet; den als seelenlos klassifizierten Kindern und Tieren hingegen fehlt jenes ‚Umkehrbereite', das die völlige Hingabe verunmöglicht. Bereits diese kurze Skizze lässt in ihrer Konstitution viel weniger an die Seele denken, wie Musil sie eigentlich intendiert, sondern vielmehr an das wissenschaftliche Konstrukt der rational agierenden Psyche, die bei Erwachsenen bereits voll ausgeprägt, bei Kindern erst angelegt und bei Tieren in eingeschränktem Maße nachgewiesen werden kann. Mit dem Terminus der ‚Seelenlosigkeit' ist somit eigentlich die Abwesenheit der Psyche gemeint; mit Blick auf den Anspruch der Psychologie, die sich als Wissenschaft der Seele definiert, dabei aber lediglich psychische Phänomene untersucht, eine durchaus legitime begriffliche Vermengung, die zugleich als versteckte Kritik an eben jenem wissenschaftlichen Anspruch zu verstehen ist.

Aus dem durch die Lektüre der Werke Ernst Machs sensibilisierten Bewusstsein heraus, dass die Seele als komplexes Gebilde betrachtet werden muss, wendet sich Musil von der Idee ab, dass kausale Explikationsstrukturen an dieser Stelle zu weiterführenden Ergebnissen führen könnten; die seelische Entwicklung ist somit bestenfalls funktional erklärbar. Die ‚Vereinigungen' fungieren dabei als Verbindungsstelle zwischen ‚Törleß' und den ‚Drei Frauen'. Um die Frage nach der Beschaffenheit der Seele weiter einzukreisen, reichen die Theorien Machs jedoch nicht mehr aus. Zur Demonstration sei noch einmal auf ein Zitat aus theoretischen Ausführungen Musils verwiesen, das bereits zum Eingang der Untersuchungen der Novellen angebracht wurde. Er schreibt Bezug nehmend auf das Verhältnis von Innen- und Außenwelt:

> 1. die physikalische 2. die sensorielle Welt [.] Diesen beiden entspricht ein ebensolcher Teil des Menschen 3. Die emotionale Welt; ist eine Färbung, Tönung der sensoriellen, einer Art Gestaltqualität […] 2 wird aus 1 durch Hinzutritt des Individuums, 3 aus 2 durch abermaligen Hinzutritt.[491]

Die Einflüsse der Überlegungen Machs sind hier somit weiterhin deutlich sichtbar, denn auch hier werden die Außenwelt in Form der physikalischen Sphäre und die Innenwelt mit der sensoriellen und emotionalen Sphäre zusammengefasst. Allerdings zeigt sich im Gedankengang Musils eine wichtige Erweiterung, denn aus der Interaktion der Dimensionen untereinander ergibt sich eine Modifikation der emotionalen Welt. Sind die physikalische und die sensorielle Sphäre als objektiv messbar zu bezeichnen, so kann die emotionale Dimension nicht mehr als bloße Addition der beiden anderen bezeichnet werden. Indem Musil hier von der emotionalen Welt als Gestaltqualität spricht, weist er bereits darauf hin, dass sie als individuell ‚gefärbtes' Prinzip zu verstehen ist, das trotz seiner Verbindung zu den beiden anderen Parteien als neuartig zu verstehen ist. In den ‚Drei Frauen' wird Musil diese Annahme noch weiter ausbauen, doch bereits hier verweist er darauf, dass seine Überlegungen zur Konstitution der Seele über die von Mach hinausgehen; gleichzeitig findet er in den Theorien zu den Gestaltqualitäten eine Möglichkeit, seine erweiterten Reflexionen umzusetzen – Machs Theorien stellen hier gewissermaßen den Hintergrund dar.

491 Musil, KA; TRANSKRIPTIONEN & FAKSIMILES; Nachlass, Mappen, Mappe VII/6/186.

Christian von Ehrenfels' Darlegungen weisen also auch für Musil in eine neue Richtung. Allerdings extrahiert Musil lediglich das Prinzip der Gestalt, das er auf die Seele überträgt. Er löst sich damit bereits früh von der wissenschaftlichen Vorlage, die in erster Linie auf Gestalten in der sinnlichen Wahrnehmung abzielt. Zwar verwendet Musil in den Werkfassungen der Novellen den Begriff der Gestaltqualität nicht, die obigen Analysen haben aber dennoch gezeigt, dass in der seelischen Entwicklung der Protagonistinnen gestalthafte Züge zu identifizieren sind.[492] Um den Zusammenhang zu verdeutlichen, müssen diejenigen Elemente betrachtet werden, mit denen die geistige Vereinigung stattfindet: die männlichen Figuren (in Claudines Fall ist dies ihr Ehemann, in der ‚Versuchung der stillen Veronika' Johannes). Es zeigt sich, dass in den geistigen Vereinigungen nicht die Männer von Bedeutung sind, die in der physikalischen Welt zu verorten sind, sondern vielmehr emotionale Bilder von ihnen – besonders deutlich wird dies in der Vereinigung Veronikas mit Johannes. Wenn man in einem nächsten Schritt noch einmal die Ausführungen Musils hinzuzieht, in denen er davon ausgeht, dass die emotionale Wahrnehmung ihrerseits bereits eine Gestalt ist, so zeigt sich die enorme Komplexität der Frage nach der Beschaffenheit der Seele, denn das emotionale Bild des jeweiligen Mannes, das die Vereinigungen überhaupt erst ermöglicht, ist seinerseits nur eine Komponente, dessen Bedeutung und Wirkweise sich erst aus der Interaktion mit weiteren Gestalten ergibt. Die Seele selbst muss folglich als individuell agierende Gestalt aufgefasst werden, in der wiederum vergangene und gegenwärtige ‚Gestalterlebnisse' (Erlebnisse oder Bilder, die ihrerseits von der physikalischen oder sensoriellen Sphäre in die singuläre emotionale Sphäre übergegangen sind) interagieren.

Aus diesen Überlegungen ergibt sich eine wichtige Konsequenz, denn im Umkehrschluss wird nun deutlich, warum Johannes und Claudines Ehemann nur als gedankliche und damit individuelle Bilder die Vereinigungen ermöglichen können: Wenn sie der physikalischen oder sensoriellen Welt verhaftet bleiben, stellen sie keine Gestalten dar – denn eine Gestalt wird zwangsläufig immer durch die individuelle Wahrnehmung definiert. Damit erfolgt eine völlige Ablösung vom ursprünglich perzeptionsorientierten (zumeist visuellen) Ansatz. Implizit schwingt hier die Unterscheidung Kurt Lewins zwischen dem physikalischen und dem psychologischen Raum mit, allerdings spitzt Musil sie deutlich zu. Ist für Lewin die Existenz der physikalischen Gegebenheiten Voraussetzung für die Umwandlung in den psychologischen Raum, so verunmöglicht laut Musil die

492 In einer Vorstufe zu der ‚Versuchung der stillen Veronika' findet sich der Begriff zwar, wird aber für die endgültige Fassung wieder gestrichen.

Anwesenheit der physikalisch existenten Personen die Entstehung von seelischen Gestalten; erst mit ihrer Abwesenheit können derartige Gestalten entstehen.

Mit dieser Feststellung zeigt sich ein neuer und weitreichender Aspekt der Kritik Musils an der wissenschaftlichen Psychologie, stellt sie doch mit der Untersuchung der Relation von physikalischer und sensorieller Welt eben jene Prinzipien in den Mittelpunkt ihrer Forschungen, die laut Musil bestenfalls als Vorstufen des Seelenlebens zu verstehen sind. Gleichzeitig wird deutlich, dass die Psychologie nicht in der Lage sein wird, die von Musil aufgestellten Kriterien einer ‚Wissenschaft der Seele' zu erfüllen. Indem sich die Seele aus mannigfaltigen und individuellen Gestalten zusammensetzt, entzieht sie sich auch jedem Versuch einer Erhebung allgemeingültiger Gesetzmäßigkeiten.

# 6. Die Genese der Gestaltpsychologie

Am 1900 von Carl Stumpf gegründeten Psychologischen Institut in Berlin[493] entwickelt sich in den folgenden Jahrzehnten dank reger wissenschaftlicher Tätigkeit die Gestaltpsychologie zu einer ausdifferenzierten Forschungsrichtung, die die tradierten Thesen der älteren Psychologie wie die Konstanzannahme negiert und stattdessen die Exaktheit der Naturwissenschaften als Maßstab für die psychologischen Forschungen anlegt. Dabei zeigt sich, dass die Geschichte der Gestaltpsychologie über weite Teile auch die der experimentellen Psychologie ist, stellt sie doch den zentralen praktischen Zugriff auf die von der Gestalttheorie untersuchten Gegebenheiten dar.

Wie in Kapitel 2.2 dargestellt wurde, konnte schon in der Forschung Carl Stumpfs eine Stärkung des experimentellen Ansatzes konstatiert werden. Allerdings muss deutlich betont werden, dass Stumpf dieser Herangehensweise ‚lediglich' propädeutischen Charakter zuweist; für ihn handelt es sich um eine notwendige, aber basale Vorarbeit, die den eigentlichen, philosophisch argumentierenden Fortschritt anbahnen soll.[494] In der schnell fortschreitenden Entwicklung der experimentellen Psychologie, die immer noch eng mit ihrer ‚Mutterdisziplin' Philosophie verbunden ist, sehen nicht wenige zeitgenössische Philosophen eine existentielle Bedrohung ihrer eigenen Forschungsdomäne.[495] Dennoch ist die Entwicklung nicht aufzuhalten; nach dem Ersten Weltkrieg[496] erstarkt der experimentalpsychologische Forschungszweig weiter – Metzger spricht in diesem Zusammenhang von der nun folgenden Zeit als eines „unvergessliche[n] Jahrzehnt[s]."[497] Bereits vor dem Krieg werden wichtige gedankliche Schritte in Richtung der Gestalttheorie gemacht, die Zeit nach dem Krieg führt die schnelle

493 Vgl. Pfohlmann: Robert Musil, S. 41.

494 Vgl. Ash, Mitchell G.: Die experimentelle Psychologie an den deutschsprachigen Universitäten von der Wilhelminischen Zeit bis zum Nationalsozialismus. In: Geschichte der deutschen Psychologie im 20. Jahrhundert. Ein Überblick. Hg. v. Ash, Mitchell G. und Ulfried Geuter. Opladen: Westdeutscher Verlag 1985, S. 45–82, hier S. 50.

495 Vgl. Ebd., S. 52ff.

496 Max Wertheimer entwickelt während des Ersten Weltkriegs gemeinsam mit Erich von Hornbostel und anderen Kollegen einen Richtungsfinder für Artilleriegeschosse (vgl. Ash, Mitchell G.: Gestalt Psychology in German culture 1890–1967. Holism and the quest for objectivity. Cambridge: Cambridge University Press 1995, hier S. 187ff.).

497 Metzger, Wolfgang: Zur Geschichte der Gestalttheorie in Deutschland (1963). In: Gestalt-Psychologie: ausgewählte Werke aus den Jahren 1950–1982/ Wolfgang

Entwicklung der gestalttheoretischen Forschung fort. Ash geht davon aus, dass die fundamentalen Prinzipien dieser Forschungsrichtung zwischen 1912 und 1929 erarbeitet werden[498] und schreibt diesbezüglich, dass

> die Gestalttheoretiker nicht nur den Gegensatz zwischen naturwissenschaftlicher und geisteswissenschaftlicher Psychologie, sondern den Gegensatz zwischen den Naturwissenschaften und den Geisteswissenschaften überhaupt durch einen alles übergreifenden Monismus der immanenten Struktur überwinden [wollen].[499]

Charakteristisch für die Berliner Gestaltschule ist die enorme Bandbreite an Forschungsperspektiven. Die Annahme der Existenz von Gestalten bildet das Fundament, an dem die Wissenschaftler, allesamt durch die anspruchsvollen Studien mit naturwissenschaftlichem Schwerpunkt bei Carl Stumpf geschult, mit verschiedenen Untersuchungsschwerpunkten andocken können.

Eine besonders prominente Stellung in der Entwicklung der Gestalttheorie nehmen vier Psychologen ein, die in der Forschung zumeist als die Begründer der Gestalttheorie bezeichnet werden.[500] Hierbei handelt es sich um Max Wertheimer sowie Kurt Koffka, Wolfgang Köhler und Kurt Lewin. Während sich die drei Erstgenannten vornehmlich mit der Lehre der Wahrnehmung beschäftigen, gilt das Interesse Lewins der menschlichen Persönlichkeit und in seinen späteren Werken den Fragen der Psychologie der Motivation.[501] Ab 1920/1921 wurde mit der Zeitschrift ‚Psychologische Forschung' eine Plattform geschaffen, mit deren Hilfe die neuesten Erkenntnisse der Gestaltpsychologie publiziert werden konnten, herausgegeben wurde sie u.a. von Kurt Koffka und Wolfgang Köhler, ab 1929 auch von Adhémar Gelb.[502] Mit diesem Sprachrohr geht die Gestaltpsychologie einen weiteren Schritt in Richtung des Status' einer emanzipierten und institutionalisierten Wissenschaft.

Im Folgenden sollen die prominentesten Forscher und ihre Arbeiten präsentiert werden, um die Leitlinien ihrer jeweiligen Argumentationen herauszustellen und damit die Genese der Gestaltpsychologie zu beleuchten. Die Auswahl der

---

Metzger. Hg. v. Michael Stadler und Heinrich Crabus. Frankfurt am Main: Kramer 1986, S. 99–108, hier S. 104.

498 Vgl. Ash: Die experimentelle Psychologie an den deutschsprachigen Universitäten von der Wilhelminischen Zeit bis zum Nationalsozialismus, S. 62.

499 Ebd., S. 63.

500 Vgl. Ebd., S. 126f.

501 Vgl. Amin: Assoziationspsychologie und Gestaltpsychologie, S. 127.

502 Vgl.: Jaeger, Siegfried: Gestaltpsychologie – Wolfgang Köhler und seine Zeit. Ausstellungsführer der Universitätsbibliothek der Freien Universität Berlin. Berlin 1990, hier S. 25.

Texte berücksichtigt vor allen Dingen ihre jeweilige Bedeutung im Gesamtzusammenhang der Entwicklung der Gestalttheorie. Mit Blick auf die im Zentrum stehende Untersuchung des Kontexts von Gestaltpsychologie und der Literatur Robert Musils muss im Vorfeld auch danach gefragt werden, welche Werke Musil selbst rezipierte. Die Angaben dazu sind allerdings mehr als dürftig; die einzige von Musil erstellte Bibliographie zu diesem Thema entsteht erst zu einem Zeitpunkt, den diese Arbeit nicht mehr schwerpunktmäßig erfasst. Bonacchi schreibt, diese Bibliographie könne nicht vor 1926 datiert werden und macht ihre Einordnung daran fest, dass sie einem Aufsatz Lewins aus eben diesem Jahr entnommen worden sei.[503] Die Herausgeber der Klagenfurter Ausgabe verorten dieses Schriftstück noch wesentlich später, nämlich auf die Zeit zwischen Mitte 1934 und August 1935.[504] Somit kann nicht zweifelsfrei geklärt werden, welche Werke Musil zum Zeitpunkt der Entstehung der ‚Drei Frauen' bereits kennt. In die folgende Analyse werden aus der Bibliographie diejenigen einbezogen, die vor 1922 entstanden sind; die anderen Arbeiten beziehen ihre Existenzberechtigung in diesem Kapitel aus dem Beitrag, den sie für die Fortschritte der Gestaltpsychologie geleistet haben. Bei der Präsentation und Einordnung der Texte handelt es sich keinesfalls um eine erschöpfende Aufzählung;[505] eine solche wäre auch gar nicht möglich[506] – zu groß ist das Konvolut an entstehenden Schriften in den Jahren von 1910 bis 1922. Daher werden lediglich diejenigen Texte erwähnt, die mit ihrem Innovationspotential die Fortschritte der Gestaltpsychologie begünstigt haben.

503 Vgl. Bonacchi: Die Gestalt der Dichtung, S. 211.

504 Musil, KA; KOMMENTARE UND APPARATE, Nachlass-Apparate, Seitendokumentation, Mappe VI/1: Aufsätze SDS- und Paris-Vortrag, Exzerpte; VI/1/133; Lewin-Exzerpt 1 4.

505 Weiterhin werden Texte nicht in einem eigenen Unterkapitel erwähnt, wenn ihr Inhalt keine direkten Anknüpfungsmöglichkeiten für eine Analyse bietet. Dies ist zum Beispiel bei Köhlers Untersuchung zur Fähigkeit zur Transponierung bei Tieren der Fall (vgl. Köhler: Aus der Anthropoidenstation auf Teneriffa. II. Optische Untersuchungen am Schimpansen und am Haushuhn). Diese Arbeit wird daher unerwähnt bleiben.

506 Zudem liegt der Fokus dieser Arbeit auf der literaturwissenschaftlichen Analyse und weniger auf einer umfassenden psychologischen Historisierung. Zur weiteren Lektüre mit einem psychologischen Schwerpunkt sei auf die folgenden Werke verwiesen: Amin, Ismail: Assoziationspsychologie und Gestaltpsychologie. Eine problemgeschichtliche Studie mit besonderer Berücksichtigung der Berliner Schule, aber auch Ash, Mitchell G.: The emergence of Gestalt Theory: Experimental Psychology in Germany 1890–1920. Ph. D. Harvard University 1982.

Im Jahr 1910 veröffentlicht Adhémar Gelb, Mitarbeiter am Psychologischen Institut in Berlin, den Artikel ‚Theoretisches über Gestaltqualitäten', in dem er die bisherige Diskussion um die von Christian von Ehrenfels angeregte Debatte um das Prinzip der Gestaltqualitäten Revue passieren lässt. Bei dieser Bestandsaufnahme fällt auf, dass sich die Annahme, dass es Gestaltqualitäten als solche überhaupt gibt, noch nicht vollständig etabliert hat. Gelb verweist exemplarisch auf die konträren Positionen zweier Forscher – Anton Marty und Joseph Kreibig.[507] Marty geht (unter Berufung auf Franz Brentano) davon aus, dass Gestaltqualitäten nicht als besondere Bewusstseinsinhalte kategorisiert werden können und schreibt: „Die ‚Gestalten' selbst sind also nicht und in keinem Sinne Qualitäten, vielmehr bleibt es dabei, daß sie nichts anderes sind als Gruppen von Empfindungen, zwischen denen *besondere Verhältnisse bestehen* [i.O. gesperrt, K.B]."[508] Damit reduziert Marty die eigentliche Bedeutungsfülle des gestalttheoretischen Ansatzes und zieht sich auf tradiertere Positionen zurück, die aber das Prinzip der unbestreitbar vorhandenen Homogenität von Erscheinungen (wie beispielsweise Melodien) nicht ausreichend begründen können.

Dem gegenüber steht u.a. Kreibig, der seinen Ausführungen nicht nur die generelle Existenz der Gestaltqualitäten zugrunde legt, sondern sogar Gestaltqualitäten verschiedener, hierarchisch strukturierter Ordnungen ausmacht. Er führt aus:

> Eine Mehrheit von Einzelklängen und Akkorden (Teile oder Glieder) wird durch eine gewisse melodische und rhythmische Anordnung (Relationen) zum Motiv von charakteristischer Prägung (Gestaltqualität erster Ordnung), die Motive in kontrapunktischer [...] Verarbeitung liefern einen sinfonischen Satz (Gestaltqualität zweiter Ordnung); vier solcher Sätze nach ästhetischen Bildungsgesetzen angereiht konstituieren die Sinfonie (Gestaltqualität dritter Ordnung). Die Gestalt oder Gestaltqualität wird somit der Summe der Elemente durch verbindendes Denken hinzugefügt und durch Anschauung erfaßt.[509]

Solchermaßen stellen sich die Extrema der Positionen in der Debatte um die Gestaltqualitäten dar, in denen sich zudem verschiedene vermittelnde Positionen bewegen.[510] Für den Moment definiert Gelb die Gestaltqualitäten in allgemeiner

---

507 Vgl. Gelb, Adhémar: Theoretisches über Gestaltqualitäten, S. 2.

508 Marty, Anton: Untersuchungen zur Grundlegung der allgemeinen Grammatik und Sprachphilosophie. Erster Band. Halle an der Saale: Verlag von Max Niemeyer 1908, hier S. 112.

509 Kreibig, Joseph: Die intellektuellen Funktionen. Untersuchungen über Grenzfragen der Logik, Psychologie und Erkenntnistheorie. Wien, Leipzig: Alfred Hölder 1909, hier S. 112.

510 Vgl. Gelb: Theoretisches über Gestaltqualitäten, S. 5ff.

Weise wie folgt, in der eine Orientierung an den Überlegungen von Ehrenfels' noch deutlich erkennbar ist:

> In jedem Augenblicke unseres wachen Zustandes ist uns eine Fülle von Erscheinungen gegeben, die auf eine bestimmte Weise angeordnet sind; je nach der Form der Anordnung und dem Grade der Innigkeit der Verbindungen der einzelnen Erscheinungen erhalten wir die verschiedenen Arten von ‚Ganzen' und ‚Teilen'. Es gibt nun Ganze, die uns trotz der Menge der sie konstituierenden Elemente als Komplexe, als Einheiten, als in sich abgeschlossene Gefüge erscheinen, in denen das einzelne Element, ungeachtet seiner Zugehörigkeit zu einem solchen Ganzen, seine Selbstständigkeit bewahrt, für sich besonders bestehen bleibt. Dabei ist weiter zu bemerken, daß wir bei vielen Komplexen die Bestandstücke so verändern können, daß der Komplex als solcher seine eigentümliche Form nicht verliert. Wir erkennen eine bestimmte Melodie in verschiedenen Höhenlagen (also bei Verschiedenheit der sie konstituierenden absoluten Inhalte – der Töne) als dieselbe wieder. Man sieht daraus, daß der Eindruck einer Melodie nicht lediglich von den einzelnen sie ausmachenden Tönen abhängt.[511]

Eine Weiterführung der theoretischen Betrachtungen, wie sie Gelb, Kreibig und Marty anstellen, hätte aller Wahrscheinlichkeit keine weiterführenden Erkenntnisse zutage gefördert, da es sich um Mutmaßungen gehandelt hätte, die final weder hätten verifiziert noch falsifiziert werden können.[512]

Aus dieser Tatsache ergibt sich die Bedeutung der Arbeit von Max Wertheimer unter dem Titel ‚Experimentelle Studie über das Sehen von Bewegung', mit der neue Dynamik in die Tektonik der gestalttheoretischen Diskussion kommt – Katalysator für diese Entwicklung ist der Zugang über die experimentelle Psychologie.[513] Wertheimers Vorgehen erweist sich als richtungsweisend;

---

511 Ebd., S. 4f.

512 Interessant ist der Befund von Baumann, der feststellt, dass sich die Gestaltpsychologen kaum in philosophischer Hinsicht äußern. Er konstatiert, dass „philosophische Ansichten [...] immanent enthalten sind" und fährt fort: „Liest man Veröffentlichungen der Gestaltpsychologen speziell unter philosophischem Aspekt, so kann man sich des Eindrucks kaum erwehren, daß entweder eine gewisse Unbekümmertheit gegenüber philosophischen Fragen besteht oder bewußt jede Festlegung in einer bestimmten Richtung vermieden wird." (Baumann, Manfred: Bemerkungen zu den philosophischen Grundlagen der Gestaltpsychologie. In: Wissenschaftliche Zeitschrift der Ernst-Moritz-Arndt-Universität Greifswald. Jahrgang XV; Gesellschafts- und sprachwissenschaftliche Reihe Nr. 2 (1966), S. 145–154, hier S. 145.). Diese Erkenntnis ist insofern wichtig, als die philosophischen Fragestellungen bei den Lehrern der Begründer der Berliner Schüler noch klar im Vordergrund stand. Deutlich wird hier somit, wie sehr sich diese nächste Generation von Forschern emanzipiert hat.

513 Über die Geschichte des Experiments und dessen Valorisierung im Laufe der Geschichte der Genese der Psychologie zur eigenständigen Wissenschaft, vgl. Wertheimer,

mit dieser Arbeit schafft er eine gedankliche Grundlage, auf der nicht nur er selbst, sondern auch andere Wissenschaftler wie Wolfgang Köhler oder Kurt Koffka aufbauen können. Es wird sich zeigen, dass jeder der im Folgenden präsentierten Forscher den gestalttheoretischen Hintergrund wahrt, ihn aber individuell für den jeweiligen Forschungsschwerpunkt ausbaut. Gemeinsam ist allen Wissenschaftlern die Annahme, dass sich die Perzeption nicht aus einzelnen Vorstellungs- oder Wahrnehmungskomplexen zusammensetzt, sondern die perzipierten Inhalte bereits im Wahrnehmungsakt gestaltet sind und aus diesem Grund in einem strukturierten Ganzen erfasst werden[514] (Lewin weitet diese Annahme sogar auf Handlungen aus).[515]

Während sich Wertheimer mit den Prinzipien der Wahrnehmungsorganisation und dem produktiven Denken auseinandersetzt, fragt Köhler nach möglichen Übertragungsoptionen gestalttheoretischer Ansätze auf die Naturwissenschaften und versucht zudem, das Prinzip des psychophysischen Isomorphismus

---

Michael: Die experimentelle Methode der Psychologie des 19. und 20. Jahrhunderts, S. 29ff.

514 Markant ist, dass sich die Gestaltpsychologen zwar mit der Devise forschen, die Wahrnehmung im Allgemeinen untersuchen zu wollen, bei genauerer Betrachtung fällt jedoch auf, dass sich ihre Ausführungen im Wesentlichen auf die Beschreibung visueller Phänomene beschränken. Damit geben sie ihren Kollegen Raum für Kritik. So schreibt Révész beispielweise: „Es erhebt sich [...] die Frage, warum die Gestaltpsychologen sich berechtigt gefühlt haben, ihre vornehmlich in der raumoptischen und optisch-dynamischen Sinnessphäre gemachten Erfahrungen und die darauf begründeten theoretischen Anschauungen für alle gestaltbildenden Sinne, also auch für den akustischen und haptischen Sinn als gültig anzusehen." (Révész, Géza: Zu Revision der Gestalttheorie. In: Schweizerische Zeitschrift für Psychologie und ihre Anwendungen (12) 1953, S. 89–110, hier S. 91.).

515 Die Psychologie differenziert sich in dieser Zeit immer weiter aus. Die Berliner Schule, deren Betrachtung in dieser Arbeit im Mittelpunkt steht „unterscheidet sich von der Grazer Schule [die von Alexius Meinong geprägt wird; K.B.] grundsätzlich dadurch, dass sie die Elementenauffassung ablehnt und den Standpunkt vertritt, dass die Elemente in der Gestalt völlig aufgehen. Damit steht die Gestaltauffassung der Berliner Schule in scharfem Gegensatz zu derjenigen der Grazer Schule, die ja Elemente als Grundlage postuliert und annimmt, dass die Gestaltwahrnehmung unabhängig von den Elementen zu ihnen hinzutritt oder hinzuproduziert wird." (Amin: Assoziationspsychologie und Gestaltpsychologie, S. 123.). Es ist bereits zu diesem Zeitpunkt zu bemerken, dass die Psychologie, die immer noch recht eng mit der Philosophie verbunden ist, eigene Schritte in Richtung Emanzipation unternimmt, eine Tatsache, die in eben dieser Ausdifferenzierung einzelner Schulen ihren Niederschlag findet.

nachzuweisen. Kurt Lewin setzt sich u.a. mit Fragen der Assoziation und der Willensmessung auseinander, Erich von Hornbostel hingegen bleibt in gedanklicher Nähe zu Carl Stumpf und beschäftigt sich hauptsächlich mit akustischen Phänomenen, lehnt sich in einer wichtigen Schrift (‚Über optische Inversionen') aber seinerseits an die Frage nach visuellen Phänomenen an.[516] Kurt Koffka wiederum beschäftigt sich in seinen Arbeiten mit der Frage nach Wahrnehmungsvorgängen, die er in einen physiologischen Gesamtkontext einordnet.

## 6.1 Max Wertheimer

Max Wertheimer (1880–1943) studiert von 1898 bis 1900 bei Christian von Ehrenfels in Prag (ist also mit den Postulaten seines Lehrers, auf denen die Gestaltpsychologie fußen wird, bestens vertraut) und in den Jahren von 1900 bis 1903 bei Carl Stumpf in Berlin.[517] Wertheimer, der der einzige der späteren Begründer der Berliner Schule ist, der bereits gestalttheoretische Vorbildung genossen hat, beendet seine Arbeit nicht in Berlin, sondern geht nach Würzburg zu Oskar Külpe,[518] wo er seine Dissertation mit dem Prädikat ‚summa cum laude' abschließt.[519] Ab 1910 ist Wertheimer als Freier Mitarbeiter am Psychologischen Institut in Frankfurt am Main tätig, wo er sich mit zunehmender Intensität mit stroboskopischen Experimenten zur Erfassungen von (Schein-) Bewegungen auseinandersetzt.[520]

516 Vgl. auch Bonacchi: Die Gestalt der Dichtung, S. 132f.

517 Vgl. Sarris, Viktor: Max Wertheimer in Frankfurt, Beginn und Aufbaukrise der Gestaltpsychologie. Lengerich u.a.: Pabst Sciene Publishers 1995, hier S. 4.

518 Warum sich Wertheimer zu diesem Schritt entschließt, kann heute nicht mehr mit endgültiger Sicherheit gesagt werden. Ash bezieht sich auf Koffka, der verlauten ließ, es habe Meinungsverschiedenheiten zwischen Stumpf und Wertheimer gegeben, ohne dies jedoch zu präzisieren (vgl. Ash, Mitchell: The emergence of Gestalt theory 1910–1920, S. 104f.).

519 Vgl. Ebd., S. 104.

520 Wertheimer unterrichtet später auch in Berlin, wo ihn der Psychologe Wolfgang Metzger als Student in einer Vorlesung erlebt. Metzger berichtet, Wertheimer habe „eine erstaunliche[…] Kühnheit und Fülle der theoretischen und experimentellen Einfälle" bewiesen. (Metzger: Zur Geschichte der Gestalttheorie in Deutschland (1963), S. 99.).

### 6.1.1 ‚Experimentelle Studie über das Sehen von Bewegung' (1912) – Erste gestalttheoretische Implikationen

Die Idee für seine bahnbrechende Arbeit kommt Wertheimer laut einer vielzitierten Anekdote bei einer Zugfahrt. Edwin Newman berichtet:

> This [die Idee; K.B.] occured, Wertheimer once related, while he was on the train en route from Vienna to the Rheinland for a vacation. Interrupting the trip at the next good stopping point, he proceeded at once to put his idea to a test. This town happened to be Frankfurt. He put his bags in a hotel, shopped for a toy stroboscope, and, returning with it to his hotel room, started constructing figures to test the new hypothesis.[521]

Wertheimer beginnt nun, seine Überlegungen systematisch auszubauen; dabei entsteht die Arbeit ‚Experimentelle Studie über das Sehen von Bewegung'.

In seiner Untersuchung erforscht Wertheimer einen Vorgang, den er als Phi-Phänomen beschreibt (wobei ‚Phi' (φ) die Abkürzung des griechischen Wortes ‚Erscheinung' (phainómenon) ist).[522] Seine wissenschaftliche Abhandlung fragt nach den Bedingungen, unter denen Scheinbewegungen entstehen – ein Sachverhalt, aus dem sich auch die Wahl des Namens erklärt. Zwar hatten bereits vorher auch andere Wissenschaftler konstatiert, dass es das Phänomen der Scheinbewegungen gibt, Wertheimer ist jedoch der erste, der diese Erscheinung unter psychologischen Vorzeichen experimentell zu analysieren versucht.

Wertheimers Ausgangsposition ist die Frage, was beim Sehen von Bewegung physisch gegeben sein muss, da unter bestimmten Bedingungen eine scheinbare Bewegung nicht mehr von einer realen zu unterscheiden ist. Wertheimer beschreibt diesen Vorgang wie folgt:

> Man zeichne auf den Objektstreifen eines Stroboskops zwei Objekte einfacher Art. Z.B. eine 3 cm lange Horizontale am Anfang des Streifens, eine zweite in der Mitte des Streifens etwa 2 cm tiefer. Bei relativ sehr langsamer Rotation des Strobokops erscheint zuerst die eine Horizontale, dann die andere; die beiden treten klar und sukzessiv und dualiter auf. Bei sehr schneller Rotation sieht man sie simultan übereinander; sie sind gleichzeitig, zusammen da. Bei einer mittleren Geschwindigkeit sieht man bestimmte Bewegung: ein Strich bewegt sich klar und deutlich von einer oberen Lage in eine untere und zurück. [...] Dieser sinnlich klar und deutlich gegebene Eindruck ist psychologisch rätselhaft. Was ist psychisch gegeben, wenn man hier Bewegung sieht?[523]

---

521 Newman, Edwin: Max Wertheimer: 1880–1943, In: The American Journal of Psychology 57 (1944), S. 428–435, hier S. 431.

522 Vgl. Sarris: Max Wertheimer in Frankfurt, S. 7.

523 Wertheimer, Max: Experimentelle Studie über das Sehen von Bewegung, In: Drei Abhandlungen zur Gestalttheorie. Hg. v. Max Wertheimer. Darmstadt: Wissenschaftliche Buchgesellschaft 1967, S. 1–105. hier S. 5f.

Er versucht, die zeitlichen Grenzen dieser Phänomene auszuloten und kommt zu folgendem Ergebnis: Wird die Netzhaut in einem zeitlichen Intervall von 30 σ (σ steht in Wertheimers Arbeit für Millisekunden) gereizt, so erscheinen die beiden Objekte simultan ruhend; wird das Intervall auf 200 σ verändert, so erscheinen sie dem Rezipienten sukzessiv ruhend. Optimal für die Entwicklung von Scheinbewegungen ist das Intervall von 60 σ.[524]

Wird eine Bewegung in diesem letztgenannten Intervall simuliert, ist es für den Betrachter nicht mehr möglich, zwischen realer und fiktiver Bewegung zu differenzieren. Gerade deshalb weist Wertheimer den Begriff der ‚Täuschung' in diesem Zusammenhang zurück. Zwar gibt es für ihn als Experimentator einen Unterschied zwischen dem „psychisch Gegebenen"[525], das ‚lediglich' den perzipierten Sachverhalt umschreibt und Gegenstand der Untersuchung ist und den tatsächlichen, sensorischen Empfindungen. Streng genommen ist aber in jedem Wahrnehmungsakt die Diskrepanz zwischen der individuell perzipierten Welt und der physikalischen Wirklichkeit enthalten.[526]

Zwei Befunde der Wertheimerschen Forschung sind für die vorliegende Arbeit relevant; sie sollen im Folgenden näher erläutert werden. Es handelt sich dabei erstens um die deutliche neuropsychologische Orientierung der Ausführungen Wertheimers, zweitens um die Existenz eines ersten noch vorsichtig formulierten gestalttheoretischen Analyseansatzes. Wertheimer orientiert sich bei seinen Erklärungsansätzen an dem hirnphysiologischen Forschungsstand seiner Zeit. Um seine experimentellen Erkenntnisse nachvollziehbar zu machen, geht er davon aus, dass eine Reizung der zentralen Stelle a im Hirn eine physiologische Wirkung im Umkreis derselben auslöst. Wird eine weitere Erregung an der Stelle b angenommen, so ergibt sich eine weitere Umkreiswirkung. Für das Sehen von Bewegung nimmt Wertheimer nun an, dass, wenn a und b in räumlicher Nähe befindlich sind und innerhalb eines kurzen Zeitraums gereizt werden, ein physiologischer Kurzschluss zwischen den beiden Stellen eintreten müsste.[527] Er führt aus:

> [...] in dem Abstand zwischen beiden Stellen findet ein spezifisches Hinüber von Erregung statt; ist der Grad der Umkreiswirkung von a z.B. an dem Höhepunkt seiner zeitlichen Verlaufskurve angelangt und bietet sich nun Umkreiswirkung von b, so flute Erregung

---

524 Vgl. Ebd., S. 73.

525 Ebd., S. 8.

526 Vgl. auch: Sarris: Max Wertheimer in Frankfurt, S. 7f. Das Wissen um dieses Prinzip wird in späteren Jahren vor allen Dingen in der Forschung von Kurt Lewin seinen Niederschlag finden.

527 Vgl. Wertheimer: Studie über das Sehen von Bewegung, S. 88.

> hinüber, ein physiologisch spezifischer Vorgang, dessen Richtung dadurch gegeben ist, daß a und die Umkreiswirkung um a zuerst da ist. Je näher die beiden Stellen a b einander sind, desto günstiger sind die Bedingungen für ein Entstehen des φ-Vorgangs.[528]

Mit diesem Ansatz wird auch erklärbar, warum mal der Eindruck einer simultanen und mal der einer sukzessiven Bewegung provoziert werden kann: Ist die Zeit zwischen den Reizungen der beiden Stellen zu groß, so ist die jeweilige Umkreiswirkung bereits erloschen (Sukzession), ist sie zu klein, treten die Umkreiswirkungen gleichzeitig auf (Simultanität).[529] Mit dieser streng physiologischen Herangehensweise überführt Wertheimer das Prinzip der Gestaltqualitäten von einer rein hypothetischen Basis in experimentelle Dimensionen und eröffnet zudem auch neue Möglichkeiten, was das Streben nach einer naturwissenschaftlich agierenden Psychologie angeht.

Der Anschluss an die Gestalttheorie offenbart sich nicht auf den ersten Blick und ist angesichts der Tatsache, dass diese Arbeit in der Forschung nahezu einstimmig als Geburtsstunde der (experimentellen) Gestaltpsychologie gewertet wird, überraschend vorsichtig formuliert.[530] Wertheimer geht davon aus, dass neben der Erregung der jeweiligen Stelle auch noch spezifische Querverbindungen zwischen den Einzelerregungen existent sind. Er führt aus:

> Es liegt hier die Vermutung zugrunde, daß *nicht die Erregungsvorgänge in den erregten Zellen selbst* [...] *oder die Summe dieser Einzelerregungen* das einzig wesentliche sind: sondern daß eine wichtige und für manche, psychologisch herauszufassende, Faktoren direkt wesentliche Rolle charakteristischen *Quer- und Gesamtvorgängen zukomme, die aus der Erregung der Einzelstellen* [...], *als spezifisches Ganzes* [i.O. gesperrt; K.B.] [...] resultieren.[531]

Wertheimer konstatiert im Laufe seiner Untersuchungen, dass es möglich sei, über die Steuerung der Zeitintervalle ein Simultanstadium herzustellen. Dabei verschmelzen also die beiden Objekte „*duo in uno*, als *zwingende Gesamtgestalt* [i.O. gesperrt; K.B.]."[532] Hier zeigen sich nun vorsichtige gestalttheoretische Implikationen, indem Wertheimer davon ausgeht, dass die perzipierten Gegebenheiten nicht partiell und individuell betrachtet werden dürfen, sondern dass sich aus ihrer Interaktion ein grundsätzlich verschiedenes Ganzes konstituiert, das bei alleiniger Analyse der individuellen Komponenten nicht ausreichend

528 Ebd.
529 Vgl. Ebd.
530 Vgl. u.a. Amin: Assoziationspsychologie und Gestaltpsychologie, S. 131.
531 Wertheimer: Studie über das Sehen von Bewegung, S. 91.
532 Ebd.

berücksichtigt würde. Dieser Ansatz erlaubt zwar in der Retrospektive eine gestaltpsychologische Interpretation, von einer innovativen Wende, wie sie die Forschung oft proklamiert, kann hier aber noch nicht die Rede sein. Zwar geht Wertheimer in seiner Argumentation weiter als es sein Lehrer Christian von Ehrenfels getan hat, da er dessen theoretische Überlegungen experimentell überprüft, letztlich ist aber Bruno Petersmanns Feststellung zuzustimmen, der davon ausgeht, dass im Wesentlichen „eine Übersetzung der Ehrenfelsschen Denkweise ins Physiologische“[533] vorliegt, wobei „in der Untersuchung im ganzen das Gestaltproblem durchaus noch gar nicht besonders hervor[tritt].“[534]

Die gestalttheoretische Argumentation beschränkt sich aber auf die eigentlich periphere Beobachtung des Simultanstadiums – von einer wichtigen gestalttheoretischen Impulsgebung kann hier somit nur bedingt gesprochen werden (sie lag auch gar nicht in Wertheimers Absicht).[535] Allerdings muss Wertheimer das Verdienst zuerkannt werden, dass er mit dem Nexus zu den theoretischen Überlegungen von Ehrenfels’ und der experimentellen Überprüfung dieser Ansätze einen Anknüpfungspunkt für weitere Forschungen schafft.[536] Seine Herangehensweise entspricht dem Zeitgeist der psychologischen Entwicklung gleich in

---

533 Petermann, Bruno: Die Wertheimer-Koffka-Köhlersche Gestalttheorie und das Gestaltproblem. Systematisch und kritisch dargestellt. Leipzig: Barth 1929, hier S. 19. Christoph Hoffmann setzt sich in seinem Werk ‚Der Dichter am Apparat‘ ebenfalls mit den Wirkungen Wertheimers auf die Literatur Musils auseinander, vgl. Hoffmann: Der Dichter am Apparat, S. 149ff.

534 Ebd.

535 Wie sich zeigen wird, liegt aber ein wichtiger Verdienst Wertheimers darin, den Begriff der Aufmerksamkeit in den Fokus der Betrachtung gerückt zu haben. Darüber wird im weiteren Verlauf des Kapitels noch zu referieren sein.

536 Petermann weist darauf hin, dass mit Sigmund Exner bereits 1894 ein Forscher ähnliche Ergebnisse vorweisen konnte. Exner schreibt in seinem Werk: „Der Gesammteindruck [sic], den also ein über die Netzhaut streifendes Bild macht, ist zusammengesetzt aus den Erregungen zahlreicher und functionell ungleicher Fasern. Dass wir trotzdem einen einheitlichen Eindruck empfangen, in dem die Theilempfindungen [sic] nicht erkannt zu werden pflegen, beruht auf dem, was ich das Prinzip der *centralen Confluenz* [i.O. gesperrt; K.B.] nennen möchte.“ (Exner: Entwurf zu einer physiologischen Erklärung der psychischen Erscheinungen, 1. Teil. Leipzig, Wien: Franz Deuticke 1894, hier S. 201.). Laut Petermann handelt es sich bei diesem Vorgang der zentralen Konfluenz um eben jenes von Wertheimer dargestellte Prinzip (vgl. Petermann: Die Wertheimer-Koffka-Köhlersche Gestalttheorie und das Gestaltproblem, S. 17.). Tatsächlich strebt Exner das an, was Wertheimer einige Jahre später gelingen wird: eine physiologische Erklärung von Bewegungen (vgl. Exner: Entwurf zu einer physiologischen Erklärung der psychischen Erscheinungen, S. 198f.).

zweifacher Hinsicht, indem sie die kontrovers diskutierte Frage nach den Gestaltqualitäten mit dem Drang der Psychologie verbindet, durch experimentelle Überprüfung wissenschaftlich validierte Ergebnisse zu schaffen.[537]

### 6.1.2 ‚Untersuchungen zur Lehre von der Gestalt' (1922/23) – Die Erarbeitung der Gestaltgesetze

Im Jahr 1922 und 1923 erscheinen zwei weitere zusammenhängende Artikel Wertheimers, die in ihrer Bedeutung für die Gestaltpsychologie kaum zu unterschätzen sind. In den ‚Untersuchungen zur Lehre von der Gestalt (I und II)' stellt Wertheimer diejenigen Prinzipien auf, die als ‚Gestaltgesetze' die Berliner Schule prägen werden. Wertheimer weist darauf hin, dass die „im folgenden mitgeteilten Untersuchungen […] im wesentlichen den Jahren 1911 bis Anfang 1914 (mit Ausnahme

537 Etwa gleichzeitig mit Max Wertheimer beschäftigen sich auch Vittorio Benussi (‚Stroboskopische Scheinbewegungen und geometrisch-optische Gestalttäuschung') und Kurt Koffka (‚Beiträge zur Psychologie der Gestalt- und Bewegungserlebnisse') mit dem Phänomen der Scheinbewegung (Benussi publiziert seine Erkenntnisse vor Koffka und dessen Mitarbeiter Friedrich Kenkel, sodass diese seine Ergebnisse berücksichtigen). Obwohl die Forscher im Wesentlichen zu gleichen Resultaten kommen, wird in der sich danach anbahnenden Kontroverse zwischen Koffka und Benussi deutlich, dass die Entwicklung der Gestaltpsychologie so weit fortgeschritten ist, dass sich innerhalb der Berliner und der Grazer Schule unterschiedliche Positionen entwickelt haben – Koffka bezieht sich auch in der weiteren Kontroverse ausdrücklich auf Wertheimer und grenzt sich von der Grazer Schule ab (vgl. Koffka, Kurt: Beiträge zur Psychologie der Gestalt- und Bewegungserlebnisse. III: Zur Grundlegung der Wahrnehmungspsychologie. Eine Auseinandersetzung mit V. Benussi. In: für Psychologie und Physiologie der Sinnesorgane 73 (1915), S. 11–90, hier S. 13f.). Es zeigt sich, dass die Grundlage für die wissenschaftliche Auseinandersetzung divergierende Auffassungen des Reizbegriffs sind. Mauro Antonelli weist in seiner Untersuchung darauf hin, dass dieser für Benussi aus einer Vielzahl diskreter Elemente besteht, während Koffka ganz in der Tradition der Berliner Schule von einem strukturierten Komplex ausgeht, in dem die Sinnesreize und der Wahrnehmungsapparat in Wechselwirkungen treten (vgl. Antonelli: Die experimentelle Analyse des Bewusstseins bei Vittorio Benussi. Amsterdam, Atlanta: Rodopi 1994, hier S. 130f.). Dabei erweist sich die polemische Haltung Koffkas als eine der „kämpferischen Strategien […], mit der die Berliner Schule den Bruch mit der Tradition der klassischen Psychologie vollzog." (Antonelli: Die experimentelle Analyse des Bewusstseins bei Vittorio Benussi, S. 132.).

der §§ 42 u. 50)“[538] entstammen.[539] Warum diese eigentlich frühen Arbeiten erst so spät publiziert werden, ist nicht bekannt.[540]

Bereits in der ersten Arbeit erweist sich Wertheimer als ein ähnlich innovativer Wissenschaftler wie Wolfgang Köhler (vgl. Kapitel 6.2.1): er refüsiert bereits zu Beginn seiner Ausführungen die Bündelhypothese (auch Mosaikhypothese genannt). Seiner Ansicht nach greifen diese Erklärungsversuche zu kurz und bieten damit keine ausreichenden Definitionsmöglichkeiten. Er geht davon aus, dass

> nur selten, nur unter bestimmten charakteristischen Bedingungen, nur in sehr geringen Grenzen und vielleicht überhaupt nur in Annäherung [...] Und-Summenhaftigkeit wirklich vor [liegt]; es erweist sich als nicht adäquat, diesen Grenzfall als typische Grundlage des Geschehens aufzufassen.[541]

Seinen Überlegungen liegt also die Idee zugrunde, dass das Ganze oder auch Ganzprozesse im Allgemeinen immer inneren Strukturprinzipien unterliegen, die in ihrer Interaktion zu komplex sind, um mit bloßer Addition erklärt werden zu können. Daraus ergibt sich Wertheimers Anspruch, mit überholten wissenschaftlichen Denk- und Lehrgewohnheiten abzuschließen und den tradierten Analysestrukturen eine Absage zu erteilen, bei denen von ‚unten nach oben‘ gedacht wird – die Komponenten also zuerst betrachtet und dann in ihren Gesamtkontext eingeordnet werden. Dieser Betrachtungsweise unterstellt Wertheimer, dass durch konstruierte und nur scheinbar obligatorische Konnexionen

---

538 Wertheimer, Max: Untersuchungen zur Lehre von der Gestalt II Untersuchungen zur Lehre von der Gestalt. I. Prinzipielle Bemerkungen. II. (Ohne Titel). In: Psychologische Forschung 1 (1922), S. 47–59; 4 (1923), 301–350, hier S. 302.

539 Victor Sarris schreibt: „Der Hinweis auf dieses wissenschaftshistorische Faktum hat weniger damit zu tun, daß im Kontext dieser Arbeit auf die Frankfurter Leistungen Max Wertheimers besonders abzuheben wäre, als daß vielmehr der historisch bedeutsame Zusammenhang der beiden Grundlagenarbeiten von 1912 einerseits und 1911–1914 (resp. 1923) andererseits mit der gesamten Gestaltpsychologie gesehen werden muß.“ (Sarris: Max Wertheimer in Frankfurt, S. 32).

540 Dass die Arbeiten in Fachkreisen bereits wesentlich früher bekannt wurden, als es das Jahr der Publikation vermuten lässt, beweist die folgende Anmerkung von Gelb im Jahr 1914 zu der Frage, wie das Erfassen von Gruppen möglicherweise zustande kommt, als er konstatiert: „Es sei bemerkt, daß die meiner Meinung nach richtige Erklärung wesentlich in der Richtung von (von Max Wertheimer entdeckten, aber noch nicht publizierten und mir später bekanntgewordenen) ‚Gestaltgesetzen‘ liegt.“ (Gelb: Versuche auf dem Gebiete der Raum- und Zeitanschauung. In: Bericht über den VI. Kongreß für experimentelle Psychologie (1914), S. 36–42, hier S. 42.).

541 Wertheimer: Untersuchungen zur Lehre von der Gestalt I, S. 52.

die eigentlich relevanten Strukturen übersehen werden und erklärt dieses Vorgehen daher für inadäquat. Er schlägt vielmehr den Weg von ‚oben nach unten' vor, bei dem zunächst der Komplex als solcher analysiert wird und von dort aus die Eigenschaften der einzelnen Komponenten erfasst werden. Wertheimer konstatiert:

> Es ist ein folgenreicher Unterschied, ob ich sage: es ist a da und b und c... – Inhalte für sich (etwa jeder durch seinen Reiz bedingt oder von stückhaften Reproduktionsgesetzen her) und diese Und-Gegebenheit der Summe als die Grundlage ansehe, an die eventuell sich weiteres knüpfen mag – oder ob ich sage: ich habe diese oder jene durch konkrete Charaktereigenschaften und Gesetzlichkeiten bestimmte Ganze und Ganzverläufe, aus denen ich durch Zerstückung, durch *Realteilung* [...] Teile gewinnen kann [...], von denen ich aber unter diesen neuen Bedingungen dann freilich nicht mit Sicherheit weiß, ob sie auch ebenso als Teile in dem Ganzen waren; ja von denen ich unter Umständen klar feststellen kann, wiefern dieser Vorgang gesetzlich Änderungen bedingt.[542]

Prägnant ist in diesem Zusammenhang, dass Wertheimer seine eigenen Prinzipien ein weiteres Mal auf denen von Christian von Ehrenfels fußen lässt, dabei aber einen entscheidenden Schritt weitergeht: Für ihn unterscheidet sich die Gestalt durch das Hinzutretende nicht mehr nur von der Summe ihrer Teile; vielmehr konstituiert sich innerhalb der Ganzheit alles neu.[543]

Mit diesen Voraussetzungen beginnt Wertheimer den zweiten Artikel, in dem er nun schließlich die Gestaltgesetze als solche aufstellt, indem er davon ausgeht, dass Gegebenheiten nicht beliebig getrennt oder zusammengefasst aufgenommen werden können. Wertheimer fragt sich: „*Gibt es Prinzipien* für die Art so resultierender ‚Zusammengefasstheit' und ‚Geteiltheit'? *Welche*?"[544] Er geht also nicht mehr nur wie von Ehrenfels ganz allgemein davon aus, dass es Gestaltqualitäten als solche gibt, sondern er untersucht, welchen Gesetzen die Gestalten gehorchen – die Annahme von Gestalten kann somit als vollständig etabliert angesehen werden. Dabei muss im Auge behalten werden, dass sich Wertheimer durchaus bewusst ist, dass die von ihm aufgeführten Prinzipien der Wahrnehmungsorganisation einen vorläufigen Charakter haben – eine Tatsache, auf die er in seinen einleitenden Worten auch explizit hinweist.[545] Er identifiziert mehrere Strukturprinzipien, nach denen ein (meist visueller) Gesamtkomplex geordnet

---

542 Ebd., S. 55.

543 Vgl. Metzger, Wolfgang: Zur Geschichte der Gestalttheorie in Deutschland (1963), S. 102.

544 Wertheimer: Untersuchungen von der Lehre zur Gestalt II, S. 302.

545 Vgl. Ebd.

werden kann; so führt er neben dem Faktor der Nähe den der Gleichheit, der Geschlossenheit, der guten Kurve und des gemeinsamen Schicksals an.

Exemplarisch sei hier sein Vorgehen für ein Ordnungsprinzip demonstriert; für den Faktor der Nähe führt Wertheimer folgendes aus:

> Sei eine Punktreihe gegeben, in sonst homogenem Feld, mit alternierenden Abständen, z.B. $s_1 = 3$ mm, $s_2 = 12$ mm.
>
> .. .. .. .. .. .. ..
>
> Eine solche Punktreihe wird normaliter spontan als eine Reihe kleiner Punktgruppen gesehen in der Fassung a b/ c d und nicht etwa in der Fassung a/b c/d e… Die zweite Fassung (a/b c/d e…) simultan im ganzen zu haben, ist für die meisten Menschen völlig unmöglich.[546]

Er geht davon aus, dass diese Zusammenfassung nicht willkürlich, sondern vielmehr sehr geordnet vonstatten geht – in diesem Fall wird die Ordnung durch die relative Nähe der Punkte erzielt, sodass die Gruppierung über den kleineren Abstand erfolgt, wohingegen eine Gruppierung der weiter voneinander entfernten Punkte nicht angestrebt wird, da sich eine solche als labiler erweisen würde.[547]

Einen wichtigen Anknüpfungspunkt stellt zudem das Prinzip der guten Gestalt dar (auch Prägnanzprinzip genannt). Bereits 1914 berichtet Adhémar Gelb auf dem Deutschen Psychologenkongress in Göttingen über dieses Phänomen und macht es damit in Fachkreisen publik. Gelb hatte bei Versuchen festgestellt, dass, wenn drei Lichtpunkte in gerade Linie, aber differierenden räumlichen Abständen in gleichen Zeitintervallen aufleuchten, diese auf den Betrachter wirken, als wären sie symmetrisch angeordnet.[548] Gelb stellt an dieser Stelle zwar eine solche Regelmäßigkeit fest, sieht sich aber noch nicht in der Lage, eine strukturelle Regelhaftigkeit daraus abzuleiten, wie Wertheimer dies nun einige Jahre später tut.[549]

---

546 Ebd., S. 304.

547 Vgl. Ebd., S. 308.

548 Vgl. Gelb: Versuche auf dem Gebiete der Zeit- und Raumanschauung, S. 37ff.

549 Tatsächlich kommentieren im Anschluss an Gelbs Ausführungen mehrere Wissenschaftler dieses Phänomen, auch sie haben während ihrer experimentellen Arbeiten diesbezüglich ähnliche, noch unsystematisierte Feststellungen gemacht, u.a. Vittorio Benussi, der der Grazer Schule angehört und die Frage nach der Aufmerksamkeitslenkung fokussiert (vgl. Gelb: Versuche auf dem Gebiete der Raum- und Zeitanschauung, S. 159.). Allerdings erweist sich Benussis Beobachtung der kinematographischen Bewegung als deckungsgleich mit den Ausführungen Wertheimers (Vgl. Benussi, Vittorio: Psychologie der Zeitauffassung. Heidelberg: Carl Winter's Universitätsbuchhandlung 1913, besonders S. 99ff.).

Letzterer konstatiert in seiner ‚Punktarbeit'[550] nämlich einen ähnlichen Sachverhalt: Offensichtlich besteht die Neigung, die Wahrnehmung so zu strukturieren, dass möglichst einfache und damit einprägsame Gestalten entstehen – diese Regelmäßigkeit bezeichnet Wertheimer als das ‚Gesetz der guten Gestalt' (Interessanterweise überträgt Wertheimer diese Anschauungen auch auf das Sehen von Bewegung und stellt damit einen wichtigen Bezug zwischen seiner Ausgangsarbeit ‚Studie über das Sehen von Bewegung' her, indem er davon ausgeht, dass der Faktor der Nähe auch für stroboskopische Bewegungen gilt).[551]

Der impulsgebende Charakter von Wertheimers Arbeit ist nicht zu übersehen – markiert er doch einen wichtigen Meilenstein in der Genese der Gestaltpsychologie. Zielten die Bemühungen der Forscher vorher darauf ab, erstens die Existenz von Gestalten im Allgemeinen und zweitens mögliche Gültigkeitsbereiche der Gestalttheorie auszuloten (dieser Prozess darf zu diesem Zeitpunkt noch nicht als abgeschlossen bezeichnet werden), so zeigt diese Arbeit, dass die Annahme, dass Gestalten existieren, nun als etabliert gelten kann und Wertheimer in diesem Zuge sogar Gesetzmäßigkeiten der Wahrnehmungsorganisation aufstellen kann.

## 6.2 Wolfgang Köhler

Wolfgang Köhler (1887–1967) muss als weiteres prominentes Mitglied der Berliner Schule gewertet werden. Er setzt im Jahr 1907 sein bereits in Tübingen und Bonn begonnenes Studium in Berlin fort und beendet es mit der Dissertation unter dem Titel ‚Akustische Untersuchungen I'; eine Arbeit, die von Carl Stumpf betreut wird.[552] Im Jahr 1913 forscht Köhler für mehrere Jahre auf Teneriffa auf der dort eingerichteten Anthropoidenstation. 1922 wird er als Nachfolger von Carl Stumpf am Psychologischen Institut von Berlin eingesetzt und arbeitet dort weiterhin u.a. mit Max Wertheimer, Kurt Lewin, Hans Rupp und Johannes von Allesch zusammen.[553]

---

550 Der Name ‚Punktarbeit' leitet sich von der Darbietungsform der visuellen Reize ab. Wertheimer expliziert besonders die simpel strukturierten Gestaltgesetze anhand von entsprechend angeordneten Punkten.

551 Vgl. Wertheimer: Untersuchungen zur Lehre von der Gestalt II, S. 314.

552 Vgl. Jaeger: Gestaltpsychologie – Wolfgang Köhler und seine Zeit, S. 8ff.

553 Vgl. Ebd., S. 24.

### 6.2.1 ‚Über unbemerkte Empfindungen und Urteilstäuschungen' (1913) – Zweifel an der Konstanzannahme

Bereits im Jahr 1913 publiziert Wolfgang Köhler einen Artikel, der seinerseits mit den Ansichten der tradierten psychologischen Wissenschaft bricht. In der Schrift ‚Über unbemerkte Empfindungen und Urteilstäuschungen' zweifelt er die Konstanzannahme an – ein Prinzip, dessen Geltungsanspruch zum Beispiel von Hermann von Helmholtz und Köhlers Lehrer Carl Stumpf angenommen wird und bei dem eine unbedingte Übertragung von Reiz und Empfindung im Verhältnis 1:1 angenommen wird, selbst wenn diese unbemerkt vonstatten gehen sollte.[554] In seiner Kritik stellt Köhler nicht infrage, dass es Gesetzmäßigkeiten bei der Übertragung von Stimulus zu Empfindung gibt; die Konstanzannahme geht seiner Ansicht nach aber vereinfachend vor und vergibt damit Chancen zum wissenschaftlichen Fortschritt. Statt die Phänomene der unbemerkten Empfindungen reflektiert und objektiv zu beschreiben und in einem weiteren Schritt zu hinterfragen, warum sie nicht den festen Reizempfindungsgesetzen entsprechen, würden diese Phänomene mit potentiell hohem Erkenntniswert in „eine Art Rumpelkammer"[555] der Urteilstäuschungen verschoben. Köhler bemängelt, dass „das bloße Wort ‚Urteilstäuschung' […] wohl auf diese Weise bisweilen mehr Gewicht als die sorgfältigsten Beobachtungen [hat] – das bloße Wort!"[556]

Hier offenbaren sich die weitreichenden Konsequenzen von Köhlers Kritik (die auch vor seinem Lehrer Carl Stumpf nicht Halt macht)[557] und die in ihrer Stoßrichtung an Max Wertheimers Postulate anknüpfen, wenn auch in generalisierter Form. Denn Köhler fordert nichts Anderes als eine grundsätzliche Umstrukturierung der Wahrnehmungstheorie,[558] die eine „verfrühte und künstliche […] Einfachheit der Sinnesphysiologie"[559] negiert. Er schreibt, es werde nun angenommen,

---

554 Vgl. Ash, Mitchell: The emergence of Gestalt theory: Experimental Psychology in Germany 1980–1920, S. 316.

555 Köhler, Wolfgang: Über unbemerkte Empfindungen und Urteilstäuschungen. In: Zeitschrift für Psychologie 66 (1913), S. 51–80, hier S. 68.

556 Ebd., S. 67.

557 Allerdings formuliert Köhler seine Kritik recht vorsichtig. Statt die Annahmen seines Lehrers als generell problematisch abzutun, nähert er sich ihm über Aussagen, die Stumpf selbst machte und in denen er die Konstanzannahme nicht als etwas streng Bewiesenes ansieht. Diese Aussagen nutzt Köhler, um seine Zweifel als berechtigt zu erklären und verwendet sie als Ausgangspunkt für seine Argumentation (vgl. Köhler: Über unbemerkte Empfindungen, S. 56f.).

558 Vgl. Ash: The emergence of Gestalt theory, S. 324.

559 Köhler: Über unbemerkte Empfindungen, S. 79.

daß im allgemeinen bei dem Zustandekommen der Sinnesgegebenheiten außer den Reizen und den bisher bekannten peripheren Bedingungen noch eine Reihe anderer Faktoren, vor allem solche zentraler Natur, von ganz wesentlicher Bedeutung sind, und daß jene einfachsten Beziehungen zwischen Reiz und Empfindung, die die Grundannahme möglichst absolut setzt, durch Isolierung gewonnene Grenzfälle bedeuten [...]. Den Beobachtungen gemäß behaupten wir weiter, daß (besonders in Fällen, wo ‚Komplexe' vorliegen) eine Beschreibung der Empfindungsgegebenheiten solange unvollständig und wirklichkeitsfremd bleiben muß, als man dabei mit den geläufigen Variabeln unserer Sinnesphysiologie (gemäß den Grundannahmen) auszukommen sucht, daß vielmehr bei der üblichen Deskription ein großer und bedeutender Teil der Wahrnehmungseigenschaften unberücksichtigt bleibt, der in jenen durch Isolierung gewonnenen Grenzfällen wirklich zurücktritt, aber wahrnehmungspsychologisch viel wichtiger ist als die geläufigen Empfindungsmomente [...].[560]

Obwohl, wie Ash richtig betont, Köhler zu keinem Zeitpunkt konkret Stellung zu Fragen der Gestalttheorie bezieht,[561] so ist doch das Potential für die sich entwickelnde Disziplin deutlich zu erkennen, denn Köhler ist bereit, neue gedankliche Wege zu gehen. In seinen Ausführungen schwingt implizit die Idee mit, dass die Sinnesgegebenheiten als Ganzes aufgefasst werden und ihre Eigenschaften je nach Untersuchungsmethode und -perspektive unterschiedlich stark hervortreten. Indem sich die ‚alte' Psychologie auf tradierte Positionen zurückzieht, in denen abweichende Ergebnisse als Urteilstäuschungen interpretiert werden, übersieht sie automatisch vielversprechende Struktureigenschaften, deren scheinbarer ‚Ausnahmecharakter' mögliches Erkenntnispotential birgt, das wiederum das Gesamtsystem betreffen könnte.

Dennoch muss konstatiert werden, dass auch Köhlers Arbeit nur als richtungweisender Ansatz gewertet werden kann.[562] Allerdings geht er in seinen Überlegungen einen Schritt weiter als Wertheimer, indem er den Terminus des Reizes, wie er in der ‚alten' Psychologie verwendet wird, anzweifelt – ein Prinzip, das den Ausführungen Wertheimers noch als Basis dient (vgl. z.B. die Kurzschlusshypothese).[563] Im Verlauf der Entwicklung der Gestaltpsychologie zeigt sich, wie weit sich die Gestaltpsychologen von der Konstanzannahme entfernen werden. 1915 spricht

560 Ebd.

561 Vgl. Ash: The emergence of Gestalt theory, S. 325.

562 Petermann formuliert in seiner Kritik gar, diese Arbeit von Köhler könne „im Fortschritt der Gesamtentwicklung der Gestalttheorie daher wesentlich doch nur negative Bedeutung beanspruchen." (Petermann: Die Wertheimer-Koffka-Köhlersche Gestalttheorie und das Gestaltproblem, S. 24.). So uneingeschränkt soll diese Annahme in der vorliegenden Arbeit allerdings nicht gelten.

563 Vgl. Ebd. S. 23.

Koffka in seinem Artikel ‚Zur Grundlegung der Wahrnehmungspsychologie' davon, dass das Wahrgenommene „im Rahmen der Gestalttheorie als Abhängigkeit von einer Vielheit von Variablen"[564] erscheint. Damit ist eine endgültige Abkehr von der weitgehend mechanisch argumentierenden Konstanzannahme festzustellen; Schlusspunkt eines Prozesses, dessen Anfang in der frühen Entwicklung der Gestaltpsychologie zu finden ist und der damit zu den Kernthesen zu zählen ist.

### 6.2.2 ‚Die physischen Gestalten in Ruhe und im stationären Zustand' (1920) – Die Übertragung von Gestalten auf Biologie und Physik

Im Jahr 1920 veröffentlicht Köhler mit seinem Werk ‚Über physische Gestalten in Ruhe und im stationären Zustand' eine weitere wichtige Arbeit. Silvia Bonacchi schätzt die Bedeutung der Erkenntnisse Köhlers wie folgt ein:

> Wolfgang Köhlers Arbeit [...] besiegelte einen Wendepunkt in der Entwicklung der Gestalttheorie. Sie ließ die Möglichkeit eines einheitlichen wissenschaftliches Bildes zur Erfassung der Wirklichkeit erblicken und weckte eine sehr rege Debatte um die Frage des Verhältnisses zwischen Physischem und Psychischem, die in der Physik, der Physiologie, der Philosophie und der Biologie ausgetragen wurde.[565]

Sie erwähnt hier ein Prinzip, das sich als Konstante in Köhlers Forschungswerk erweisen wird: Stets sucht dieser den Kontakt zur Biologie im Allgemeinen und der Physiologie im Speziellen, um seine Annahmen zu untermauern (Metzger spricht davon, dass Köhler als der „Psychophysiker der Gestalttheorie"[566] zu bezeichnen sei). Festzuhalten bleibt zudem, dass sich Köhlers Ansatz bewusst an der von Wertheimer postulierten Kurzschlusshypothese orientiert (womit bereits ein erster physiologischer Impuls gegeben ist), er sich also ebenfalls dagegen ausspricht, die zentralphysischen Prozesse als Aufaddierung einzelner Erregungen zu betrachten – allerdings muss hier davon ausgegangen werden, dass Köhler, indem er schon früh die Konstanzannahme anzweifelt, mit der Frage nach der Relation von Stimulus und Empfindung sehr viel vorsichtiger und differenzierter umgeht, als Wertheimer dies zum Zeitpunkt seiner ‚Studie über das Sehen von Bewegung' noch tat. Köhler stellt die These an die Spitze seiner Untersuchung,

---

564 Koffka: Zur Grundlegung der Wahrnehmungspsychologie. Eine Auseinandersetzung mit V. Benussi, S. 44.

565 Bonacchi: Die Gestalt der Dichtung, S. 134.

566 Metzger: Zur Geschichte der Gestalttheorie in Deutschland (1963), S. 104.

dass diese Prozesse als gestaltete Gesamtprozesse betrachtet werden müssen, um der Fülle ihrer Interaktionen gerecht werden zu können.[567]

Unverkennbar ist von Anfang an die enorme Bandbreite, die das Werk Köhlers umfasst – der Autor sieht sich genötigt, zwei Einleitungen zu schreiben, die sich je an die Fachwissenschaftler der von ihm berührten Forschungsfelder richten: Er schreibt eine Einleitung für Philosophen und Biologen und eine für Physiker,[568] in denen er versucht, die groben Grundzüge der aus der jeweiligen Fachrichtung in die Gestaltpsychologie getragenen Probleme zu erläutern. In einer Fußnote stellt er fest: „Es war nicht möglich, die Fragestellung dieser Schrift in einem Gedankengang zu entwickeln, der zugleich für Philosophen, Biologen und Physiker gepaßt hätte. Die Voraussetzungen sind in den einzelnen Wissenschaften gar zu verschieden."[569]

Bezeichnenderweise bezieht sich Köhler gleich im ersten Satz auf Christian von Ehrenfels, auf dessen Gestaltbegriff er rekurriert.[570] Köhler verbindet somit in seiner Arbeit ausdrücklich die Ideen von Ehrenfels' mit physikalischen Ansätzen. Der Wissenschaftler ist sich des innovativen Moments seines Ansatzes vollauf bewusst und auch der Tatsache, dass die wenig präzise und kaum einheitliche Definition der Gestalttheorie seiner Arbeit den Grund entziehen könnte.[571] Er schreibt:

> In der Tat verspüren selbst diejenigen, welche bereits gewohnt sind, mit dem Begriff der Gestalten als dem von etwas psychisch vollkommen Realem zu arbeiten, bisweilen wohl eine leichte Hemmung bei diesem Verfahren, das ein Umgehen mit empirisch nur eben und durch theoretisches Fundament noch gar nicht legitimierten Gebilden bedeutet.[572]

---

567 Vgl. Köhler: Die physischen Gestalten in Ruhe und im stationären Zustand. Braunschweig: Friedrich Vieweg & Sohn 1920, hier S. XIVf.

568 Vgl. Ebd., S. XI–XX.

569 Ebd., S. XI.

570 Bonacchi fasst den Zusammenhang zwischen den Forschern wie folgt zusammen: „Köhler versuchte zu beweisen, daß es in der Natur Systeme gibt, deren Ordnung ganz oder zum Teil durch ein Wechselspiel von Kräften aufrechterhalten wird. Diese Systeme weisen jene Merkmale auf, die nach Christian von Ehrenfels psychische Gestalten kennzeichnen, ferner die schon von Mach aufgewiesene Tendenz zur größten Regelmäßigkeit" (Bonacchi: Die Gestalt der Dichtung, S. 138.).

571 Nichtsdestoweniger ist natürlich deutlich zu erkennen, dass die Überlegungen der Wissenschaftler, so unterschiedlich sie auch sein mögen, auf dem gleichen Fundament fußen. Die Aussage bezieht sich in diesem Zusammenhang vielmehr darauf, dass einheitliche theoretische Postulate weitgehend fehlen, mit denen dieser unbestritten existierende Zusammenhang genauer gefasst würde.

572 Köhler: Die physischen Gestalten, S. XI.

Die Lösung für diese Problematik sind laut Köhler die Wissenschaften (genauer die Physik und die physikalische Chemie), deren „stolzestes Prädikat, das der Exaktheit“[573] in der Lage ist, objektivierte Erkenntnisse zu schaffen und damit die Ideen der Gestaltisten auf einer validen Basis zu begründen – Köhler weist damit eine deutliche gedankliche Nähe (aber einen anderen Schwerpunkt) zu Max Wertheimer auf, der in ähnlicher Weise versucht, die bereits erfolgten theoretischen Überlegungen experimentell zu verankern. Zudem zeigt sich, dass Köhler hier eine Vorgehensweise verbalisiert, die die Gestaltpsychologie schon seit geraumer Zeit praktiziert: die Anlehnung an die Naturwissenschaften und das Streben nach Objektivierbarkeit – ein Ansatz, der sich bis zu den Lehrern Carl Stumpfs zurückverfolgen lässt, aber erst in dieser Zeit seine volle Bedeutungsfülle entfalten kann.

Köhler fügt seinen einführenden Überlegungen polemisch an, dass die Ansichten, die in der ‚alten‘ Psychologie vertreten werden, durchaus „beschränkten Erklärungsabsichten“[574] gerecht werden könnten, nicht jedoch für die „höheren Ansprüche an die Leistungsfähigkeit einer psychophysischen Grundannahme.“[575] Daher sucht er die Lösung für die dargestellte Problematik „nicht in der flüchtigen Unsicherheit der beobachteten Erlebnisse, sondern in den festen Formen der anorganischen Naturvorgänge.“[576]

Köhler beschäftigt sich einleitend mit der Frage, wie physikalische Gestalten überhaupt zustande kommen können. Er geht davon aus, dass die Möglichkeit der Wahrnehmung von Gestalten erst dann realisiert werden kann, wenn diese die menschlichen Sinne durch inhomogene Reizung berühren. Er schreibt:

> Eine Form muß unsere Körperfläche auf irgendwie beschränktem Gebiet berühren, der Druck muß gegen unbeeinflußte oder schwächer berührte Haut abgegrenzt sein, damit von einer taktilen Gestalt die Rede sein kann, und nur wenn Farbenunterschiede im Gesichtsfeld vorkommen, ergibt sich die Möglichkeit Gestalten zu sehen.[577]

Um die verschiedenen Arten der Reizung der somatischen Felder voneinander differenzieren zu können, entwickelt Köhler den Terminus des stationären Zustands[578], dessen Definition sich aus der Abgrenzung zu den Begriffen ‚quasistationäre Prozesse‘ und ‚dynamische Verläufe‘ ergibt.[579]

573 Ebd.
574 Ebd., S. XVIII.
575 Ebd.
576 Ebd., S. XI.
577 Ebd., S. 1.
578 Vgl. Ebd., S. 4.
579 Vgl. Ebd.

Köhler definiert den stationären wie folgt: „Von […] stationärem Zustand spricht man, wenn ein System fortwährend denselben Vorgang durchmacht, dabei aber in keiner seine Systemeigenschaften verändert wird.“[580] Er führt aus, dass, wenn sich die Bedingungen, denen das System vorher unterworfen war, plötzlich durch einen dynamischen Vorgang verändert werden, ein zweiter stationärer Zustand erreicht werden kann, der den neuen Bedingungen entspricht. Somit ist eine Aneinanderreihung mehrerer stationärer Zustände möglich. Dieser Eindruck verstärkt sich, wenn das dynamische Moment in den Hintergrund tritt und den Systemen Zeit gegeben wird, sich an die jeweils neuen Gegebenheiten anzupassen. Über den Faktor der Zeit werden diese sogenannten quasistationären Prozesse von rein dynamischen abgegrenzt.[581] Bereits hier deutet sich die komplizierte Interaktion innerhalb der (im weitesten Sinne) physikalischen Systeme an, die Köhler auszuarbeiten gedenkt. Dass hier die Annahme von einfach strukturierten, addierenden Und-Verbindungen zu kurz greifen würde, erklärt sich von selbst – substituiert wird die ‚veraltete‘ Hypothese durch das Prinzip eines dynamischen, vielschichtig agierenden Systems; ein Lösungsvorschlag, der aus den vorherigen Arbeiten bereits bekannt ist, nun aber in großem Umfang eine weitere experimentelle Untermauerung erfährt.

Um seine These von der Existenz physikalischer Gestalten zu verifizieren, beginnt Köhler zunächst damit, diese in der Physik nachzuweisen und nimmt ganz im von Ehrenfelschen Sinne an, dass sich „Zustände und Vorgänge, [ihre] charakteristische[n] Eigenschaften und Wirkungen [nicht] aus artgleichen Eigenschaften und Wirkungen ihrer sogenannten Teile […] zusammensetzen.“[582]

Köhler stützt seine Hypothese u.a. auf die Untersuchung zweier elektrolytischer Lösungen. Die entstehende Potentialdifferenz dieser beiden Lösungen kann nicht mit der traditionellen Idee der ‚Und-Verbindungen‘ begründet werden, da sich jene fragliche Potentialdifferenz durch die physische Kommunikation der beiden Lösungen überhaupt erst entwickeln kann.[583] Köhler stellt diesen Zusammenhang wie folgt dar:

> Bei osmotischer Verbindung der beiden Lösungen bestimmte die Materialnatur (Ionenart, Konzentration) beider zusammengenommen eine neue Systemeigenschaft des Ganzen unter gesetzmäßiger Verschiebung der Eigenschaften der Teile. Die Gestalttheorie verlangt ohne viel einschränkende Bedingungen zunächst nur, daß Gebilde des von ihr gemeinten Typus mehr Eigenschaften haben, als aus artgleichen Eigenschaften

580 Ebd., S. 5.
581 Vgl. Ebd., S. 5f.
582 Ebd., S. IX; vgl. auch Amin: Assoziationspsychologie und Gestaltpsychologie, S. 140.
583 Vgl. Köhler: Die physischen Gestalten, S. 30.

> sogenannter Teile als Resultante hervorgehen würde. [...] *Hiernach hat das kommunizierende System der Lösungen Gestaltmerkmale* [i.O. gesperrt; K.B.].[584]

Damit ist der erste Schritt in Richtung einer experimentellen Beweisführung getan. Köhler differenziert weiterhin zwischen der Verteilung von ‚Dingen' und physikalischen Systemen. Exemplarisch für die Verteilung von Dingen nennt er Steine, die in einem bestimmten Abstand zueinander auf der Straße liegen. Wird einer von ihnen entfernt, so hat das auf die ‚Partialverteilung' der übrigen Steine keinen Einfluss. Diese Tatsache rührt daher, dass sie eine „rein summative Verteilung miteinander bilden"[585] und sich daher untereinander nicht beeinflussen. Dies ist bei physikalischen Systemen, wie oben dargelegt, anders. Denn die

> *Gruppierungen in physikalischen Systemen sind nichtadditiver Natur; man hat genau zu unterscheiden zwischen Verteilungen physischer Objekte überhaupt* – welche sehr wohl summativ sein können – *und den Gruppierungen in physikalischen Systemen* [i.O. gesperrt; K.B.].[586]

Die hier getroffene Annahme trägt bereits die Anlagen zu der Hypothese in sich, die Wolfgang Köhler später als psychophysischen Isomorphismus kennzeichnen wird. In der Retrospektive stellt er heraus, dass diese Annahme zwar erst in der Folge als solchen bezeichnet wird, das Gerüst dieses Prinzips aber bereits 1920 bekannt ist.[587] Köhler definiert den psychophysischen Isomorphismus wie folgt:

> Wenn z.B. unter bestimmten Bedingungen Wahrnehmungsprozesse eine Tendenz zu besonders regelmäßigen und einfachen Formen zeigen, und wenn wir vermuten, daß unter denselben Bedingungen entsprechende Prozesse im Gehirn dieselbe Tendenz aufweisen, dann kommen wir zu dem, was ich eben Struktureigenschaften nannte. Und es sind solche strukturellen Charakteristika, die [...] Wahrnehmungstatsachen und die entsprechenden Gehirnprozesse gemeinsam haben können.[588]

Namensgebung und das dem Prinzip zugrundeliegende gedankliche Fundament lassen zu Recht an Ernst Machs psychophysischen Parallelismus denken. Wenn

---

584 Ebd., S. 34.

585 Ebd., S. 48.

586 Ebd., S. 50.

587 1971 schreibt Köhler zudem: „Im Jahre 1920 formulierten die Gestaltpsychologen diese Annahme in der Form folgender allgemeiner Hypothese: Psychologische Tatsachen und die zugrundeliegenden Gehirnvorgänge sind sich in allen ihren Strukturcharakteristika ähnlich. Heutzutage wird dies die Hypothese vom psychophysischen Isomorphismus genannt." (Köhler: Die Aufgabe der Gestaltpsychologie. Berlin, New York: De Gruyter 1971, hier S. 50.).

588 Ebd.

auch die Theorie eine deutliche Erweiterung, Präzisierung und einen experimentellen Unterbau erhalten hat, so sind die Grundzüge der Machschen Postulate ohne Weiteres erkennbar, auf denen wiederum Max Wertheimer aufbauen konnte und die Ansätze der Zusammenhänge zwischen neurophysiologischen und psychischen Erscheinungen herausarbeitete[589] – ein Prinzip, das nun wiederum von Köhler ausgebaut wird.

Die biologische Orientierung Köhlers bleibt auch in der Folge konstant. In seinem Artikel „Gestaltprobleme und Anfänge einer Gestalttheorie“ von 1922 zeigt sich, dass diese Ansätze und auch die Anforderungen an die Gestalttheorie nun schon sehr konkret ausformuliert werden.[590] Diese Annahme betrifft in erster Linie organische Prozesse, für die Köhler konstatiert, dass die „Vorgänge *geordnet* und *ein*geordnet [i.O. gesperrt; K.B.] nach den Bedürfnissen und der Lage des ganzen Organismus verlaufen.“[591] Dabei stellt sich heraus, dass „die einzelnen Gebiete und Organe ‚wie im Einverständnis miteinander‘ tätig [sind], so daß die Art der Zusammenarbeit einen geordneten und für das Ganze sinnvollen Gesamtvorgang ergibt.“[592] Diese Annahme, dass die Funktion eines Teils von dem Ganzen abhängt, zu dem die Komponente gehört, umfasst auch anorganische Prinzipien[593] – eine Grundidee, die Köhler bereits 1920 zu beweisen suchte.

Deutlich wendet sich Köhler an dieser Stelle zudem von der Notion ab, eine „anatomisch-mechanische[n] Elementordnung“[594] könne die Leistungsanforderungen erfüllen, die an die Explikationsansprüche der zeitgenössischen Psychologie gestellt würden. Er degradiert derartige Hypothesen zu Hilfsannahmen, die in keinem Fall mehr als den Einstieg in eine Thematik leisten können – die Gebilde, die die Gestalttheorie anvisiert, seien zu komplex, um durch derart starre Gerüste abgebildet zu werden, sodass hier keine reliablen Ergebnisse entstehen könnten.[595] Köhler schlägt vielmehr ein dynamisches System vor, das zu jeder

589 Vgl. auch Baumann: Bemerkungen zu den philosophischen Grundlagen der Gestaltpsychologie, S. 152.

590 Köhler hat auch zudem das Potential erkannt, dass die Gestalttheorie mit ihren vielfältigen Anknüpfungspunkten für zahlreiche Fachwissenschaften bietet (eine Auswahl wird in dieser Arbeit dargelegt), zweifelsfrei erkannt. So schreibt er, dass die Gestalttheorie „eine Gedankenbildung bezeichnet, welche für die Probleme verschiedener Wissenschaften von produktiver Bedeutung scheint.“ (Köhler: Gestaltprobleme und Anfänge einer Gestalttheorie, S. 178.).

591 Ebd.

592 Ebd.

593 Vgl. Ebd., S. 180.

594 Ebd., S. 182.

595 Vgl. Ebd., S. 184.

Zeit danach strebt, ein Gleichgewicht zu finden. Damit zeigt sich, dass Köhlers Überlegungen zwar nicht neu sind, dennoch aber einen innovativen Charakter nicht vermissen lassen. Der Wissenschaftler setzt in diesem Zusammenhang den Fokus weniger auf die Erarbeitung neuer Prinzipien, sondern bemüht sich vielmehr, die vorhandenen theoretischen Grundlagen in umfassender Weise experimentell zu belegen. In dem von ihm geführten Nachweis offenbart sich schnell und eindrücklich die Unzulänglichkeit der eindimensional agierenden Explikationsversuche der ‚alten' Psychologie und eröffnet damit den Ansätzen der Gestaltpsychologie neue Legitimationshorizonte. Denn mit dem Rückgriff auf die etablierten Naturwissenschaften und dem Beweis, dass die von der Gestaltpsychologie untersuchten Prinzipien auch dort zu finden sind, erweitert Köhler den Geltungsbereich seines Forschungszweiges um ein Vielfaches und treibt damit auch dessen Etablierung großschrittig voran.

## 6.3 Kurt Koffka: ‚Psychologie der Wahrnehmung' (1914) – Antisynthetische Ansätze

Kurt Koffka (1886–1941) stellt einen weiteren führenden Kopf der Gestaltisten dar.[596] Von 1904 bis 1908 besucht er die Vorlesungen am Psychologischen Institut, wo er 1909 bei Carl Stumpf promoviert. Ab 1910 beginnt die enge Zusammenarbeit mit Wertheimer und Köhler.[597] 1914 erscheint sein Artikel ‚Psychologie der Wahrnehmung', in dem er u.a. die von Köhler aufgeworfene Problematisierung der Konstanzannahme erneut beleuchtet.[598]

---

596 Eine Schülerin Koffkas, Molly Harrower, schreibt später: "If one sets up a triangle with Wertheimer at the apex and Köhler and Koffka along the baseline, one sees Wertheimer's position as the originator of the Gestalt idea and sees him supported by Köhler and Koffka, each in his own unique way." (Harrower, Molly: Kurt Koffka. An unwitting self-portrait, Gainesville: University Presses of Florida 1983, hier S. 9).

597 Vgl. Ebd., S. viii.

598 Bereits im Jahr 1912 bemüht sich Koffka in seinem Werk ‚Zur Analyse der Vorstellungen und ihrer Gesetze' darum, eine objektivere und damit auch differenzierter Betrachtungsweise in der Psychologie anzubahnen. Dazu unterscheidet er zwischen Deskriptions- und Funktionsbegriffen. Dabei betreffen die Deskriptionsbegriffe den Wahrnehmungsvorgang als solchen, die Funktionsbegriffe hingegen rekurrieren auf objektivierte Erlebnisse. Koffka bringt diesen Unterschied auf den Punkt, wenn er schreibt: „Eine Hemmung, die ich erlebe, und eine Hemmung, die ich aus Versuchsergebnissen ableite, sind so verschieden wie Farbe und Lichtstrahl, wie Ton und Luftschwingung." (Koffka, Kurt: Zur Analyse der Vorstellungen und ihrer Gesetze. Eine experimentelle Untersuchung. Leipzig: Quelle & Meyer 1912, hier S. 6.) Für

In der ‚Psychologie der Wahrnehmung' entwickelt Koffka einen Gedanken, der später im Zentrum der Forschungen der Berliner Schule stehen wird: die Fokussierung auf sinnesphysiologische Phänomene. Für ihn ist an dieser Stelle die Frage nach der Relation von Empfindungen und Wahrnehmungen relevant. Dabei distanziert er sich bereits mit seinen einleitenden Worten von der ‚alten' Psychologie, indem er schreibt:

> Wahrnehmung bedeutete [...] gegenüber den Empfindungen das Komplexere, Höhere, Spätere, die Empfindungen waren die Elemente, aus denen sich die Wahrnehmungen aufbauten, sie gehörten wegen ihrer engen Beziehungen fast zum Vorpsychologischen. [...] Eine [...] Folge hiervon war, daß man zu allerhand Hypothesen [...] greifen mußte, wollte man mit diesem Empfindungen die Wahrnehmungen ‚aufbauen'. Man trat also an das Studium der Wahrnehmungen nicht unbefangen heran, sondern sub specie der Empfindung. Die bloße Beschreibung des Gegebenen trat zurück, ja sie geriet in den Verdacht, dem wesentlichen Wahrnehmungstatbestand gegenüber zu versagen, da sie mannigfachen ‚Urteilstäuschungen' ausgesetzt sei.[599]

Diese Ausführungen Koffkas demonstrieren ex negativo, in welche Richtung seine eigenen Überlegungen gehen werden. Er konstatiert, mit dem „Umschwung"[600] der letzten Jahre, der maßgeblich durch die Arbeiten Wertheimers und Köhlers mitbestimmt wurde, habe auch eine Modifizierung der Betrachtungsweise stattgefunden. Indem der Wahrnehmungstatbestand nicht mehr als potentiell insuffizient angenommen wird, sondern ihm vielmehr durch adäquate Betrachtung Rechnung getragen wird, wird er zum Ausgangspunkt für die noch junge Theorie. Koffka konstatiert, daraus folge, dass „man nicht mehr die Wahrnehmungen aus den Empfindungen, sondern die Empfindungen aus den Wahrnehmungen zu verstehen sucht."[601]

In Anschluss an die Ausführungen von Köhler problematisiert auch Koffka die Frage nach der Konstanzannahme. Seiner Ansicht nach ist diese aufgrund

---

den Wissenschaftler ist eine genaue Differenzierung für eine Analyse von Bewusstseinsinhalten von größter Bedeutung, da die Verwechslung dieser beiden Prinzipien zu Definitionsproblemen führen müssen. Koffkas Kritik betrifft u.a. auch den Aufmerksamkeitsbegriff von Wilhelm Wundt, bei dem dieser eine objektive und ein subjektive Aufmerksamkeit zu identifizieren glaubt. Laut Koffka handelt es sich aber um eben die erwähnte Unterscheidung zwischen Funktions- und Deskriptionsbegriff und damit um zwei Termini, die völlig verschiedene Dinge beschreiben (vgl. Koffka: Zur Analyse der Vorstellungen und ihrer Gesetze, S. 10ff.).

599 Koffka, Kurt: Psychologie der Wahrnehmung, In: Die Geisteswissenschaften 1 (1914), S. 711–716 und 796–800, hier S. 711.

600 Ebd., S. 711.

601 Ebd., S. 712.

von unbemerkten Empfindungen (und gegebenenfalls daraus resultierenden Urteilstäuschungen) weder belegbar noch widerlegbar, denn „eine prinzipiell unwiderlegbare Theorie ist auch prinzipiell unbeweisbar, da es ja kein experimentum crucis gibt.“[602]

Aus diesen zwei Befunden ergibt sich die eigentliche Bedeutung der Ausführungen Koffkas für die Genese der Gestalttheorie. Petermann subsumiert Koffkas skeptische Haltung der Konstanzannahme gegenüber und seine nach Differenzierung strebende Frage nach dem Verhältnis von Empfindung und Wahrnehmung als „Proklamierung der antisynthetischen Gesamthaltung.“[603] Tatsächlich hält Koffka die Annahme einer Und-Summenhaftigkeit in der Psychologie für reduktiv und bezieht sich in seiner Argumentation u.a. auf Wertheimers ‚Studie über das Sehen von Bewegung‘, um sein theoretisches Gerüst zu unterfüttern. Wird angenommen, dass nicht die Summe der Einzelvorgänge physiologisch relevant ist, sondern vielmehr die Querverbindungen und Gesamtvorgänge, so ergibt sich daraus auch, warum Koffka es ablehnt, die Empfindungen als einfachste Komponente des Wahrnehmungskomplexes zu deklarieren. Statt eine statisch-summative Synthese anzunehmen, skizziert Koffka vielmehr ein dynamisches System, in dem sich die Relation von Wahrnehmung und Empfindung aus deren Interaktion ergibt. Er konstatiert:

> Dadurch daß die Wahrnehmung nicht mehr aus Empfindungen zusammengesetzt ist, ist die Empfindung nicht mehr das einfachste Elementarerlebnis, sie ist vielmehr anzusehen als ein Produkt der Analyse, entstanden unter Bedingungen, die für den Zerfall der ursprünglichen Gesamtvorgänge günstig sind. Sind diese Bedingungen gegeben, so haben wir ‚Empfindungen‘, treten andere auf, so haben wir wieder unsere Wahrnehmungen.[604]

Durch diese Annahme, in der die Empfindung nicht mehr als vordefinierter Baustein der Wahrnehmung fungiert, sondern ihr vielmehr ein relativer Charakter zugeschrieben wird, konstituiert sie sich, je nachdem mit welcher Begebenheit sie konfrontiert wird, immer wieder neu: So wird die Linie gegenüber dem Quadrat als eine Empfindung charakterisiert, einem Punkt gegenüber hingegen als eine Gestalt.[605] Somit liegt der innovative Charakter der Arbeit Koffkas nicht nur darin, dass er sich gegen eine simplifizierende Synthese ausspricht,

---

602 Ebd.

603 Petermann: Die Wertheimer-Koffka-Köhlersche Gestalttheorie und das Gestaltproblem, S. 26.

604 Koffka, Kurt: Psychologie der Wahrnehmung, S. 716.

605 Vgl. Ebd.

sondern auch in der Erarbeitung der Hypothese, dass die Wahrnehmungen (und die Empfindungen) dynamischen Prinzipien gehorchen, deren Definitionsmengen in Korrelation zueinander stehen und diese daher stets aufs Neue ausgelotet werden müssen.[606] Auf dem Grund dieser Erkenntnisse sind die Postulate von Ehrenfels' noch zu erahnen: Der Idee der Transponierbarkeit wohnt bereits das Prinzip jener Dynamisierung inne, die Koffka an dieser Stelle konstatiert. Zwar bleiben bei diesem Phänomen die Relationen zwischen den Komponenten insofern stabil, als sie einen Wiedererkennungswert garantieren; die einzelnen Komponenten konstituieren sich jedoch in ihrer Erscheinung und Bedeutung erst aus der Interaktion mit den anderen komplex-etablierenden Komponenten – nur so ist eine Transponierung überhaupt möglich. Zwar steht die Frage nach der Transponierbarkeit nicht im Vordergrund der Ausführungen Koffkas, in dieser grundsätzlichen Anlehnung zeigt sich jedoch gleichzeitig auch der Fortschritt, den die Gestaltpsychologie bereits vorweisen kann. Koffka stärkt mit seinen Überlegungen den psychologischen Ansatz der Überlegungen von Ehrenfels', indem er die Annahme von Gestalten explizit auf die Beziehung von Empfindungen und Wahrnehmungen überträgt. Damit werden Gestalten nicht nur in der Verarbeitung von Umweltreizen vorausgesetzt, vielmehr wird den psychischen Funktionen selbst gestalthafter Charakter zugeschrieben. Aus dieser Erweiterung wird die Vielzahl von Abhängigkeiten erkennbar, die mechanische Erklärungsversuche verunmöglichen. Zugleich wird die Aufgabe der Gestaltpsychologie konturiert, die Methoden entwickeln muss, um dieser Mannigfaltigkeit gerecht zu werden.

## 6.4 Kurt Lewin

Eine weitere richtungweisende Arbeit wird 1917 von Kurt Lewin (1890–1947) publiziert. Dieser studiert ab 1911 u.a. bei Carl Stumpf Philosophie und Psychologie,

---

606 Petermann weist darauf hin, dass die Frage nach dem Verhältnis von Synthese und Analyse nicht neu ist. Bereits 1912 hält der Psychologe Götz Martius eine Rede mit dem Titel ‚Über synthetische und analytische Psychologie', ein Text, dessen Inhalt Koffka bekannt war (vgl. Petermann: Die Wertheimer-Koffka-Köhlersche Gestalttheorie und das Gestaltproblem, S. 27ff.). In seinen Ausführungen entwickelt Martius u.a. die These, dass die Ergebnisse, die die experimentelle Psychologie liefert, synthetischen Ideen zuwiderlaufen. Er konstatiert: „Die Psychologie ist ihrer Natur nach eine analytische Wissenschaft, die auffindbaren Elemente sind keine letzten Tatsachen im metaphysischen Sinne." (Martius, Götz: Über synthetische und analytische Psychologie. In: Bericht über den V. Kongreß für experimentelle Psychologie (1913), S. 261–281, hier S. 281.).

hört aber auch Vorlesungen von Ernst Cassirer.[607] 1916 promoviert er bei Stumpf mit einer Arbeit über das Grundgesetz der Assoziation.[608]

### 6.4.1 ‚Kriegslandschaft' (1917) – Subjektive und situative Wahrnehmung als gestaltbildende Prinzipien

Lewin nimmt eine Sonderstellung in der sich nach dem Krieg etablierenden Berliner Schule ein. Während die anderen Wissenschaftler ihren Schwerpunkt auf die Untersuchung von sinnesphysiologischen Prinzipien gelegt haben, interessiert ihn vornehmlich die Frage nach den Grundsätzen des menschlichen Handelns.[609] Ausgehend von diesen Überlegungen entwickelt Lewin in späteren Jahren die sogenannte Feldtheorie, in der u.a. davon ausgegangen wird, dass das menschliche Individuum in einem dynamischen System mit den Einflussfaktoren Wahrnehmung, Erleben und Verhalten betrachtet werden

---

607 Lewins Lehrer Ernst Cassirer (1874–1945) setzt sich in seinem Werk ‚Substanzbegriff und Funktionsbegriff' u.a. mit der Frage der Bedeutung von Begriffen in der Wissenschaft auseinander. Er schreibt: „Wenn alle Begriffsbildung darin besteht, daß wir von einer Mehrheit von Objekten, die uns vorliegt, nur die übereinstimmenden Merkmale herausheben, während wir alle übrigen fallen lassen, so ist klar, daß durch eine derartige Reduktion an die Stelle der ursprünglichen *Gesamtheit* ein bloßer *Teilbestand* [i.O. gesperrt; K.B.] getreten ist. Dieser Teil aber erhebt den Anspruch, das Ganze zu beherrschen und zu erklären. […] In der Tat verbürgt uns nichts, daß die *gemeinsamen* [i.O. gesperrt; K.B.] Merkmale, die wir aus einem beliebigen Komplex von Objekten herausheben, auch die eigentliche charakteristischen Züge enthalten, die die Gesamtstruktur der Glieder des Komplexes beherrschen und nach sich bestimmen." (Cassirer, Ernst: Substanzbegriff und Funktionsbegriff. Untersuchungen über die Grundfragen der Erkenntniskritik. Darmstadt: Wissenschaftliche Buchgesellschaft 1994, hier S. 8.). Cassirer geht in der Folge davon aus, dass wissenschaftliche Begriffe in Relationen zueinander stehen, Paetzold schreibt diesbezüglich, dass erst das Zusammenwirken der Begriffe einen Wirklichkeitsbereich erschließe (vgl. Paetzold, Heinz: Ernst Cassirer zur Einführung. Hamburg: Junius-Verlag 2002, hier S. 29) – damit bildet es den Erkenntnisgegenstand. Paetzold konstatiert: „Denken und Sein ist letztlich fundiert in dem Prinzip der Konvergenz der Reihe und in dem Prinzip der Kontinuität der Erfahrung." (Paetzold: Ernst Cassirer, S. 34). Cassirer zeigt somit auf, dass es sich bei wissenschaftlichen Begriffen immer um Konstrukte handelt, die ihre Bedeutung erst in ihrer Relation erhalten. In seinen Ausführungen nimmt Cassirer zudem Stellung zu der Frage nach den Gestaltqualitäten, es handle sich dabei um eine durchaus sinnvolle „Revision der allgemeinen Grundbegriffe" in der Psychologie (Cassirer: Substanzbegriff und Funktionsbegriff, S. 441).

608 Vgl. Amin: Assoziationspsychologie und Gestaltpsychologie, S. 157.

609 Vgl. Ebd.

muss.[610] Dabei zeigt sich, dass Lewin in seinen Forschungen dem gestaltpsychologischen Denken konsequent verbunden bleibt; für ihn haben auch Handlungen gestalthaften Charakter.[611] Das Hauptwerk Lewins entwickelt sich erst nach der Periode, die in dieser Arbeit betrachtet werden soll, dennoch können schon früh Grundzüge seiner späteren Erkenntnisse identifiziert werden – da wie dort stehen sie in der Tradition der Gestaltpsychologie.

Bereits in seiner Dissertation aus dem Jahr 1916 unter dem Titel ‚Die psychische Tätigkeit bei der Hemmung von Willensvorgängen und das Grundgesetz der Assoziation' zeigt sich Lewin interessiert an der Frage nach möglichen grundlegenden Prinzipien des menschlichen Verhaltens unter besonderer Berücksichtigung des Willens.[612] Die weiterführenden Forschungen Lewins zu dieser Frage sollen im weiteren Verlauf dieses Abrisses noch näher betrachtet werden. Die Veröffentlichung seiner Promotion im Jahr 1916 und die Entstehung des Artikels ‚Kriegslandschaft' aus dem Jahr 1917 fallen in eine Zeit, in der Kurt Lewin als Freiwilliger im Ersten Weltkrieg dient.

In dem Text ‚Kriegslandschaft' beschäftigt sich Lewin mit der Frage, welche Auswirkungen die subjektive und situative Wahrnehmung der ‚wirklichen' Umwelt haben kann.[613] Lewin schildert in diesem Text, wie abhängig die Perzeption von der individuellen Situation ist. Besonders deutlich tritt dieser Unterschied in der Differenzierung von Friedens- und Kriegslandschaft zutage. Lewin schreibt:

> Wenn man von der Etappe sich wieder der Front nähert, so erlebt man eine eigentümliche Umformung des Landschaftsbildes. […] für gewöhnlich erlebt man die Landschaft auf diese Weise: sie erstreckt sich, verhältnismäßig unabhängig von den durch die besondere Geländeform bedingten Sichtverhältnissen weit über den Raum hinaus […] und diese Ausdehnung, – das ist wesentlich für die Friedenslandschaft – geht nach allen Richtungen gleicherweise ins Unendliche, wenn sie auch je nach der Formation und dem Gelände in den verschiedenen Richtungen verschieden schnell und leicht fortschreiten kann. *Die Landschaft ist rund, vorne und hinten* [i.O. gesperrt; K.B.].

---

610 Vgl. Lück, Helmut E.: Kurt Lewin. Eine Einführung in sein Werk. Weinheim, Basel: Beltz Verlag 2001, hier S. 1.

611 Vgl. Ebd.

612 Anstoß zu dieser Arbeit war vermutlich ein Seminar, das Lewin bei Carl Stumpf besucht und in dem sich dieser mit dem Forschungsstand zu dieser Frage beschäftig (vgl. Amin: Assoziationspsychologie und Gestaltpsychologie, S. 157.).

613 Lewin spricht in diesem Zusammenhang von der „phänomenologisch *wirklichen* [i.O. gesperrt; K.B.] Landschaft" (Lewin, Kurt: Kriegslandschaft, In: Zeitschrift für angewandte Psychologie 12 (1917), S. 440–447, hier S. 440) – deutlich wird hier die Anlehnung an die von Carl Stumpf gewählte Terminologie.

> Nähert man sich jedoch der Frontzone, so gilt diese Ausdehnung ins Unendliche nicht mehr unbedingt. Nach der Frontseite hin scheint die Gegend irgendwo aufzuhören; die Landschaft ist begrenzt.[614]

Aus dieser Begrenztheit entwickelt sich laut Lewin die Wahrnehmung einer Richtung (ein „Gerichtetsein"[615]), nach der sich die Landschaft in der Folge organisiert. Indem ihr mit der Front eine Grenze zuerkannt wird, gehorcht sie nun den Prinzipien ‚vorne' und ‚hinten'. Dabei handelt es sich nach Annahme des Wissenschaftlers nicht um ein Phänomen, das mit der individuellen Perzeption des Rezipienten zusammenhängt, sondern vielmehr um eine Veränderung der Landschaft an sich: „Die Gegend scheint da ‚vorne' ein Ende zu haben, dem ein ‚Nichts' folgt."[616] Diese oberflächlich betrachtet widersinnig anmutende Aussage erklärt sich mit einem Blick auf das spätere Werk Lewins. Er wird konsequent zwischen dem physikalischen (also dem ‚wirklichen', objektiv existenten) und dem psychologischen (dem subjektiven und durch die individuelle Situation des Rezipienten geprägten) Raum differenzieren – eine Unterscheidung, die bereits in dieser frühen Arbeit anklingt und die später in der prägnanten Formulierung „Wirklich ist, was wirkt"[617] ihren Niederschlag finden wird.

Lewin exemplarisiert seine Theorie unter Berücksichtigung anderer, ähnlich organisierter Phänomene – und orientiert sich dabei konsequent an gestaltpsychologischen Termini. Bedingt durch die situative Abhängigkeit des psychologischen Raums sind die von dem Wissenschaftler geschilderten Phänomene zu jeder Zeit reversibel:

> Wo beim Gefecht der *Waldrand* [i.O. gesperrt; K.B.] mit der stark betonten Walddichte dahinter das Landschaftsbild bestimmte, ist nun ein Stück Wald vorhanden, dessen Ausdehnung wesentlich für seine Gestalt ist und dessen Kante daher auch ihre Richtung, die vorher z.B. übertrieben frontal parallel war, geändert hat; zugleich kann der Wald weniger dicht erscheinen, jedenfalls verliert die Dichte mit dem Aufhören ihres gefechtsmäßigen Schutzcharakters ihre Betontheit.[618]

In der Forschung wird dieser Text als frühes Zeugnis für Lewins später entwickelte Feldtheorie gewertet. So schreibt Lück: „Nicht die physikalische Beschaffenheit der Umgebung des Soldaten, sondern der erlebnismäßig strukturierte Raum, von

---

614 Ebd., S. 441.
615 Ebd., S. 442.
616 Ebd., S. 441.
617 Lewin, Kurt: Grundzüge der topologischen Psychologie. Bern, Stuttgart: Verlag Hans Huber 1969, hier S. 41.
618 Lewin: Kriegslandschaft, S. 447.

Lewin später als *Lebensraum* bezeichnet, findet sein Interesse."[619] Diese Perspektivierung auf zukünftige wissenschaftliche Ergebnisse Lewins ist sicherlich nicht zu unterschätzen, allerdings können hier – und das ist für diese Arbeit sehr viel zentraler – ebenfalls gestaltpsychologische Wurzeln identifiziert werden, die ihrerseits als Katalysator für die Feldtheorie zu werten sind. Lewin klassifiziert die perzipierte Landschaft als ein dynamisches System, in dem den einzelnen Komponenten ihre Bedeutung durch die psychische Fokussierung des Individuums zugeteilt wird. Folglich sind die „Landschaftsgebilde"[620] als variabel zu bezeichnen – in der Oszillation des Rezipienten zwischen Kriegs- und Friedenseinstellung kann das Prinzip der Transponierung wiedererkannt werden: „Wird eine Stellung im Bewegungskrieg abgebrochen, so verschiebt sich nicht nur die Grenze und der Gefahrenzonencharakter wird aufgehoben, sondern: mit Verwunderung nimmt man wahr, daß wo eben noch Stellung war, nun Land ist."[621]

Die psychische Haltung des Individuums muss somit als omnipräsent vorausgesetzt werden, in ihr vollzieht sich die Transponierung: Aus Kriegsgebiet wird wieder Landschaft. Trotz dieses fundamentalen Wechsels wird die Landschaft als solche problemlos wiedererkannt. Es zeigt sich, dass Lewin von Beginn seiner Überlegungen an gestaltpsychologisch argumentiert. Ein Hügel kann folglich sowohl als Raumgestalt vorgestellt werden (in diesem Fall wird der Hügel als von der ihn umgebenden Landschaft isoliert wahrgenommen), es ist aber auch möglich, ihn als Flächengestalt zu imaginieren, als eine „Krümmung der Ebene"[622] – in dieser Sichtweise wäre der Hügel in ein Gesamtsystem integriert. In jedem Fall definiert sich ein und dieselbe Erscheinung aus der Interaktion mit den sie umgebenden Komponenten.

Die Argumentationsstruktur, die hier zugrunde liegt, ist somit deutlich gestaltpsychologisch geprägt, erhält aber durch Lewins Herangehensweise, die bereits hier die ausdrückliche Differenzierung zwischen physikalischem und psychologischem Raum in sich trägt, und der damit verbundenen Orientierung in Richtung einer handlungs- und affektorientierten Forschung eine neue Facette.

619 Lück: Kurt Lewin, S. 20.
620 Lewin: Kriegslandschaft, S. 441.
621 Ebd., S. 446.
622 Ebd., S. 440.

### 6.4.2 ‚Willenstätigkeit und Assoziation' (1921/22) – Problematisierung des Assoziationsgesetzes

Zwischen 1921 und 1922 erscheint eine weitere Arbeit von Kurt Lewin, in der er sich erneut mit Fragen der Assoziation auseinandersetzt. Grundlage für die folgenden Arbeiten Lewins sind die Thesen von Narziss Ach, der der Würzburger Schule angehört und zum ersten Mal auch höhere Denkprozesse experimentell zu analysieren sucht.[623] Ach war der Ansicht, ein Verfahren entwickelt zu haben, das die Messung der Willenskraft ermöglicht. Dabei werden durch wiederholte Präsentation einer Reihe sinnloser Silben Assoziationen zwischen den einzelnen Elementen hervorgerufen. In einem zweiten Schritt wird diese Assoziation durch das Stellen einer Aufgabe und dem damit verbundenen Auslösen eines Willensimpulses versuchsweise beeinträchtigt. Ach schreibt: „Künstlich gesetzte Gewohnheiten sollen nach diesem Verfahren durch das Eingreifen des Willens durchbrochen werden."[624] Es komme somit zu einem Konflikt zwischen den beiden Tendenzen der Assoziation (Gewohnheit) und der von dem Willensentschluss ausgehende Determination. Je größer die „Verlängerung der Dauer der Willenshandlung"[625] und damit die Hemmung zur Handlung, desto stärker ist nach Achs Ansicht die Assoziation.

Auf diesen Untersuchungen von Ach lässt Lewin nun seine eigenen experimentellen Studien fußen. Dazu lehnt er sich in Versuchsaufbau und -durchführung eng an die Achschen Vorgaben an, allerdings kommt er zu einem völlig anderen Schluss als dieser.[626] Bereits nach der Durchführung des ersten Versuchszyklus' erkennt Lewin, dass der Begriff der Assoziation die Vorgänge simplifiziert. In diesem Zusammenhang setzt er sich mit dem Phänomen der ‚Hemmung' auseinander, das laut Ach in dem Moment eintritt, in dem den Versuchspersonen eine im bisherigen Lernprozess nicht assoziierte, also in dem Zusammenhang ungewohnte Silbe präsentiert wird und damit den Konflikt zwischen Assoziation und Willen hervorgerufen wird. Auffällig ist, dass Lewin diesen Vorgang in seinen eigenen Experimenten wenn überhaupt nur sehr selten beobachtet und das Phänomen als solches somit als marginal bezeichnet werden kann.[627] Aber selbst wenn das

623 Vgl. Lück: Kurt Lewin, S. 25.

624 Ach, Narziss: Über den Willensakt und das Temperament. Leipzig: Quelle & Meyer 1910, hier S. 19.

625 Ebd., S. 43.

626 Vgl. Lück: Kurt Lewin, S. 26.

627 Vgl. Lewin, Kurt: Das Problem der Willensmessung und das Grundgesetz der Assoziation I. In: Psychologische Forschung Bd. 1 (1921), S. 191–302, hier S. 252.

subjektive Prinzip der Hemmung auftaucht, muss es – so Lewin – von dem objektiven Vorgang der zeitlichen Verzögerung unterschieden werden, denn „es kommen ganz beträchtliche relative *Zeitverlängerungen* vor, *ohne* daß ein subjektives *Hemmungserlebnis* auftritt.“[628]

Die Kritik Lewins ist profunder Natur: Er zweifelt nicht nur das Assoziationsgesetz als solches an, das den Ausführungen von Ach zugrunde liegt, sondern auch die von diesem entwickelte Methode zur Willensmessung. Seines Erachtens stellt sich diese Herangehensweise zu mechanisch und vereinfachend dar. In seinen eigenen Überlegungen identifiziert Lewin vielmehr eine weitere ‚Kraft‘[629], die hinzukommen muss, damit überhaupt eine Reproduktionstendenz zustande kommen kann. Lewin konstatiert:

> Eine *Assoziation* (Gewohnheit) *stellt keine bewegende Kraft* dar, die beim Eintreten des einen Erlebnisses auf die Reproduktion des anderen gewöhnlich gefolgten Erlebnisses hindrängt, und zwar weder die ‚Assoziationen‘, die für Tätigkeitskomplexe, noch solche, die für Kenntniskomplexe maßgebend sind. Vielmehr muss eine – z.B. auf einem *Trieb* oder einem *willensmäßigen* Akt beruhende *Tätigkeitsbereitschaft* hinzukommen, wenn eine Reproduktionstendenz einsetzen soll. Von dem Vorliegen der Tätigkeitsbereitschaft hängt es ab, ob überhaupt eine Reproduktionstendenz eintritt oder nicht.[630]

Damit ist die von Ach aufgestellte Annahme eines Konflikts zwischen Willen und Assoziation außer Kraft gesetzt, denn auch für die der Assoziation folgenden Reproduktionstendenz ist eine Willensanstrengung nötig. Statt zweier mechanisch funktionierender und grundsätzlich miteinander konfligierender Vorgänge identifiziert Lewin somit Tendenzen, die problemlos interagieren können.

Aus dieser Erkenntnis ergibt sich die Kritik des Forschers an dem Assoziationsgesetz nahezu von alleine. Lewin ist der Ansicht, dass dieses ‚Gesetz‘ zu weit gefasst ist und damit in seiner bisherigen Erscheinungsform in Zukunft nicht mehr als unreflektierte Grundlage für weitere Forschung gelten sollte, da zu viele Aspekte von möglichen Interaktionen unberücksichtigt bleiben. Lück geht davon aus, dass Lewins Erkenntnisse das Gebiet der Assoziationspsychologie

---

628 Ebd., S. 257.

629 Lewin lehnt sich in der Benennung der für ihn zentralen Phänomene konsequent an die Naturwissenschaften und die Mathematik an, ein Prinzip, das bereits hier erkennbar wird. Später wird Lewin die sogenannte ‚universelle Verhaltensgleichung‘ aufstellen, die lautet: V = f (P, U). Mit ihr soll das Verhalten (V) eines Individuums als eine Funktion f der Person (P) und der Umwelt (u) beschrieben werden (vgl. Lück: Kurt Lewin, S. 53).

630 Lewin, Kurt: Das Problem der Willensmessung und das Grundgesetz der Assoziation II. In: Psychologische Forschung Bd. 2 (1922), S. 65–140, hier S. 138.

verlassen;[631] dieser Aussage kann uneingeschränkte Gültigkeit zugesprochen werden, denn Lewin grenzt sich konsequent von dieser Denkrichtung ab, indem er bereits einleitend schreibt, dass man „die Assoziationspsychologie […] gegenwärtig wohl kaum als ein *einheitliches Theoriengebäude untereinander fest verbundener Gesetze* bezeichnen [kann]"[632], es handle sich hierbei vielmehr um eine „Anzahl einzelner, nur in kleineren Gruppen zusammengeschlossener Sätze […], deren Richtigkeit für sich nachzuprüfen ist."[633] Die Kritik Lewins zielt also nicht nur auf die konkreten inhaltlichen Ergebnisse Achs ab, sondern auch auf die psychologische Tradition, in deren Umkreis sie entstanden sind – eine Ansicht, der sich die Gestaltpsychologen insgesamt anschließen.

Lewins Überlegungen in dieser Arbeit weisen zudem in Richtung seiner späteren Forschungen, denen er die Frage zugrunde legt, welche Bedingungen auftreten müssen, damit die von ihm konstatierte Reproduktionstendenz eintreten kann.

### 6.4.3 ‚Änderung der Raumlage auf dem Kopf stehender Figuren' (1923) – Gestalten als willensgesteuerte Phänomene

1923 veröffentlicht Kurt Lewin einen Artikel, der sich mit der Frage auseinandersetzt, welche Folgen die Drehung einer dargebotenen Figur für die visuelle Wahrnehmung hat. Lewin bezieht die Inspiration für die Arbeit aus einer ganz alltäglichen Situation:

> Beim Drucken von Tapeten verläßt das Papierband die Druckmaschine derart, daß das Muster auf dem Kopf stehend in ziemlich raschem Tempos (etwa 1,5 m je Sekunde) an einem Arbeiter vorbeigeführt wird, der unter Mitbewegen des Kopfes die Genauigkeit des Sichdeckens der verschiedenen Farbdrucke zu kontrollieren hat. Ein Arbeiter an einer solchen Maschine einer Berliner Tapetenfabrik gab an, daß er die Tapetenmuster aufrecht sehe. Die Mitteilung dieses Sachverhaltes veranlaßte mich zu den folgenden Versuchen.[634]

Er konfrontiert seine Versuchspersonen mit einer Apparatur, in der Wörter in der Papierebene um 180° gedreht erscheinen und fordert sie auf, diese laut zu lesen. Nach einigen Durchgängen wird die Frage gestellt, ob die Versuchsperson

---

631 Vgl. Lück: Kurt Lewin. Eine Einführung, S. 26.

632 Lewin: Das Problem der Willensmessung und das Grundgesetz der Assoziation I, S. 196.

633 Ebd., S. 197.

634 Lewin, Kurt: Über die Umkehrung der Raumlage auf dem Kopf stehender Worte und Figuren in der Wahrnehmung. In: Psychologische Forschung 4 (1923), 210–261, hier S. 211.

die Wörter aufrecht stehend wahrnehme, dieses wird in erster Instanz verneint. In weiteren darauf folgenden Darbietungen wandelt sich diese Wahrnehmung jedoch, denn in zunehmendem Maße sehen die Versuchspersonen die Wörter nun doch aufrecht stehend, sodass Lewin folgert: „Es gelingt der Versuchsperson [...], Worte, die ihr auf dem Kopf stehenden mit einer gewissen Geschwindigkeit fortlaufenden ruckweise dargeboten werden, als aufrecht stehende Worte zu sehen."[635]

Es stellt sich somit die Frage, wie diese rein phänomenale Umkehrung der Wörter zustande kommen kann. Lewin entwickelt zur Lösung dieser Frage die bereits in ‚Kriegslandschaft' und der Schrift über das Zustandekommen von Assoziationen anklingenden theoretischen Gerüste weiter. Auch hier handelt es sich bei der Perzeptionsmodifikation um eine Diskrepanz zwischen physikalischer und psychologischer Umwelt. In der Beschreibung dieses Vorgangs zeigt er sich deutlich geprägt von der Gestaltpsychologie: „Die durchgeführten Versuche zeigen nun besonders eindringlich die [...] Abhängigkeit des Wahrnehmungsbildes von den psychischen Prozessen, in die der betreffende Wahrnehmungsvorgang als ganzer eingebettet ist [...]."[636] Wieder wird den Erkenntnissen ein dynamisches System zugrunde gelegt, in dem den einzelnen Komponenten erst in ihrer Interaktion mit den anderen Konstituenten Bedeutung beigemessen wird. Es sind die psychischen Prozesse, die hier als Stellschrauben fungieren, aus ihnen ergibt sich mittels der Wahrnehmung das Wahrnehmungsbild. Wird durch sie ein anderer Schwerpunkt gesetzt, so ergibt sich für die Wahrnehmung ebenfalls ein anderer Fokus und Vorgänge, die bisher nicht evident waren, treten nun hervor. Als relevante psychische Prozesse identifiziert Lewin die bereits aus vorherigen Arbeiten bekannte Interaktion aus Tätigkeitsbereitschaft und Willensfaktoren. Dabei zeigt sich der Wille als eine Größe, die nicht immer die gewünschten Ergebnisse zutage fördert; es ist aber möglich, dass „die Änderung der Willenssituation [...] auch eine weitgehende Verschiebung der Topologie des Wahrnehmungsbildes gegenüber der des Netzhautbildes zur Folge haben kann."[637] Wie groß dieser Bereich der willentlichen Prozessbeeinflussung auf die Wahrnehmung sein kann, zeigt laut Lewin die Arbeit von Erich von Hornbostel – eine Tatsache, die dafür spricht, dass eine solche Beherrschung der Perzeptionsprozesse für eine willkürliche Raumverlagerung durchaus von Bedeutung ist.[638]

635 Ebd., S. 216f.
636 Ebd., S. 258.
637 Ebd., S. 259.
638 Vgl. Ebd.

## 6.5 Erich M. von Hornbostel: ‚Über optische Inversionen' (1922) – Kippbilder als gestaltpsychologische Praxis

Erich Moritz von Hornbostel (1877–1935) studiert zunächst Chemie und wird dann Assistent bei Carl Stumpf und Leiter des Staatlichen Phonogramm-Archivs im Psychologischen Institut der Universität Berlin.[639] Von Hornbostel beschäftigt sich überwiegend mit akustischen Phänomenen, wie zum Beispiel der Frage nach der Perzeption von Gehörserscheinungen (auch im Unterschied zu den Mechanismen der visuellen Wahrnehmung).[640] 1922 verfasst er jedoch einen Artikel, der von seiner eigentlichen Forschungsrichtung abweicht und in dem er sich mit optischen Inversionen beschäftigt. Er schreibt einleitend, dass das Invertieren in seinem Freundeskreis (zu dem auch Robert Musil gehört, sodass sicher davon ausgegangen werden kann, dass Musil den Text kennt) zu einem beliebten Gesellschaftsspiel geworden sei.[641] Von Hornbostel beschreibt in seinem Artikel ausführlich die verschiedenen Optionen, die zur optischen Inversion führen – faszinierend sind für ihn die neuen Möglichkeiten, die die Inversion in Bezug auf eine Modifizierung der visuellen Wahrnehmung bereithält. Er schreibt:

> Der große Reiz der Inversionsversuche liegt darin, daß wir so viel neue Erfahrungen machen, Dinge wahrnehmen, die uns noch nie begegnet sind, die wir uns schwer oder gar nicht vorstellen können, vielleicht sogar von vorneherein für unmöglich gehalten hätten. Wir geraten in eine neue Welt und lernen erst allmählich, uns in ihr auszukennen. Dieses Lernen und Umlernen zu verfolgen, ist lehrreich: es zeigt uns, welche Faktoren unsere gewöhnliche Raumwahrnehmung bestimmen, wie sie zusammenwirken, welche enger, welche loser verbunden sind; ihre natürliche Rangfolge erkennen wir daran, welche wir leichter, welche schwerer und welche wir gar nicht überwinden können.[642]

Einleitend beschreibt von Hornbostel einen einfachen Inversionsversuch: Hält man einen Drahtwürfel, der auf einem Stiel montiert ist, so nahe vor den Spiegel, dass man durch ihn hindurch sehen kann und dreht ihn dann um die eigene Achse, so dreht sich in dem N-Würfel (N steht für ‚Nichtinvertiert') ein kleinerer I-Würfel mit (I bezeichnet ‚Invertiert') – der kleine Würfel stellt sich als von

---

639 Musil, KA; KOMMENTARE & APPARATE, Register, Personen, Erich Maria von Hornbostel.

640 Vgl. z.B.: Von Hornbostel, Erich: Das räumliche Hören. In: Handbuch der normalen und pathologischen Physiologie. Mit Berücksichtigung der experimentellen Pharmakologie. 11. Band: Receptionsorgane I. Hg. v. A. Bethe et. al. Berlin: Julius Sprenger 1926.

641 Von Hornbostel, Erich Maria: Über optische Inversion. In: Psychologische Forschung 1 (1922), S. 130–156, hier S. 130.

642 Ebd., S. 142f.

Deltoidflächen begrenzter Körper heraus. Achtet man beim zweiten Durchlauf nun verstärkt auf den I-Würfel, so zeigt sich, dass nun nicht mehr der I-Würfel als Deltoid fungiert, sondern vielmehr der N-Würfel. Bei diesem Prozess, bei dem die I- und N-Würfel mit etwas Übung beliebig changieren können, handelt es sich um eine Inversion.[643]

Für von Hornbostel offenbaren die optischen Inversionen ein großes Potential, ermöglichen sie doch durch die Perzeptionsmodifikationen Rückschlüsse auf die Faktoren der gewohnten Raumwahrnehmung. Der Wissenschaftler konstatiert: „Die Inversionen sind weder ‚Täuschungen', denen wir unterliegen, noch ‚Vorstellungen', die wir uns ‚machen', sondern Dinge, die wir, unter bestimmten Bedingungen, *wahrnehmen*."[644] Dabei stellt sich heraus, dass die gewohnten Formationen zunächst stabiler erscheinen, die neuen invertierten hingegen dazu neigen, in die gewohnte N-Formation ‚zurückzuschnappen'.[645]

Dieser Ansatz ist prinzipiell nicht neu. 1921 entwickelt Edgar Rubin in seinem Werk ‚Visuell wahrgenommene Figuren' einen ähnlichen Grundgedanken und erweitert damit seine 1914 angestellten Überlegungen zu den antagonistisch definierten Prinzipien ‚Figur' und ‚Grund'. Auch Rubin geht davon aus, dass diese beiden Begriffe rein gewohnheitsmäßig definiert werden. Wenn also beispielweise ein blauer Tintenfleck auf weißem Papier hervorsticht, so wird das Papier als Hintergrund und der Fleck als Figur wahrgenommen.[646] Er macht deutlich, dass diese beiden Begriffe, wenn sie in der Alltagssprache verwendet werden, rein intuitiv verwendet werden. Grundsätzlich existiert die Unterscheidung zwischen Grund und Figur somit nur in der gewohnheitsgeprägten Reaktion des

643 Bereits Ernst Mach beschäftigt sich mit dieser Auffälligkeit der visuellen Wahrnehmung und arbeitet damit den Wissenschaftlern der Gestalttheorie zu (vgl. u.a. Mach: Analyse der Empfindungen, S. 86ff.). Auch Christian von Ehrenfels stellt sich die Frage, nach welchen Kriterien die Aufmerksamkeit auf bestimmte Gestaltqualitäten gelenkt wird. Der Autor verwendet unter anderem das Beispiel eines weißen Vierecks auf schwarzem Grund, das man sich als zwei Dreiecke vorzustellen versucht und bei dem dann „gleichförmig gefärbte Linien" (Von Ehrenfels: Über ‚Gestaltqualitäten', S. 152.) imaginiert werden. Von Ehrenfels konstatiert: „Der illusionierenden Kraft der Phantasie [...] gelingt es, bei gleichem äußeren Empfindungsreize die Grundlagen selbst und durch sie mittelbar auch die Gestaltqualität zu verändern." (Von Ehrenfels: Über ‚Gestaltqualitäten', S. 153).

644 Von Hornbostel: Über optische Inversion, S. 143.

645 Vgl. Ebd., S. 151.

646 Vgl. Rubin, Edgar: Visuell wahrgenommene Figuren. Studien in psychologischer Analyse. Aus dem Dänischen übersetzt von Peter Collett. Kopenhagen u.a.: Gyldendalske Boghandel 1921, hier S. 4.

Betrachters. Rubin entdeckt jedoch weiterhin, dass es möglich ist, diese Art der Wahrnehmung zu verändern: „Die folgenden Versuche sind darauf basiert […], daß man sich bei geeigneter Wahl der Versuchbedingungen willkürlich darauf einstellen kann, ob das eine oder das andere Feld als Figur erlebt werden soll […].“[647]

Aus dieser Annahme entwickelt Rubin jene berühmte auf dem Figur-Grund-Phänomen basierenden Inversionsfiguren, bei denen der Betrachter entweder zwei schwarze Gesichter oder eine weiße Vase wahrnimmt,[648] je nachdem auf welche der beiden Dimensionen er seine Wahrnehmung lenkt.

Implizit schwingt hier bereits mit, was eigentlich offensichtlich ist: es ist nicht möglich, beide Wahrnehmungsseiten zugleich zu perzipieren. Von Hornbostel differenziert diesbezüglich zwischen den Dimensionen ‚konvex‘ und ‚konkav‘, wobei diese als inkompatibel und antagonistisch zu sehen sind. Von Hornbostel definiert die beiden ‚Verhaltensweisen‘ einer optischen Darbietung wie folgt:

> Das Konvexe ist gegen mich geschlossen, schließt mich aus, verwehrt meinem Blick das Eindringen durch Undurchsichtigkeit, meiner Hand durch Undurchdringlichkeit. Ich kann es umfassen, umgreifen, umgehen. Es hebt sich hervor, kommt auf mich zu, dringt auf mich ein, ist gegen mich gerichtet. Das Konvexe ist gegenständlich. Gegenstände sind konvex.
>
> Das Konkave ist vor mir offen, schließt mich ein, läßt meinen Blick, meine Hand, mich eindringen. Es umfasst, umgreift mich, ‚geht‘ um mich herum. Es weicht von mir weg, flieht, ist Hintergrund, leer. Das Konkave ist raumhaft. Räume sind konkav.[649]

Invertieren bedeutet somit, diese beiden Wirkungsweisen einer visuellen Präsentation zu vertauschen, aus konvex konkav zu machen – und umgekehrt und damit im weitesten Sinne „das Gegenständliche zum Raum verflüchtigen, das Raumhafte zum Gegenstand festigen.“[650]

In einem Zusatz am Ende seiner Ausführungen verlässt von Hornbostel das bisher behandelte Gebiet der optischen Phänomene und erweitert die von ihm aufgestellten Überlegungen. Er geht davon aus, dass die Mechanismen des Ein- und Ausschließens, die die Ideen der konvexen und konkaven Darstellung inkorporieren, auch auf soziale Begebenheiten ausgeweitet werden können. Dabei geht er von folgendem Sachverhalt aus: „Nicht nur jeder Gegenstand, jedes Du schließt mich aus. Nicht nur der Raum, jedes Geschehen, das mir Erlebnis ist,

647 Ebd., S. 5.
648 Vgl. Ebd., Anhang, Abbildung 3.
649 Von Hornbostel: Über optische Inversion, S. 154.
650 Ebd.

schließt mich ein."[651] Damit erfährt das ursprünglich visuell determinierte Gebiet eine enorme Erweiterung, denn statt des Gegensatzpaares konvex-konkav wären die Begriffe „subjektiv-objektiv, aktiv-passiv, produktiv-rezeptiv"[652] ebenso definiert.

Mit Blick auf die Genese der Musilschen Ästhetik ist besonders von Bedeutung, dass von Hornbostel postuliert, die Wissenschaft bezeichne das Gegenständliche, die Kunst hingegen das Erlebnishafte,[653] eine Ansicht, der Musil sich ohne Zweifel anschließen würde. Zudem weitet der Wissenschaftler in seinem Nachsatz die Erkenntnisse, die in erster Linie auf visuelle Prinzipien zugeschnitten sind, in philosophisch anmutender Weise auf weitere Lebensbereiche aus, die eigentlich nicht im Fokus der gestalttheoretischen Überlegungen stehen.

## 6.6 Zwischenfazit – Die wissenschaftlichen Innovationen der Gestaltpsychologie

Der obige Abriss der Entwicklung der Gestaltpsychologie hat aufgezeigt, wie die Forscher dieser neuen Wissenschaftsgeneration die scheinbar festen Prinzipien der ‚alten' Psychologie negieren und an ihrer statt an dem Entwurf eines Theoriengebäudes arbeiten, als dessen Maßstab die naturwissenschaftliche Exaktheit gelten muss. Am Anfang dieser Entwicklung stehen die Überlegungen Machs zum Verhältnis von Innen- und Außenwelt und die Annahme, dass es sich dabei um eine vielschichtige Interaktion verschiedener Komponenten handelt. Christian von Ehrenfels entwickelt daraus eine Theorie der Wahrnehmungsorganisation.

Für die Gestaltpsychologen, deren Zielsetzung eine Überprüfung der von Ehrenfelschen Überlegungen darstellt, spielt die Stärkung des experimentellen Ansatzes eine wichtige Rolle. Aus der ursprünglich weitgehend theoretischen Annäherung entsteht so ein breitgefächertes Angebot an Arbeiten, die sich dem Gestaltproblem von verschiedenen Seiten nähern, gleichzeitig erfolgt eine Spezialisierung in verschiedene Forschungszweige. Mit Max Wertheimer Arbeiten wird ein erster physiologischer Impuls gegeben, an den vor allen Dingen Wolfgang Köhler experimentell anknüpfen kann. Köhler ist es auch, der mit seiner Schrift ‚Die physischen Gestalten in Ruhe und im stationären Zustand' in das ursprüngliche Hoheitsgebiet der Naturwissenschaft eindringt und in der Organisation von Chemie und Physik gestalttheoretische Funktionsweisen herausarbeitet. Indem diese Thesen auf Fragen der Wahrnehmungsorganisation und in

651 Ebd., S. 155.
652 Ebd.
653 Vgl. Ebd.

einem weiteren Schritt auch auf das Prinzip der Produktion von Kunstästhetik ausgeweitet werden können, werden die zahlreichen Geltungsbereiche der Gestaltqualitäten aufgezeigt.

Dabei sind zwei grundsätzliche Konstanten hervorzuheben: das konsequente Erkennen von ganzheitlichen Prozessen[654] und die Hervorhebung der Dynamik[655] (und damit verbunden auch die der Vielschichtigkeit) dieser Vorgänge, wobei nicht nur die Wahrnehmung als solche gestalthaften Charakter hat, sondern die psychischen Funktionen im Allgemeinen. Hierin liegt das eigentliche Verdienst der Gestaltpsychologie – indem die statische und mechanisch argumentierende Psychologie überwunden und ein neues, flexibel agierendes System angenommen wird, dessen Komplexität als Untersuchungsgegenstand (und nicht als Ausnahmezustand) definiert wird, sind die Gestaltpsychologen in der Lage, der Interaktion zwischen physikalischer Wirklichkeit und individueller Wahrnehmung adäquat Rechnung zu tragen.

---

654 Révész fasst diese Tatsache wie folgt zusammen: „Es ist allgemein bekannt, daß nach dem Hauptsatz der Gestaltpsychologie alle Objekte der optischen Wahrnehmung primär geformt und einheitlich gestaltet in Erscheinung treten." (Révész: Zur Revision der Gestalttheorie, S. 89.)

655 Bonacchi konstatiert, dass diese Kategorien auch für die theoretischen Überlegungen Musils gelten müssen (vgl. Bonacchi: Die Gestalt der Dichtung, S. 208.).

# 7. Musils Seelenbegriff als Produkt gestalttheoretischer Einflüsse

Diese konsequente Orientierung an psychischen Phänomenen stellt einen Punkt dar, der Musil gleichzeitig mit den Forschungen der Gestaltpsychologen vereint und von ihnen trennt. Er verfolgt die Entwicklung der Gestaltpsychologie aufmerksam, problematisiert aber den Zugang, der, wie auch in der ‚alten' Psychologie, über die psychischen Funktionen erfolgt – die Frage nach seelischen Prinzipien, wie Musil sie stellen möchte, wird nicht untersucht. Entsprechend frei interpretiert er die Schriften und Ergebnisse der Gestaltpsychologen, denn seine Exzerpte, die sich mit diesen Texten beschäftigen, werden mit der Perspektivierung auf die Seele in einen völlig anderen Kontext gestellt.

Wie im vorherigen Kapitel gezeigt werden konnte, rekurrieren die Gestaltpsychologen immer wieder auf physiologische Gegebenheiten, mit denen Vorgänge der Wahrnehmung und ihrer Organisation erklärbar gemacht werden; der Schwerpunkt der Untersuchungen liegt dabei auf optischen Erscheinungen. Diese Prinzipien stehen für Musil naturgemäß nicht im Vordergrund seiner Überlegungen. Zwar stellt sich das Gebiet der Wissenschaften für den Autor im Allgemeinen als durchaus zweckdienlich heraus, konkrete experimentell-physiologische Untersuchungen stellt er jedoch nicht an.[656] Mit dieser Beobachtung geht auch die weitgehende Ablösung von den konkreten visuellen Phänomenen einher, die Musil ihrerseits ihrem ursprünglichen Kontext enthebt und (wie noch zu zeigen sein wird) auf abstrakte seelische Prinzipien überträgt.[657]

In Bezug auf Musils Gestaltbegriff konstatiert Bonacchi, dass er „sich auf einem Weg [befindet], der dem der Gestalttheoretiker sehr nahe war."[658] Tatsächlich finden sich neben den abstrahierten Motiven, über die noch zu sprechen sein wird, konkrete Anknüpfungspunkte, die beweisen, wie intensiv Musil sich mit der Frage nach Gestalten auseinandergesetzt hat. 1925 erscheint der Aufsatz ‚Ansätze zu neuer Ästhetik', ein Text, der laut Bonacchi vermuten lässt, dass Musil „die wichtigsten Quellenwerke der Gestalttheorie kannte."[659] Zwar liegt

---

656 Die Dichtung als solche fungiert für ihn jedoch als Experiment (vgl. Pelmter: ‚Experimentierfeld des Seinkönnens' – Dichtung als Versuchsstätte).

657 Vereinzelt sind sie aber doch zu finden, vgl. besonders die Novelle ‚Grigia', in der Musil mit literarisierten Inversionsbildern arbeitet.

658 Bonacchi: Die Gestalt der Dichtung, S. 208.

659 Ebd., S. 211.

das Erscheinungsdatum des Aufsatzes etwas außerhalb des Untersuchungszeitraums dieser Arbeit, dennoch kann die Betrachtung in diesem Zusammenhang mit dem Verweis auf die Tatsache gerechtfertigt werden, dass die Überlegungen Musils diesbezüglich schon älter sind und in diesem Text lediglich zusammengeführt werden.

Bonacchi weist darauf hin, dass die folgende Passage deutliche Anleihen an Lewins Werk ‚Über die Umkehrung der Raumlage auf dem Kopf stehender Wörter und Figuren in der Wahrnehmung' macht:[660]

> Wir sehen Chiffren, Sigel, Abkürzungen, Zusammenfassungen, Begriffe, Gewußtes; so ungefähr kann man den Hauptvorgang in unserem Sehakt beschreiben; ihn durchdringend und tragend gehen von sinnlichem Material dominante Bruchstücke in ihn ein und eine rege Fülle anderer. […] Wir nähern […] uns einem bekannten Gegenstand und sehn einen unbestimmten Knäuel von Eindruck solange, bis uns einfällt, […] was das ist, wonach mit einem Schlag die Eindrücke zusammenspringen […] und diesen Gegenstand bilden. Wir lesen weder Buchstaben, noch Worte, sondern Satzteile von ungefähr ¾ Zeilen Länge und sind dann sehr erstaunt, […] wenn wir etwa das Blatt umkehren und nun das Fliegengitter schwarzer/ dunkelgrauer Buchstaben und weißer/ hellgrauer Zwischenräume bemerken, durch das wir aus- u.[nd] eingeschlüpft sind. Beim Hören geschieht das gleiche […]. An Bewegungen nimmt man die Gestalt […] wahr u.[nd] nur in besonderen Fällen die wahre Einzelheit. […] Immer ist das Ganze vor den Einzelheiten da.[661]

Tatsächlich erfolgt hier eine thematisch übergreifende Anlehnung an die Ausführungen von Kurt Lewin.[662] Die Orientierung am Versuchsgegenstand (das Erkennen von Wörtern und ihre Verzerrung durch eine modifizierte Darbietung) ist jedoch nur vordergründig den Untersuchungen Lewins geschuldet. Bei genauerer Betrachtung treten in dieser Passage weitere Prinzipien zutage, deren Ursprung nicht auf den Forschungen Lewins beruht, vielmehr reichert Musil den Text mit Erkenntnissen anderer Gestaltpsychologen an. Deutlich wird hier die zum Beispiel die Frage nach dem Faktor der Gewohnheit in der Wahrnehmung, mit der sich bereits Erich von Hornbostel auseinandersetzt und im Zuge seiner Überlegungen aufzeigt, wie sehr diese beiden Größen korrelieren. Auch Max Wertheimer bringt diese Tatsache zur Sprache und schreibt: „Ist AB gewohnt,

---

660 Ebd., S. 211.

661 Musil, KA; TRANSKRIPTIONEN & FAKSILIMILES, Nachlass, Mappen, Mappe IV/3/292, A153 8, Eine Filmdramaturgie 1.

662 Diese erfolgt zum Teil in nahezu wortwörtlicher Weise – eine Versuchsperson spricht davon, dass die Wörter, die sie lesen soll, „herumspringen" (Lewin: Umkehrung der Raumlage, S. 213.).

C gewohnt; BC aber nicht; [...] oder: ist AB/C gewohnt, A/BC aber nicht; so besteht die Tendenz, daß bei ABC die gewohnte, oft dagewesene, gelernte, dressierte Fassung AB/C resultiert.“[663]

Musil schreibt weiterhin, dass das Ganze vor den Einzelheiten da sei; eine Wendung, die ebenfalls deutlich auf die Ausführungen von Max Wertheimer rekurriert, der in seinen ‚Untersuchungen zur Lehre von der Gestalt‘ eben diese Betrachtungsweise vorschlägt, bei der Vorgänge von ‚oben nach unten‘, also vom Ganzen zu den Einzelteilen analysiert werden sollen.

Die Schrift ‚Ansätze zu neuer Ästhetik‘, aus der die obige Textstelle entnommen wurde, ist insofern in diesem Zusammenhang besonders aufschlussreich, da Musil hier weitere kunsttheoretische Überlegungen mit gestaltpsychologischen Prinzipien zu erklären sucht. Er geht davon aus, dass es sich bei der Perzeption eines Kunstwerks um eine „Gleichgewichtsstörung des Wirklichkeitsbewußtseins“[664] handelt, die sofort ausgeglichen werden muss, um ein neues „Seelengleichgewicht“[665] kreieren zu können. In diesen Überlegungen, in denen die seelische Befindlichkeit als dynamisches Gleichgewicht präsentiert wird, zeigt sich eine deutliche Anlehnung an die Ausführungen von Wolfgang Köhler, der in seiner Schrift ‚Die physischen Gestalten in Ruhe und im stationären Zustand‘ seine Erkenntnisse auf eben solchen dynamischen Prinzipien fußen lässt, bei denen (physikalische oder chemische) Systeme stets danach trachten, wieder ins Gleichgewicht zu finden. Hier offenbart sich der eigentliche Reiz der Anknüpfungsmöglichkeit der Musilschen Überlegungen zum Erleben von bildender Kunst (und damit indirekt auch zur Aufgabe der Dichtung, denn der Autor egalisiert die verschiedenen Kunstarten soweit, als sie „gemeinsam in irgendeiner Tiefe die Wurzel haben“[666] und daher „irgendwie ineinander übersetzbar und durcheinander ersetzbar sein“[667] müssen): Musil geht von einer dynamischen Beziehung zwischen Kunstobjekt und Rezipient aus. Er schreibt, es handle sich hierbei „um ein anderes Verhältnis des Erlebenden zum Erlebnis, dessen Inhalt sich nicht zu ändern braucht, aber gewissermaßen ein Lagezeichen, einen Vektor, eine andere Richtung erhält.“[668] Damit etabliert Musil in abstrahierter Form ein Prinzip, das aus der Gestaltpsychologie bekannt ist: bei Inversionsbildern kommt ein ähnlicher Vorgang zum Tragen – auch hier entscheidet die Einstellung des Rezipienten, welche Komponenten

---

663 Wertheimer: Untersuchungen zur Lehre von der Gestalt II, S. 331.

664 Musil, KA; LESTEXTE, Band 12, Essays 1918–1926; Ansätze zu neuer Ästhetik, 491.

665 Ebd., 491.

666 Ebd., 501.

667 Ebd.

668 Ebd., 504.

wahrgenommen werden, ohne dass sich der eigentliche Inhalt des Dargebotenen ändern würde.

Bereits 1922 formuliert Musil diesen Gedanken – in einer Rezension, die er über Johannes von Alleschs Buch ‚Wege zur Kunstbetrachtung' schreibt.[669] Von Allesch (1882–1967), ein Freund Robert Musils, promoviert 1909 bei Carl Stumpf und erhält 1924 die Habilitation für Philosophie an der Universität Berlin, ab 1927 ist er mit einem Lehrauftrag für psychologische Ästhetik und Kunsttheorie betraut.[670]

Seinem 1921 verfassten Werk ‚Wege zur Kunstbetrachtung' liegt die Annahme zugrunde, dass gestaltpsychologische Prinzipien auch in der Rezeption der bildenden Kunst zu finden sind. Die Ausführungen von Alleschs basieren dabei auf experimentell ermittelten Daten;[671] Musil kennt diesen wissenschaftlichen Hintergrund und zeigt ihn in seiner Rezension mit Verweis auf den „Ursprung in der experimentalpsychologischen Ästhetik"[672] auch explizit auf. Trotz dieses wissenschaftlichen Fundaments wird der Debatte um die Gestaltqualitäten mit den Überlegungen von Alleschs eine Bedeutungsdimension hinzugefügt: Bezogen sich die bisher beleuchteten Ausführungen auf die Untersuchung wissenschaftlich relevanter Phänomene der Wahrnehmungsorganisation, so wird nun erstmals auch die ästhetisierte Darstellung durch Kunstwerke in den Mittelpunkt der Betrachtungen gerückt. Dabei zeigt von Allesch auf, welche Möglichkeiten und Perspektiven der Kunstbetrachtung sich dem Rezipienten bieten, um das Dargebotene möglichst objektiv zu erfassen – er spricht in diesem Zusammenhang von einer „Formel […], in der alle Art von Kunst beschlossen ist."[673] Er beginnt seine Ausführungen mit fundamentalen Formulierungen bezüglich der Relationen zwischen Kunstobjekt und Rezipient. Dabei exponiert er die Tatsache, dass

669 Die Freundschaft, die Musil und von Allesch verbindet, hält auch über die Zeit des Studiums hinaus. Die folgende Äußerung beweist, dass nicht nur Musil die Werke seines Freundes liest, sondern auch von Allesch Interesse an dem Werdegang seines Studienkollegen hat: „Hat Grigia Allesch wirklich gefallen?" schreibt Musil am 30. Oktober 1922 an Annina Marcovaldi. (Musil, KA; LESETEXTE, Band 19, Wiener und Berliner Korrespondenz 1919–1938, 1922, 30. Oktober 1922.).

670 Buchholz, Werner: Johannes Gustav von Allesch. In: Lexikon Greifswalder Hochschullehrer 1775–2006. Band 3: Lexikon Greifswalder Hochschullehrer 1907 bis 1932. Bad Honnef: Bock 2004, hier S. 8.

671 Vgl. Bonacchi: Die Gestalt der Dichtung, S. 159ff.

672 Musil, KA; LESETEXTE Band 13 Kritiken, Buchrezensionen, Sachbuch, Wege zur Kunstbetrachtung.

673 Von Allesch, Johannes: Wege zur Kunstbetrachtung, Dresden: Sybillen-Verlag 1921, Vorwort.

die Realisierung des visuellen Eindrucks und die Wahrnehmung des abgebildeten Objekts nicht bereits im Bild veranlagt und damit nicht als präexistent zu bezeichnen ist; erst der Betrachter lege die Bedeutung in das Betrachtete. Von Allesch schreibt: „Das Bild ist also nicht die Leinwand und die Farbe, sondern es entsteht erst in unserer Auffassung.“ Er fährt weiterhin fort: „Die Daten des Bildes sind nur Richtlinien; sie sind nur ein Rahmen, den wir mit unserem eigenen Material füllen.“[674] Damit ist die gestaltpsychologische Argumentationsrichtung bereits vorgegeben. Diese zeigt sich an dieser Stelle an der konsequenten Orientierung am Betrachter, dessen individuellen Perzeptionsbedingungen die Rezeption maßgeblich steuern und die folglich in ebenso individueller Weise unterschiedliche Komponenten des jeweiligen Komplexes hervortreten lässt. Problematisch sei dabei, dass besonders der naive Betrachter dazu neige, persönliche Erinnerungen an das Bild heran- und hineinzutragen und auf dieser subjektiven Betrachtungsweise sein Urteil zu begründen. Dieser Vorgehensweise sucht von Allesch durch objektivierte Reflexionen entgegenzuwirken. Dabei verkennt er nicht, dass eben diese subjektiven, persönlichen Erfahrungen unerlässlich für die Rezeption eines Werkes sind, weil erst sie die Abstraktionsleistung ermöglichen, die nötig ist, um das Kunstwerk als solches zu erfassen. Diese Grauzone versucht von Allesch auszuloten und mithilfe eines objektivierten Instrumentariums zur Erfassung und Bewertung zugänglich zu machen.

Weiterhin versucht er zu ermessen, wie die interagierenden Komponenten eines Kunstwerkes geordnet werden können. Er bedient sich dabei jener Ansätze, die der Gestalttheorie entspringen, denn diese bieten sich hervorragend an, um die Prozesse der Wahrnehmungssteuerung des Bewusstseins abzubilden, da sie diejenigen Wahrnehmungsprozesse, die der Frage nach der Ordnung von Eindrücken dienen, in den Mittelpunkt ihrer Forschung gestellt hat. Von Allesch schreibt:

> So wie in jedem Augenblick unser Leben eine in der Einheit des erlebenden Ich wurzelnde Einheit ist, die doch einen bestimmten Schwerpunkt und eine bestimmte Richtung ihrer Wandlung hat, so bildet auch ein zu seiner Fülle entwickeltes Kunstwerk eine mit einem Schwerpunkt ausgestattete Einheit, eine Gestalt, die ihre Kulmination einmal in diesem, einmal in jenem Faktor finden kann.[675]

Hier klingt somit bereits an, wie von Allesch die Wahrnehmung und Beschreibung eines Kunstwerkes zu gestalten gedenkt. Der Wissenschaftler postuliert antizipierend, dass das Bewusstsein nicht in der Lage sei, sämtliche Eindrücke,

674 Ebd., S. 35.
675 Ebd., S. 140.

die ein Kunstwerk bietet, simultan und global zu erfassen. Wenn die Fülle an Impressionen zu groß sei, „werden neue übergeordnete Zusammenfassungen des Ganzen bewirken, daß anderes, was ohnehin schon an der Grenze zu Nichtbeachtung war, ganz aus dem Bewußtsein verschwindet."[676] Eng mit dieser Feststellung verknüpft ist die Tatsache, dass es ebenfalls nicht möglich ist, das Ganze, seine Beziehung zu seinen Teilen und die Relation der Teile untereinander gleichzeitig zu erfassen. Von Allesch differenziert in seinen Ausführungen diverse Untergestalten, die später die Gesamtform charakterisieren werden. Konkret unterscheidet er zwischen den untereinander interagierenden Farb-, Flächen-, Linien- und Raumgestalten. Innerhalb dieser Untergestalten, die später die Gesamtgestalt bilden sollen, können wiederum weitere Untergestalten identifiziert werden, die ihrerseits bereits sinnhaft sind. Von Allesch nennt dieses Phänomen ‚Kristallisation' und schreibt:

> Die Farbe bietet nicht nur im Ganzen einen Zusammenhang, sondern schon kleinere Bezirke schließen sich näher aneinander und bilden so Einzelkomplexe, die als solche enger zusammenhängende Gebilde in den großen Zusammenhang eingehen und bis zu einem gewissen Grad für sich betrachtet werden können und auch schon einen gestaltähnlichen Zusammenhang aufweisen. Auch diese Untergestalten sind wieder zusammengesetzt, und wir sehen, daß es so ins Unendliche weitergeht. Jede Linie ist für sich genommen schon Gestalt, ebenso die Fläche, der Raum, die Raumform, die Farbe.[677]

Für eine Betrachtung unter gestalttheoretischen Gesichtspunkten ist zudem die potentiell unendliche Menge an Möglichkeiten der einzelnen Untergestalten zentral: „Sie sind vieldeutig, ihre Meinung steht noch nicht fest."[678] Die Determinierung dieser prinzipiell unendlich vielen Möglichkeiten findet erst durch die Nachbarformen statt, die das Annehmen einer anderen Form als der gegebenen verunmöglichen. Dabei kann es aber durchaus vorkommen, dass ein Bild ‚qualitativ' beherrscht wird, indem eine Teilgestalt als besonders dominant wahrgenommen wird, sodass diese Teilgestalt gewissermaßen als Ausgangspunkt für die Entwicklung einer Interpretation verwendet wird.

Von Allesch zeigt sich in seinen Ausführungen deutlich geprägt von der Schule, die er in Berlin durchlaufen hat und demonstriert mit seinen Überlegungen, wie weit der Bereich gefasst werden muss, auf dem die Gestalttheorie ihre Gültigkeit beweisen kann. Von Allesch versucht somit Prozesse der ästhetischen

---

676 Ebd., S. 142. Diese Feststellung ist, wie gesehen, bereits bei Christian von Ehrenfels zu finden.

677 Ebd., S. 141.

678 Ebd., S. 143.

Empfindung mit psychologischem Instrumentarium erklärbar zu machen, eine Vorgehensweise, die diffizil ist, wie auch der Autor sehr wohl weiß. Dennoch sieht er in der Funktionsweise der menschlichen Perzeption einen Anknüpfungspunkt, der seine Argumentation legitimiert:

> Nur daß wir eine solche Bildgestalt richtig erfassen, daß unsere Phantasie imstande ist, nicht nur den ganzen Komplex des Gegebenen zu umspannen und ihn im Bewußtsein zu halten, auch mit allen seinen indirekt gegebenen Teilen, sondern das alles ineinander zu schweißen und die ganze Masse zu formen, nur das macht aus einer völlig kunstfernen Tatsachenkonstatierung und -sammlung einen ästhetischen Prozess.[679]

Mit dieser Herangehensweise weist die Gestaltpsychologie über sich hinaus und schafft so einen Raum, in dem Psychologie Ästhetik zu artikulieren versucht.

Musil setzt sich in seiner Rezension intensiv mit den Überlegungen von Alleschs auseinander. Dabei wird deutlich, dass das Werk ‚Wege zur Kunstbetrachtung' als Schnittstelle zwischen Kunst und Wissenschaft zu bezeichnen ist. Der experimentalpsychologische Hintergrund ist dabei nur eine Facette; Musil selbst hebt zudem Gedankengänge hervor, die die Anlehnung an die Wissenschaft bestätigen. So führt er aus, dass „erst durch die Nachbarschaft und Kombination"[680] Eindrücke induziert würden, sodass die „wechselseitige[n] Abhängigkeiten"[681] zutage träten. Diese Aussagen lassen an die Ausführungen Wolfgang Köhlers denken, der ähnliche Vorgänge und Interdependenzen in Physik und Chemie beschreibt. Zudem weisen die Strukturgesetze, wie sie von Allesch in der Kunstrezeption aufzeigt, Ähnlichkeiten mit den Gesetzmäßigkeiten auf, die Max Wertheimer kurze Zeit später für die visuelle Wahrnehmung erarbeiten wird.

Neu und damit grenzkonstituierend zu den reinen Wissenschaften ist hingegen die Annahme der Entwicklung eines Sinnhorizonts innerhalb des Kunstwerks.[682] Da ein „Kunstwerk Menschenwerk"[683] sei, seien die Kombinationsoptionen möglicher Verstehenshorizonte nicht unendlich, sondern bewegten sich vielmehr innerhalb bestimmter Grenzen – aus ihnen leite sich der Wert und der Nutzen des Instrumentariums ab, das von Allesch entwickelt. Für Musil ist die Übertragung der Gestalten auf die Kunst eine Herangehensweise, die nicht nur für die bildenden Künste interessant, sondern auch in die Dichtung transferierbar ist. Wie zu

679 Ebd., S. 140.

680 Musil, KA; LESETEXTE, Band 13, Kritiken, Buchrezensionen, Sachbuch, Wege zur Kunstbetrachtung.

681 Ebd.

682 Vgl. auch Bonacchi: Die Gestalt der Dichtung, S. 166.

683 Musil, KA; LESETEXTE, Band 13, Kritiken, Buchrezensionen, Sachbuch, Wege zur Kunstbetrachtung.

zeigen sein wird, wird er diese These in den ‚Drei Frauen' erstmals auf ihre praktische Umsetzbarkeit hin überprüfen. Gleichzeitig – und hier muss der Artikel von Alleschs und seine Rezeption durch Robert Musil als symptomatisch bezeichnet werden – verlässt Musil die Ebene, auf der die Gestaltpsychologie als Inspirationsquelle fungiert und fügt ein poetologisches Moment hinzu. Vorher waren die gestalttheoretischen Ansätze Mittel zur Darstellung von Kunst, nun wird die Bedeutungsdimension erweitert: sie werden zu einem Gerüst umfunktioniert, mit dessen Hilfe es nicht nur möglich ist, Kunst zu interpretieren, sondern auch kunsttheoretisch zu untermauern. Die Gestaltpsychologie wird somit zu einem strukturellen Instrumentarium, mit dem neue – in Musils Fall – literaturtheoretische Ansätze entwickelt werden, die dann ihrerseits in die Dichtung einfließen. Insofern müssen diese beiden Ebenen deutlich voneinander unterschieden werden, da sie unterschiedliche Abstraktionsgrade zutage treten lassen.

In seinen theoretischen Überlegungen betont Musil daher die gestaltpsychologischen Implikationen – und baut damit die neue Ebene der auf der Gestalttheorie basierenden poetologischen Prinzipien weiter aus. Exemplarisch lässt sich dieser Prozess an dem Begriff des ‚anderen Zustands'[684] nachvollziehen. Dieser ist weitgehend getrennt vom Normalzustand zu betrachten (auch wenn der ‚andere Zustand' Spuren im Alltagsleben hinterlässt)[685] und wurde laut Musil in der Vergangenheit „mit ebenso großer Leidenschaft wie Ungenauigkeit" beschrieben als „Zustand der Liebe […], der Güte, der Weltabgekehrtheit, der Kontemplation, des Schauens, der Annäherung an Gott, der Entrückung, der Willenlosigkeit, der Einkehr".[686] Zentral für die weiteren Ausführungen ist die Frage, welche Konsequenzen dieser andere Zustand für die Relation von Außenwelt und dem hat, was die Psychologie als psychische Funktionen bezeichnet. Diesbezüglich schreibt Musil:

> […] die Empfindungen weisen nicht auf Dinge außerhalb des Ichs, sondern bedeuten innere Zustände; die Welt wird nicht als ein Zusammenhang dinglicher Beziehungen erlebt, sondern als eine Folge ichhafter Erlebnisse. Der Vektor, der Richtungsanzeiger, von dem vorhin die Rede war, hat sich umgekehrt und ist nach innen gerichtet.[687]

Hier wird die Differenz zur wissenschaftlichen Psychologie offenbar; Sinnbild für diesen Unterschied ist der nach innen gerichtete Vektor, der anzeigt, dass

684 Vgl. Musil, KA; LESTEXTE, Band 12, Essays 1918–1926; Ansätze zu neuer Ästhetik, 495.

685 Vgl. Ebd.

686 Ebd.

687 Ebd., 505.

der Mittelpunkt der menschlichen Wahrnehmung ins Innere verlegt wird. Die Psychologie ist zu jedem Zeitpunkt bestrebt, anhand psychischer Funktionen möglichst allgemeingültige Gesetzmäßigkeiten zu erarbeiten. Dabei muss sie zwangsläufig auf Phänomene zurückgreifen, die sich in irgendeiner Weise in Interaktion mit der Außenwelt äußern, da sie sonst nicht messbar wären. Von diesem Anspruch wendet sich Musil an dieser Stelle deutlich ab und visiert (seelische) Empfindungen an, die keine Außenwirkung haben. Damit konturiert er erneut die Unterscheidung zwischen der Psyche und der Seele. Doch auch wenn der ‚Untersuchungsgegenstand' nicht derselbe ist, so orientiert sich Musil doch an der Gestaltpsychologie, indem er die Annahme, dass Gestalten die Organisation von psychischen Phänomenen erklären können, auf die Seele überträgt. Somit müssen die Charakteristika, die für die wissenschaftlichen Gestalten gelten auch für die seelischen gelten.[688] Es wird zu zeigen sein, wie Musil diese These in die Dichtung überträgt.

688 In diesem Abschnitt erfolgt zur besseren Übersicht eine weitgehende Beschränkung auf psychische Phänomene, die biologisch argumentierenden Ergebnisse von Wolfgang Köhler sind aber auf keinen Fall ausgenommen.

# 8. ‚Drei Frauen' – Die Verschmelzung von Gegensätzen zu seelischen Gestalten

Der dreiteilige Novellenzyklus, der 1924 veröffentlicht wird, enthält die Erzählungen ‚Grigia', ‚Die Portugiesin' und ‚Tonka'. Gemeinsam ist diesen Erzählungen, dass die Titel implizieren, die jeweilig genannte Frau stände im Mittelpunkt der Novelle. Tatsächlich jedoch sind es die Männer, aus deren Sicht erzählt wird[689] und deren charakterlicher Wandel (zumindest vordergründig) relevant ist.[690] Die ‚Drei Frauen' markieren insofern einen Wendepunkt in der Musilschen Schaffensgeschichte, als er sich nach den ‚Vereinigungen' mit ‚Die Schwärmer' (1921) und ‚Vinzenz und die Freundin bedeutender Männer' (1923) zunächst dem Drama zuwandte.

Auch wenn das Stück ‚Die Schwärmer' keinen nennenswerten Erfolg vorweisen konnte,[691] so zieht Musil in der Retrospektive doch wichtige Schlüsse aus diesem Werk:

> [...] bis zum heutigen Tag kommt das, was ich erzähle, für mich erst in zweiter Linie. [...] Das zweite Beispiel, worin sich das in einer geradezu anekdotischen Weise ausdrückt, ist das meines vom Unglück verfolgten Hauptwerks „Die Schwärmer", das ich mit Bedacht heute noch ein Theaterstück nenne. [...] Von diesem Stück stand beinahe jedes Wort fest, so wie es heute darin steht, aber es gab drei Fassungen, drei verschiedene

---

689 Annie Reniers-Servranckx weist zu Recht darauf hin, dass zwar die männliche Perspektive im Vordergrund der Betrachtungen steht, konstatiert aber auch: „Die Frau ist stets der Gegenstand des männlichen Interesses, Inhalt seiner Perspektive, Ziel seines Suchens, Geheimnis seines Lebens, sie ist seine verlorene Hälfte, sein Ab-Wesen, sein Gegenpol, die ‚andere' Seite des Lebens." (Reniers-Servranckx: Konstanz und Entwicklung, S. 160.) und weist damit auf die Omnipräsenz der Frauen hin, die trotz der männlichen Perspektive vorhanden ist.

690 Bei genauerer Betrachtung erweist sich diese These als kurzschlüssig und simplifizierend – wie in den folgenden Ausführungen dargelegt werden soll, dienen die Männer vielmehr dazu, theoretische Gerüste in einem experimentell anmutenden Verfahren literarisch zu ‚realisieren'. Die Idee, dass die Musilsche Dichtung als Experimentierfeld zu betrachten ist, findet sich auch bei Kurt Krottendorfer. Er schreibt: „Als Versuche, Experimente sind alle literarischen Werke Musils zu verstehen, vor allem jene der unmittelbaren Nachkriegszeit." (Krottendorfer: Versuchsanordnungen, S. 115.).

691 Erst 1929 wird das Stück uraufgeführt (vgl. Corino: Robert Musil, S. 735).

Handlungen, drei Szenerien, dreierlei Personenkreise, kurz dreierlei theatermäßig ganz verschiedene Stücke, die im wesentlichen doch ein und dasselbe waren.[692]

Damit ergibt sich eine Parallele zu den theoretischen Ausführungen Musils, in denen er bereits darlegte, dass der Inhalt eines (Kunst-)Werks aus seiner Sicht als sekundär zu bezeichnen ist, da es die Haltung des Rezipienten ist, die das Wesentliche des Werks ausmacht. Diese Maxime findet sich im Übrigen auch in den ‚Drei Frauen' wieder. Rauch konstatiert, dieser Novellenzyklus stelle „nach einem kurzen Intermezzo als Bühnenschriftsteller [...] die Rückkehr zur Prosa dar."[693] Ausgehend von der Annahme einer kontinuierlichen Entwicklung der Musilschen Ansprüche an die eigene Literatur (Pfohlmann konstatiert, dass bereits beim Schreiben der ‚Vereinigungen' deutlich geworden sei, dass sich im Schaffen des Autors ein „strenger Kunstbegriff"[694] etabliert habe) stellt sich die Frage nach Gemeinsamkeiten und Unterschieden zwischen den beiden Zyklen.

Auf den ersten Blick stellt sich dieser Nexus nicht problemlos her. Musil wählt eine völlig andere Art des Erzählens,[695] ja, die ‚Drei Frauen' erweisen sich „im Vergleich zu den hermetischen ‚Vereinigungen' [als] für den Leser überraschend zugänglich."[696] Musil selbst betrachtet diesen Wandel als eine Notwendigkeit. Er schreibt, er wäre, hätte er die Linie der ‚Vereinigungen' beibehalten, „irgendwie ein Erzvater der neuen Erzählungskunst geworden", ein Status, der er aber

692 Musil, KA; LESETEXTE Band 14, Gedichte, Aphorismen, Selbstkommentare; Selbstkommentare aus dem Nachlass, Zum Roman, Parerga und Paralipomena 1921–1937, Vermächtnis. Vgl. auch Pfohlmann: Robert Musil, S. 85f.

693 Rauch: Vereinigungen, S. 81.

694 Pfohlmann: Robert Musil, S. 85.

695 Rauch schreibt diesbezüglich: „Die binnenpsychische Perspektive der ‚Vereinigungen', in deren Zentrum die Frauen Claudine und Veronika stehen, wird in den ‚Drei Frauen' durch eine auktoriale Erzählperspektive ersetzt, die die männliche Protagonisten privilegiert. Die Veränderung der Erzählperspektive entspricht einem Wechsel in der Darstellungsweise des Geschlechterverhältnisses, die vom Standpunkt der Frau zu dem des Mannes übergeht." (Rauch: Vereinigungen, S. 82f.). Die Frage nach dem Erzähler und dessen Perspektive wird in der Forschung kontrovers diskutiert. So ist die Annahme eines auktorialen Erzählers sicher nicht unproblematisch, neigt sie doch zu einer Schematisierung und Vereinfachung dieser Größe. Im Rahmen dieser Arbeit soll nicht näher auf diese Frage eingegangen werden, da sie umfassendere Untersuchungen fordern würde, als sie hier nötig sind. Zur weiteren Lektüre vgl. z.B.: Zeller, Rosmarie: Zur Komposition von Musils ‚Drei Frauen'. In: Beiträge zur Musil-Kritik. Hg. v. Gudrun Brokoph-Mauch. Bern, Frankfurt am Main: Peter Lang 1983 (New Yorker Studien zur Neueren Literaturgeschichte, Bd. 2), S. 25–48.

696 Pfohlmann: Robert Musil, S. 101.

nicht anstrebe, denn er sei „in Stilfragen konservativ".[697] Tatsächlich kehrt Musil in den ‚Drei Frauen' zu einem konventionelleren Erzählstil zurück.[698] Somit unterscheiden sich sowohl Erzählperspektive als auch die Art des Erzählens – Fakten, die dazu führen, dass Luserke die ‚Drei Frauen' als „Fremdkörper"[699] in Musils Werk identifiziert. Wie jedoch im Verlaufe der Ausführungen zu zeigen sein wird, muss das Niveau der Verbindung zwischen den beiden Zyklen auf abstrakterer Ebene angesiedelt werden, die über die Betrachtung der erzählten Inhalte oder die Perspektivierung des Erzählten hinaus geht.

In der Forschung wird zudem die Frage gestellt, ob auch innerhalb des Novellentriptychons eine solch verbindende Linie besteht. Matthias Luserke ist der Ansicht, dass nicht eindeutig geklärt werden kann, ob ein „gegenseitiges Zeichen- und Verweissystem"[700] besteht und somit von einem Erzählzyklus die Rede sein kann.[701] Wurde in den ‚Vereinigungen' nahezu durchgehend aus der Perspektive der Frauen erzählt, so wird in den ‚Drei Frauen' konsequent eine Außensicht auf die weiblichen Figuren gewählt. Dabei muss bereits an dieser Stelle auf (eigentlich poetologische) Überlegungen Musils im Rahmen des Essays ‚Skizze der Erkenntnis des Dichters' hingewiesen werden, in dem Musil das Verhältnis der Wissenschaften zur Dichtung ausführt. Da in Kapitel 8.2 die Auswirkungen dieses Textes auf die Gestaltung der Musilschen Literatur genauer betrachtet

---

697 Musil, KA; LESETEXTE, Band 19, Wiener und Berliner Korrespondenz 1919–1938; 1931: Robert Musil an Bernard Guillemin, 26. Januar 1931.

698 Dieser Befund kann jedoch nur eingeschränkt gelten. Ursula Meier-Ruf beschäftigt sich in ihrem Buch ‚Prozesse der Auflösung: Subjektstruktur und Erzählform in Robert Musils „Drei Frauen"' mit dem Phänomen des Kausalitätsbruchs auf formaler Ebene. Da die Beschäftigung mit diesem Aspekt nur noch am Rande mit der übergeordneten Fragestellung zu tun hat, soll nur der Vollständigkeit halber in dieser Fußnote auf diesen Bereich der Forschung hingewiesen werden. Sie führt aus, dass auf formaler Ebene Bruchstellen der Kausalität zu finden sind und konstatiert: „Die [...] Erzählung ist durchzogen von kausalen, konzessiven und konsekutiven Adverbien und Konjunktionen sowie Demonstrativa, die ihrer Natur nach zwar genau und eindeutig sind, sich im Kontext jedoch als unpräzise erweisen" (Meier-Ruf, Ursula: Prozesse der Auflösung: Subjektstruktur und Erzählform in Robert Musils ‚Drei Frauen'. Bern: Lang 1992, hier S. 57.). Damit wird das Befund, ‚konventionelles' Erzählen sei in den ‚Drei Frauen' vorherrschend, auch hier problematisiert. Fakt ist aber, dass durch die weniger abstrakte Erzählweise diese Brüche nicht so dominant zutage treten.

699 Luserke, Matthias: Robert Musil. Stuttgart, Weimar: Metzler 1995, hier S. 58.

700 Ebd., S. 65.

701 Tim Mehigan beantwortet diese Frage zustimmend und spricht in diesem Zusammenhang davon, dass ein „klares Bindungsprinzip" vorliege (Mehigan, Tim: Robert Musil. Stuttgart: Reclam 2001, hier S. 47.).

werden sollen, erfolgt hier nur ein kurzer Verweis auf diesen Zusammenhang, da die poetologischen Ansätze nicht völlig von der Analyse der gestalttheoretischen Umsetzungen zu trennen ist. Es sei hier somit die Unterscheidung zwischen ratioïden und nicht-ratioïden Dimensionen aufgezeigt – das ratioïde Gebiet, so sei in aller Kürze definiert, umfasst „alles wissenschaftlich Systematisierbare“[702]. Die männlichen Protagonisten können aufgrund ihrer Stellung im gesellschaftlichen und beruflichen Umfeld als Vertreter der ratioïden Sphäre identifiziert werden, den Frauen kommt eine antagonistische Rolle zu.[703] Mit dieser Unterscheidung kann folglich nicht nur die Relation der Wissenschaften zur Literatur, sondern auch das der männlichen zu den weiblichen Figuren erhellt werden.

Obwohl die Handlungen auf den ersten Blick in keinerlei Kontext stehen (die Protagonistinnen haben keine offensichtlichen Gemeinsamkeiten, zudem ist der Plot der Novelle ‚Die Portugiesin‘ im Mittelalter angesiedelt, während die anderen beiden Novellen in der Moderne spielen), konstatiert Birthe Hoffmann:

> [...] als Ganzes wiederholen diese drei Novellen die gleiche Struktur, die für jede einzelne konstituierend sind: sie sind parataktisch und analogisch verbundene Bilder, nicht-reduzierbare Experimente in einer Versuchsreihe, deren Gegenstand die noch wenig erforschten Vorgänge des Seelenlebens sind.[704]

Hoffmann geht davon aus, dass die drei Novellen durch die Wandlung, die die männlichen Protagonisten durchlaufen, miteinander verbunden sind. Ihnen sei gemein, dass sich die Männer in einem etwa einjährigen Ausnahmezustand befänden. In dieser Situation seien sie besonders empfänglich für neue Einflüsse, unter denen sich ihre bisherige „gesellschaftlich präformierte Gestalt“[705] auflöse.[706] Die Frauen, die als Namensgeberinnen für die Novellen fungieren und die Entwicklung der Männer initiieren,[707] tauchen in diesem Zusammenhang als ‚Systemfehler‘ oder ‚-änderungen‘ auf.[708] Bemerkenswert ist also, dass die Frauen den Novellen die Namen geben, aber „der Gegenstand aller dieser Erzählungen [...] die Problematik der ‚männlichen‘ Perspektive auf die Wirklichkeit“[709] ist. Tatsächlich müssen die Ähnlichkeiten auf abstrakteren Ebenen gesucht werden – zu diesem Zeitpunkt kann diese Frage somit noch nicht endgültig

702 Musil, KA; LESETEXTE, Band 12, Essays, Skizze der Erkenntnis des Dichters, 165.
703 Vgl. Pfohlmann: Robert Musil, S. 98.
704 Hoffmann: Die Seele im Labor, S. 736.
705 Ebd., S. 744.
706 Vgl. Ebd., S. 740.
707 Pfohlmann: Robert Musil, S. 101.
708 Vgl. Hoffmann: Die Seele im Labor, S. 742.
709 Reniers-Servranckx: Robert Musil. Konstanz und Entwicklung, S. 160.

beantwortet werden.[710] Es erscheint aber wahrscheinlich, dass die genannten Merkmale zwar eher oberflächlich agieren, prinzipiell aber durchaus eine Verbindung zwischen den Novellen zu suchen ist.

## 8.1 Die Gestalttheorie als wissenschaftliche Inspirationsquelle

In der folgenden Analyse wird zunächst zu klären sein, welche konkreten Spuren die Lektüre gestalttheoretischer Texte in diesem Triptychon hinterlassen hat. In diesem Zuge dürfen nicht nur konkrete Anlehnungen ins Auge gefasst werden (obwohl diese ebenfalls zu finden sein werden), sondern es müssen auch mögliche Abstraktionsebenen einbezogen werden. Dabei spielen fundamentale gestaltpsychologische Prinzipien (wie beispielsweise die Transponierung) ebenso eine Rolle wie Bezugnahmen auf konkrete Texte. Wie schon im ‚Törleß' und in den ‚Vereinigungen' ist somit auch hier davon auszugehen, dass ursprünglich visuelle Phänomene (wie z.B. Kippbilder) in den gedanklichen Raum verschoben werden.[711] Zudem sollten strukturelle Ausformungen in die Überlegungen einbezogen werden – Köhler erstellt mit der Schrift ‚Die physischen Gestalten in Ruhe und im stationären Zustand' ein Werk, das Robert Musil mit großem Interesse rezipiert und dessen Abbildung dynamischer Vorgänge auch die Ausgestaltung seiner Novellen geprägt haben dürfte. Diese und andere Prinzipien sollen im Folgenden auf die Novellen bezogen und anhand ihrer literarischen Funktionsweise beleuchtet werden.

### 8.1.1 ‚Grigia' – Die literarische Transponierung von Gestalten

Die Novelle ‚Grigia', die erstmals 1921 im ‚Neuen Merkur' erscheint,[712] macht in Hinblick auf die Kulisse, in der die Handlung spielt, deutliche biographische Anleihen. Musil wird 1915 im Zuge des Ersten Weltkriegs nach Italien versetzt, genauer nach Palai, einem Dorf im Fersental.[713] Dieser Ort dient ihm Jahre später

710 Karl Eibl erwägt die Möglichkeit, dass es sich auch um eine „lose Sammlung" handeln könne (Eibl, Karl: Robert Musil. ‚Drei Frauen'. Text, Materialien, Kommentar. München, Wien: Carl Hanser Verlag 1978, hier S. 155).

711 Eben solche zeigt beispielsweise Birthe Hoffmann in ihrem Artikel auf.

712 Vgl. Pfohlmann: Robert Musil., S. 97.

713 Rosmarie Zeller beschäftigt sich in ihrem Artikel ‚Musils Arbeit am Text' mit textgenetischen Fragen in Bezug auf diese Novelle (vgl. Zeller, Rosmarie: Musils Arbeit am Text. Textgenetische Studie zu ‚Grigia'. In: Musil-Forum. Studien zur Literatur der klassischen Moderne. Hg. v. Norbert Christian Wolf und Rosmarie Zeller. Berlin, Boston: De Gruyter 2013 (Bd. 32), S. 41–64).

als Vorbild für das Tal in den Bergen, in dem der Geologe Homo und seine Kollegen nach Gold suchen wollen.[714] Auch die literarische Figur der Bäuerin, mit der Homo ein Verhältnis hat („Sie hieß Lene Maria Lenzi, […] aber er nannte sie doch lieber Grigia, mit langem I und verhauchtem Dscha, nach der Kuh, die sie hatte, und Grigia, die Graue, rief" (G, 245)), geht auf eine real existierende Frau gleichen Namens zurück, mit der Musil in der Zeit seiner Stationierung im Fersental eine Affäre hat.[715]

Im Vorfeld der Analyse wurde die Genese der Gestaltpsychologie referiert und auch ihre Konzentrierung auf die Untersuchung visueller Phänomene. Bei der Betrachtung der Novelle darf nun aber nicht mehr nur die Frage nach optisch perzipierten Prinzipien gestellt werden, vielmehr weitet Musil dieses Motiv auch auf andere Bereiche aus. Um diese Struktur abbilden zu können, müssen noch einmal die ‚Vereinigungen' anvisiert werden. Im Vorfeld wurden bereits Überlegungen angestellt, inwieweit es mögliche Anknüpfungspunkte zwischen den beiden Novellenzyklen gibt. Mit Blick auf diese Frage erweist sich die Analyse der Erzählung ‚Grigia' als förderlich, da bei der Betrachtung der Erzählprinzipien eine Verbindung zu sehen ist.

Wenn die Überlegungen aufgenommen werden, die bereits in den ‚Vereinigungen' angesprochen wurden, so zeigt sich, dass Musil das Motiv der Liebe als Komplex bereits zu Beginn der Novelle thematisiert. Die Liebe zwischen Homo und seiner Frau hat durch die Geburt des Sohnes ihre Dynamik verändert. Ohne dass Homo „mit seinem Wissen und Willen je etwas von seiner Liebe abhanden gekommen wäre" (G, 234), so ist mit dem Element des Kindes auch das der Trennbarkeit ihrer Beziehung hinzugetreten – Musil hebt hier somit von Anfang an die dynamische Komplexhaftigkeit von Gefühlen hervor.

Die Betrachtung des Diptychons ‚Vereinigungen' hat weiterhin ergeben, dass Musil eine erzählte Welt etabliert, die konsequent funktional agiert und in der traditionelle Denk- und Interpretationsschemata versagen, da sie die Komplexität des Gegebenen nicht abbilden können. Mit Blick auf ‚Grigia' scheint sich diese Beobachtung ebenfalls zu bewahrheiten. Zur Untermauerung dieser These sei auf das folgende Zitat verwiesen, das sich in diesem Zusammenhang als äußerst aufschlussreich erweist:

> Er fühlte die Hand seiner Geliebten in seiner, ihre Stimme im Ohr, alle Stellen seines Körpers waren wie eben erst berührt, er empfand sich selbst wie eine von einem anderen

714 Vgl. Corino: Robert Musil, S. 520ff.

715 Vgl. Ebd., S. 528. Zu den Parallelen zwischen Novelle und Tagebucheinträgen vgl. auch Krottendorfer, Kurt: Versuchsanordnungen, S. 116ff.

Körper gebildete Form. Aber er hatte sein Leben außer Kraft gesetzt. Sein Herz war demütig vor der Geliebten und arm wie ein Bettler geworden, beinahe strömten ihm Gelübde und Tränen aus der Seele. Dennoch stand es fest, daß er nicht umkehrte, und seltsamerweise war mit seiner Aufregung ein Bild der rings um den Wald blühenden Wiesen verbunden, und trotz der Sehnsucht nach Zukunft das Gefühl, daß er da […] tot liegen werde. […] Da hatte er nun immer gemeint, in der Wirklichkeit zu leben, aber war etwas unwirklicher, als daß ein Mensch für ihn etwas anderes war als alle anderen Menschen? […] Als das Kind aufwuchs, wuchs das, wie die Geheimnisse des Bodens in ein Bäumchen, in irdisches Sorgen und Behagen hinein. Er liebte sein Kind, aber wie es sie überleben würde, hatte es noch früher den jenseitigen Teil getötet. Und es wurde ihm plötzlich heiß von einer neuen Gewißheit. Er war kein dem Glauben zugeneigter Mensch, aber in diesem Augenblick war sein Inneres erhellt. Die Gedanken erleuchteten so wenig wie dunstige Kerzen in dieser großen Helle seines Gefühls, es war nur ein herrliches, von Jugend umflossenes Wort: Wiedervereinigung da. Er nahm sie in alle Ewigkeiten immer mit sich, und in dem Augenblick, wo er sich diesem Gedanken hingab, waren die kleinen Entstellungen, welche die Jahre der Geliebten zugefügt hatten, von ihr genommen, es war ewiger erster Tag. Jede weltläufige Betrachtung versank, jede Möglichkeit des Überdrusses und der Untreue, denn niemand wird die Ewigkeit für den Leichtsinn einer Viertelstunde opfern, und er erfuhr zum erstenmal die Liebe ohne allen Zweifel als ein himmlisches Sakrament.

Von diesem Tag an war er wie einer Bindung befreit, wie von einem steifen Knie oder einem schweren Rucksack. Der Bindung an das Lebendigseinwollen, dem Grauen vor dem Tode. (G, 240f.)

In den ‚Vereinigungen' konnte konstatiert werden, dass funktionale Systeme existieren, mit denen in der ‚Versuchung der stillen Veronika' die Prinzipien Leben und Tod zusammengefasst werden; in der ‚Vollendung der Liebe' hingegen werden die Pole Treue und Untreue dem Komplex der Liebe beigeordnet. Es stellt sich nun heraus, dass Musil in Bezug auf diese Komplexhaftigkeit in der Novelle ‚Grigia' noch einen Schritt weiter geht. Tatsächlich koexistiert hier eine Vielzahl eigentlich gegensätzlicher Begrifflichkeiten auf engstem Raum. Das fundamentale Prinzip der Vereinigung ist problemlos zu identifizieren, indem der Begriff explizit erwähnt wird. Ihm werden die Pole Treue und Untreue zugeordnet: Homo führt in der Vereinigung mit der Natur (über die noch zu sprechen sein wird) die Begriffe der Treue und der Untreue eng, ähnlich wie auch Claudine dies tut. Indem Homo dadurch der Gedanke an die Untreue unmöglich wird, er jedoch nach tradierten Maßstäben seine Frau mit Grigia betrügt, entfällt auch für ihn die Möglichkeit der Differenzierung zwischen den beiden Polen. Oder anders gesagt: In der Vereinigung mit seiner Frau, auf die das Verhältnis mit Grigia folgt, kann Homo durch die mentale Inkorporierung seiner Frau dieser nicht mehr untreu werden, da sie Teil seiner selbst ist. Grigia wird somit zu einem „Teil einer Sendung […], die ihn mit seiner Geliebten in Ewigkeit weiter verknüpfte" (G, 247).

Eng mit dieser Theorie verknüpft ist die Zusammenführung von Vergangenheit und Zukunft im Topos der Ewigkeit. Dabei stellt sich heraus, dass in dieser funktionalen Matrix auch Leben und Tod eine zentrale Rolle spielen. Indem das Kind (ursprünglich Inbegriff des Lebens) einen Teil Homos tötet und außerdem die (eigentlich) vitalisierende geistige Vereinigung mit seiner Frau und die körperliche Liaison mit Grigia die Bindung an das Leben auflöst, werden auch diese beiden Ebenen zusammengefasst. Verstärkt wird dieser Eindruck durch die Todesahnungen, die Homo bereits in diesem frühen Stadium ereilen und die seine „Sehnsucht nach Zukunft" konterkarieren – ganz zu schweigen von der (durch die Bindung an die Naturwissenschaften nur scheinbar objektiv agierenden) Wirklichkeit, die sich nun als unwirklich entpuppt. Insgesamt bietet sich dem Rezipienten somit ein ganzes Konglomerat von konträren Begrifflichkeiten, die aber nur oberflächlich konfligieren. Ähnlich wie in den ‚Vereinigungen' entsteht durch die Kombination dieser Prinzipien eine Dynamik, die, wie noch zu zeigen sein wird, in ihrer Präsenz kaum zu überschätzen ist. Mit ihrer Hilfe schafft Musil einen Erzählkosmos, in dem tradierte Denkarten mit ihrem scheinbar festen Fundament derart konsequent unterlaufen werden, dass Analysekategorien zur Erschließung der narrativen Welt nur noch bedingt zu greifen in der Lage sind.

Die Novelle ist Schauplatz verschiedener Spannungsverhältnisse, die einander gegenüber gestellt werden und deren Bedeutung sich aus dem (scheinbaren) Widerspruch ergibt. Das erste Spannungsverhältnis ergibt sich aus der Konfrontation zweier Kulturen, von denen die eine vom Vorwärtsdrang der technischen Entwicklung und die andere von der noch nicht gebrochenen Dominanz der Tradition geprägt ist.[716] Die Gestaltpsychologie eröffnet die Möglichkeit, die Relation zwischen der ursprünglichen, im Tal gepflegten Kultur der Bauern und der scheinbar überlegenen modernitätsgeprägten und zivilisierten Kultur der Wissenschaftler darzulegen. Unabhängig von der Thematisierung der Gestaltpsychologie treten die Gegensätzlichkeiten der Kulturen der Expeditionsteilnehmer und der Bewohner des Bergtals bereits bei oberflächlicher Lektüre in den Vordergrund. Die Expedition, die nicht nur in das naturbelassene Tal eindringt, sondern noch tiefer, nämlich in das Innere des Bergs, wird von vorneherein als sozial dominant geschildert. Die Teilnehmer walten gottgleich, geben den Bauern einerseits Arbeit, behandeln die Frauen aber andererseits wie Tiere (vgl. G, 236f.).

Diese Beobachtungen gewinnen durch die literarisch umgesetzte Methode des Invertierens an Bedeutung, die ihren Ursprung in den Ausführungen von Erich

716 Vgl. Hoffmann: Die Seele im Labor, S. 748, aber auch Krottendorfer: Versuchsanordnungen, S. 124ff.

Moritz von Hornbostel finden. Von Hornbostel, ein Freund Musils,[717] in seinem Artikel ‚Über optische Inversion' praktische Anleitungen für das Invertieren und berührt damit auch die Gesetze der Wahrnehmungslenkung (vgl. Kapitel 6.5).[718] Er schreibt: „Die Inversionen sind weder ‚Täuschungen', denen wir unterliegen, noch ‚Vorstellungen', die wir uns ‚machen', sondern Dinge, die wir, unter bestimmten Bedingungen, *wahrnehmen.*"[719] Die Methode des Invertierens und die damit veränderte Wahrnehmung eröffnet also laut dem Wissenschaftler eine neue Welt. Bei Homo ist dies andersherum: Mit Betreten des Tals erschließt sich ihm eine neue Welt, die durch ihre ganz eigenen Gesetze seine Wahrnehmung verändert oder um im Bilde zu bleiben: invertiert. Bereits der erste Satz macht deutlich, dass sich der männliche Protagonist in einer lebensverändernden Phase befindet: „Es gibt im Leben eine Zeit, wo es sich auffallend verlangsamt, als zögerte es, weiterzugehen oder wollte seine Richtung ändern" (G, 234). Indem hervorgehoben wird, dass Homos Lebenssituation besonders empfänglich für Veränderungen ist, wird auch begründet, warum er die Welt mit Betreten des Tals modifiziert wahrnimmt: Die wahrnehmungssteuernden Bedingungen, wie von Hornbostel sagen würde, haben sich verändert. Mit Blick auf die Schlachtung eines Schweins und die anschließende Röstung über dem Feuer, heißt es: „Das alles bemerkte Homo zum erstenmal in seinem Leben" (G, 243). Hier wird eine Wahrnehmung präsentiert, die deutlich auf den Inhalt der Ausführungen von Hornbostels rekurriert, denn es handelt sich um Dinge, die Homo nur unter den talspezifischen Bedingungen wahrzunehmen in der Lage ist. Damit ist ein Perzeptionskontinuum gesetzt, dessen transformierte Gesetzmäßigkeiten stabile Inhalte auflösen und vormals instabile hervortreten lassen.

Gleichzeitig bietet sich hier noch eine weitere Anknüpfungsmöglichkeit gestalttheoretischer Argumentationen an. Sowohl Wolfgang Köhler als auch Kurt Koffka problematisieren in ihren Ausführungen die Konstanzannahme – ein Prinzip, das in der ‚alten' Psychologie als wichtiger Grundsatz galt (vgl. Kapitel 6.2.1 und 6.3). In der Abwendung von der Konstanzannahme entwickeln die Gestaltpsychologen einen antisynthetischen Ansatz, der die Vielheit der Abhängigkeiten, unter deren Einfluss Wahrnehmungen entstehen, berücksichtigen soll. Homo bemerkt bis dahin unbemerkte Reize nun zum ersten Mal und stellt dabei eine Gleichwertigkeit zwischen den Erlebnissen her, die für den Rezipienten ungewohnt wirkt.

717 Vgl. Corino: Robert Musil : Eine Biographie, S. 231f.

718 Bonacchi setzt sich in ihrem Werk ‚Die Gestalt der Dichtung' genauer mit den Einflüssen dieses Wissenschaftlers auf Robert Musil auseinander (vgl. Bonacchi: Gestalt der Dichtung, S. 328ff.).

719 Von Hornbostel: Über optische Inversion, S. 143.

Der Koitus mit Grigia wirkt daher „genau so einfach und gerade so verzaubert wie die Pferde, die Kühe und das tote Schwein.“ (G, 247). Die Verbindung zwischen diesen Ereignissen ergibt sich nicht von selbst – aufgrund der antisynthetischen Herangehensweise muss sie das aber auch nicht mehr. Die Wahrnehmung und die Empfindungen stehen nicht mehr im Verhältnis 1:1, folglich können gedankliche und emotionale Verbindungen entstehen, die nicht den tradierten Vorstellungen entsprechen. Dass die Relation zwischen Wahrnehmung und Empfindung zumindest indirekt thematisiert wird, beweist die folgende Textstelle, in der Homo ein Mädchen dabei beobachtet, wie es Heu zusammenrafft. Dabei heißt es: „Homo fühlt, es hat etwas vom Pillendreher, jenem Käfer.“ (G, 248). Eigentlich handelt es sich hier um einen visuellen Reiz; indem aber das Verb ‚sehen‘ durch ‚fühlen‘ ersetzt wird, wird das besondere Verhältnis zwischen den beiden Prinzipien deutlich. Laut Koffka sind die Empfindungen Ergebnis der Analyse der Wahrnehmungen; da Homo die Wahrnehmung in den Gesamtkontext seines Erfahrungshorizonts einordnet, wird aus ihr eine Empfindung – eine Tatsache, der Musil mit der Verwendung des Verbs ‚fühlen‘ Rechnung trägt.

Die veränderte Wahrnehmung Homos hebt zunächst einzelne Komplexe der Umwelt in einer dem Figur-Grund-Phänomen ähnlichen Weise hervor. So wird das Verhältnis von Tradition und Moderne als Figur-Grund-Phänomen beschrieben, bei dem die Figur der Tradition auf dem Hintergrund der Moderne auftauchen kann und andersherum. Hoffmann spricht in diesem Zusammenhang von dem Ursprünglichen als „‚Einsprengsel[n]‘ im Modernen“[720], wenn beispielsweise geschildert wird,[721] wie

> ihnen [den Dorfbewohnern; K.B.] die neue Zeit allerhand ärgsten Unrat in die Häuser [spült]. Da gab es billige polierte Schränke, scherzhafte Postkarten und Öldruckbilder, aber manchmal war ein Kochgeschirr da, aus dem schon zur Zeit Martin Luthers gegessen worden sein mochte. (G, 237)

Im Zuge der Annahme, dass in ‚Grigia‘ auch eine Kulturkritik formuliert wird, kann diese Textstelle als unterstützendes Element angesehen werden. Indem die modernen Einflüsse dominant hervorgehoben werden und erst beim zweiten Hinsehen die traditionellen Einzelheiten wahrgenommen werden, wird eine implizite Wertung vorgenommen, da eine ‚natürliche Rangfolge‘ etabliert wird, in der erst die gewohnten modernen, aber wertlosen Gegenstände in den Fokus gerückt werden und dann die zwar wertvolleren, aber ungewohnten aus

720 Hoffmann: Die Seele im Labor, S. 748.

721 Das folgende Zitat kann des Weiteren der Fortführung des im Verlaufe des in Kapitel 8.2 eingeführten Prinzips des Bildfadens von Stein und Wasser zugerechnet werden.

vergangenen Zeiten. Eine ähnliche Wertung der kulturellen ‚Rangfolge' stellt das folgende Zitat dar:

> So waren diese Weiber. [...] die Tücher, die sie am Kopf [...] trugen, waren billiger Kattundruck moderner Fabrikmuster, aber durch irgend etwas in den Farben oder deren Verteilung wiesen sie weit in die Jahrhunderte der Altvorderen zurück. (G, 238)

Auch hier nimmt das Auge des Betrachters zunächst die moderne Aufmachung der Kopftücher wahr und erst bei genauerer Betrachtung scheinen die traditionellen Muster durch. Die Frage, welches Element als Hintergrund zu sehen ist und welches als Figur, stellt sich auch in der folgenden Textstelle: „[...] weil die Bäume das Laub nicht abwarfen, war Welk und Neu durcheinandergeflochten wie in Friedhofskränzen" (G, 235). Je nach Fokussierung des Betrachters kann sich „das Welke auf dem Hintergrund des Neuen ab[heben] und umgekehrt."[722]

Auch das nächste Zitat soll die These stützen, dass Musil das Prinzip des Figur-Grund-Phänomens literarisch umsetzt und zwar, wenn geschildert wird, dass die Nachkommen deutscher Einwanderer, „heute noch eingesprengt wie ein verwitterter deutscher Stein zwischen den Italienern" (G, 237) sitzen. Diese Textstelle ist in doppelter Hinsicht für die vorliegende Untersuchung relevant, denn zum einen wird deutlich auf die von Hoffmann erwähnten ‚Einsprengsel' Bezug genommen und damit die Idee ausgebaut, dass es sich um ein Spannungsverhältnis zwischen Moderne und Tradition handelt. Zum anderen wird hier ein Motiv aufgenommen, dessen Betrachtung im Folgenden noch Rechnung getragen werden soll; nämlich das des Steins, das in der Kombination mit Wasser ein Bild darstellt, das sich wie ein roter Faden durch die Novelle zieht.[723] Auf dieses Prinzip, dessen Dechiffrierung deutlich machen wird, wie konsequent Musil seine theoretischen Überlegungen umsetzt, soll im weiteren Verlauf des Kapitels Bezug genommen werden. Zunächst bleibt zu konstatieren, dass die von Hoffmann aufgezeigten Phänomene auf eine Struktur verweisen, die, wie zu zeigen sein wird, in der Novelle tief verwurzelt ist und die somit als nahezu allgegenwärtig zu bezeichnen sind.

Bisher standen lediglich Phänomene im Vordergrund der Betrachtung, deren Beschreibung relativ unmittelbar an (visuelle) Kippbilder denken lässt.[724]

---

722 Hoffmann: Die Seele im Labor, S. 755.

723 Vgl. Ebd., S. 759.

724 In der Forschung wurde bereits häufig auf das Motiv der Gruppen verwiesen (Vgl. Hoffmann: Die Seele im Labor, aber auch Oliver Böni: ‚wie in einem Teppich verwoben'. Gleichnistexturen in Robert Musils ‚Grigia'. In: Musil-Forum. Studien zur Literatur der klassischen Moderne. Hg. v. Norbert Christian Wolf und Rosmarie Zeller.

Allerdings zeigt sich bei genauerer Analyse, dass die Novelle im Ganzen auf Konglomeraten basiert, deren Interpretation ihre Doppeldeutigkeit akzeptieren und berücksichtigen muss. Das bereits skizzierte enge Geflecht von scheinbar widersprüchlichen Ideen ist jedoch erst der Anfang dessen, was die durch das Tal modifizierte Perzeption Homos zu bieten imstande ist. Anknüpfend an diese divergierenden Prinzipien findet sich eine ganze Reihe von Phänomenen, die in der Forschung gewöhnlich als Oxymora klassifiziert werden. So eröffnet sich dem Rezipienten eine ganze Fülle an ungewohnt anmutenden Verbindungen. Neben der oben besprochenen Stelle, die an die ‚Vereinigungen' anknüpft, wird mit scheinbar paradoxen Prinzipien gespielt, deren Faszination sich daher ableitet, dass sie eben nicht konfligieren. So erscheinen die Frauen mit ihrer „Theaterechtheit" „wie die Herzoginnen", wenn man an ihre „Bauerntür" (G, 239) klopft, die Luft riecht nach „Schnee und Süden" (G, 235), die Almböden eines Bergs tragen sich in „breitem, gemäßigtem Wellenschlag" (G, 235) und des Abends, wenn die Männer zusammensitzen, herrscht dort eine Atmosphäre aus „Traurigkeit und Tanz" (G, 243).[725]

---

Berlin, Boston: De Gruyter 2013 (Bd. 32), S. 65–86, bes. S. 81f.), daher soll auf eine Aufzählung der verschiedenen Erscheinungsweisen verzichtet werden und lediglich die Frage nach einer möglichen Fruchtbarmachung mit Blick auf die Gestaltpsychologie ins Auge gefasst werden. Dabei stellt sich heraus, dass Musil hier einen Weg wählt, der scheinbar die Prinzipien der wissenschaftlichen Gestalttheorie negiert. So gruppieren sich die Pferde „irgendwie regellos in die Tiefe, sodaß es nach einem geheim verabredeten ästhetischen Gesetz genauso aussah wie die Erinnerung an die kleinen grünen, blauen und rosa Häuser unter dem Selvot" und die Hunde stehen zwar in Gruppen, aber „man wußte nicht warum [sie] zusammengefunden hatten und fest zusammenhielten." (G, 242). Dabei zeigt sich jedoch, dass offensichtlich sehr wohl eine Regelmäßigkeit besteht, diese jedoch (noch) nicht erklärt werden kann. Diese Beobachtung ist insofern interessant, als Max Wertheimer 1922 und 1923 seine Gestaltgesetze veröffentlicht. Wie bereits ausgeführt, war der Großteil der Erkenntnisse aber bereits vorher der Fachwelt bekannt, auch wenn sie erst später publiziert wurden. Robert Musil hat auch privat Kontakt mit Wertheimer, so schreibt er 1911: „Zu Beginn dieser Zeit mit Hornbostel und Wertheimer einmal zusammengewesen, ein bisschen Heimweh nach der Psychologie bekommen." (Musil, KA; LESETEXTE, Band 16, Frühe Tagebuchhefte 1899–1926, 5: Pappheft (1910–1913), Tagebuch und literarische Projekte). Geht man davon aus, dass Musil die weitere Entwicklung der Gestaltpsychologie aufmerksam verfolgt, so ist die Annahme wahrscheinlich, dass ihm Wertheimers Überlegungen nicht unbekannt waren.

725 Dagmar Leupold geht davon aus, dass dieses Spiel mit Oxymora so weit getrieben wird, dass selbst die Geschlechtzugehörigkeit fragwürdig werde, gingen die Frauen doch „wie Männer" oder „wie Neger" (vgl. Leupold, Dagmar: Experiment Ekstase:

Dagmar Leupold konstatiert diesbezüglich, dass das Oxymoron „potentiell eine solche erneuernde Kraft [enthält], da es die chronologische und damit implizierte kausal-logische Abfolge von Ereignissen aufhebt."[726] Diese Annahme fasst eine wichtige Überlegung ins Auge, denn wie bereits dargelegt, wird die Voraussetzung von kausalen Prinzipien konsequent negiert – das System der Motivation (das als ästhetisiertes Funktionalitätsprinzip gelten muss), das bereits die ‚Vereinigungen' prägt, ist hier nun völlig etabliert und wird als selbstverständlich vorausgesetzt. Mit der Voraussetzung des Funktionalitätsprinzips muss aber gleichzeitig die Begrifflichkeit des Oxymorons hinterfragt werden. Es scheint, als würde dieser Terminus ad absurdum geführt – tradierte Ideen und Deutungsansätze greifen hier ins Leere und verschwimmen bis zur Unkenntlichkeit. In einer Welt, in der eine derart konsequente Funktionalität dargestellt wird, kann es solche Widersprüchlichkeiten kaum geben. Geht man davon aus, dass die Oxymora durch das funktionale System, in dem sie agieren müssen, ihrer Wirkung enthoben worden sind, so ergibt sich ein interessanter Ansatz: es scheint, als wären die als Oxymora klassifizierten Phänomene viel eher Kippfiguren, die ihrerseits vom rein visuellen Kontext abgelöst wurden und nun in ästhetisierter und abstrahierter Form neu definiert werden. Das Prinzip ihrer Wirkweise bleibt jedoch dasselbe – beide Perzeptionsoptionen sind vorhanden, allein der Rezipient entscheidet, welche er als dominant registriert. Indem beide Alternativen latent vorhanden sind, ergibt sich eine Dynamisierung des Geschehens, in der sich die individuelle Apperzeption und anschließende Interpretation des Rezipienten als überaus wichtig herausstellen. Je nachdem welche Option er als dominant wahrnimmt, ergibt sich (um im visuellen Kontext zu bleiben) ein anderer Blick auf die erzählte Welt.[727]

---

Robert Musils ‚Drei Frauen'. In: Neue Ansätze zur Robert-Musil-Forschung. Hg. v. Marie-Louise Roth. Bern, Berlin u.a.: Peter Lang 1999 (Musiliana Bd. 5), S. 195–215, hier S. 202.).

726 Ebd., S. 196.

727 Hier ergibt sich eine Anknüpfungsmöglichkeit zu den Ausführungen Friedrich Nietzsches. Hans-Joachim Pieper erarbeitet mit Blick auf den ‚Mann ohne Eigenschaften' die Parallelen von Musils Essayismus und Nietzsches Perspektivismus und stellt dabei heraus, dass für Nietzsche jede Art der Erkenntnis nicht an eine objektive Wahrheit, sondern vielmehr an die Perspektive des Wahrnehmenden gebunden ist (vgl. Pieper, Hans-Joachim: Musils Philosophie. Essayismus und Dichtung im Spannungsfeld der Theorien Nietzsches und Machs. Würzburg: Königshausen & Neumann 2002, hier S. 46ff.). Diese Überlegung nimmt Musil in seinem späten Werk auf. Die obigen Ergebnisse lassen die Annahme zu, dass sich Spuren von Musils Nietzsche-Lektüre bereits wesentlich früher ausmachen lassen.

Ausgehend von diesem Befund soll nun im Folgenden das Motiv der Natur untersucht werden, dessen Bedeutung sich aus seiner Allgegenwart in der Novelle ableitet, aber auch durch die Verbindung mit der Figur der Grigia. Das Tal wird eingeführt als ein Ort, an dem die Natur fähig ist, scheinbar widersprüchliche Begebenheiten zu verbinden – eine Tatsache, die durch die Analyse des funktionalen Prinzips aber problemlos erklärt werden kann. So werden konsequent ‚Gegensatzpaare' enggeführt: Bergkristalle und Amethyst wachsen dort so üppig, „wie anderswo Blumen auf der Wiese" (G, 235), das Tal liegt wie das Meer vor dem Betrachter und dieser kann kaum noch unterscheiden, „was noch goldgelbe Ferne des gesegneten Tieflands war und wo schon die unsicheren Wolkenböden des Himmels begonnen hatten" (G, 236). Das Heu, das auf den Feldern geerntet wird, wirkt bei Körperkontakt „unsicher zugleich und überfest" (G, 249). Die Konnexionen, die die Beschreibungen der Natur liefern, erweisen sich also als instabil und in hohem Maße flüchtig und demonstrieren damit erneut den bereits beschriebenen dynamisierenden Effekt.

Im Vergleich mit der Beschreibung der Figur der Grigia offenbart sich eine interessante Parallele, die vom Erzähler selbst hergestellt wird. Auch diese Figur weist in ihrer Beschreibung den bereits herausgestellten Zug der Funktionalität auf. So vereint beispielsweise ihr Gesicht Rohheit und Lustigkeit (vgl. G, 246). Aber auch die Nähe zu den Motiven, die für die Natur eingeführt wurden, ist offensichtlich. So klingt ihr Name (Lene Maria Lenzi) „nach Amethystkristallen und Blumen" (G, 245), eine Formulierung, die nahezu deckungsgleich mit der Beschreibung der Bodenschätze der Bergwelt ist. Grigia sieht „natürlich lieblich aus wie ein schlankes giftiges Pilzchen" (G, 245) und poltert „wie ein Steinchen selbst die Wiese hinab", sodass sich von Beginn an nicht nur eine parallele Lesart zur Natur anbietet, sondern auch die (scheinbare) Widersprüchlichkeit in offensichtlicher Weise etabliert wird. Sehr deutlich wird diese Parallelschaltung auch in der folgenden Textstelle:

> Es blieb immer etwas Grauen vor der Natur in diesem Eindruck enthalten, und man darf sich nicht darüber täuschen, daß die Natur nichts weniger als natürlich ist; sie ist erdig, kantig, giftig und unmenschlich in allem, wo ihr der Mensch nicht seinen Zwang auferlegt. Wahrscheinlich war es gerade das, was ihn an die Bäuerin band […]. (G, 245f.)

Dieser Konnex wird vom Beginn der Bekanntschaft, als sich ihre Hand „so samten rau wie feinstes Sandpapier oder rieselnde Gartenerde" (G, 246) anfühlt bis zu der letzten Begegnung im Schacht kurz vor Homos Tod, als Grigia „noch einmal […] wie weich trockene Erde durch ihn" (G, 251) rinnt, aufrecht erhalten. In der Forschung wurde diese Parallele bereits beschrieben; so konstatiert Thomas Pekar beispielsweise, Grigia sei „zugleich Frau *und* Natur [i.O. unterstrichen;

K.B.].“[728] In dieser Arbeit soll der Hypothese nachgegangen werden, dass die Verbindungen zwischen Natur und Figur weiter gehen als eine reine Parallelisierung.

Um die enge Verbindung Grigias mit der Natur zu dechiffrieren, erweist sich die Gestaltpsychologie als hilfreich. Der Grundgedanke der Gestalttheorie ist die Annahme, dass eine Gestalt transponierbar ist und somit problemlos wiedererkannt werden kann. Somit liegt der Gedanke nahe, dass es sich bei Grigia und der Natur um ein und dieselbe Gestalt handelt, die mit der Natur eingeführt wird und in die Figur der Grigia transponiert wird. In der wissenschaftlichen Gestaltpsychologie ist die These, dass die Wahrnehmung aufgrund und durch die Gestalten strukturiert wird, von fundamentaler Bedeutung. Überträgt man diese Maxime auf die Novelle, so wird auch hier deutlich, dass eine kohärente Struktur kreiert wird.[729]

Durch die skizzierte Transponierung entsteht ein Kosmos, dem Homo sich nicht entziehen kann. Ein erstes wichtiges Indiz dafür, dass auch Homo inkorporiert wird, findet sich in der Vereinigungsszene, in der er nicht nur seine Frau in sein eigenes funktional agierendes System einfügt, sondern sich selbst gleichzeitig in die Natur integriert: „Zwischen den Geheimnissen dieser Natur war das Zusammengehören eines davon.“ (G, 240). Zwar kann hier syntaktisch nicht einwandfrei geklärt werden, ob lediglich das Zusammengehören zwischen Homo und seiner Frau gemeint ist oder ob auch die Zugehörigkeit Homos zur Natur anvisiert wird – beide Ansätze sind aber möglich; eine Tatsache, die sich nahtlos in das bereits angeführte Prinzip der abstrahierten Kippbilder einfügt. Allerdings wird Homo in der Folge immer weiter von dem Mikrokosmos des Tals eingenommen, der den Regeln der Natur gehorcht, sodass eine Zugehörigkeit mehr als wahrscheinlich erscheint. Dafür spricht des Weiteren, dass Homo sich nicht dagegen wehren kann, den Gesetzen der Gestalt ‚Natur‘ zu gehorchen. Das folgende Zitat gibt darüber Aufschluss: „Kurze Zeit danach war er der Geliebte einer Bauernfrau geworden;

728 Pekar: Die Sprache der Liebe bei Robert Musil, S. 118f. Auch Reniers-Servranckx erkennt diese Muster, vgl. Reniers-Servranckx: Robert Musil, S. 170f. Rauch hingegen geht von einer „erdhafte[n] Natur von Grigia“ aus, die aber eine Parallelisierung der Figur und der Natur impliziert (vgl. Rauch: Vereinigungen, S. 91.).

729 Oliver Böni untersucht in seinem Artikel ‚...wie in einem Teppich verwoben‘ die Frage nach der Textur der Novelle. Dabei stellt er fest, dass der Text Merkmale aufweist, die die gleichnislastige Handlung verbinden. So identifiziert er beispielsweise den Strick als verbindendes Element und konstatiert: „Der ‚Faden der Erzählung‘ wird damit [...] im Text als Wort materialisiert und damit sichtbar gemacht.“ (Böni: ‚... wie in einem Teppich verwoben‘, S. 79.). Es scheint, als würde der Text auf verschiedenen Ebenen zusammengehalten werden, ohne dass diese konfligieren würden.

diese Veränderung, die mit ihm vorgegangen war, beschäftigte ihn sehr, denn ohne Zweifel war da nicht etwas durch ihn, sondern etwas mit ihm geschehen." (G, 246). Diese Modifikation, die Homo an sich selbst bemerkt, verweist erneut auf das Gestaltprinzip, denn dieses beinhaltet, dass die Komponenten, so sie Teil des Ganzen sind, keinen Einfluss auf die Veränderung ihrer eigenen Funktion haben – durch die Eingliederung in die Welt des Tals wurden Homos ‚Strukturmerkmale' modifiziert; ein Vorgang, den er selbst nicht steuern kann.

Es soll nun versucht werden, das Motiv der Vereinigung mit der Natur genauer zu fassen, da es an dieser Stelle als Katalysator für die folgende Entwicklung fungiert. Indem Homo das Zusammengehören als eines der Geheimnisse der Natur benennt, ist bereits der Tenor für den Fortgang etabliert: nicht das Prinzip der Dekomposition ist dominant, sondern vielmehr die Idee der Kohärenz, in die Homo inkorporiert wird. Und noch ein weiteres Detail spricht für die Deutung, dass er sich auch mit der Natur vereinigt, wie das folgende Zitat zeigt: „Er sank zwischen den Bäumen mit den giftgrünen Bärten aufs Knie, breitete die Arme aus, was er so noch nie in seinem Leben getan hatte, und ihm war zu Mut, als hätte man ihm in diesem Augenblick sich selbst aus den Armen genommen." (G, 240). Neben der physischen Vereinigung, markiert durch die wortwörtliche ‚Umarmung' der Natur, wird hier deutlich, dass Homo in der Natur aufgeht, indem man ihm sich selbst aus den Armen nimmt – die Vereinigung findet somit auf psychischer und physischer Ebene statt[730] und kann damit Anspruch auf individuelle (da nur in Homos Kosmos existente) Omnipräsenz erheben.[731]

Fasst man die Ideen der Vereinigung und der Transponierbarkeit zusammen, so ergibt sich das Bild eines dynamischen Systems, in dem die einzelnen Teile sich durch die Interaktion mit den anderen Komponenten definieren und auf diese Weise nicht nur aufeinander verweisen, sondern auch sich selbst in einen Gesamtzusammenhang integrieren.

Problematisch wirkt daher im Lichte diese Überlegungen die Annahme, dass sich Homos Ich im Laufe der Novelle auflöst – eine These, die in den Ansätzen

730 Manfred Moser geht davon aus, dass die Natur das Ziel der „Vereinigungssucht" Homos darstelle und dass er eines Tages feststellen müsse, dass sich dieses Ziel möglicherweise gegen ihn wenden werde. Analog stellt er beim Herrn von Ketten eine „Erlösungssucht" und beim namenlosen Chemiker eine „Offenbarungssucht" fest (Moser, Manfred: Drei Frauen, die es nicht gab. In: Semiotik der Geschlechter. Hg. v. Jeff Bernard u.a. Stuttgart: Akademischer Verlag Hans-Dieter Heinz 1989, S. 287–296, hier S. 291.).

731 Immanent ist also hier wieder das Prinzip des psychophysischen Parallelismus, das von Mach inspiriert wird.

der Forschung dominiert. Während Reniers-Servranckx neutral schreibt, Homos festes Ich sei verschwunden,[732] geht die Tendenz auch in der neueren Forschung dazu, die Selbstauflösung des Ich Homos zu konstatieren. So geht Marja Rauch davon aus, dass es der Prozess dieser Selbstauflösung ist, der Homo von der Bindung an das Lebendigseinwollen löst und so den Tod in dem Stollen erklärbar macht.[733] Auch Stephanie Catani geht von einer schrittweisen Auflösung des Ich aus[734] und Bendels konstatiert: „Es erscheint konsequent, dass Homo sich, je mehr er sich in diese Welt hineinbegibt, zunehmend ‚auflöst', bis hin zur Befreiung von der „Bindung an das Lebendigseinwollen" (hier: G, 241) und schließlich zum Tod."[735]

Einen Weg zwischen den referierten Annahmen und der These, die in dieser Arbeit verfolgt werden soll, stellt die Arbeit von Jochen Schmidt dar. Zwar schreibt auch er, Grigia sei „der ideale Katalysator, der die Endstufe der Auflösung"[736] herbeiführen könne, fügt aber auch an, dass ihr „die am weitesten reichenden Funktionen innerhalb des Vollendungsprozesses"[737] zukommen würden. Damit weisen seine Überlegungen in eine Richtung, deren Bedeutung nicht zu unterschätzen ist. Die Annahme, dass die Figur der Grigia eine Transponierung des Motivs der Natur ist, ermöglicht eine Deutung, die im Folgenden entwickelt werden soll und die der Behauptung einer Auflösung des Ich widerspricht. Zu betonen ist dabei, dass das Betreten des Tals einen Wendepunkt im Leben Homos darstellt – Bendels spricht in diesem Zusammenhang von einer „Aushebelung der Kategorie der Wirklichkeit."[738] In jedem Fall dient das Tal, das als ein „seltsame[r] Ort" (G, 235) eingeführt wird, als Legitimation für die Modifikationen von Homos Ich.

Diese Deutung gewinnt an Kontur, wenn nun die erläuterte Idee der Transponierung hinzugezogen wird. Geht man davon aus, dass die Natur und Grigia ein und dasselbe Motiv in transponierter Form darstellen, so ergibt sich daraus, dass Homo sich nicht nur mit seiner Frau, sondern auch mit der Natur (ergo mit

732 Vgl. Reniers-Servranckx: Konstanz und Entwicklung, S. 164.

733 Vgl. Rauch: Vereinigungen, S. 88.

734 Vgl. Catani, Stephanie: Das fiktive Geschlecht, Weiblichkeit in anthropologischen Entwürfen und literarischen Texten zwischen 1885 und 1925. Würzburg: Königshausen & Neumann 2005 (Würzburger Beiträge zur deutschen Philologie Bd. 28), hier S. 232.

735 Bendels, Ruth: Erzählen zwischen Hilbert und Einstein, S. 277.

736 Schmidt, Jochen: Ohne Eigenschaften. Eine Erläuterung zu Musils Grundbegriffen. Tübingen: Max Niemeyer Verlag 1975 (Untersuchungen zur deutschen Literaturgeschichte Bd. 13), hier S. 39.

737 Ebd., S. 40.

738 Bendels: Erzählen zwischen Hilbert und Einstein, S. 277.

Grigia) vereinigt. Hier entfaltet sich nun die volle Tragweite der Ausführungen: In einer Welt, in der Widersprüche durch die Inkorporation in ein funktionales System interagieren und in dem eine allumfassende Vereinigung möglich wird, ist der Tod des Protagonisten problemlos zu begründen, ohne dass die behelfsmäßige Erklärung der Dekomposition des Ich hinzugezogen werden müsste. Das Gegenteil ist der Fall: Statt von einer Auflösung muss hier von einer ‚Aufladung' gesprochen werden – und zwar von einer Aufladung mit dem Maximum an bedeutungstragenden Inhalten. Schmidt spricht in diesem Zusammenhang davon, dass Homos Tod „eine Einheit von Liebe und Tod, von Tod und unendlichem Leben"[739] darstelle. Dieser Gedanke der Unitas ist es, der sich als richtungsweisend herausstellt, tatsächlich aber noch viel weiter geht. Homo vereint Vergangenheit und Gegenwart, Treue und Untreue, Leben und Tod, Natur und Zivilisation und hat damit das Ziel des Lebens erreicht – eine Fortsetzung würde in diesem Fall einen automatischen Rückschritt bedeuten. In dieser enormen Bedeutungsfülle, in der nicht mehr nur ein, sondern mehrere Systeme vereint werden, die nach tradierten Maßstäben unvereinbar sind, liegt der Grund für Homos Tod.

Musil schreibt in der Rezension[740] der ‚Wege zur Kunstbetrachtung' von Johannes von Allesch, die im zeitlichen Umkreis der Novellen ‚Drei Frauen' entsteht:

> Die Bestimmungsstücke bestimmen sich [...] gegenseitig, und wenn man auch bei der praktischen Durchführung sieht, daß dabei das Ergebnis immer eindeutiger heraustritt, so läßt sich theoretisch gleichwohl behaupten, daß es in dem gesamten Komplex nicht eine einzige unabhängige Variable gibt, von der aus man die Rechnung auflösen könnte, sondern nur wechselseitige Abhängigkeiten.[741]

Ein ähnliches Prinzip scheint auch dem Aufbau der Novelle zugrunde zu liegen. Die referierte Analyse hat ein engverschlungenes Geflecht von Komplexen aufgezeigt, in dem alle Elemente aufeinander aufzubauen scheinen. Es gibt tatsächlich ‚nicht eine einzige unabhängige Variable' – eine Interpretation isolierter Bestandteile verbietet sich von selbst. Erst unter Berücksichtigung des dynamisch agierenden Funktionalitätsprinzips und der gestaltpsychologischen Aspekte, deren Maxime ebenfalls Wandelbarkeit mit gleichzeitigem Wiedererkennungswert ist, offenbart sich diese Struktur.

---

739 Schmidt: Ohne Eigenschaften, S. 39.

740 Nicole Streitler hat sich in ihrem Werk ‚Musil als Kritiker' ausführlich mit dieser Tätigkeit Musils auseinandergesetzt (vgl. Streitler, Nicole: Musil als Kritiker. Bern u.a.: Peter Lang 2006.).

741 Musil, KA; Band 13, Kritiken, Buchrezensionen, Wege zur Kunstbetrachtung.

### 8.1.2 ‚Die Portugiesin' – Inversionen als Prozess der Selbstfindung

Die zweite Novelle des dreiteiligen Zyklus erscheint 1923.[742] Corino stellt auch in Bezug auf diese Erzählung den biographischen Hintergrund heraus. Er geht davon aus, dass Musil hier erneut u.a. die Zeit als Offizier im Ersten Weltkrieg verarbeitet:[743]

> [...] Eifersuchtsphantasien, die sich auf den ‚Jugendfreund', Marthas ersten, 1895 verstorbenen Gatten Fritz Alexander, bezogen, Besuche auf Burg Runkelstein, der Tod der staupekranken kleinen Katze in Gries-, aber um die noch vielen Lesern peinliche Nähe zu den letzten Jahren des Habsburgerreichs zu meiden, tilgte er diesmal den kriegerischen Hintergrund nicht, sondern rückte ihn um etliche Jahrhunderte nach hinten.[744]

Aber auch seine Erkrankung im Jahr 1916, während der Musil an hohem Fieber leidet, wird von ihm in dieser Novelle verarbeitet.[745]

Grundsätzlich lässt sich sagen, dass ‚Die Portugiesin' allein schon durch ihre Verortung in dem Triptychon eine Sonderstellung einnimmt, indem sie in die Mitte der drei Erzählungen gesetzt wurde.[746] Die Handlung, die im Mittelalter angesiedelt wird, fällt zudem durch die Epoche, in der sie spielt, im Vergleich zu den beiden anderen Erzählungen aus dem Rahmen. Kuzniar stellt fest: „‚Die Portugiesin' is replete with elements of the Romantic fantastic-magical, forbidding forests that promise to shelter unicorns, a human-like cat, and a quasi-religious ending [...]"[747] und fährt fort: "The story inhibits characteristics of a fairy tale, saint's life, and medieval romance, yet it also resists a purely generic explanation."[748] Tatsächlich ist diese Novelle von einer für Musil ungewöhnlichen Lust am Erzählen geprägt, die in der Forschung durchaus auch kritisch

---

742 Vgl. Pfohlmann: Robert Musil, S. 97.

743 Kurt Krottendorfer stellt weitere Ähnlichkeiten zwischen Musils Erlebnissen im Krieg, einer fiebrigen Erkrankung und der Verarbeitung in der Novelle her (vgl. Krottendorfer: Versuchsanordnungen, S. 174ff.).

744 Corino: Robert Musil: Eine Biographie, S. 703.

745 Vgl. Ebd., S. 549ff., vgl. auch Arntzen, Helmut: Musil-Kommentar sämtlicher zu Lebzeiten erschienener Schriften außer dem Roman ‚Mann ohne Eigenschaften'. München: Winkler Verlag 1980, hier S. 130.

746 Es zeigt sich, dass die Anordnung im Zyklus nicht der Reihenfolge der Entstehung entspricht. Krottendorfer weist darauf hin, dass ‚Die Portugiesin' wahrscheinlich nicht vor 1922 und damit nach ‚Grigia' und ‚Tonka' entstanden ist (vgl. Krottendorfer: Versuchsanordnungen, S. 166.).

747 Kuzniar, Alice A. : Inside Out : Robert Musil's ‚Die Portugiesin'. In: Modern Austrian Literature 26/2 (1993), S. 91–106, hier S. 91f.

748 Ebd., S. 92.

betrachtet wird. So geht beispielsweise Matthias Luserke in seinen Ausführungen davon aus, dass ‚Die Portugiesin' „mit Sicherheit Musils schwächster literarischer Text [sei]. Weder der Inhalt, noch das Thema, noch der Stil passen zu Musils damaligem schriftstellerischen Profil."[749] Die Tatsache, dass diese Erzählung aus dem Rahmen fällt, ist nicht von der Hand zu weisen. Allerdings wird im Laufe des Kapitels zu zeigen sein, dass, wenn weiterführende theoretische Überlegungen angestellt werden, auch diese Novelle als Projektionsfläche gestalttheoretischer Prinzipien dient.[750]

Einleitend zu den Novellen wurde bereits ausgeführt, dass Musil in seinen theoretischen Überlegungen von einem Wechselspiel von Wissenschaft und Dichtung ausgeht; eine Arbeitsweise, bei der die profunde Kenntnis der Materie Voraussetzung ist. Auch nach Beendigung seines Studiums ist er an den psychologischen Fortschritten seiner Zeit interessiert. So misst Musil den Erkenntnissen seines Studienkollegen Wolfgang Köhler große Bedeutung bei, 1921 schreibt er an seinen Freund Johannes von Allesch: „Ich habe jetzt Köhlers ‚Gestalten' gelesen, und finde das Buch außerordentlich."[751] Wie bereits ausgeführt wurde, beschäftigt sich Köhler in seiner Arbeit ‚Die physischen Gestalten in Ruhe und im stationären Zustand' mit der Frage nach dynamischen Reaktionen innerhalb von physikalischen Systemen (vgl. Kapitel 6.2.2). Dabei ergibt sich eine erstaunliche Übereinstimmung zwischen den dargelegten Ideen Köhlers und der Struktur der vorliegenden Novelle.[752]

Köhler schreibt in seinem Werk über das für diese Analyse relevante Phänomen: „Von [...] stationärem Zustand spricht man, wenn ein System fortwährend

749 Luserke: Robert Musil, S. 60.

750 Auch der Einwand Luserkes, es sei bereits im Verhältnis vom Titel zum Inhalt erkennbar, dass diese Novelle nicht zu den anderen passt, erscheint nicht berechtigt. Luserke führt aus: „Weshalb die Erzählung den Titel ‚Die Portugiesin' trägt, bleibt unergründlich, denn die Figur der Portugiesin wird stets über die erzählperspektivische Vermittlung der männlichen Hauptfigur beschrieben" (Luserke: Robert Musil, S. 61). Dieses Phänomen kann weniger als Unterschied als vielmehr als verbindendes Element hervorgehoben werden, denn diese Erzählhaltung findet sich in den anderen beiden Novellen ebenso. Obwohl die Novellen in ihren Titeln auf Frauen verweisen, sind es doch die männlichen Protagonisten, denen das Hauptinteresse gilt (vgl. Reniers- Servranckx: Robert Musil, S. 160.).

751 Musil, KA, LESETEXTE, Band 19; Wiener und Berliner Korrespondenz 1919–1938, Robert Musil an Johannes von Allesch; 16. Dezember 1921.

752 Birthe Hoffmann führt diese Idee in ihrem Artikel ‚Die Seele im Labor' bereits aus, weist in diesem Zusammenhang jedoch lediglich auf die Gültigkeit für die Novelle ‚Grigia' hin.

denselben Vorgang durchmacht, dabei aber in keiner seiner Systemeigenschaften verändert wird."[753] Die parallele Betrachtung des Adelsgeschlechts der von Ketten weist eine große Ähnlichkeit zu dem von Köhler postulierten Prinzip auf. Es bedarf keiner großen Imaginationskraft, um in der fortwährenden Wiederholung der Lebensläufe der Ahnen die Grundsätze eines stationären Zustandes zu erkennen:

> Als scharf und aufmerksam galten alle Herren von Ketten, und kein Vorteil entging ihnen in weitem Umfeld. [...] Sie sollen einander alle, wer immer sie im Lauf der Jahre und Jahrhunderte waren, auch noch darin geglichen haben, daß sie früh weiße Fäden in ihr braunes Haupt- und Barthaar bekamen und vor dem sechzigsten Lebensjahr starben; auch darin, daß sie in ihren mittelgroßen, schlanken Körpern die ungeheure Kraft, die sie manchmal zeigten, gar nicht Platz und Ursprung zu haben, sondern sie vielmehr aus ihren Augen und Stirnen zu kommen schien [...]. (P, 253)[754]

Somit wird die seit Generationen überlieferte Aufgabe des Kriegs gegen den Bischof zum Katalysator für die Handlungen der Herren von Ketten. Dieses funktionierende Prinzip wird erst gestört, als der Bischof stirbt und Ulrich von Ketten von einer Fliege gestochen wird. In seinen wissenschaftlichen Ausführungen konstatiert Köhler: „Wechseln plötzlich die Bedingungen, denen das System unterworfen ist, so wird die Folge ein dynamischer Vorgang und eine Änderung der Systemeigenschaften sein müssen, da ja die alte Strömungsart den neuen Umständen nicht entspricht [...]."[755] Eine solche Systemänderung kann in dem plötzlichen Ausbruch der Krankheit gesehen werden. Zudem muss davon ausgegangen werden, dass von Kettens ‚alte Strömungsart' – die in der Dominanz der ratioïden Sphäre liegt – nun nicht mehr gültig ist. Das Lebenssystem des Burgherrn kommt aus dem Gleichgewicht und seine Versuche, es den neuen Bedingungen anzupassen, scheitern zunächst. Was nun folgt, könnte im Sinne der Köhlerschen Ausführungen als Aneinanderreihung quasistationärer Zustände bezeichnet werden. Unterstützt wird der Eindruck, dass es sich bei der Genesung um eine mehrschrittige Entwicklung handelt, durch die Verwendung des Bildes der Treppe. Nachdem das Fieber abgeklungen ist, fühlt der Herr von Ketten „diese erste Stufe der Gesundung unter sich" (P, 262). Dass dieser Prozess

---

753 Köhler: Die physischen Gestalten, S. 5.

754 Diese Ähnlichkeit der Biographien, die an Austauschbarkeit grenzt, wird auch in der Art der Brautwerbung weitergeführt: „Es war Sitte im Geschlecht der Ketten, daß sie sich mit dem in ihrer Nähe ansässigen Adel nicht versippten; sie holten ihre Frauen von weit her und holten reiche Frauen, um durch nichts in der Wahl ihrer Bündnisse und Feindschaften beschränkt zu sein" (P, 253).

755 Köhler: Die physischen Gestalten, S. 5.

jedoch stagniert, zeigt sich in der Folge, denn „er konnte die zweite Stufe der Genesung nicht finden“ (P, 265). Die Genesung vollzieht sich so langsam, dass der Protagonist sie erst im letzten Schritt mit der Überwindung der Mauer bewusst wahrnimmt.

Als These soll gelten, dass der Begriff der Genesung mit dem der Annäherung an seine Frau gleichgesetzt werden kann und damit gleichzeitig auch einer Entfernung von der als stationären Primärzustand eingeführten Tradition des von Kettenschen Adelsgeschlechts. Der Wolf und die Katze stellen das literarische Äquivalent zu den von Köhler ausgeführten quasistationären Zuständen dar, die dieser definiert als „veränderliche[n] Prozesse, bei denen die Bedingungsänderungen langsam genug erfolgen, um das Auftreten der spezifisch dynamischen Faktoren unmerklich [werden] zu lassen.“[756] Diesbezüglich ist die Tatsache von besonderer Relevanz, dass obwohl kaum Modifikationen zu bemerken sind, es sich immer noch um ein dynamisches System handelt: Der Herr von Ketten genest nur langsam; nach der Tötung des Wolfs jedoch blickt er seiner Frau das erste Mal wieder in die Augen (vgl. P, 262f.). Die Tötung des Wolfs stellt einen ersten Schritt in diese Richtung dar.[757]

In der Folge kommt eine junge Katze auf die Burg, die an Räude erkrankt ist und vom Knecht erschlagen werden muss. Sie birgt besonders für den Herrn von Ketten ein großes Identifikationspotential:[758] „[...] Herrn von Ketten erinnerte das zerstreute Spiel an seine halbüberwundene Krankheit, als wäre die samt ihrer Todessanftheit, in das Tierköperchen verwandelt, nun nicht mehr bloß in ihm, sondern zwischen ihnen“ (P, 266). Die Katze steht in den Augen des Burgherrn für seine eigene Krankheit, von der er ahnt, dass er sie noch nicht überwunden

---

756 Ebd.

757 Der Zusammenhang zwischen dem Herrn von Ketten und dem Wolf wird an verschiedenen Stellen der Handlung etabliert. Zum einen umfasst die Metapher den Ritter selbst, indem er mit einem Wolf verglichen wird, der den Bischof von Trient umkreist (vgl. P, 257f.), zum anderen erscheinen die gemeinsamen Kinder der Portugiesin wie junge Wölfe (vgl. P, 260). Kuzniar stellt in diesem Kontext fest: “His action demonstrates that he regards the wolf as rival and, as such, an inappropriate double and inadequate metaphor of the self.” (Kuzniar.: Inside Out, S. 94.).

758 Kuzniar führt aus, dass nicht nur der Herr von Ketten sich mit der Katze identifiziert, sondern auch die anderen Charaktere (Sie sieht den Grund für die Identifikation des Ritters allerdings in der Stärke der Katze, die vonnöten sein wird, um die Mauer zu überwinden. Darin unterscheidet sich ihre Argumentation von der, die in dieser Arbeit verfolgt wird). So geht sie beispielsweise davon aus, dass der Tod der Katze dem Freund der Portugiesin signalisiert, dass auch er sterben wird, wenn er die Burg nicht verlässt (vgl. Kuzniar: Inside Out, S. 95).

hat. Indem die Katze als personifizierte Krankheit präsentiert wird, ergibt sich die Möglichkeit, den emotionalen Schwerpunkt der Krankheit aus sich heraus zu verlagern und das Tier als Versinnbildlichung dieses Prozesses zu verwenden. Damit ist der Weg frei, nach der Tötung der Katze den nächsten Schritt in Richtung Genesung zu tun. Indem sie erschlagen wird, nähern sich auch die beiden Eheleute wieder an, sie stehen beieinander und „eine Kuppel von Stille war um die beiden" (P, 268). Es zeigt sich somit, dass jeder dieser ‚quasistationären' Zustände zu einer weiteren Annäherung an seine Frau führt (inwieweit die Variation des Motivs der Grenze diesbezüglich eine Rolle spielt, wird noch zu untersuchen sein). Die bisher aufgezählten quasistationären Zustände, die die Episoden mit dem Wolf und der Katze umfassen, führen jedoch noch nicht zum stationären Sekundärzustand. Erst mit der Überwindung der Mauer kann der Herr von Ketten seine Krankheit und damit auch seine innere Grenze endgültig überwinden.[759]

Indem der Burgherr die Mauer überwunden hat, endet auch die Phase der quasistationären Zustände und es wird ein neuer stationärer Zustand erreicht, der sich an die veränderten Systembedingungen angepasst hat und einen Neubeginn symbolisiert. Zu diesen veränderten Bedingungen zählt nicht nur die Ablösung von der Krankheit, sondern auch die von der Tradition der Familie.

Neben dieser strukturellen Anlehnung an die Erkenntnisse Köhlers können in der Novelle weitere gestaltpsychologische Prinzipien identifiziert werden. Zu Beginn der Novelle wird das Geschlecht derer von Ketten präsentiert, in dem die einzelnen Vertreter in ihrer Ähnlichkeit bestenfalls als austauschbare Platzhalter dienen können – in der ‚Kette' von Ahnen[760] bleibt keinerlei Raum für Individualität. Musil konterkariert hier die Idee der Transponierbarkeit, wie sie beispielsweise in ‚Grigia' auftaucht, indem er sie überspitzt: Das Prinzip der Transponierbarkeit beinhaltet einen hohen Wiedererkennungswert bei gleichzeitiger Individuation. In der Betonung der bloßen Wiederholung des Motivs hingegen wird eine Struktur geschaffen, die einer Individualisierung entgegensteht und in ihrer über Generationen geschaffenen Kohärenz dem Einzelnen

759 Kuzniar sieht zudem einen Zusammenhang zwischen dem Tod der Katze und der Abreise des Freundes. Sie schreibt: "The friend feels that the cat's death portends his own, and he departs unannounced from the castle that very night" (Kuzniar: Inside Out, S. 95). Diese Interpretation würde eine weitere Verbindung zwischen den auslösenden Elementen der quasistationären Zustände bedeuten.

760 Vgl. auch Susan Erickson: "[…] the association of ‚von Ketten' with ‚Kette' identifies him even more closely with the succession of generations […]." (Erickson, Susan: The psychopoetics of Narrative in Robert Musil's ‚Die Portugiesin', In: Monatshefte für deutschsprachige Literatur und Kultur 78/2 (1986), S. 167–181, hier S. 169f.).

keinerlei Bewegungsspielraum lässt – Aussehen, Charakter, Lebenslauf und Tod sind prädeterminiert.

Dennoch steckt in allen Herren von Ketten die Anlage, diese Bestimmung zu eliminieren. Mit Blick auf das in der Tradition vieler Generationen stehende Verhalten des gegenwärtigen Burgherrn wird erläutert: „Denn alle von Ketten waren glänzende Kavaliere, bloß zeigten sie es in dem einen Jahr ihres Lebens, wo sie freiten […], sie wußten aber selbst nicht, zeigten sie sich in diesem einen Jahr so, wie sie wirklich waren, oder in all den andren" (P, 253). Diese Formulierung lässt an die Ausführungen von Erich von Hornbostel denken, der die Macht der Habituierung in den Vordergrund rückt (vgl. Kapitel 6.5). Geht man davon aus, dass hier ein abstrahiertes Kippbild vorliegt, wie es in der ‚Grigia' eingeführt wurde, so bedeutet dies, dass beide Verhaltensweisen implizit vorhanden sind. Laut von Hornbostel sind bei Kippbildern immer beide Perzeptionsoptionen vorhanden; lediglich die Gewohnheit bestimmt, welche als dominant wahrgenommen wird. Er schreibt:

> Das Begreifenlernen der I-Dinge [Inversionsbilder; K.B.] zeigt hinsichtlich aller an der Wahrnehmung beteiligter Faktoren denselben Verlauf: Das Neue stört zuerst die I-Auffassung [‚I' steht für ‚Invertiert'; K.B.], stellt sich schwer ein und schnappt leicht in die gewohnte N-Auffassung [‚N' steht für ‚Nichtinvertiert'; K.B.] zurück. Dann, wenn die Auffälligkeit des Neuen verblasst, beachtet man es nicht, sieht an dem I-Ding nur das. Was man auch an N-Dingen kennt, nimmt es für ein N-Ding und weiß unter Umständen auch nicht, welches von den beiden man vor sich hat. Später begreift man das Neue nach Art des Bekannten, als N-Eigenschaft, ordnet es in gewohnter Weise ein. […] Das I-Ding ist immer noch ein verkapptes N-Ding, ein Eindringling in diese Welt, die ‚eigentlich' eine N-Welt ist.[761]

Mit dieser Annahme wird zweierlei ersichtlich. Zum einen wird dadurch die Problemsituation des Herrn von Ketten erkennbar: Das Jahr, in dem die von Ketten freien, ermöglicht ihnen, die sie Angehörige der N-Welt sind, einen Blick in die I-Welt. Allerdings ‚schnappt' diese Sicht in die gewohnte Perzeption zurück, sobald sie ihre Heimat und die Burg, in diesem Zusammenhang steingewordene Manifestation der N-Welt, erreicht haben – ein Vorgang, dem sich auch der Herr von Ketten zunächst nicht entziehen kann. Zum anderen deutet sich bereits in dieser frühen Phase der Novelle der Schwebezustand an, der die Handlung dominieren wird: das Schwanken zwischen der gewohnten N-Welt und der neuen I-Welt, verkörpert durch die Verhaftung in der Tradition auf der einen Seite und der Portugiesin auf der anderen Seite. Im Gegensatz zu seinen Vorvätern ist die

761 Hornbostel: Über optische Inversion, S. 151.

Affinität des aktuellen Herrn von Ketten zu der I-Welt größer, denn er „liebte dieses andere heimlich" (P, 259).

Die Frage nach dem Anderen, das Musil in seinem Essay als die nicht-ratioïde Sphäre kennzeichnet, wird in der Novelle gekoppelt mit der Idee jener I-Welt, die sich in weiten Teilen als fragil und instabil erweist. Einen Hinweis auf diese Tatsache liefert das folgende Zitat, in dem der Herr von Ketten auf seine Burg zurückkehrt und von seiner Frau empfangen wird:

> [...] ist Zärtlichkeit nicht noch unheimlicher? Sie sah ihn an, der leise eingetreten war, wie man einen Mantel wiedererkennt, den man lang an sich getragen und lang nicht mehr gesehen hat, der etwas fremd bleibt und in den man hineinschlüpft. Traulich erschienen ihm dagegen Kriegslist, politische Lüge, Zorn und Toten! (P, 259)

In dieser Textstelle wird somit das Zuhause mit Ehefrau und Kindern bedingt durch seine Unerschließbarkeit als bedrohlicher wahrgenommen als die bekannten Gefahren des Krieges. Der Herr von Ketten erhascht hier einen kurzen Blick auf die I-Welt, die im Vergleich zu der von Mord und Krieg geprägten N-Welt,[762] die über Generationen tradiert wurde, als ungewohnt und damit potentiell bedrohlich klassifiziert wird. Auch seine Frau oszilliert hier zwischen der gewohnten und der ungewohnten Dimension: Ihr Mann ist ihr gleichzeitig vertraut und fremd.

Ein erweiterter Blick auf die Novelle zeigt, dass auch sie ihre Umwelt problematisierend reflektiert, ein Vorgang, in der die Frage nach der Gewohnheit ebenfalls eine prominente Rolle spielt. Bei ihrer Ankunft versucht sie, ihre neue Heimat einzuordnen und stellt fest: „[...] vielleicht war das, was sie sah, gar nicht häßlich, sondern eine Schönheit [...]" (P, 255). Auch hier offenbart sich die Unsicherheit in Bezug auf die Perzeption, in der das Bewusstsein mitschwingt, dass sie eine weitere, noch ungewohnte und daher fragile Sichtweise beinhalten könnte. Dennoch überwiegt das Zugehörigkeitsgefühl der Portugiesin zu dieser neuen Welt: „[...] da sie nun hier war, gehörte sie her [...]." (P, 255). Während der Abwesenheit ihres Mannes erkundet sie den Wald, der die Burg umgibt. Dabei knüpfen ihre in diesem Zusammenhang beschriebenen Raumerfahrungen an gestaltpsychologische Überlegungen an. So heißt es:

> Seine Frau nahm den alten Knecht [...] und streifte mit ihm durch die Wälder [...]. Wald öffnet sich, aber seine Seele weicht zurück; sie brach durch Holz, kletterte über

762 Dabei zeigt sich die profunde Konsequenz dieser über Generationen tradierten Aufgabe: Für den Burgherrn stellt diejenige Welt sich als I-Welt da, die eigentlich als N-Welt gelten muss; Krieg sollte die Ausnahmesituation darstellen, in der das Zuhause als erstrebenswerter und vertrauter Zufluchtsort gelten muss.

Steine, sah Fährten und Tiere, aber sie brachte nicht mehr heim als kleine Schrecknisse, überwundene Schwierigkeiten und befriedigten Neugierden, die alle Spannung verloren, wenn man sie aus dem Wald heraustrug, und eben jenes grüne Spiegelbild, das sie schon nach den Erzählungen gekannt hatte, bevor sie ins Land gekommen war; sobald man nicht darauf eindrang, schloß es sich hinter dem Rücken wieder zusammen. (P, 260)

Der Wald wird hier als Umgebung eingeführt, in der dem (scheinbar) Trivialen eine besondere Bedeutung beigemessen wird. Nur an diesem Ort sind die Charakteristika und Besonderheiten der Erlebnisse der jungen Frau erkennbar – sobald sie den Wald verlassen, verlieren sie ihre Faszination.[763] Das Prinzip, wie die Portugiesin den Wald entdeckt, erinnert daher erneut an die Ausführungen von Hornbostels, dessen Inversionsversuche in der Differenzierung der beiden Dimensionen ‚konvex' und ‚konkav' münden. Dabei schreibt der Wissenschaftler über die Idee des Konkaven: „Das Konkave ist vor mir offen [...]. Es weicht vor mir weg, flieht [...]. Das Konkave ist raumhaft."[764] Mit Blick auf das Konvexe konstatiert von Hornbostel hingegen: „Das Konvexe ist gegen mich geschlossen, schließt mich aus [...]."[765] Invertieren bedeutet somit: „Konvexes konkav, Konkaves konvex machen [...]."[766]

Die Parallelen in den Formulierungen sind nicht zu übersehen. Der Wald wird mit dem Betreten der Portugiesin als konkaves Kontinuum dargestellt, das sich zwar öffnet, gleichzeitig aber auch zurückweicht. Um das Invertieren zu ermöglichen, empfiehlt von Hornbostel die Verwendung eines Spiegels[767] – in der zitierten Textstelle wird der Wald nach dem Verlassen als Spiegelbild beschrieben (Sun-Ae Hwang geht in diesem Zusammenhang davon aus, dass hier die „Subjektivität der Realitätswahrnehmung" dargestellt würde).[768] Indem er sich wieder schließt, wird auf das Prinzip des Konvexen verwiesen. Der visuelle Kontext der Inversion wird hier auch durch die Formulierung aufgetan, der Wald schließe sich, sobald man nicht mehr ‚darauf' eindringe – es ist der Blick des Betrachters, der darauf gerichtet ist und auf das optische Prinzip dieses Vorgangs verweist. Würde ein

763 Dieses Prinzip erinnert an das Vorwort von Maurice Maeterlinck, das Musil den ‚Verwirrungen des Zöglings Törleß' voran stellt. Ähnlich wie dort wird auch hier etwas seinem Ursprungsort entzogen und verliert in der neuen Umgebung seinen faszinierenden Glanz.

764 Von Hornbostel: Über optische Inversion, S. 154.

765 Ebd.

766 Ebd.

767 Vgl. Ebd., S. 131.

768 Hwang, Sun-Ae: Liebe als ästhetische Kategorie. Zu ‚Drei Frauen' von Robert Musil. Frankfurt am Main: Peter Lang 1996, hier S. 52.

tatsächlicher physischer Vorgang des ‚Eindringens' beschrieben, müsste die Präposition ‚darin' gewählt werden. Indem der Wald als Inversionsbild abgebildet wird, ergibt er einen eigenen Kosmos, in dem andere Gesetze gelten. Aus dieser Tatsache folgt, warum die Ereignisse, die die Portugiesin dort erlebt, nicht ohne ‚Wertverlust' in die tatsächliche Welt überführt werden können.

In ihrem Artikel ‚Gestaltpsychologische Experimente in Musils „Grigia"' führt Birthe Hoffmann in einer Fußnote die These ein, dass nicht nur in ‚Grigia' gestaltpsychologisch motivierte Bilderfäden zu finden seien, sondern auch in den anderen beiden Novellen des Zyklus. Für ‚Die Portugiesin' geht sie davon aus, dass es in dieser Novelle „die Elemente der Grenze (Mauer) und der immer zurückweichenden Grenze [sind], die immer wieder variiert werden [...]"[769], führt die Idee aber nicht weiter aus.[770] Dieser These soll im Folgenden nachgegangen werden, spiegelt sie doch eine grundsätzliche Maxime der Gestaltpsychologie wider: die Annahme der Transponierbarkeit von Motiven. Diese Variation von Motiven ist es, die den traditionellen, kausal agierenden Erzählfaden ablöst und stattdessen einen auf Motiven basierenden Erzählduktus etabliert, dessen Wiedererkennungswert in der Transponierung liegt.

Die mittelalterliche Handlung ist auf einer Burg angesiedelt, die mitten im Wald auf einem Berg thront. Bereits in der Beschreibung der Landschaft, in der die Burg steht, wird das als zentral zu bezeichnende Motiv der Grenze eingeführt. Reniers-Servranckx spricht in diesem Zusammenhang von einem „typischen Musilschen ‚Grenzraum'"[771], auf dem sich scheinbar unvereinbare Gegensätze begegnen, sodass die Burg zu einer gleichzeitig verbindenden und trennenden Grenze werde.[772] Zum einen steht die Burg „auf einer fast freistehenden lotrechten Wand" (P, 252), sodass bereits hier visuell deutlich wird, dass das Gebäude von der Umwelt abgegrenzt wird. Zusätzlich wird jedoch noch eine weitere, auditive Grenze eingeführt:

---

769 Hoffmann: Die Seele im Labor, S. 758.

770 Neben der Grenze bildet das Motiv des Wolfs (besonders in Verbindung mit Ulrich von Ketten) eine weitere Möglichkeit zur Variation. Kurt Krottendorfer geht davon aus, dass der Wolf als „Repräsentant seiner bisherigen Existenz" (Krottendorfer: Versuchsanordnungen, S. 184.) zu werten sei. Tatsächlich taucht das Bild des Wolfs nur im ersten Teil der Erzählung auf. Die Söhne des Paares erinnern die Portugiesin an junge Wölfe (vgl. P, 249) und den jungen Wolf, den sie aufzieht, liebt sie „weil seine Sehnen, sein braunes Haar, die schweigende Wildheit und die Kraft der Augen sie an den Herrn von Ketten erinnern." (P, 249). Der Burgherr selbst scheint diese Ähnlichkeit ebenfalls zu spüren, denn aus dem Gefühl heraus, im Wolf einen Rivalen gefunden zu haben, lässt er ihn töten.

771 Reniers- Servranckx: Robert Musil, S. 171.

772 Vgl. Ebd., S. 171f.

> […] fünfhundert Fuß unter ihr tollte ein wilder kleiner Fluß so laut, dass man eine Kirchenglocke im selben Raum nicht gehört hätte, sobald man den Kopf aus dem Fenster bog. Kein Schall der Welt drang von außen in das Schloß der Cantene, durch diese davorhängende Matte wilden Lärms hindurch; aber das gegen das Toben sich stemmende Auge fuhr ohne Hindernis durch diesen Widerstand und taumelte überrascht in die tiefe Rundheit des Ausblicks. (P, 252f.)

Mit dieser Mauer aus Schall, die die Burg von jeglichen äußeren Geräuschen abschirmt, wird das Konnotationsfeld der Grenze erweitert.[773] Erwähnenswert ist zudem, dass hier ein deutlicher Unterschied zwischen der visuellen und der auditiven Wahrnehmung gemacht wird und damit eine deutliche Anlehnung an die Ausführungen von Ehrenfels' erfolgt. Von Ehrenfels beschäftigt sich wie gesehen mit den unterschiedlichen Wahrnehmungsmöglichkeiten der Gestaltqualitäten. Deutlich zeigt er auf, dass diese unterschiedlich gut über den sogenannten Ton- und den Gesichtssinn wahrgenommen werden können. Er geht davon aus, dass der Ton- dem Gesichtssinn in Bezug auf zeitliche Gestaltqualitäten überlegen ist (gemeint sind hier beispielsweise Melodien, die besser memoriert werden können als genauso lange andauernde Bewegungen).[774] Er führt aus:

> *Wie der Gehörsinn den Gesichtssinn an zeitlicher Fassungskraft weit überbietet*, so steht er an Mannigfaltigkeit unzeitlicher Gestaltqualitäten jenem weitaus zurück (ja, der letztere Umstand dürfte die Ursache des ersteren sein). Die Mannigfaltigkeit der zugleich gehörten Töne eines Akkordes kann nicht im entferntesten wetteifern mit der Mannigfaltigkeit der auf einen Blick erfassbaren Formen und Farben. – Neben den bisher ausschließlich berücksichtigten musikalischen müssen auch die unmusikalischen Schallgestalten beachtet werden (wie etwa Donnern, Knallen, Rauschen, Plätschern usw.).[775]

Diese Ausführungen können als Folie für die oben zitierte Passage der Beschreibung der Burg dienen. Da der Gehörsinn mit der Verarbeitung der Geräuschkulisse ausgelastet und nicht in der Lage ist, weitere Geräusche zu erfassen, wird er deaktiviert. Der Gesichtssinn hingegen ist fähig, diese Aufgabe kompensatorisch zu übernehmen und die Umwelt wahrzunehmen, die sich hinter dem Vorhang aus Geräuschen befindet.

Von Beginn an wird außerdem eine emotionale Grenze zwischen von Ketten und der Portugiesin etabliert: Zwar liebt der Burgherr das Andere, das die

---

773 Wie sich am Ende der Handlung herausstellt, ist diese Grenze zu keiner der beiden Seite durchlässig. In der Einführung wird deutlich, dass kein Geräusch von außen in die Burg dringt, im letzten Teil der Handlung wird klar, dass auch kein Geräusch von innen nach außen dringt.

774 Vgl. von Ehrenfels: Über ‚Gestaltqualitäten', S. 141f.

775 Ebd., S. 142.

Portugiesin verkörpert, dennoch aber erscheint sie ihm geheimnisvoll und rätselhaft (vgl. P, 254) – sie ist ihm daher kaum zugänglich. Sie hingegen imaginiert sich „dieses Land, aus dem der Mann kam, den sie liebte, nach seinem eigenen Wesen [...] und das Wesen dieses Mannes nach dem, was er ihr von seiner Heimat erzählte." (P, 255). Damit sind für sie Hilfskonstrukte, die zur Verbildlichung dienen, unabdingbar, denn sie sind der einzige Zugang, den sie zu seinem Wesen findet.

Dabei zeigt sich, dass dem Blick als visuelle Komponente große Bedeutung zukommt. Sun-Ae Hwang konstatiert diesbezüglich, dass „der männliche Blick als Organ einer rational-zweckmäßigen Wahrnehmung, der Blick der Frau als Organ des Imaginären"[776] fungiert. Der Blick des Herrn von Ketten ist konditioniert auf die Perzeption von kriegerisch strukturierten Begebenheiten; hier entgeht ihm nichts (vgl. P, 243). Im Umgang mit seiner Frau jedoch offenbart sich die Ambivalenz seines Blicks: „Er war freundlich und zärtlich wie zu einem edlen Geschöpf, das man bewundert, aber sein Blick ging so geradeaus wie aus einem Helm hervor, auch wenn er keinen trug." (P, 254). Die eigentliche Fokussierung des Herrn von Ketten liegt somit nicht auf seiner Frau. Zwar verhält er sich normgerecht, betrachtet man den Blick jedoch als optische ‚Verlängerung' der Seele, so zeigt sich, dass diese auf die traditionsreiche kriegerische Auseinandersetzung verweist. Dass der Blick auf solche Weise interpretiert werden kann, legt die Tatsache nahe, dass sich der Wille des Burgherrn „aus der Seele hinaus" (P, 259) sehnt und schließlich den Stirnen der Catene entspringt – die gedankliche Verbindung zum Auge und damit zum Blick konstituiert sich nahezu von selbst.

Dabei zeigt sich, dass der Burgherr selbst grenzkonstituierende Elemente in sich trägt; er also keinen uneingeschränkten ‚Zugriff' auf seine Seele hat. Zwar wird die kriegerische Auseinandersetzung als ureigener Teil seines Wesens eingeführt (es handelt sich hier um die „Seele seiner Seele" (P, 259)), jedoch strebt er im gleichen Moment danach, „etwas Schönes zu sein" (P, 259), ohne aber dieses Ziel erreichen zu können (Es kann konstatiert werden, dass der Fokus auf der kriegerischen Tätigkeit liegt. Geht man davon aus, dass der Blick als Erweiterung der Seele gelten kann, so zeigt sich, dass der Mann auch bei der Interaktion mit seinen Soldaten ‚unbewegt' bleibt: „Er mußte grobe Scherze erwidern und tat es wie ein Mann, aber seine Augen bewegten sich wenig dabei." (P, 257)).

Ursula Meier Ruf konstatiert: „Wie von Ketten den Krieg ausschliesslich vertraut erlebt, so ausschliesslich unbegreiflich erlebt er seine eigene Seele und seine

776 Hwang, Sun-Ae: Liebe als ästhetische Kategorie, S. 50.

Frau."[777] Die Portugiesin wird somit zum Bild für den Teil der Seele, den er nicht erfassen kann. Diese ‚Andere' begleitet von Ketten kontinuierlich, jedes Mal jedoch, wenn er seine Aufmerksamkeit darauf richtet, entzieht es sich ihm:[778] „Es [das Leben im Kampf; K.B.] leugnete und vertrieb etwas, das sich zum Feuer schlich, wenn man hineinstarrte, und fort war, so wie man sich [...] aufrichtete und herumdrehte." (P, 259). Es zeigt sich, dass dieses ‚Etwas', das er nicht fassen kann, als obligatorische Komponente seines Wesens fungiert. Indem er nicht darauf zugreifen kann, ist es ihm jedoch nicht möglich, sich selbst zu determinieren: „[...] er erinnerte sich, niemals gesagt zu haben, ich bin dies oder ich will jenes sein, sondern er hatte ihr von Jagd, Abenteuern und Dingen, die er tat, erzählt [...]." (P, 258). Hier manifestiert sich eindrücklich, dass von Ketten nie zum Kern seines Wesens vordringt – einer konkreten und direkten Definition weicht er aus und präferiert vielmehr eine indirekte Darstellung, indem er seine Handlungen beschreibt; eine Vorgehensweise, die große Abstraktionsleistungen erfordert, wenn sie als Grundlage für eine Charakterisierung dienen soll. Dass jedoch in der Nähe zu seiner Frau der Schlüssel zur Dechiffrierung seines Wesens liegt, wird früh deutlich: „Wäre er einmal länger geblieben, hätte er in Wahrheit sein müssen, wie er war." (P, 258). Die Affinität des Herrn von Ketten zu diesem Teil seiner Seele ist somit vorhanden, jedoch kann erst der Stich der Fliege, in dessen Folge er schwer erkrankt, diesen Wandel erzwingen. Bezeichnenderweise wird dieser Wegfall der Aufgabe mit dem Bild einer Wand, also einem grenzkonstituierenden Element, beschrieben:

> So hatte eine Ende gefunden, was nun schon in der vierten Erbfolge wie eine Zimmerwand gewesen war, die man jeden Morgen beim Frühbrot vor sich sieht und nicht sieht: mit einem Mal fehlte sie; bis hieher war alles gewesen wie im Leben aller Ketten [...]. (P, 260)

In dieser Textstelle wird ein weiteres Mal auf die traditionsreiche Vergangenheit des Krieges verwiesen, aber, und das ist neu, auch die Möglichkeit einer Veränderung angedeutet. Der Herr von Ketten hat die von seinen Ahnen auferlegte Aufgabe erfüllt und die Grenze, die ihn und seine Frau durch die Tradition trennte, hat sich aufgelöst. Mit dieser Grenzverschiebung ergibt sich für den Herrn von Ketten nun eine neue Aufgabe: er muss sich selbst neu definieren und

777 Meier-Ruf: Prozesse der Auflösung, S. 88.

778 Das Prinzip, dass der Protagonist etwas Unsagbares zu fokussieren versucht und dabei immer wieder scheitert, weil die abstrakten Strukturen dieses ‚Etwas' immer weiter verschwimmen, je genauer er sie zu erfassen sucht, findet sich schon beim ‚Törleß'.

bestimmen, was die neue Definitionsmenge, die sein Dasein ausmacht, umfassen soll.

Mit dem Sieg entfällt somit die durch die vergangenen Generationen auferlegte Aufgabe und der Herr von Ketten kann auf seine Burg zurückkehren. Deutlich wird, dass die Burg, wie Reniers-Servranckx bereits ausgeführt hat, als Kern des Wesens des Herrn von Ketten gesehen werden kann: „[...] aber seine Heimat lag damals fern, sein wahres Wesen war etwas, auf das man wochenlang zureiten konnte, ohne es zu erreichen“ (P, 258).[779] Auch die Tatsache, dass der Protagonist sich nicht länger als unbedingt nötig auf der Burg aufhält, unterstützt diese These: „Wäre er länger geblieben, hätte er in Wahrheit sein müssen, wie er war“ (P, 258). Genau das ist aber in diesem Moment noch nicht möglich, da Ulrich von Ketten in dem zu diesem Zeitpunkt vorherrschenden stationären System keinerlei Zugriffsmöglichkeiten auf sein wahres Wesen hat.

Im Laufe seiner Krankheit nimmt von Ketten seine Frau zwar erstmals visuell wahr (vgl. P, 262f.), die Grenze zwischen den beiden Ehepartnern bleibt jedoch vorerst bestehen: „Wenn er in die Augen seiner Frau sah, waren sie wie frisch geschliffen, sein eignes Bild lag obenauf, und sie ließen seinen Blick nicht ein.“ (P, 265). Somit hat er an zweierlei seelischen Fronten zu kämpfen: nicht nur, dass er keinerlei Zugriff auf den Teil der Seele hat, der die emotionalen Prinzipien inkorporiert („er hätte nicht einmal sagen können, ob er heiter oder traurig war“ (P, 265); zudem entzieht sich ihm auch seine Frau, nun da er den Blick (und damit auch seine seelische Aufmerksamkeit) erstmals auf sie richtet.[780]

Nachdem die Katze, die als Symbol für von Kettens Krankheit gelten muss,[781] erschlagen wurde, nähern sich auch die beiden Eheleute wieder an, sie stehen beieinander und „eine Kuppel von Stille war um die beiden“ (P, 268). Dabei zeigt sich, dass sich der Herr von Ketten verändert hat. Als er nämlich erwägt, den

779 Hier offenbart sich die Ähnlichkeit zum Wald, dessen Seele ebenfalls zurückweicht, wenn man auf ihn zugeht.

780 Möglicher Grund für diese Verschlossenheit ist der Jugendfreund der Portugiesin, der für einige Zeit auf der Burg beherbergt wird. Er bringt den „Duft der Heimat“ (P, 253) mit und ist sehr vertraut mit ihr. Die Ähnlichkeit wird durch ihre optische Andersartigkeit im Vergleich zu den anderen Burgbewohnern hervorgehoben: „[...] hier im Norden sah er ihr ähnlich“ (P, 251). Vor dem ‚nordischen‘ Hintergrund tritt somit eine Ähnlichkeit auf, die relativ ist – je nach Umgebung tritt sie mehr oder weniger stark zutage. Ein Prinzip, das entfernt an die Ausführungen von Max Wertheimer erinnert.

781 Vgl. Rauch: Vereinigungen, S. 100.

Jugendfreund seiner Frau zu töten, stellt er fest, dass ihm dieser Schritt nicht leicht fällt.

> Er vermochte diesen letzten Entschluß nicht zu finden, der ihm sein ganzes Dasein lang spielend leicht gewesen war. Pferde satteln, Harnisch anschnallen, ein Schwert ziehen, diese Musik seines Lebens war ihm mißtönend; Kampf erschien ihm wie eine sinnlos fremde Bewegung, selbst der kurze Weg eines Messers war wie eine unendlich lange Straße, auf der man verdorrt. (P, 268)

Ulrich von Ketten ist nun nicht mehr fähig, die von Kindheit an erlernten Rituale der Kampfvorbereitung auszuführen. Sein Wahrnehmungshorizont hat sich offensichtlich verändert, sodass, um an dieser Stelle die Anlehnung an die Theorien von Ehrenfels' herzustellen, die Tonkomponenten, die ihm einst vertraut waren und damit den wichtigen Komplex Krieg in seinem Leben maßgeblich bestimmt haben, nun eine Gestaltqualität darstellen, die er als ungewohnt klassifiziert. Es wird aber auch deutlich, dass es nicht die Komponenten sind (das Satteln der Pferde, das Aufschnallen des Helmes usw.), die sich verändert haben, denn sie erscheinen weiterhin vertraut. Es ist vielmehr der Komplex, also die Tonqualität an sich, der sich in der Wahrnehmung des Protagonisten modifiziert hat. In der Formulierung ‚Musik seines Lebens' wird deutlich, dass sich der Herr von Ketten maßgeblich über sein Leben als kriegführender Ritter definiert hat. Indem der Kampf als sinnlos und fremd beschrieben wird, wird noch einmal verdeutlicht, dass der Komplex Kampf für den Ritter jegliches Identifikations- und Definitionspotential verloren hat.

Dabei spielt die Differenzierung zwischen Krieg und Frieden eine wichtige Rolle. Kurt Lewin unterscheidet diesbezüglich zwischen diesen beiden Dimensionen, die den psychologischen Raum (im Gegensatz zum physikalischen Raum) dominant prägen (vgl. Kapitel 6.4.1). Es ist diese Diskrepanz zwischen Krieg und Frieden, die von Ketten immer wieder beschäftigt. Dabei vollzieht sich die Oszillation innerhalb seiner psychologischen Sphäre zweimal. In dem Jahr, in dem er die Portugiesin heiratet und in seine Heimat führt, herrscht Frieden. Als er jedoch die Burg erreicht, wird ihm die Nachricht übermittelt, dass der Bischof von Trient bekämpft werden soll. Diese Botschaft verändert sofort die Wahrnehmung des Herrn von Ketten: „So sehr gefiel sie ihm [die Portugiesin; K.B.], der um eine Pferdelänge zurück neben ihr ritt, wie immer […]. Nur war dieser Zauber von der neuen Nachricht beiseite geräumt worden […]" (P, 254). Damit erfolgt die Umwandlung in die kriegerisch geprägte Perzeption – ein Vorgang, der die völlige Neuinterpretierung seines psychologischen Raums erklärt. Nach dem Stich der Fliege erfolgen die Genesung und die Umzentrierung in die friedensgeprägte Wahrnehmung schrittweise. Dass der Prozess abgeschlossen ist, zeigt die oben angeführte Textstelle, in der der Herr von Ketten die kriegerisch geprägten Elemente als fremd identifiziert und keinen Bezug zu diesem Elementkomplex mehr hat.

Interessanterweise betrifft diese differenzierte Wahrnehmung zwischen Kriegs- und Friedenseinstellung aber nicht nur von Ketten selbst, sondern auch die Portugiesin. So heißt es:

> Seit elf Jahren hatte sie auf den Gatten gewartet, elf Jahre war er der Geliebte des Ruhms und der Phantasie gewesen, nun ging er in Haus und Hof umher und sah, von Krankheit zerschabt, recht gewöhnlich aus neben Jugend und höfischem Anstand. (P, 265)

Hier wird die Unterscheidung zwischen Kriegs- und Friedenszustand implizit weitergeführt. Der heimgekehrte Herr von Ketten verliert innerhalb des psychologischen Raums seiner Frau die Aura des kriegführenden Ritters und wandelt sich zu einem gewöhnlich aussehenden Mann. Dabei schwingen gleichzeitig auch die Konnotationen Ferne und Phantasie sowie Nähe und Realität mit. Somit wird die Unterscheidung zwischen physikalischem und psychologischem Raum in einer Variation erneut thematisiert: Zwar vollzieht sich der beschriebene Wandel innerhalb des psychologischen Raums der Portugiesin, dennoch spielt die psychische Anwesenheit des Herrn von Ketten eine wichtige Rolle, denn mit ihr erfolgt eine Verlagerung von der rein gedanklichen, phantasiegeprägten Sphäre in die visuelle Dimension.

Mit der oben angerissenen Erkenntnis, dass der Krieg für von Ketten jegliche Faszination verloren hat, wird der Weg frei gemacht für die Entgrenzung des Paares. Von Ketten überwindet mit der Mauer neben seiner Krankheit auch noch eine weitere Problematik. Todd Cesaratto macht in diesem Zusammenhang eine zweite Komponente aus, gegen die von Ketten kämpft. Er konstatiert: "[...] he [der Burgherr; K.B.] directs his assault against at least two adversaries: a new cosmos, which he does not yet comprehend, and against his own infirmity, which is impending his ability to confront these new circumstances."[782] Mit der Überwindung der Mauer, dem besten Beispiel für eine Grenze, überwindet von Ketten symbolisch nicht nur die Krankheit, sondern auch die Grenze in sich selbst. Auf diese Weise wird er gemeinsam mit der Portugiesin Teil des Kosmos', dessen Metapher sie bis dahin war. Die Überwindung ist nicht nur als physischer

782 Cesaratto, Todd: Von Ketten's Climb. Making a Mark in Robert Musil's ‚Die Portugiesin'. In: Musil-Forum. Studien zur Literatur der klassischen Moderne. Hg. v. Norbert Christian Wolf und Rosmarie Zeller. Berlin, Boston: De Gruyter 2013 (Bd. 32), S. 87–105, hier S. 87.

Akt zu betrachten, sondern muss auch als psychische Transformation gesehen werden, denn „[…] der Ruck schoß in die Sehnen, dann ins Herz." (P, 269).

Der Raum, in dem sich die Eheleute nach der Überwindung der Mauer befinden, wird nun umschlossen von dem Vorhang des Flusses. Zentral ist, dass es nun keine Grenze mehr zwischen ihnen gibt, sondern sie gemeinsam umschlossen sind: „[…] aber sie wußten, kein Laut davon drang aus diesen Mauern" (P, 270) – diese Tatsache ist jedoch als Symptom zu betrachten, als Folgeerscheinung der ersten ‚Grenzüberwindung', die in von Ketten selbst infolge der Mauerbezwingung stattgefunden hat. Die Kommunikation zwischen den Partnern funktioniert nun. Mit der Äußerung „Wenn Gott Mensch werden konnte, kann er auch Katze werden" rekurriert die Portugiesin auf Prinzipien jenseits des rationalen Gebiets. Dabei steht nur auf den ersten Blick der religiöse Glaube in dieser ‚ketzerischen' Aussage im Vordergrund. Tatsächlich aber zeigt sich, dass sie die Mechanismen der Genesung des Ehemanns, die eng mit der Identifikation mit der Katze verbunden sind, durchschaut hat. Dass von Ketten ihr nicht widerspricht, obwohl sie sich mit ihrer Äußerung auf ein nichtrationales Prinzip bezieht, sondern vielmehr hervorgehoben wird, dass beide Partner wissen, dass „kein Laut davon […] aus diesen Mauern hinaus" (P, 270) dringt, deutet auf das stille Einverständnis hin, in dem die Genesung des Ritters nicht mit rationalen Mitteln zu explizieren ist und auch darauf, dass dieses Faktum von beiden anerkannt wird. Hwang konstatiert am Ende ihrer Ausführungen: „Die Novelle zeigt am Ende keine Liebeswahrheit, die beide miteinander erfahren."[783] Betrachtet man jedoch die Novelle als Ganzes, so ist an der Liebe zwischen den beiden Partnern nicht zu zweifeln. Der Herr von Ketten ist der Mann, den die Portugiesin liebt (vgl. P, 255) und auch der Ritter „liebte dieses andere [dessen Personifizierung seine Frau ist; K.B.] heimlich" (P, 259). Problematisch ist somit nicht die Ebene der Emotionen, die als vorhanden gelten müssen, sondern vielmehr der fehlende Zugriff, motiviert durch das Prinzip der Grenze. Indem diese nun wegfällt, wird die Möglichkeit einer erfüllten Liebe ins Auge gefasst.

### 8.1.3 ‚Tonka' – Wirklichkeit und Fiktion als Komponenten der Gestalt der Wahrheit

Die das Triptychon komplettierende Novelle ‚Tonka' erscheint im gleichen Jahr wie ‚Die Portugiesin' in der Zeitschrift ‚Der neue Roman'.[784] Wie in der Erzählung

783 Hwang: Liebe als ästhetische Kategorie, S. 57.

784 Pfohlmann: Robert Musil, S. 97, aber auch Corino: Robert Musil. Leben und Werk in Bildern und Texten. Reinbek bei Hamburg: Rowohlt 1988, hier S. 136. Peter

‚Grigia' wird auch hier das Motiv des Todes aufgenommen. Corino geht davon aus, dass ‚Tonka' „von allen Texten der Sammlung ‚Drei Frauen' gewiß derjenige [war], der Musil die meiste seelische Kraft gekostet hat"[785], da der frühe Tod von Musils Lebensgefährtin Herma Dietz im Jahre 1907[786] mit großer Wahrscheinlichkeit den biographischen Hintergrund darstellt.[787]

Ähnlich wie in den beiden anderen Novellen stellt Musil auch hier die Frage nach der Verbindung der Sphären ratioïd und nicht-ratioïd.[788] Diese Interaktion wird bereits auf ersten Blick offensichtlich, wenn der Entwurf der Figurenkonstellation betrachtet wird: Der rational denkende Chemiker aus gutem Hause geht eine Beziehung mit einem mittellosen, ungebildeten Mädchen ein. Eine tiefergehende Kommunikation zwischen den Partnern gestaltet sich schwierig, denn während der namenlos bleibende männliche Protagonist die Sprache als ein zentrales Element zur Ich-Konstitution empfindet, ist Tonka nicht in der Lage, sich auszudrücken und bleibt, nach ihren Empfindungen und Wahrnehmungen gefragt,

---

Henninger, der den Text unter psychoanalytischen Gesichtspunkten betrachtet, geht in seiner Arbeit davon aus, dass Musil sich schuldig fühlt am Tod seiner Geliebten. Die in ‚Tonka' behandelte Idee spreche Material an, das der Schriftsteller konsequent verdrängt habe: „Die Spur des Unterdrückten ist abzulesen an dem Versucht die Spuren zu verwischen [...]" (Henninger, Peter: Der Text als Kompromiß. In: Psychoanalytische und psychopathologische Literaturinterpretation. Hg. v. Bernd Urban und Winfried Kudzus. Darmstadt: Wissenschaftliche Buchgesellschaft 1981 (Ars interpretandi, Bd. 10), S. 399–420, hier S. 418.). Er resümiert, dass aus diesem Grund der Anfang der Erzählung in Nebel hülle, wie genau der Beginn der Bekanntschaft der beiden sich gestaltet hat (vgl. Ebd. S. 419.).

785 Corino: Robert Musil: Eine Biographie, S. 708.

786 Die ersten Notizen zu diesem Material stammen bereits aus der Entstehungszeit des ‚Törleß'. Im weiteren Verlauf der Arbeit wird noch darauf einzugehen sein, welche Parallelen und Differenzen sich aus dieser zeitlichen Nähe ergeben.

787 Pfohlmann beschäftigt sich ausführlich mit den biographischen Anleihen, die Musil für die literarische Produktion dieser Novelle macht und den Schlüssen, die daraus in der psychoanalytischen Literaturwissenschaft gezogen wurden. Erwähnenswert sind Pfohlmanns Ausführungen, dass Musil seine spätere Ehefrau Martha zu einem Zeitpunkt kennenlernte, als Herma Dietz noch am Leben war und sein Hinweis, dass diese Tatsache bisher noch nicht psychoanalytisch beleuchtet worden sei (Vgl. Pfohlmann: Eine finster drohende und lockende Nachbarmacht?, S. 281f.).

788 Vgl. Bangert, Axel: Im Widerstreit zwischen ‚Märchen' und ‚Wirklichkeit. Robert Musils ‚Tonka' als eine Auseinandersetzung mit Friedrich Nietzsches Kritik am Begriff der Wahrheit. In: Focus on German studies 14 (2007), S. 115–132, hier S. 124.

oftmals sprachlos.[789] Sie selbst formuliert: „Es macht nichts, ob ich weiß, was Sie meinen. Ich könnte ohnedies nicht antworten" (T, 278). Zwar versucht der Protagonist Tonka die Sphäre der Bildung zugänglich zu machen, scheitert aber damit: „[...] sie blieb einfach wie die Natur rein und unbehauen" (T, 285). Dennoch gibt es Momente, in denen Tonka mit wissenschaftlichen Kenntnissen überrascht:

> Und zuweilen überraschte sie ihn durch Kenntnisse von Gedanken, die ihr ganz fern liegen mussten; selbst von Chemie; wenn er, vom Beruf aufschwingend, mehr monologisierend als für sie etwas erzählte, wußte sie plötzlich dies oder das. Gleich beim erstenmal hatte er sie natürlich erstaunt gefragt. Der Bruder ihrer Mutter [...] war Student gewesen. [...] ‚Ich bin noch klein gewesen', erzählte Tonka, ‚aber wenn er gelernt hat, hab ich ihn immer ausfragen müssen. Ich hab kein Wort verstanden, aber er hat mir die Fragen auf einen Zettel geschrieben.' (T, 285)

Durch die Beschreibung des Lernprozesses, in dem Tonka lediglich Fakten auswendig lernt, die in keinerlei Zusammenhang stehen, werden ihre intellektuellen Fähigkeiten direkt wieder relativiert. Der Erzähler kommentiert ironisch: „[...] Tonka war nicht dumm, aber etwas schien sie zu hindern, klug zu sein [...]" (T, 274). Diese Kluft, die sich zwischen den Partnern auftut und die elementar die Arten der Weltwahrnehmung kontrastiert, lässt somit schnell an die Begrifflichkeiten ratioïd und nicht-ratioïd denken.

Allerdings verändert sich die Haltung des namenlosen Protagonisten. Indem Er sich auf Tonka einlässt und im Laufe der Handlung Eigenschaften entwickelt, die seinem bisherigen Charakter völlig zuwider laufen (so trägt er nur noch einen bestimmten Ring und lässt sich einen Bart wachsen (vgl. T, 294f.), da er von dem Gedanken beseelt ist, dass diese Handlungen Glück bringen), dringt er in das Gebiet der nicht-ratioïden Denkweise ein, das laut Musil vor allen Dingen dadurch gekennzeichnet ist, dass es „jeden Gedanken an ‚psychologisches' Verstehen, Erfassen u. dgl."[790] ausschließt. Musil fügt an: „Vielleicht ist das nur ein gradueller Unterschied, aber jedenfalls ist er so polar, daß er eine vollkommene Umkehrung der Einstellung des Erkennenden verlangt."[791] Diese vollkommene Umkehrung wird von Ihm allerdings nicht vollzogen. Vielmehr handelt es sich bei dem Betreten des nicht-ratioïden Gebiets um eine Handlung, die sich (zumindest in Teilen) als reversibel erweist.

---

789 Vgl. Meisel, Gerhard: Liebe im Zeitalter der Wissenschaften, Das Prosawerk Robert Musils. Opladen: Westdeutscher Verlag 1991, hier S. 107f.

790 Musil, KA; LESETEXTE; Band 12, Essays, Skizze der Erkenntnis des Dichters, 167.

791 Ebd., 166.

Parallel mit der Oszillation der Protagonisten zwischen Ratioïdem und Nicht-Ratioïdem vollzieht sich das Schwanken zwischen Wirklichkeit und mystisch Märchenhaftem. Reniers-Servranckx definiert dieses Alternieren als „haltloses Pendeln zwischen gegensätzlichen Begriffen wie ‚Märchen und Wahrheit' […].“[792] Wie bereits erläutert wird der männliche Protagonist eingeführt als über die Maßen rational denkender Mensch, der jede Art von Undefiniertheit ablehnt und sich daher ganz den in messbaren Regeln auftretenden Naturwissenschaften verschrieben hat:

> Der vielseitig Begabte studierte Chemie und stellte sich taub gegen alle Fragen, die nicht klar zu lösen sind, ja, er war ein fast haßerfüllter Gegner solcher Erörterungen und ein fanatischer Jünger des kühlen, trocken phantastischen, Bogen spannenden neuen Ingenieurgeistes. Er war für Zerstörung der Gefühle, war gegen Gedichte, Güte, Tugend, Einfachheit […]. (T, 283)

Mit dieser Beschreibung wird erneut deutlich, wie sehr Er den Wirklichkeitsbezug sucht und seine Weltanschauung auf dem Fundament der objektivierbaren Wissenschaften fußen lässt. Pekar schreibt: „Diese Entscheidung für die wissenschaftliche Rationalität läßt sich zunächst mit der Beziehung zu Tonka vereinbaren.“[793]

Diese Sichtweise ändert sich, als Tonka schwanger wird und Er aufgrund der von ihm angestellten Zyklusberechnungen zu dem Schluss kommt, dass er nicht der Vater des Kindes sein kann, da er zu dem Zeitpunkt abwesend war. Als Tonka (vermutlich an einer Geschlechtskrankheit) erkrankt, erhärtet sich der Verdacht, dass Er nicht der Vater ist. An dieser Stelle tritt nun zum ersten Mal das Moment der Mystik (oder Fiktion) auf, das im Verlauf der Handlung noch weiter ausgebaut wird. Der Protagonist verweigert sich der sich aufdrängenden Gewissheit, dass Tonka ihn betrogen haben muss: „Auch war er ja nach menschlichem Ermessen nicht krank, und es verstrickte ihn also entweder ein mystischer Vorgang mit Tonka oder sie hatten gemeine irdische Schuld auf sich geladen“ (T, 288). Er ist sich zu Beginn der Schwangerschaft darüber im Klaren, dass diese Möglichkeit nicht wahrscheinlich ist:

> Es gab freilich andere natürliche Möglichkeiten […], aber praktisch war ihre Wahrscheinlichkeit so gut wie Null; praktisch war die Wahrscheinlichkeit, daß er weder der Vater von Tonkas Kind noch der Urheber ihrer Krankheit war, gleich der Gewißheit. (T, 288)

792 Reniers-Servranckx: Robert Musil, S. 183.
793 Pekar: Die Sprache der Liebe, S. 149.

Er versteigt sich aber im Laufe der Zeit immer mehr in die Idee, dass er vielleicht doch der Erzeuger sein könnte; Pekar spricht von einem „mystifizierte[n] Erinnerungs- und Wahrnehmungsvermögen des Protagonisten.“[794] Tonka rückt „in die Nähe tiefer Märchen“ (T, 289) und die Dominanz des objektiven Denkens wird in den Hintergrund gedrängt. Indem er sich auf die Naturwissenschaften beschränkte, war Er unlösbaren Fragen der Moral bisher aus dem Weg gegangen, nun wird eine zweite Sphäre hinzugefügt, die den bisher gültigen Gesetzen der Beweisbarkeit nicht mehr gehorcht: „Die eine Hälfte seines Lebens schien unter dem Stern zu stehen, der unbeweisbares Glück oder ein Geheimnis war. Und die andere war unerleuchtet“ (T, 294). Der Protagonist wendet sich nun immer weiter von den Naturwissenschaften ab und flüchtet sich in den Aberglauben (vgl. T, 294f.).

Obwohl also die rationale Sphäre in den Hintergrund gedrängt wird, schreibt Pekar zu Recht: „Aber dem Protagonisten gelingt nicht die völlige Bejahung des Mythos'. Er bricht nicht mit der Wissenschaft und Rationalität; er überlässt sich nicht ganz diesem anderen Denken, welches nicht auf die Wahrheit aus ist.“[795]

Mit Tonkas fortschreitender Krankheit und ihrem Tod verwandelt sich auch der Protagonist wieder zurück in sein altes Ich. Er nimmt sich den Bart ab, „war nun wieder mehr er selbst“ (T, 303) und rekonstituiert seine bürgerliche Existenz, indem er seine wissenschaftlichen Forschungen abschließt: „Sie glaubten alle an die Wahrscheinlichkeit seines Erfolges; neunundneunzig Prozent betrug sie nun schon!“ (T, 299). Bezeichnenderweise wird hier eine Wahrscheinlichkeit ‚gemessen', die nicht messbar ist, obendrein noch mit dem Verb ‚glauben‘ kombiniert, sodass die auf Objektivierbarkeit pochenden Wissenschaften an ihre Grenzen stoßen und sich damit erneut eine Mischform der beiden Sphären, wenn auch auf rein sprachlicher Ebene, manifestiert.

Die Novelle ist somit geprägt von Spannungsverhältnissen, deren Interaktion verschiedene Ebenen umfasst. Dabei lassen sich auch in dieser Erzählung gestaltpsychologische Elemente herausarbeiten, mit deren Hilfe diese Spannungen vermittelt werden. Allerdings setzt Musil hier nicht nur auf die Gestaltpsychologie, sondern kehrt auch zu deren Wurzeln zurück: die Einleitung erinnert in ihrer Konstitution an die Machsche Annahme, dass sich die Welt aus verschiedensten Komponenten zusammensetzt, die dann vom Bewusstsein zu einem Komplex geordnet werden. Einen solchen Komplex stellt auch Tonka in der Erinnerung des namenlos bleibenden Protagonisten dar:

794 Ebd., S. 142.
795 Ebd., S. 147.

> An einem Zaun. Ein Vogel sang. […] Der Vogel schwieg. Es war Abend. Die Bauernmädchen kamen singend über die Felder. Welche Einzelheiten! Ist es Kleinlichkeit, wenn solche Einzelheiten sich an einen Menschen heften? Wie Kletten?! Das war Tonka. (T, 270)

Pekar spricht in diesem Zusammenhang davon, dass Tonka als „Liebestableau"[796] aus „traumhaft wirkenden Partikeln heraus konturiert"[797] wird – in ihrer Interaktion machen sie die vom Protagonisten erinnerte Figur der Tonka aus. Tatsächlich ist die Nähe zu Ernst Mach unbestreitbar, wie auch Villö Huszai in ihrer Arbeit herausstellt. Allerdings rekurriert sie in diesem Bezug auf die folgende Szene:

> Er hatte sich breit auf beide Ellbogen zurückgelehnt, und der Kopf lag auf der Brust; fast ängstlich sah Tonka nach seinen Augen. Da aber stand ein eigentümliches Lächeln; er hatte das eine Auge geschlossen und zielte mit dem andern längs seines Körpers hinunter […]. (T, 277)

Diese Körperhaltung ist es, in der Mach sich in seinem Werk ‚Analyse der Empfindungen' selbst darstellt, um die Frage der Perspektivierung bezüglich der Wahrnehmung von Empfindungen anderer Menschen zu explizieren. Huszai kategorisiert diese Haltung, die auch der Protagonist einnimmt, als „Ernst-Mach-Pose"[798]. Indem die Erzählperspektive prinzipiell auf Ihn ausgerichtet ist, werden die Empfindungen Tonkas kaum enthüllt. Mach geht davon aus, dass die Analogiebildung eines der Mittel ist, die dem Menschen zur Verfügung stehen, um auf die psychischen Vorgänge zu schließen, die in anderen Personen ablaufen. Die inneren Abläufe Tonkas werden wie folgt dargestellt:

> Tonka hatte sich leise aufgerichtet. Hinter ihrer Stirn war es plötzlich heiß geworden und ihr Herz klopfte. Sie verstand nicht, was er dachte, aber sie las alles zugleich in seinem Auge und ertappte sich mit einem Mal bei dem Wunsch, seinen Kopf in den Arm zu nehmen und seine Augen zuzudecken. (T, 277f.)

Huszai geht davon aus, dass, indem Musil sich so offensichtlich auf die Haltung Ernst Machs bezieht, die Analogiebildung als „die exakte Angabe darüber [gelten muss], auf welche Weise die Informationen, die diese Passage über Tonkas Gedanken vermittelt, gewonnen werden."[799]

---

796 Ebd., S. 136.

797 Ebd., S. 135.

798 Huszai, Villö: Ekel am Erzählen Metafiktionalität im Werk Robert Musils, gewonnen am Kriminalfall ‚Tonka'. München: Wilhelm Fink Verlag 2002 (Musil- Studien Bd. 31), hier S. 73.

799 Ebd., S. 75.

Doch auch in der Beschreibung der Umwelt finden sich die Spuren der Musilschen Lektüre Machs und von Ehrenfels', wie das folgende Zitat zeigt:

> Hätte sie denken gelernt wie ihr Begleiter, so hätte Tonka in diesem Augenblick gefühlt, daß die Natur aus lauter häßlichen Unscheinbarkeiten besteht, die so traurig getrennt voneinander leben wie die Sterne in der Nacht; die schöne Natur [...]. (T, 277)

Zum einen wird hier auf die unterschiedlichen Bildungsebenen rekurriert, auf denen sich der männliche Protagonist, der Chemiker ist und damit der ratioïden Sphäre zugeordnet werden muss und Tonka (als Vertreterin der nicht-ratioïden Dimension) bewegen. Des Weiteren wird die ‚schöne' Natur als Komplex eingeführt, der sich aus Komponenten zusammensetzt, die individuell als ‚hässlich' klassifiziert werden. Als Ganzes jedoch bildet sich etwas völlig Neues, sodass diesem ein ästhetischer Wert beigemessen werden kann. Der Erzähler kommentiert wenig später: „[...] jedes einzelne war häßlich, und alles zusammen war Glück" (T, 277) und bekräftigt damit den Eindruck. Erneut erweist sich Ernst Mach also als Ideengeber Musils – ein Einfluss, der somit von seinem Erstlingswerk ‚Törleß' bis zu den ‚Drei Frauen' hin nachweisbar ist.

Damit ist bereits ein erstes Indiz geliefert, dass auch in dieser Novelle ein funktionales System etabliert werden wird. Ulrich Karthaus schreibt diesbezüglich: „Die Schwierigkeit einer Analyse liegt [...] in der Struktur der Erzählung: die Bildersprache erlaubt keine ‚eindeutigen' Auslegungen [...]."[800] Wie in den beiden anderen Erzählungen wird es kombiniert mit literarisierten und ästhetisierten Kippbildern. Richtungsweisend ist in dieser Beziehung das Geflecht von Fiktion und Realität, einem „Gefüge von Mehrdeutigkeit"[801], das der Protagonist nicht mehr zu entwirren weiß. Bereits Roger Willemsen stellt fest, dass „das Phantastische als eine Eigenschaft der Wirklichkeit bezeichnet [wird], die mit der Hinfälligkeit des kausallogischen Denkens zusammenhängt"[802] und konstatiert an anderer Stelle, dass sich der Protagonist „weitgehend auf der Ebene einer vorausgesetzten Kausalität [bewegt], während diese von Tonka existentiell durchbrochen wird."[803] Es muss somit ein funktionales System vorausgesetzt werden, in dem Vorgänge

---

800 Karthaus, Ulrich: Musil-Forschung und Musil-Deutung. In: Deutsche Vierteljahrsschrift für Literatur und Geistesgeschichte 39 (1965), S. 441–483, hier S. 458.

801 Oertel-Sjögren, Gudrun: Das Rätsel in Musils Tonka, In: Robert Musil. Hg. v. Renate von Heydebrand. Darmstadt: Wissenschaftliche Buchgesellschaft 1982 (Wege der Forschung, Bd. 588), S. 434–449, hier S. 436.

802 Willemsen, Roger: Devotionalien – Über Musils ‚Tonka' und Godards ‚Je vous salue Marie'. In: Kunst, Wissenschaft und Politik von Robert Musil bis Ingeborg Bachmann. Hg. v. Joseph Strutz. München: Wilhelm Fink Verlag 1986, S. 81–103, hier S. 95.

803 Ebd.

und Prinzipien synthetisiert werden, denen diese Eigenschaft nach tradierten Maßstäben nicht zugewiesen werden kann. Des Weiteren stellt sich heraus, dass die Erinnerungen an Tonka von visuellen Wahrnehmungen geprägt sind, die völlig entkoppelt sind von Emotionen und somit keinerlei Rückschlüsse auf das Gefühlsleben des Protagonisten erlauben. Diese Tatsache lässt an die Stärkung der visuellen Dimensionen in der Gestaltpsychologie denken.[804]

Dabei kann konstatiert werden, dass das Motiv des Kippbildes seinerseits wieder variiert wird. Es finden sich zum einen leicht zu identifizierende Bilder auf visueller Ebene, zum anderen stellt sich jedoch heraus, dass das Kippbild als strukturierendes Merkmal der Handlung zu bezeichnen ist, in dem Fiktion und Wirklichkeit, Treue und Untreue interagieren. Als Tonka aufgrund ihrer Schwangerschaft gekündigt wird, wird ihr Vorgesetzter wie folgt beschrieben: „Der Geschäftsmann, bei dem Tonka diente, war ein kleiner, häßlicher Mensch, aber in ihrer Not war er ihnen wie eine übermenschliche Macht erschienen" (T, 292). Vor dem Hintergrund der Ausnahmesituation, in der sich das Paar befindet, wandelt sich der kleine und unansehnliche Mann in eine göttlich anmutende Macht.

Damit ist die Analogie zu den Kippbildern geschaffen, die, je nachdem, was der Rezipient zu sehen gewillt ist, unterschiedliche Formen annehmen können. Allerdings ist das menschliche Gehirn nicht in der Lage, beide Formen gleichzeitig wahrzunehmen. Dies erklärt auch das ständige Oszillieren des Protagonisten, der wahlweise von der Treue oder der Untreue Tonkas ausgeht, nie aber beide Pole in einen Gedanken fassen kann. Dieses Motiv erfährt eine Erweiterung, als eine Szene aus der Vergangenheit beschrieben wird, in der Er entdeckt, dass seine Mutter eine Affäre mit Onkel Hyazinth, dem Hausfreund der Familie, hat. Auch hier überwiegt die Unfähigkeit, das Gesehene klar zu deuten und Rückschlüsse aus der Situation zu ziehen:

> Er war einmal nachts mit der Mutter und Hyazinth gereist, und so um zwei Uhr, in der rücksichtslosen Müdigkeit, wenn die Körper im Eisenbahnzug schwanken und nach Unterstützung suchen, schien es ihm, daß seine Mutter sich an Hyazinth lehnte, voll Einverständnis, und Hyazinth fasste ihre Hand. Seine Augen waren weit geworden vom Zorn damals, denn sein Vater tat ihm leid; aber als er sich vorbeugte, saß Hyazinth allein und seine Mutter hatte den Kopf zu der von ihm abgewandten Seite geneigt. Und nach einer Weile, als er sich wieder zurückgelehnt hatte, wiederholte sich das Ganze. So groß war die durch das ungenaue Sehen hervorgerufene Qual oder so ungenau durch die Qual in der Dunkelheit das Sehen. (T, 297)

804 Wie erwähnt gehen Kritiker der Gestaltpsychologie wie Révész hier von einer unberechtigten Dominanz aus.

Je nachdem, in welcher Stellung sich der Protagonist befindet, ergibt sich mal das eine, mal das andere Bild – eine Analogie zu von Hornbostels Ausführungen ist nicht zu übersehen. Es handelt sich dabei um ein Phänomen, auf das an einer anderen Stelle erneut Bezug genommen wird:

> Das waren gewiß lauter kleine Erlebnisse, aber das Merkwürdige ist: sie waren in Tonkas Leben zweimal da, ganz die gleichen. Sie waren eigentlich immer da. Und das Merkwürdige ist, sie bedeuten später das Gegenteil von dem, was sie anfangs bedeuteten. So gleich blieb sich Tonka, so einfach und durchsichtig war sie [...]. (T, 278).

Dieses Zitat resümiert gewissermaßen die bisherigen Ausführungen. Die Figur der Tonka konstituiert sich, wie bereits ausgeführt wurde, aus den Erinnerungen des Protagonisten. Legt man die Ausführungen von Hornbostels zugrunde, wird deutlich, dass hier dem Eindruck, dass Tonka ein ‚Kippbild' darstellt, Nachdruck verliehen wird. Tonka als ‚Gegenstand' der Betrachtung bleibt konstant (im Text heißt es, sie bliebe ‚gleich' und ‚einfach'), der Protagonist fungiert als Betrachter. Geht man davon aus, dass die Erlebnisse Tonka konstituieren und zweimal da sind, je nach Betrachtungsweise aber Unterschiedliches bedeuten, entspricht dies in augenfälliger Weise dem Prinzip des Kippbildes.

Von Beginn an wird die Oszillation des Protagonisten zwischen Realität und Fiktion dargestellt (Wolfgang Gödrich spricht von einem „gleitende[n] Übergang"[805]). Eingeleitet wird die Novelle durch eine Beschreibung, die sich in der Folge als modifizierte und idealisierte Erinnerung herausstellt. Nur mit Mühe gelingt es Ihm, sich an die wahren Begebenheiten des ersten Treffens mit Tonka zu erinnern. Seine Bemühungen, innerhalb seiner Erinnerungen Orientierung zu gewinnen, können dabei mit den von Lewin aufgestellten Thesen in Bezug gesetzt werden, die sich mit der Bedeutung des Willens beschäftigen (vgl. Kapitel 6.4.2 und 6.4.3). Lewin zeigt auf, dass Wille und Assoziation nicht mehr als antagonistische Kräfte bezeichnet werden dürfen, sondern vielmehr als einander bedingende Größen betrachtet werden müssen. Allerdings stärkt er mit einem Verweis auf die Ausführungen von Hornbostels die Einwirkungsmöglichkeiten des Willens auf visuelle Gegebenheiten; diese würden zeigen, dass die willkürliche Beherrschung derartiger Vorgänge durchaus möglich sei. Mit dieser Feststellung ist der Anknüpfungspunkt für die Beschaffenheit des Erinnerungsprozesses des Protagonisten geschaffen. Musil konfrontiert die beiden Größen Willen und Assoziation in einer konsequent gedanklichen (und damit von der visuellen Dimension gelösten) Ebene – und kommt zu

805 Gödrich, Wolfgang: Der antinomische Konflikt in Musils Novelle ‚Tonka'. Lörrach 1978, hier S. 153.

einem anderen Schluss als Lewin. Die in Machscher Tradition stehenden Erinnerungsassoziationen stellen die dominierende Größe dar – der Wille des Protagonisten ist hier nur bedingt in der Lage, sie zu steuern. Die scheinbar sicheren Erinnerungen entpuppen sich als „später gewachsenen Dornengerank in seinem Kopf" (T, 272), sodass er Mühe hat, „durch den Nebel etwas Wirkliches" (T, 273) zu sehen; zudem formieren sich die dynamischen Gebilde immer wieder neu. Assoziation und Wille werden hier somit in ein antagonistisches Verhältnis überführt – wie noch auszuführen sein wird, kann der Rezipient die Kippbilder, zu denen seine Erinnerung werden, nun nicht mehr willentlich steuern. Diese Ablösung vom wissenschaftlichen Ausgangspunkt ist mit der andersgearteten Fokussierung Musils zu erklären. Während Lewin sowohl die Untersuchung der Stiftung von Assoziationen als auch die Überlegungen zu der Frage nach der willentlichen Wahrnehmungssteuerung anhand von visuellen Versuchsaufbauten durchführt, löst sich Musil wie erwähnt von dieser Dimension. Indem er die Frage nach seelischen Prinzipien in den Vordergrund stellt, ergibt sich die Abkehr von willentlich gesteuerten Prozessen von ganz allein, denn der menschliche Wille hat keinen Einfluss auf seelische Vorgänge. Durch die Schwächung der willentlichen Einflussmöglichkeiten stärkt Musil somit die individuell und autonom agierende Seele.

Aus dieser grundsätzlichen Erkenntnis heraus führt Musil nun die Frage nach dem Verhältnis von Wirklichkeit und Fiktion aus. Da die Geschichte in der Retrospektive erzählt wird, ist die Frage nach der Unterscheidung der beiden Dimensionen von großer Bedeutung. Indem sich für die Hauptfigur die Frage nach der Treue oder Untreue Tonkas stellt (anders als Claudine in der ‚Vollendung der Liebe' ist es ihm nicht möglich, die beiden Pole einander beizuordnen), ergibt sich erst der Grund zur Modifikation der Erinnerungen: Der Zweifel an der Treue Tonkas stellt sich als Rechtfertigung zur Inversion heraus. Unter diesem Eindruck gerät die scheinbar objektive Wahrnehmung des Protagonisten ins Schwanken. Dabei stellt sich die folgende Textstelle als besonders wichtig heraus:

> Und wenn man dann alle Erinnerungen durchging, wie waren alle zweideutig! Die einfache Art zum Beispiel, wie sie ihm zugelaufen war, konnte Gleichgültigkeit sein oder Sicherheit des Herzens. Wie sie ihm diente, war Trägheit oder Seligkeit. War sie anhänglich wie ein Hund, so möchte sie auch jedem Herrn folgen wie ein Hund! Das hatte er doch gleich in jener ersten Nacht empfunden, und war es auch ihre erste Nacht? Er hatte nur auf die seelischen Zeichen geachtet und keinesfalls waren die körperlichen sehr merklich gewesen. Jetzt war es zu spät. [...] Doch hätte es ihm nicht geholfen, wenn er auch alles noch einmal hätte erleben können. Mißtraue einem Menschen, und die deutlichsten Anzeichen der Treue werden geradezu Zeichen der Untreue sein, traue ihm, und handgreifliche Beweise der Untreue werden zu Zeichen einer verkannten, wie ein von den Erwachsenen ausgesperrtes Kind weinenden Treue. Es war nichts für sich zu

> deuten, eines hing von dem andern ab, man mußte dem Ganzen trauen oder mißtrauen, es lieben oder für Trug halten, […] es hing fast nur von ihm ab, was sie war. (T, 296)

Es zeigt sich, dass es allein Seine Wahrnehmung ist, die Tonka konstituiert. Wie auch bei allen anderen Kippbildern sind beide Perzeptionsmöglichkeiten enthalten; sie werden aber durch den Rezipienten definiert. Tonka mutiert zu einem Kippbild; ein Prinzip, das möglich wird, da sie nur noch in der Erinnerung des Protagonisten existiert. Folglich fungiert Er als definierendes Element – ihm obliegt es, zu entscheiden, welche Interpretation er bevorzugt, ohne irgendwelche Ansprüche auf Objektivierbarkeit erheben zu können. Dabei ist Er kaum in der Lage, eine Steuerungsfunktion einzunehmen. Die Erinnerungen schwanken zwischen Realität und Fiktion, ohne dass der Protagonist diese gezielt regulieren könnte: „Aber war es überhaupt so gewesen? […] Das war schon Märchen; er konnte es nicht mehr unterscheiden." (T, 270) Indem Er nicht zwischen Märchen und Realität unterscheiden kann, erfolgt eine doppelte Brechung der Ausgangssphären ratioïd und nicht-ratioïd. Zwar können die Figuren problemlos diesen beiden Sphären zugeordnet werden, allerdings inkorporiert Er durch die doppelten Erinnerungen seinerseits Züge beider Sphären; eine Engführung, die auch nicht zurückgenommen wird, als Tonka stirbt. Zwar scheint es, als würde Er in der Folge zu sich selbst zurückfinden („Nun war er wieder mehr er selbst" (T, 303)), tatsächlich weist die Oszillation zwischen Realität und Fiktion in der Retrospektive in eine andere Richtung.

Es scheint vielmehr, als würde Er, Homo gleich, durch die Inkorporation der beiden Dimensionen auch im Nachhinein durch die Öffnung zu der nicht-ratioïden Seite hin in der Lage sein, beide Prinzipien wahrzunehmen – ohne allerdings die Wahrnehmungsoptionen steuern zu können.

Dabei wird ersichtlich, dass der Fokus der Erinnerungen auf von Emotionen weitgehend entkoppelten visuellen Wahrnehmungen liegt. Denkt man zurück an die eingangs zitierte Textstelle, so wird deutlich, dass sich Tonka in der Erinnerung des Protagonisten nicht aus einem Konglomerat von Emotionen zusammensetzt; vielmehr konstituiert sie sich aus scheinbar nicht zusammenhängenden Komponenten. Diese Erinnerungsbilder schieben sich wie eine undurchsichtige Folie vor die Emotionen der männlichen Hauptfigur – ein Prinzip, das für beide Sphären (Fiktion und Realität) virulent wird. So wird auch die tatsächliche Begegnung der beiden als bloße Aneinanderreihung von Wahrnehmungen dargestellt:

> In Wahrheit hatte er sie zum erstenmal am ‚Ring' gesehen. […] Dort hatte ihn plötzlich ihr Blick in die Augen getroffen, ein lustiger Blick, nur ein Sekündchen lang und wie ein Ball, der aus Versehen einem Vorübergehenden ins Gesicht flog, im Nu von einem Wegschauen gefolgt und einem geheuchelt arglosen Ausdruck. Er hatte sich rasch umgedreht,

> denn er dachte, nun würde das Kichern folgen, aber Tonka ging mit geradem Kopf, fast erschrocken; sie ging mit zwei andern Mädchen, war größer als sie, und ihr Gesicht hatte, ohne schön zu sein, etwas Deutliches und Bestimmtes. Nichts darin hatte jenes Kleine, listig Weibliche, das nur durch die Anordnung wirkt; Mund, Nase, Augen standen deutlich für sich, vertrugen es auch, für sich betrachtet zu werden, ohne durch anderes zu entzücken als ihren Freimut und die über das Ganze gegossene Frische. (T, 272)

Auch hier werden somit lediglich Eindrücke geschildert, die keinerlei Rückschlüsse auf die Empfindungen des Protagonisten zulassen. Es werden vielmehr visuelle Eindrücke geschildert, mit denen die individuelle Perspektive des Protagonisten zwar zusammengeführt wird, die aber keinen Zugang zu seinen Emotionen bieten.

Die Beschreibung Tonkas und ihrer Persönlichkeit bleibt dabei konsequent mit dieser Bildhaftigkeit verknüpft. Besonders eng verbunden mit der Figur der Tonka ist das Bild der Schneeflocke. Es heißt diesbezüglich:

> Wie stumm war Tonka! Sie konnte weder sprechen noch weinen. Ist aber etwas, das weder sprechen kann, noch ausgesprochen wird […], ist eine solche Tat, solcher Mensch, solche mitten in einem Sommertag ganz allein niederfallende Schneeflocke Einbildung oder Wirklichkeit, gut, wertlos oder bös? Man fühlt, daß da die Begriffe an eine Grenze kommen, wo sie keinen Halt mehr finden. (T, 280)

In diesem Zitat wird eine erneute Anlehnung an Ernst Mach offenbar, indem die Wertigkeit von Begriffen angezweifelt wird. Macht geht davon aus, dass diese lediglich ökonomischen Zwecken dienen, ohne den eigentlichen Erkenntniswert zu steigern (implizit wäre es sogar möglich, dass durch die im Sinne der Ökonomie vorgenommene Einteilung in Begrifflichkeiten eine Vereinfachung der Wirklichkeit eintritt). Die Begriffe, die in diesem Zusammenhang vorgeschlagen werden, greifen in keiner Weise, da sie jeglicher Kontextualisierung entbehren. Dabei tritt die Frage nach der Tatsächlichkeit (Wirklichkeit oder Fiktion) in den Hintergrund.

Die Parallelen zu Tonka sind unübersehbar: auch sie schwebt zwischen Fiktion und Realität. Dieser Schwebezustand ermöglicht es im weiteren Verlauf, dass die Frage nach ihrer Treue oder der möglichen Untreue (in Analogie zur der Frage nach gut oder böse) nicht vordergründig thematisiert werden kann, weil sie das Wesen Tonkas ebenso wenig trifft wie die Frage nach einer kategorialen Beurteilung einer Schneeflocke im Sommer.

Konsequenterweise wird das Bild der Schneeflocke ein weiteres Mal am Ende der Novelle verwendet, als der Protagonist kurz vor Tonkas Tod über sie nachdenkt: „Und in diesem Augenblick erkannte er sie ganz klar. Eine mitten an einem Sommertag allein niederfallende Schneeflocke war sie." (T, 304). Indem Tonka mit der Flocke gleichgesetzt wird, übernimmt sie auch deren Attribute.

Damit ist sie Wirklichkeit und Einbildung zugleich; muss es sein, weil eine eindeutige Zuordnung zu einer der beiden Dimensionen unmöglich ist. Auch die Frage nach Treue oder Untreue tritt mit dieser ‚Zuordnung' endgültig in den Hintergrund – der Protagonist gibt es auf, Tonkas Verhalten einer der beiden Kategorien zurechnen zu wollen. Damit geht die Bedeutung dieses Bildes, das kaum noch als Metapher zu bezeichnen ist, über die von Oertel-Sjögren zugesprochene Wirkung hinaus. Diese schreibt, das Bild der Schneeflocke rufe „Assoziationen mit Lieblichkeit, Reinheit und Wunder und mit Einsamkeit"[806] hervor. Eine solche Wertung ist aber diesem Tableau eben nicht immanent. Indem derartige Begrifflichkeiten nicht mehr greifen, markiert Tonka den Grenzwert der Wirklichkeit – eine erneute Folge des konsequent umgesetzten funktionalen Systems.

Durch die dargelegte Vielschichtigkeit innerhalb der Novelle konnten mit den Polen Treue und Untreue zwei Dimensionen herauspräpariert werden, die Musil bereits in der ‚Vollendung der Liebe' literarisch beleuchtet. Allerdings kommt ‚Tonka' zu einem anderen Schluss. Treue und Untreue können durch den Protagonisten nicht simultan erfasst werden, als Übersprungshandlung fungiert die Umdeutung in die Sphären Fiktion und Realität. Der Chemiker lebt durch Tonka „in einer Welt, die den Begriff Wahrheit nicht kennt." (T, 289). Damit ist die gedankliche Stoßrichtung vorgegeben: Es gibt die eine, universal gültige Wahrheit nicht. Bei dem entsprechenden theoretischen Gerüst, das aus ökonomischen Gründen mit diesem Begriff belegt wird, kann es sich nicht um mehr als einen Platzhalter handeln – in keiner Weise bildet es die Vielschichtigkeit der Beziehungen der sie konstituierenden Komponenten ab. Die in der Novelle präsentierte Wahrheit (die nur noch in loser Beziehung zum tradierten Begriff steht) inkorporiert Tatsächliches und Fiktion gleichermaßen. Schon 1906 schreibt Musil: „Eine objektive Wahrheit, eine Wahrheit schlechtweg, – gibt es nicht."[807] und fügt an: „Übrigens kann sehr wohl die Wahrheit relativ zu etwas Relativem sein, Funktion in einem Koordinatensystem, das sich wieder in einem anderen bewegt, welches aber unbestimmt ist."[808] Damit antizipiert Musil schon zu einem frühen Zeitpunkt seines literarischen Schaffens das dynamische System, das die vorliegende Novelle prägt, das er aber in seinem Erstlingswerk, den ‚Verwirrungen des Zöglings Törleß', noch nicht literarisch stringent umsetzen kann. Erst die von der Gestaltpsychologie entwickelten und von ihm modifizierten Prinzipien ermöglichen diese Transformation.

806 Oertel-Sjögren : Das Rätsel in Musils ‚Tonka', S. 434.

807 Musil, KA; LESETEXTE, Band 16, Frühe Tagebuchhefte (1899–1926); 24: Wissenschaftliche Notizen (1904–1906); Notizen und Exzerpte, 16.

808 Ebd., 10.

In dem Konzept der Wahrheit als dynamischem Prinzip liegt eine offensichtliche Anlehnung an die Erkenntnisse der Gestaltpsychologen. Stets schwingt bei ihnen das Bewusstsein um die Relativität der Wahrnehmungen mit, deren Bedeutung sich erst aus der Interaktion mit anderen Perzeptionen ergibt. Dabei konnte im Verlauf der Analyse nachgewiesen werden, dass Musil diese Prinzipien in Form von literarisierten Kippbildern mit unterschiedlichen Abstraktionsgraden übernimmt. Die höchste Form der Abstraktion findet sich jedoch in den Schemata der Realität und der Fiktion, deren Interaktion den Begriff der Wahrheit relativ erscheinen lässt. Damit wird eine strukturelle Problematisierung des Konstrukts angestrebt, dessen Lösung darin besteht, statt einer statischen, scheinbar objektiven Begrifflichkeit vielmehr ein dynamisches System zur Diskussion zu stellen, dessen Grenzen nicht durch klar definierte Abteilungen fixiert werden und in dem Fiktion folglich ausgeschlossen würde. Vielmehr wird die Domäne der Fiktion fruchtbar gemacht, um Relationen zu aufzuzeigen, die in einem Gerüst, das nur auf das eindimensionale Prinzip der Realität setzt, nicht sichtbar geworden wären. Tonkas wahres Wesen ergibt sich daher nicht allein aus der Beschreibung des Tatsächlichen. Erst in der Interaktion mit den modifizierten Erinnerungen ergibt sich aus diesem dynamisierenden Moment ein dreidimensionales Bild der Erinnerung an die junge Frau. Dabei wird der experimentelle Charakter der Novelle offenbar, denn Musil erprobt dieses gedankliche Konstrukt nicht an der (literarischen) Wirklichkeit. Stets ist die Tatsache präsent, dass es sich lediglich um Erinnerungen des Protagonisten handelt, somit also eine subjektive Sichtweise präsentiert wird. Indem seine Erinnerungen nicht nur den Erzählkosmos, sondern auch Tonka konstituieren, wird die Wirklichkeit gleichsam unwirksam gemacht – der Weg für eine versuchsweise literarische Zusammenführung von Fiktion und Realität ist frei, ohne dabei Ansprüche auf praktische Umsetzbarkeit zu erheben. Die Wahrheit entpuppt sich in diesem Zusammenhang als Musilsches Gedankenexperiment, in dem er die Grenzen eines solch schwer zu fassenden und dennoch mit dem Anspruch der unbedingten Objektivierbarkeit verknüpften Konstrukts aufweicht.

### 8.1.4 Zwischenfazit – Die gestalthafte Verbindung von Seele, Wahrheit und Erkenntnis

Die Analyse der drei Novellen hat gezeigt, wie eng verwoben die gestalttheoretischen Ansätze mit der Literatur Musils sind. Dabei kann als erster Befund festgehalten werden, dass die Beschäftigung mit den Überlegungen Ernst Machs für Musil auch in diesem Werk noch nicht abgeschlossen ist. Der Ausbau der in den ‚Vereinigungen' angestrebten motivierten Erzählweise ermöglicht auch in den

‚Drei Frauen' die Komposition eines dynamischen Kontinuums, sodass – wie in ‚Grigia' – eigentlich widersprüchliche Komplexe in einen neuen, sinnhaltigen Kontext gesetzt werden können.

Mit Rückgriff auf Christian von Ehrenfels kann auch die Transponierung von Figuren festgestellt werden. Auf diese Weise ergibt sich die Möglichkeit, innerhalb der Novelle Zusammenhänge zu schaffen, die neue Erfahrungshorizonte skizzieren.

Zudem kann ein gestalttheoretischer ‚Grundtenor' identifiziert werden, da die Umsetzung der psychologischen Erkenntnisse auf zweierlei Abstraktionsebenen erfolgt. Zum einen finden sich z.B. in ‚Tonka' konkrete Kippbilder, wenn der Protagonist im Zug sitzt und sich die Position seiner Mutter und des Hausfreunds zueinander je nach Körperhaltung der Hauptfigur stetig verändern. Auf der anderen Seite wird mit Tonka eine Figur eingeführt, die als personifiziertes Kippbild fungiert, über das die Frage nach dem Verhältnis von Wahrheit und Fiktion transportiert wird.

Mit der Gestaltpsychologie eröffnet sich für Musil somit eine Möglichkeit, dynamische Vorgänge abzubilden. Parallel zu der Abkehr der Psychologie von statisch argumentierenden Prinzipien wie der Konstanzannahme sucht er nach Lösungsansätzen für die Abbildung komplexer Vorgänge – ein Anspruch, der sich (wie noch zu zeigen sein wird) auch in seinen poetologischen Ansätzen widerspiegelt. Betrachtet man jedoch die gestaltpsychologischen Grundgedanken für den Moment nur in ihrer Eigenschaft als Inspirationsquelle für Musils Literatur, so zeigt sich bereits hier das hohe Abstraktionsniveau. Wie erwähnt finden sich auch Verweise auf die Gestalttheorie, die weitgehend in ihrem ursprünglichen Kontext verblieben sind (z.B. die Beschreibung der Dorfstruktur in ‚Grigia'), in den überwiegenden Fällen ist jedoch eine Ablösung vom wissenschaftlichen Horizont zu konstatieren. Dabei wird die dominante Orientierung an visuellen Phänomenen konsequent unterlaufen und im Gegenzug eine Perspektive eröffnet, die die seelische Beschaffenheit ins Auge fasst. Diese Tatsache verweist ihrerseits auf die Notwendigkeit der weiterführenden Betrachtung der poetologischen Ausführungen Musils, denn nur im Spiegel dieser Überlegungen kann die Verzahnung der Gestaltpsychologie als Inspirationsquelle und der Entwicklung der Dichtung aufgezeigt werden.

## 8.2 Poetologische Überlegungen im Spiegel der Gestalttheorie

Im Vordergrund der bisherigen Ausführungen stand die Betrachtung der Gestaltpsychologie als Inspirationsquelle für Musils Dichtung. Im Laufe seiner schriftstellerischen Karriere schärft Musil zudem auch seine poetologischen Überlegungen aus, die auch Eingang in die Novellen der ‚Drei Frauen' finden.[809] Die Grundlage für dieses literarische Werk stellt der Essay ‚Skizze der Erkenntnis des Dichters' aus dem Jahr 1918 dar,[810] in dem Musil die zwei Sphären ‚ratioïd' und ‚nicht-ratioïd' unterscheidet.[811] Olav Krämer weist darauf hin, dass diese Unterscheidung nur in Musils Essays formuliert werde, in seinen Tagebuchaufzeichnungen hingegen finde sich eine (allerdings weitgehend parallel lesbare) Differenzierung zwischen lebenden und toten Gedanken.[812] Krämer konstatiert:

> Der Begriff der lebenden und toten Gedanken ist älter als die Konzepte des anderen Zustands und des Nicht-Ratioïden, wurde aber von Musil nicht aufgegeben, als er diese zentralen Konzepte in seiner Anthropologie und Erkenntnistheorie formulierte, sondern modifiziert und mit ihnen verknüpft.[813]

Den Musilschen Ausführungen liegt dabei die Frage nach der Relation von Dichtung und Wissenschaft zugrunde. Stellvertretend für diese beiden Dimensionen kreiert Musil die Neologismen ratioïd und nicht-ratioïd. Er definiert: „Dieses ratioïde Gebiet umfaßt – roh umgrenzt – alles wissenschaftlich Systematisierbare, in Gesetze und Regeln zusammenfaßbare, vor allem also die physische Natur; [...]."[814] Das nicht-ratioïde Gebiet hingegen ist „das der Herrschaft der Ausnahmen über die Regel."[815] Während also die Wissenschaften dem ratioïden Bereich zugeordnet werden, gehört die Dichtung dem nicht-ratioïden Gebiet an. Musil

809 Diese Ausdifferenzierung macht die Behandlung der Poetologie in einem eigenen Kapitel nötig. Bisher wurden analytische und poetologische Elemente gemeinsam verhandelt. Aufgrund des fortgeschrittenen Reflexions- und Abstraktionsgrades der Musilschen Überlegungen muss nun zwischen den beiden Ebenen differenziert werden, um so bessere Übersichtlichkeit zu gewährleisten.

810 Vgl. Pfohlmann: Robert Musil, S. 97f.

811 Rosmarie Zeller macht darauf aufmerksam, dass der Begriff des Nicht-Ratioïden nicht mit „‚wider die Vernunft' gleichgesetzt werden darf. Dieses Phänomen wird in ‚Törleß' am Beispiel der imaginären Zahlen vorgeführt, die ‚jenseits des Verstandes' liegen [...]." (Zeller, Rosmarie: Grenztilgung und Identitätskrise, Grenztilgung und Identitätskrise. Zu Musils ‚Törleß' und ‚Drei Frauen'. In: Musil-Forum. Studien zur Literatur der klassischen Moderne. Hg. v. Norbert Christian Wolf und Rosmarie Zeller. Berlin, Boston: De Gruyter 2003 (Bd. 27), S. 189–209, hier S. 194f.).

812 Vgl. Krämer: Denken erzählen, S. 122. Ausführlich beschäftigt sich auch Hannah Hickman mit dieser Frage, vgl. „Lebende Gedanken" und Emersons ‚Kreise'. „Lebende Gedanken" und Emersons ‚Kreise'. In: Robert Musil. Untersuchungen. Hg. v. Uwe Baur und Elisabeth Castex. Königstein/ Ts.: Athenäum 1980, S. 139–151.

813 Krämer: Denken erzählen, S. 120.

814 Musil, KA; LESETEXTE; Band 12, Essays, Skizze der Erkenntnis des Dichters, 165.

815 Ebd., 166.

fährt fort: „Vielleicht ist das nur ein gradueller Unterschied, aber jedenfalls ist er so polar, daß er eine vollkommene Umkehrung der Einstellung des Erkennenden verlangt."[816] Hier wird eine weitere Größe eingeführt, die das Denken Musils gleichermaßen bestimmt: die Frage nach der Erkenntnis und daran anschließend nach einer möglichen erkenntnisstimulierenden Verbindung der beiden Sphären. Offensichtlich zweifelt Musil den erkenntnistheoretischen Wert der Wissenschaften an und entwickelt aus dieser Annahme heraus eine zweite Größe, die das defizitäre Konstrukt der Wissenschaften auffangen soll. Dabei muss aber festgehalten werden, dass es Musil weniger darum geht, die Wissenschaft als solche zu kritisieren; Armin Westerhoff schreibt diesbezüglich, Musils Dichtungstheorie sei „trotz der Opposition der beiden Begriffe einer ‚ratioïden' und einer ‚nicht-ratioïden' Erkenntnis nicht vollständig als bloße Wissenschaftskritik zu verstehen, vielmehr knüpft Musil auch positiv an die Wissenschaften an."[817]

Mit dieser Aussage weist Westerhoff auf ein wichtiges Faktum hin. In der Forschung wird nicht selten davon ausgegangen, dass die beiden Prinzipien antagonistisch agieren und damit nicht vereinbar sind.[818] Implizit schwingt in dieser Betrachtungsweise auch automatisch eine Wertung mit: Die Dichtung würde in dieser Deutung als überlegenes Prinzip präsentiert, während die Wissenschaft in ihrer Begrenzung auf rationale Gegebenheiten für Musil eine untergeordnete Rolle spielte. Bei genauerer Betrachtung scheint diese Behauptung sich aber nicht zu bewahrheiten. Zwar ist in der ‚Skizze der Erkenntnis des Dichters' prinzipiell eine dualistische Struktur angelegt, nicht jedoch eine, in der keinerlei Interferenz zwischen den beiden Dimensionen möglich ist. Westerhoff konstatiert, dass die Gegenüberstellung der beiden Sphären „nur in einem begrenzten Umfeld"[819] im Text präsentiert würde, die Abgrenzung der beiden Dimensionen voneinander spielt also nur eine untergeordnete Rolle. Weit wichtiger ist die Frage nach einer möglichen Fruchtbarmachung durch das Zusammenspiel der beiden Sphären. Dass Musil der Wissenschaft hierbei ein dynamisierendes Potential zuschreibt, beweist das folgende Zitat: „Der bedeutende Mensch ist der, welcher über die größte Tatsachenkenntnis und die größte ratio zu ihrer Verbindung verfügt: auf dem einen Gebiet [dem

---

816 Ebd.

817 Westerhoff, Armin: Poetologie als Erkenntnistheorie: Robert Musil. In: Literatur und Erkenntnistheorie 1890–1935. Hg. v. Christine Maillard. Strasbourg: Presses Universitaires de Strasbourg 2004, S. 191–208, hier S. 192.

818 Vgl. z.B. Pfohlmann: Robert Musil, S. 98f.

819 Westerhoff: Poetologie als Erkenntnistheorie: Robert Musil, S. 194.

ratioïden; K.B.] wie auf dem andern [dem nicht-ratioïden; K.B.]."[820] Für Musil ist somit die Interaktion zwischen beiden Dimensionen von großer Wichtigkeit. Die Annahme eines Konfliktpotentials, das aus einer (scheinbaren) Konfrontation der beiden entstehen würde, ist an dieser Stelle nicht zielführend. Westerhoff zieht die Folgerung:

> Aus der komplizierten Struktur der ‚Skizze' ist der Schluß zu ziehen, daß Musil nur für einen Teil des Textes einen Dualismus zwischen der ‚ratioïde' und der ‚nicht-ratioïden' Erkenntnis konstruiert, der in Parallele zu setzen wäre zu den Dualismen Naturwissenschaft versus Moral beziehungsweise Wissenschaft versus Dichtung. Dieser Dualismus ist aber eingebettet in verbindende Formulierungen, die Übergänge erkennen lassen [...].[821]

Diese verbindenden Elemente verweisen somit bereits auf Musils Ziel: Er negiert sowohl die reinen, auf Rationalität und Objektivierbarkeit setzenden Naturwissenschaften einerseits, aber auch die pure Emotionalität andererseits.[822] „Die Suchbewegung der Dichtung"[823] gilt somit dem Streben nach einer Symbiose der beiden Dimensionen ratioïd und nicht-ratioïd. Damit ist die Anforderung an die Dichtung definiert: „Die Aufgabe ist: immer neue Lösungen, Zusammenhänge, Konstellationen, Variable zu entdecken, Prototypen von Geschehensabläufen hinzustellen, lockende Vorbilder, wie man Mensch sein kann, den inneren Menschen erfinden."[824]

Ihre Bedeutung erhalten die obigen Ausführungen durch die Tatsache, dass Musil in den Novellen literarisch-praktisch einen ähnlichen Weg geht wie in den theoretischen Überlegungen seines Essays. Auch hier werden die beiden Dimensionen konfrontiert: Durchgängig wird das Ratioïde durch die männlichen Protagonisten verkörpert (sie werden bereits durch ihre Berufe diesem Bereich

820 Musil, KA; LESETEXTE, Band 12, Essays, 1918–1926, Skizze der Erkenntnis des Dichters, 167.

821 Westerhoff: Poetologie als Erkenntnistheorie: Robert Musil, S. 196.

822 Sabina Becker geht diesbezüglich davon aus, dass Musils theoretische Überlegungen darauf verweisen, dass sich „literarisches Schreiben einerseits primär nicht mehr an Komponenten wie Seele, Intuition, Gefühl, Inspiration binden und andererseits in Annäherung zur rationalistischen Arbeitsweise des Wissenschaftlers umschreiben wollte." (Becker, Sabina: Von der ‚Trunksucht am Tatsächlichen'. Robert Musil und die neusachliche Moderne. In: Musil-Forum Studien zur Literatur der klassischen Moderne. Hg. v. Norbert Christian Wolf und Rosmarie Zeller. Berlin, Boston: De Gruyter 2005 (Bd. 29), S. 140–160, hier S. 146.).

823 Westerhoff: Poetologie als Erkenntnistheorie: Robert Musil, S. 196.

824 Musil, KA; LESETEXTE, Band 12, Essays 1918–1926, Skizze der Erkenntnis des Dichters, 167.

zugeordnet: in ‚Grigia' ist die männliche Hauptfigur Geologe, in ‚Die Portugiesin' Raubritter und in ‚Tonka' Chemiker); während das Nicht-Ratioïde durch die weiblichen Figuren dargestellt wird.[825] Eine genauere Analyse soll u.a. der Frage nachgehen, ob diese scheinbare Konfrontation nicht in eine konstruktive Interaktion mündet und damit Musils Utopie in den erzählten Welten Wirklichkeit werden lässt.

Dabei werden die Konsequenzen aus Musils poetologischen Überlegungen in den einzelnen Novellen mit unterschiedlicher Schwerpunktsetzung realisiert. In ‚Grigia' wird mit dem Verhältnis der Komponenten Wasser und Stein (Hoffmann spricht von einer „hochgespannten Figur"[826]) ein abstrahierter Zugriff auf die theoretischen Ausführungen Musils geschaffen.

In doppelter Hinsicht ist diesbezüglich die Beschreibung der Tallandschaft interessant. Zum einen kommen hier die Ideen von Christian von Ehrenfels zum Tragen, zum anderen lassen sich auch Einflüsse der Inversionstechnik nachweisen, bei der das Motiv von Wasser und Stein eine wichtige Rolle spielt.[827] So wird das Dorf folgendermaßen beschrieben:

> [...] der Saumweg, der sie hingeführt hatte, sprang zuletzt förmlich von einem großen platten Stein zum nächsten, und von ihm flossen, den Hang hinab und gewunden wie Bäche, ein paar kurze steile Gassen in die Wiesen. Stand man am Weg, so hatte man nur vernachlässigte und dürftige Bauernhäuser vor sich, blickte man aber von den Wiesen unten herauf, so meinte man sich in ein vorweltliches Pfahldorf zurückversetzt [...]. (G, 236)

In diesem Zitat wird bereits deutlich, dass das Bild von Wasser und Stein variiert wird und zwar, indem den steinigen Wegen Attribute des Wassers zugesprochen werden. Mit den Verben ‚springen' und ‚fließen' werden den an sich unbeweglichen Geröllmengen eine wasserartige und daher in alle Richtungen flexible und fluide Konsistenz zugeschrieben.[828]

---

825 Vgl. Pfohlmann: Robert Musil, S. 98. Es hat sich allerdings bei genauerer Analyse gezeigt, dass die männlichen Figuren mitunter durchaus Züge des Nicht-Ratioïden tragen, die Frauen hingegen Charakteristika aufweisen, die prinzipiell eher dem ratioïden Bereich zugeordnet werden müssen.

826 Hoffmann: Die Seele im Labor, S. 759.

827 Vgl. Ebd.

828 Die Annahme von Bernhard Großmann stellt sich daher in diesem Kontext als problematisch heraus, wenn er davon ausgeht, dass in der Novelle ein „‚steinernes' Schicksal" erfüllen würde (Großmann, Bernhard: Robert Musil. Drei Frauen. München: Oldenbourg Verlag 1993, hier S. 51.). Diese Interpretation trägt den präsentierten Phänomenen in ihrer Komplexität nicht ausreichend Rechnung.

Wie bereits in der Einleitung zu diesem Kapitel gezeigt wurde, kann der Essay ‚Skizze der Erkenntnis des Dichters' als theoretische Grundlage für die Novellen der ‚Drei Frauen' betrachtet werden. Es soll an dieser Stelle davon ausgegangen werden, dass der Unterschied zwischen den Sphären ratioïd und nicht-ratioïd nicht nur in der Ausgestaltung der Figuren zu erkennen ist, sondern auch Eingang in die Bildsprache Robert Musils gefunden hat. Zur Stützung dieser These ist die Annahme von Hoffmann unverzichtbar, die davon ausgeht, dass Musil in Anlehnung an von Ehrenfels literarische Gestalten transponiert.[829] Ähnlich den Tongestalten bei von Ehrenfels, die problemlos in jeder beliebigen Tonart wiedererkannt werden können, wird in der Novelle die Beziehung zwischen den Gestalten Wasser und Stein immer wieder neu variiert[830] und ihr damit eine Bedeutung zugewiesen, die in der Interpretation nicht übergangen werden sollte. Zusätzlich soll in den folgenden Ausführungen davon ausgegangen werden, dass die im Essay entwickelten Dimensionen ratioïd und nicht-ratioïd durch die Metapher des Steins und des Wassers verbildlicht werden.

Musil definiert in seiner Schrift: „Man kann sagen, das ratioïde Gebiet ist beherrscht vom Begriff des Festen und der nicht in Betracht kommenden Abweichung; vom Begriff des Festen als einer fictio cum fundamento in re"[831] und beschreibt weiterhin die „Versteintheit"[832] des Ratioïden. Im Gegensatz dazu wird der nicht-ratioïde Bereich als „unendlich und unberechenbar"[833] skizziert, in dem die Geschehnisse „unbeschränkt variabel und individuell"[834] sind. Diese Charakterisierung lässt an das Element Wasser denken, dessen durch die Fluidität bedingte Flexibilität hier implizit mitschwingt. Im Folgenden soll der Versuch unternommen werden, die dargelegten Erkenntnisse mit Blick auf die Novelle zu verifizieren.[835]

Das Motiv der Kombination von Wasser und Stein wird bereits in der Einführung der Novelle etabliert. Die Liebe des Protagonisten Homo und seiner Frau wird durch die Geburt des gemeinsamen Sohnes als trennbar beschrieben, „wie

829 Vgl. Hoffmann: Die Seele im Labor, S. 759.
830 Vgl. Ebd.
831 Musil, KA;LESETEXTE; Band 12, Essays; Skizze der Erkenntnis des Dichters, 165.
832 Ebd., 166.
833 Ebd., 167.
834 Ebd., 166.
835 Die dargelegten Erkenntnisse bauen die Ausführungen von Hoffmann aus. Die Autorin nimmt an, dass die Gestalten Wasser und Stein immer wieder transponiert werden. Neu ist die Annahme, dass das ratioïde Gebiet mit dem Element des Steins und das nicht-ratioïde Gebiet mit dem Element des Wassers gekoppelt wird.

ein Stein, in den Wasser gesickert ist, das ihn immer weiter auseinander treibt" (G, 234). Ein weiteres Mal aufgenommen wird das Motiv in der Beschreibung der Tallandschaft:

> Sie bestand aus einem mehr als halbkreisförmigen Wall hoher, oben von Schroffen durchsetzter Berge, welche Steil zu einer Senkung abfielen, die rund um einen in der Mitte stehenden kleineren und bewaldeten Kegel lief, wodurch das Ganze einer leeren gugelhupfförmigen Welt ähnelte, von der ein kleines Stück durch den tief fließenden Bach abgeschnitten worden war [...]. (G, 236)

Hier wird erneut das Bild des Zusammenspiels Wasser und Stein ausgeführt. In beiden Textstellen zeigt der Fluss seine zerstörerische Dimension: das fließende Wasser ist in der Lage, den massiven Stein zu ‚zerschneiden'. Der Blick auf die parallel geschaltete Struktur von Stein zu ratioïd und Wasser zu nicht-ratioïd lässt somit die Deutung zu, dass die nicht-ratioïde, durch den Dichter vertretene Denkart die rein ratioïde Denkweise verändern kann.

Nur ein einziges Mal ist der Stein in der Lage, den Fluss des Wasser zu beeinflussen: „Der Bach fiel einmal mitten im Wald über einen Stein, so daß er aussah wie ein großer silberner Steckkamm" (G, 240). Der Fluss zerstört den Stein an dieser Stelle nicht, sondern er überwindet ihn und verbindet sich mit ihm, sodass der Eindruck entsteht, das Wasser würde einen wertvollen silbernen Kamm bilden. Dechiffriert man Musils Bildsprache, so ergibt sich, dass die gelungene Verbindung des Ratioïden mit dem Nicht-Ratioïden etwas unschätzbar Wertvolles ergeben kann, nämlich einen Menschen, der beide Gebiete miteinander zu vereinen weiß. Musil schreibt: „Der bedeutende Mensch ist der, welcher über die größte Tatsachenkenntnis und die größte ratio zu ihrer Verbindung verfügt: auf dem einen Gebiet wie auf dem andern."[836] Musil nutzt somit die Gestaltpsychologie und insbesondere die Transponierbarkeit von Gestalten, um die Aufmerksamkeit des Rezipienten auf die Gestalt des Wassers und des Steins zu lenken. Indem sie immer wieder variiert wird, entsteht ein roter Faden, der sich bei der Betrachtung des theoretischen Hintergrunds des Essays sinnvoll zu einem Bild zusammenfügt.

Wie bereits ausgeführt werden in dem Novellenzyklus die Männer als Vertreter der ratioïden Dimension betrachtet, die Frauen als Symbol für das nicht-ratioïde Prinzip. Dargelegt wurde bereits, dass nicht davon ausgegangen werden kann, dass Musil diese beiden Dimensionen streng voneinander trennt, sondern vielmehr annimmt, dass eine Kooperation zwischen ihnen als besonders erkenntnisreich bezeichnet werden kann. Für ihn ist nur der Mensch bedeutend,

---

836 Musil, KA; LESETEXTE; Band 12; Essays, Skizze der Erkenntnis des Dichters, 166.

der in der Lage ist, beide Größen zu vereinen. Wird dieses prägnante Resümee an die Ergebnisse der Analyse herangetragen, so ergibt sich eine erstaunliche Parallele. Bereits in der Bildsprache der Novelle führt erst die Interaktion von Stein (ratioïd) und Wasser (nicht-ratioïd) dazu, dass dem Produkt dieser Verbindung großer Wert beigemessen wird; Sinnbild ist dafür der silberne Steckkamm. Damit wird ein Motiv eingeführt, das sich auf die Ergebnisse der Analyse übertragen lässt. Man könnte an dieser Stelle erneut von einer Transponierung sprechen, denn das Motiv der Vereinigung kann beliebig zwischen Bildsprache und Handlungsebene changieren, ohne dass sich an dem Prinzip des Motivs etwas ändern würde. Auch auf der neuen Ebene steht die Interaktion der beiden Größen im Vordergrund, wobei Homo als Vertreter des ratioïden und Grigia als Repräsentantin des nicht-ratioïden Gebiets gelten muss. In der Vereinigung Homos mit Grigia lässt Musil seine Utopie literarisch wahr werden: Homo fungiert als erster Vertreter von Musils Erfindung des neuen inneren Menschen, in dem Ratio und Emotio interagieren und dieser so eine neue und globale Art des Erkenntnisgewinns präsentiert. Homos Tod zeigt deutlich den experimentellen Charakter dieser Überlegung, die sich lediglich in literarischer Form manifestieren und in der Konfrontation mit der Wirklichkeit nicht bestehen kann. Dennoch beweist die Novelle eindrucksvoll, wie konsequent Musil seine theoretischen Überlegungen in die literarische Praxis umsetzt. Aber auch die konsequente Präsenz der gestaltpsychologischen Aspekte ist bemerkenswert, überschreitet sie doch die reine Handlungsebene bei Weitem. Insgesamt lässt sich somit konstatieren, dass die Frage nach der Relation der Komponenten (Homo) zum Ganzen (Grigia und Natur) völlig neu betrachtet wird. Indem die Widersprüchlichkeit der Elemente aufgelöst wird und sie dem funktionalen System beigeordnet werden, wird das in den ‚Vereinigungen' angeschlagene Thema der Unitas zu Ende gedacht – Homo fungiert durch die Inkorporation der diversen Dimensionen als Versuchsobjekt der Musilschen Gedankenexperimente.

Auch in der Novelle ‚Die Portugiesin' finden die poetologischen Überlegungen Musils ihren Niederschlag. Hwang geht davon aus, dass sich aus der Interaktion mit der Portugiesin für den Burgherrn ein innovatives Moment ergibt. Sie schreibt: „Der Mann erfährt erst durch die Beziehung zu seiner Frau etwas anderes an sich selbst, was er sonst nie erfahren hätte."[837] Damit wird die Beziehung in die Nähe zu dem Essay ‚Skizze der Erkenntnis des Dichters' gerückt, zudem positioniert sich die Novelle in der Beziehung zu der Erzählung ‚Grigia'. Indem die Pole ratioïd und nicht-ratioïd über die beiden Protagonisten in die Novelle

837 Hwang: Liebe als ästhetische Kategorie, S. 56.

getragen werden[838] und diese schließlich (um im Bilde zu bleiben) die Grenze zwischen den beiden Sphären überwinden, erfolgt eine Vereinigung, wie sie bereits bei ‚Grigia' vollzogen wurde (allerdings stand in dieser Novelle die Frage nach der Vereinigung im Vordergrund, in ‚Die Portugiesin' wird vielmehr der Prozess der Überwindung der trennenden Komponenten betrachtet). Mit Ulrich von Ketten wird ein Protagonist präsentiert, der in jeder seiner Handlungen an Grenzen stößt und in seiner Fokussierung auf die ratioïde Sphäre keine Mittel zur Verfügung hat, sich dieser Problematik zu entziehen. Indem seine Frau denjenigen Teil verkörpert, der ihm fehlt, wird seine Affinität für das nicht-ratioïde Gebiet erst offenbar. Da die eigentliche Grenzziehung aber innerhalb seiner Seele verläuft, ist er nicht in der Lage, sich selbst zu dechiffrieren. Um den Prozess der Selbstfindung zu strukturieren, greift Musil auf die wissenschaftlichen Erkenntnisse Köhlers zurück, mit dessen Hilfe er die Vorgänge plausibilisiert. Indem von Ketten durch Tradition und von Ahnen übernommene Pflichten der Zugriff auf seine Individualität verwehrt bleibt, kreist sein Ich immer wieder um den ‚blinden Fleck', den er nicht näher benennen kann und der nun nicht mehr optisch, sondern seelisch definiert ist. Erst die Dynamisierung, die dem Stich der Fliege folgt, und auf die wiederum mehrere Stadien folgen, die ihreseits eigene Dynamiken entwickeln, verschiebt sich seine innere Grenze immer weiter in Richtung dieses Unbenennbaren und damit auch in die Richtung seiner Frau, die als Personifikation dieses Prinzips gelten kann.

Durch die ‚Systemänderungen' und die ständige Präsenz des Nicht-Ratioïden, gekoppelt mit dem Wegfall der seit Generationen überlieferten Aufgabe, erfährt von Ketten sich selbst und kann damit den Erkenntnisprozess abschließen. Indem diese Prozesshaftigkeit hervorgehoben wird, die auch am Ende der Novelle noch nicht zum Abschluss gekommen ist, ergibt sich die Parallele und gleichzeitig auch

---

838 Interessanterweise ist die Struktur der Zuordnung der Sphären ratioïd und nicht-ratioïd nicht so eindeutig, wie dies in der Novelle ‚Grigia' der Fall ist. Bendels konstatiert dementsprechend: „Ratioïde und nicht-ratioïde Bereiche gibt es im Leben beider. Auf beiden Seiten findet sich zweckgerichtete Durchsetzungsfähigkeit, und umgekehrt sind nicht zuletzt die beiden Figuren einander jeweils Teil des nicht-ratioïden Bereichs." (Bendels: Erzählen zwischen Hilbert und Einstein, S. 337). Damit kommt es zu einer doppelten Brechung innerhalb der Novelle. Anders als bei ‚Grigia', in der sich das Potential für Homo aus der deutlichen Abgrenzung der beiden Sphären ergibt, die dann wiederum erst die totale Vereinigung ermöglichen, vervielfältigt die Tatsache, dass sowohl von Ketten als auch die Portugiesin Merkmale der beiden Dimensionen aufweisen, die Perzeptionsoptionen. Indem die Frau hauptsächlich in der nicht-ratioïden Sphäre verortet wird und der Mann verstärkt in der ratioïden, entsteht ein erstes Kontinuum, mit dem die Fremdheit darstellbar wird.

der Unterschied zu ‚Grigia'. Homos Vereinigungsprozess ist am Ende der Erzählung als abgeschlossen zu bezeichnen, wie ausgeführt wird somit sein Tod nachvollziehbar. Indem in ‚Die Portugiesin' ebenfalls eine sich anbahnende Vereinigung der beiden Sphären geschildert wird und lediglich ein Ausblick auf die kommende Zeiten gegeben wird, ergibt sich die Rechtfertigung für das weitere Leben von Kettens und damit für die einzige Vereinigung der beiden Sphären in dem Triptychon, an deren Ende nicht der Tod einer der beiden Protagonisten steht.[839] Mit Ulrich von Ketten wird somit jener bedeutende Mensch dargestellt, den Musil in seinem Essay anvisiert, da er die (innere) Grenze zwischen den beiden Dimensionen überwindet und so uneingeschränkten Zugriff auf seine Seele hat.

In ‚Tonka' widmet sich Musil einer weiteren, für ihn zentralen Überlegung: der Frage nach der Wahrheit. Auch hier liegt der Ausgangspunkt in der Betrachtung und Differenzierung der Sphären ratioïd und nicht-ratioïd. Musil macht deutlich, dass nur derjenige Mensch bedeutend ist, der beide Sphären miteinander vereint – sowohl die reine Ratio als auch die pure Emotio sind daher abzulehnen. In der Novelle übersetzt er dieses Prinzip nicht nur, indem er den Protagonisten der ratioïden und Tonka der nicht-ratioïden Dimension zuordnet. Vielmehr ergibt sich der Zugang über das Konstrukt der Wahrheit. Laut Musil ist es die Aufgabe der Dichtung, Erkenntnis zu fördern; ein Anspruch, dem sich auch ‚Tonka' unterordnet.[840] Die Wahrheit wird somit als (utopisches) Ziel eines Erkenntnisprozesses deklariert, an dessen Umsetzung ratioïde und nicht-ratioïde Prinzipien nicht nur gleichermaßen beteiligt sind, sondern sogar obligatorische Faktoren sind, ein Vorgang, der versuchsweise von der Dichtung ausgelotet wird.

Dabei stellt sich heraus, dass die Dimensionen ‚Fiktion' und ‚Wirklichkeit' in Bezug auf die Unterscheidung zwischen nicht-ratioïden und ratioïden Maximen als strukturell analoge Konstrukte betrachtet werden müssen. Diese Deutung ist insofern legitim, als Musil sie selbst in seinen theoretischen Ausführungen anlegt. In seinem Essay ‚Skizze der Erkenntnis des Dichters' geht er davon aus, dass das

---

839 Von Ketten und die Portugiesin stellen das einzige Paar da, das in einer gesellschaftlich akzeptieren Form der Gemeinschaft, nämlich der Ehe, zusammenlebt. Homo betrügt seine Ehefrau mit Grigia, während der namenlose Chemiker mit Tonka in einer ‚wilden Ehe' lebt.

840 Renate Homann folgert aus ihren Ausführungen: „Die Beziehung zwischen Tonka und ihrem Freund scheitert an einer falschen Bestimmung des Verhältnisses von Literatur und Erkenntnis, von Poesie und Wirklichkeit." (Homann, Renate: Literatur und Erkenntnis: Robert Musils Erzählung ‚Tonka'. In: Deutsche Vierteljahrsschrift für Literatur und Geistesgeschichte 59 (1985), S. 497–518, hier S. 513f.).

nicht-ratioïde Gebiet das „Heimatsgebiet des Dichters“[841] darstelle, das ratioïde hingegen werde verkörpert durch die objektivierbaren Wissenschaften. Folglich liegt der Rückschluss nahe, dass Fiktion und Wirklichkeit als literarisierte Übersetzungen dieser theoretischen Überlegungen gelten müssen. Legt man diese Annahme der Betrachtung der Novelle zugrunde, so ergibt sich das Bild einer Vereinigung von beiden Sphären zum Zwecke des Erkenntnisgewinns oder, um einen weniger wissenschaftlichen Begriff zu wählen: zum Zwecke der Wahrheitsfindung. Musil zeichnet in dieser Novelle somit in dechiffrierter und optimierter Weise den gedanklichen Weg nach, den er sich für den Erkenntnisprozess vorstellt.

Die Analyse des Novellentriptychons ‚Drei Frauen‘ hat somit gezeigt, wie konsequent Musil seine theoretischen Überlegungen in die literarische Praxis übersetzt. Es ist ihm gelungen, die Idee der toten und lebenden Gedanken, die einen wichtigen gedanklichen Faden im ‚Törleß‘ darstellen, nun in das flexiblere System der ratioïden und nicht-ratioïden Dimensionen zu überführen, in dem die beiden Sphären sich nicht mehr unverbunden gegenüberstehen, sondern eine Interaktion nicht nur möglich, sondern sogar erstrebenswert ist. Dabei ordnet Musil der ratioïden Ebene die Wissenschaften und der nicht-ratioïden die Dichtung zu und erweitert so sein Aussagesystem.

In dem Triptychon wird somit ein Motiv aufgegriffen, das Musil immer wieder beschäftigt: das der Frage nach dem Verhältnis von Wissenschaft und Dichtung – ein Prozess, von dem er sich einen Erkenntnisfortschritt erwartet, wie ihn keines der beiden Prinzipien alleine leisten könnte. Indem er in den ‚Vereinigungen‘ diese Idee probeweise ausführte, ebnete er den Weg für die ‚Drei Frauen‘, die somit nicht als weniger komplex bezeichnet werden können als der vorherige Novellenzyklus, sondern vielmehr als Weiterentwicklung zu betrachten sind. In ihnen vollzieht Musil jenen Prozess, den er in den ‚Vereinigungen‘ begonnen hat, noch konsequenter – ‚Grigia‘ fungiert an dieser Stelle als Verbindung, hier ist die Präsentation des Vereinigungsmotivs zyklenübergreifend. Allerdings fokussiert Musil in den ‚Drei Frauen‘ verstärkt die Frage nach Erkenntnisprozessen; Mechanismen, bei denen der Dichtung eine signifikante Rolle zukommt. Diese Idee war in den ‚Vereinigungen‘ noch nicht so präsent, da Musil noch sehr in den Lehren seines Studiums und den Überlegungen im Zuge seiner Dissertation verhaftet war, sodass er sich mit allgemeinen Prinzipien der Transferierung beschäftigte. Er widmete sich zudem verstärkt der Frage nach Alternativen zu kausalen Vorgängen und den Möglichkeiten, die für die Literatur daraus erwachsen. Über

841 Musil, KA; LESETEXTE, Band 12, Essays 1918–1926, Skizze der Erkenntnis des Dichters, 167.

dieses Stadium ist Musil in den ‚Drei Frauen' hinausgewachsen. Indem er in seinen theoretischen Überlegungen das Verhältnis von Dichtung und Wissenschaft ausgelotet hat, geht er nun einen großen Schritt weiter und erreicht damit einen neuen Abstraktionsgrad: Die Prinzipien Wissenschaft und Dichtung werden in der Literatur enggeführt; in einem Raum frei von Zwängen aller Art, einem moralischen Vakuum sozusagen, experimentiert Musil mit der Dichtung vor einem erkenntnistheoretischem Hintergrund.

Auch die Frage nach der seelischen Erkenntnis wurde bereits in Bezug auf die ‚Vereinigungen' angesprochen – in den ‚Drei Frauen' entwickelt Musil jedoch ein System, das als wesentlich komplexer zu bezeichnen ist und für das die Gestaltpsychologie einen zentralen Ausgangspunkt darstellt. In ‚Grigia' wird dabei das Vereinigungsmotiv erneut aufgegriffen, gleichzeitig wird damit auch die Annahme der Seele als Gestalt untermauert. Musil konturiert hier eine Tendenz, die bereits in den ‚Vereinigungen' zu erkennen war: die Seele muss zwangsläufig gestalthaften Charakter haben, da sie sich ihrerseits aus Gestalten formiert. Besonders deutlich wird dies, wenn die Transponierung der Gestalt der Grigia in die der Natur betrachtet wird. Bereits in dem vorherigen Novellenzyklus verhinderte der physikalisch manifeste Partner den Prozess der Vereinigung – sie konnte nur unter Berücksichtigung des emotionalen Bildes des jeweiligen Mannes gelingen. Ähnliches vollzieht sich auch in ‚Grigia', in der ebenfalls eine Vereinigungsszene zu finden ist. Hier wird die abwesende Ehefrau Homos in derselben Weise eingebunden, die physisch anwesende Grigia hingegen mutiert zu einer transponierbaren Gestalt und wird in der Vereinigung durch die Natur ‚ersetzt'. Musil bekräftigt somit den Anspruch, dass die Seele ein über die Maßen dynamisches und individuelles System darstellt, in das die tatsächlichen physikalischen Gegebenheiten bestenfalls als mehrfach emotional gebrochenes Bild Eingang finden.

Diese Leitidee wird auch auf die seelische Erkenntnis projiziert, eine These, die sich besonders gut anhand der Novelle ‚Tonka' nachvollziehen lässt. Hier wird mit der Unterscheidung zwischen Wirklichkeit und Fiktion eine strukturelle Analogie zu den Differenzierungen zwischen ratioïder und nicht-ratioïder Dimension und Wissenschaft und Dichtung geschaffen: scheinbar gegensätzliche Prinzipien werden zusammengeführt, aus ihrer Interaktion ergeben sich neue, vorher nicht dagewesene Dynamiken. Aus diesem Prozess resultiert ein zentrales Moment für die Frage nach der seelischen Erkenntnis. Voraussetzung ist auch hier, dass Tonka nicht physisch anwesend ist, da in der Retrospektive erzählt wird. Vielmehr wird wieder das gestalthafte Bild als Projektionsfläche genutzt, das tatsächliche und nachträglich modifizierte Elemente in sich vereint. Hier liegt ein weiterer Ansatzpunkt für Musils Kritik an den empirischen Herangehensweisen der exakten Wissenschaften, für die im Wesentlichen nur das tatsächlich (und damit wahr) ist, was auch messbar ist. Für Musil hingegen übersieht dieses Vorgehen wichtige Aspekte, denn Erkenntnis und die damit verknüpfte Wahrheit sind eine individuelle Begebenheit. Damit ergibt sich die Wahrheit nicht aus dem Tatsächlichen, sondern aus dem Zusammenspiel mit der emotionalen Welt des jeweiligen Individuums. In der Betonung dieser Singularität liegt gleichzeitig auch der Reiz für die literarische Übersetzung der Gestalten. Nur so kann Musil die Seele mit der Wahrheit und der Erkenntnis zusammenführen und ihre Interaktion herausarbeiten. Sie bilden keine zusammenhängenden (oder im Falle von Erkenntnis und Wahrheit kausal aufeinander folgende) Prinzipien, sondern sie konstituieren sich vielmehr als eine einzige untrennbare Gestalt.

In den bisherigen Ausführungen wurden die Texte Musils und ihre Entwicklung mit Blick auf die wissenschaftliche Vorlage weitgehend isoliert betrachtet. Diese Herangehensweise bot sich an, um die komplexen Zusammenhänge deutlich zu machen. Im Folgenden sollen jedoch zwei Texte, nämlich ‚Die Verwirrungen des Zöglings Törleß' und ‚Tonka', unter gemeinsamen Gesichtspunkten betrachtet werden. Der Stoff für die Novelle ‚Tonka' ist älter als der für die beiden anderen Erzählungen des Triptychons. Kurt Krottendorfer weist darauf hin, dass die Arbeit an ‚Tonka' und die Niederschrift des ‚Törleß' in die gleiche Zeit fallen (ab 1902/03)[842] und konstatiert: „Es ist daher nicht weiter verwunderlich, daß ‚Die Verwirrungen des Zöglings Törleß' und der ‚Tonka'-Stoff einige Gemeinsamkeiten haben."[843] Dabei konzentriert sich Krottendorfer auf die ambivalente Haltung der beiden männlichen Protagonisten, die zwar eine kritische Haltung ihrer Umwelt gegenüber entwickeln würden, dabei aber passiv blieben.[844] Tatsächlich sollte die Tatsache, dass die Idee zur Novelle ‚Tonka' bereits in eine so frühe Zeit von Musils literarischer Schaffenszeit fällt, besondere Beachtung finden. Der Vergleich der beiden Texte kann wichtige Indizien für die Entwicklung der literarischen Motive liefern. Krottendorfer bemängelt in seinen Ausführungen:

> Die Sekundärliteratur befasst sich so gut wie gar nicht mit der Tatsache, daß bei ‚Tonka' Ideen, die 15 Jahre zuvor notiert worden sind, wieder aufgegriffen werden. Zu sehr ist die These, Robert Musils Grundthematik sei von Beginn seines Schaffens an vorgegeben und später nur mehr variiert worden, die Konstanz seiner Werke sei außerordentlich hoch, verbreitet und verinnerlicht.[845]

842 Vgl. auch Arntzen: Musil-Kommentar sämtlicher zu Lebzeiten erschienener Schriften außer dem Roman ‚Der Mann ohne Eigenschaften', S. 134.
843 Krottendorfer: Versuchsanordnungen, S. 141.
844 Ebd., S. 142.
845 Ebd., S. 145.

Dabei muss die Annahme, dass Konstanten in Musils Werk vorhanden sind, nicht dazu führen, dass ein Vergleich mit älteren Texten keinen Mehrwert hervorbringen könnte. Das Gegenteil ist der Fall: Wird die These vorausgesetzt, dass die Motive einander ähneln, so ergibt sich besonderes Analysepotential für die Frage nach der Vermittlung und der literarischen Abstrahierung.

Einen ersten Hinweis auf eine modifizierte Übernahme von theoretischen Überlegungen, die bereits im ‚Törleß' anklingen, liefern die Ausführungen von Olav Krämer. Er geht davon aus, dass der Konstituierung des Erstlingswerks ein Gedanke zugrunde liegt, den Musil immer wieder aufnimmt: Das Prinzip der toten und lebendigen Gedanken bildet das Fundament der späteren Unterscheidung zwischen ratioïden und nicht-ratioïden Denkprozessen. Krämer schreibt:

> Die Tatsache, dass Musil diese Unterscheidung zwischen lebendigen und toten Gedanken so früh entwickelt hat, über Jahrzehnte hinweg an ihr festgehalten hat und immer wieder auf sie zurückgekommen ist, verleiht ihr ein besonderes Interesse: Der Begriff der lebenden Gedanken ist älter als die Konzepte des anderen Zustands und des Nicht-Ratioïden, wurde aber von Musil nicht aufgegeben, als er diese zentralen Konzepte seiner Anthropologie und Erkenntnistheorie formulierte, sondern modifiziert und mit ihnen verknüpft.[846]

Musil spricht im Zusammenhang mit dem Konstrukt der toten und lebendigen Gedanken davon, dies sei ein „Emersongedanke"[847] und führt in Notizen aus: „Ein Satz ‚leuchtet mir ein' heißt, er dringt verändernd in mein Inneres. Wenn ich ihn bloß ‚verstehe', ist es dagegen, als wäre ich nur an der Oberfläche von ihm beleuchtet u. er von mir."[848] Analog lässt der Autor Törleß vor dem Lehrerkollegium berichten:

---

846 Krämer: Denken erzählen, S. 120.

847 Musil, KA; TRANSKRIPTIONEN & FAKSIMILES, Nachlass, Mappen, Mappe II/1/185; II R Fr 6 Blge 18 5 | Studie Block 1/2 aZ 5. Hannah Hickmann führt den Zusammenhang mit den Überlegungen Emerson in ihrem Artikel „Lebende Gedanken" und Emersons ‚Kreise' weiter aus.

848 Musil, KA; TRANSKRIPTIONEN & FAKSIMILES, Nachlass, Mappen, Mappe II/1/186; II R Fr 6 Blge 18 6 | Studie Block 1/2 aZ 6. An anderer Stelle schreibt er: „Tote und lebende Gedanken! Der Gedanke ist nicht etwas das ein innerlich Geschehenes betrachtet, sondern er ist dieses innerlich Geschehenes selbst. Wir denken nicht über etwas nach, sondern etwas denkt sich in uns herauf. Der Gedanke besteht nicht darin, dass wir etwas klar sehen, das sich in uns entwickelt hat, sondern dass sich in uns entwickelt hat, eine innere Entwicklung bis in diesen hellen Bezirk hinein erstreckt. Darin ruht das Leben des Gedankens; er selbst ist zufällig, ein Symbol, d.h. kann er so oft tot sein, nur wie er das Endglied einer inneren Entwicklung ist, begleitet ihn das Gefühl der Vollendung und Sicherheit." (Musil, KA; TRANSKRIPTIONEN &

Ja, es gibt tote und lebendige Gedanken. Das Denken, das sich an der beschienen Oberfläche bewegt, das jederzeit an dem Faden der Kausalität nachgezählt werden kann, braucht noch nicht das lebendige zu sein. Ein Gedanke, den man auf diesem Wege trifft, bleibt gleichgültig wie ein beliebiger Mann in der Kolonne marschierender Soldaten. Ein Gedanke, – mag er schon lange vorher durch unser Hirn gezogen sein, wird erst in dem Moment lebendig, da etwas, das nicht mehr Denken, nicht mehr logisch ist, zu ihm hinzutritt, so daß wir seine Wahrheit fühlen [...] Eine große Erkenntnis vollzieht sich nur zur Hälfte im Lichtkreise des Gehirns, zur anderen Hälfte in dem dunklen Boden des Innersten, und sie ist vor allem ein Seelenzustand, auf dessen äußerster Spitze der Gedanke nur wie eine Blüte sitzt. (Tö, 136f.).

Damit setzt Musil das theoretische Gerüst dieser philosophischen Überlegungen sehr genau in seinem literarischen Werk um. Die Unterscheidung zwischen den beiden Dimensionen Ratioïd und Nicht-Ratioïd muss folglich als Weiterentwicklung dieser Überlegungen gewertet werden. Musil nimmt auch hier die Überlegung auf, wie Erkenntnis zustande kommen kann und kommt zu dem Schluss, dass allein rationale Mittel nicht geeignet sind. Vielmehr stellt er „seelische Motive“[849] in den Mittelpunkt seiner erkenntnistheoretischen Überlegungen, konstatiert aber gleichzeitig, erst die Verbindung beider Sphären einen wirklich ‚erkennenden‘ Menschen hervorbringen könne.[850]

Mit Blick auf eine mögliche Weiterentwicklung der Vermittlung dieser Unterschiede ist nun die Frage nach der Verteilung dieser Sphären von Interesse. In den ‚Verwirrungen des Zöglings Törleß‘ ist es der Protagonist, in dessen Inneren sich der Konflikt zwischen toten und lebendigen Gedanken abspielt. Indem er merkt, dass das rein rationale Wissen seinen Wunsch nach Erkenntnis nicht befriedigen kann, stößt Törleß auf seelische Prinzipien, die diesen Mangel ausgleichen – allerdings ohne diese Art des Erkenntnisgewinns bewusst steuern zu können.[851] Dabei verortet Musil die Auseinandersetzung mit diesen Fragen

---

FAKSIMILES, Nachlass, Heft 24/6.) und verleiht damit den oben skizzierten Ansichten Nachdruck. Wie nachhaltig diese frühen Überlegungen tatsächlich sind, zeigen die Ausführungen von Krämer, der nachweist, dass diese Ideen auch noch im ‚Mann ohne Eigenschaften‘ zu erkennen sind. (Vgl. Krämer: Denken erzählen, S. 119ff.)

849 Musil, KA; LESETEXTE, Band 12, Essays 1918–1926, Skizze der Erkenntnis des Dichters, 167.

850 Vgl. Ebd.

851 Hierbei handelt es sich um ein Charakteristikum, das Musil den lebendigen Gedanken im Allgemeinen zuschreibt. Krämer konstatiert diesbezüglich: „Das Lebendigwerden von Gedanken wird als ein unwillkürlicher, der willentlichen Kontrolle entzogener Vorgang beschrieben. Auch in dieser Hinsicht [...] bilden die lebenden Gedanken einen Gegensatz zum mathematisch-naturwissenschaftlichen Denken,

konsequent innerhalb des Gefühlslebens des Protagonisten. In ‚Tonka' hingegen werden die Ebenen der ratioïden und nicht-ratioïden Wahrnehmung multipliziert. Indem dem rational operierenden Chemiker die emotional agierende Tonka gegenüber gestellt wird, findet sich diese Unterscheidung bereits auf der Handlungsebene. Zusätzlich jedoch integriert der namenlose Protagonist (zumindest temporär) nicht-ratioïde Komponenten in sein Ich; ähnlich wie Törleß ist er aber nicht in der Lage, diesen Vorgang bewusst zu steuern. Ist im Roman die Überlegenheit der lebenden Gedanken deutlich erkennbar, so ist dies in der Novelle zumindest bei oberflächlicher Betrachtung nicht mehr der Fall – vielmehr steht die Interaktion im Vordergrund.

Die Abstrahierung in der Darstellung rührt her von der intensivierten Beschäftigung Musils mit den Werken Ernst Machs. Diese Annahme ergibt sich zunächst aus der Betrachtung der ‚Systeme', in denen die Figuren interagieren. Der Chemiker ist in einer funktional agierenden Erzählwelt situiert, in der scheinbar divergierende Prinzipien zusammengefasst werden können. Diese Perspektive hatte Musil in den ‚Vereinigungen' erstmals entwickelt und umgesetzt, nun rekurriert er auch in den ‚Drei Frauen' konsequent darauf. Unter diesem Analyseschwerpunkt wird die Entwicklung offenbar, die Musil seit seinem Erstlingswerk durchlaufen hat. So entdeckt die Figur des Törleß bereits erste Risse in dem scheinbar sicher agierenden kausalen System. Indem er in Mathematik und Philosophie gedankliche Lücken registriert, wird offensichtlich, dass er auf der Suche nach einer Größe ist, die ihm im Vergleich zu den tradierten Wissenschaften einen seelischen Mehrwert bieten kann. Dabei scheint der Protagonist gedanklich ebenso auf der Suche nach Abbildungsmöglichkeiten zu sein, wie Musil es in literarischer Sicht ist. Das funktionale System, mit dem er später arbeiten wird, ist jedoch im ‚Törleß' bereits angelegt. Indem der Protagonist ein ‚zweites, geheimes Leben der Dinge' entdeckt, deutet er bereits auf eine spätere Inkorporation der beiden Systeme hin, wie sie dann in den ‚Drei Frauen' umgesetzt wird. Allerdings wirkt die Konstruktion dieses alternativen Wahrnehmungssystems noch recht statisch und steht weitgehend unverbunden neben der traditionellen Perzeptionsmatrix. Eine bewusst gesteuerte Zusammenführung gelingt nicht, unter anderem auch, da die tradierten Wissenschaften als Explikationsgerüst versagen. Damit wird die Möglichkeit von vorneherein negiert, dass sie als potentieller Ausgangspunkt für wahre Erkenntnis dienen könnten. Törleß'

---

das bei Musil meist ausdrücklich als ein willensgeleitetes *Handeln* charakterisiert wird; dieses aktive, bewusst kontrollierte Wesen des wissenschaftlichen Denkens zeigt sich unter anderem in den Vergleichen der Wissenschaftler mit Kriegern, Boxern und Abenteurern." (Krämer: Denken erzählen, S. 121f.).

Bestrebungen, seine Umwelt so zu sehen, wie sie ‚wirklich' ist (wobei ‚sehen' im weitesten Sinne zu verstehen ist), scheitern an dieser Tatsache. Zurück bleibt für ihn nur das Gefühl, dass die Wahrheit nicht so einfach strukturiert ist, wie die erkenntnisorientierten Wissenschaften glauben machen wollen.

Interessanterweise hat auch der Chemiker in ‚Tonka' Probleme damit, die beiden genannten Dimensionen zu subsumieren. Ähnlich wie Törleß scheint er nicht in der Lage zu sein, beide Sphären in eins zu fassen; Er schwankt vielmehr zwischen den beiden Wahrnehmungsmöglichkeiten. Tatsächlich aber variiert Musil das oben skizzierte gedankliche Muster, indem er die Größen Fiktion und Wirklichkeit als strukturelle Verlängerung der Frage nach ratioïden und nicht-ratioïden Denkmustern konzipiert. Hier offenbart sich nun die neue Komplexitätsstufe, die Musils Literatur erreicht hat. Nicht nur, dass er in dieser Umzentrierung ein höchst abstraktes literarisches Motiv variiert – er deutet zudem den Entstehungsprozess der Erkenntnis von Wahrheit an; ein Prozess, von dessen gedanklicher Beendigung Törleß zu jeder Zeit weit entfernt ist. Tonka, die sich aus Wirklichkeit und Vorstellung konstituiert, wird zu einem Objekt, an dem sich die Erkenntnis vollziehen kann – diese gedankliche Projektionsfläche fehlt Törleß noch.

Eng verknüpft mit dieser Tatsache ist die Frage nach der mangelnden Abbildungskraft von Begriffen, die Törleß in hohem Maße beschäftigt, aber auch in ‚Tonka' anklingt. Dabei zeigt sich ein modifizierter Umgang mit dem Wissen um das Defizit dieses sprachlichen Prinzips. In Musils Erstlingswerk stellt die Differenz zwischen sprachlicher Oberfläche und seelischer Tiefe ein beherrschendes Motiv dar; allerdings manifestiert sich hier neben dem Wissen um diese Tatsache in erster Linie Törleß' Hilflosigkeit im Umgang mit ihr. Einziger Ausweg bleibt für ihn die Umgehung des Problems, indem er in zweierlei Kategorien denkt. In ‚Tonka' ist die Frage nach den Begrifflichkeiten noch immer präsent:

> Ist aber etwas, das weder sprechen kann, noch ausgesprochen wird […], ist eine solche Tat, solcher Mensch, solche mitten an einem Sommertag ganz allein niederfallende Schneeflocke Einbildung oder Wirklichkeit, gut, wertlos oder bös? Man fühlt, daß da die Begriffe an eine Grenze kommen, wo sie keinen Halt mehr finden. (T, 280)

Auch hier wird somit der Grenzwert dieses sprachlichen Mittels markiert, allerdings fungiert er hier als Ausgangspunkt für den Erkenntnisprozess. Indem das defizitäre Konstrukt als solches akzeptiert wird, wird es in die Konstruktion der Novelle integriert – so eröffnen sich neue gedankliche Perspektiven. Aus ihnen leitet sich die innovative Kraft im Umgang mit den Begriffen ab, denn das Defizit dieser sprachlichen Gerüste wird in den Hintergrund gedrängt. Ging es im ‚Törleß' noch darum, die Diskrepanz zwischen Begriff und Realität möglichst genau zu kartographieren, so steht diese Frage in ‚Tonka' nicht mehr im Mittelpunkt der

Betrachtungen. Stattdessen wird der Horizont der Begriffe überschritten, indem Vorgänge dargestellt werden, in denen divergierende Prinzipien zusammengefasst werden und diese so mit jeglicher einfach strukturierten sprachlichen Fixierung brechen. Musil hat somit das Problem der oben erwähnten Diskrepanz nicht nur überwunden, sondern bezieht daraus sogar neues literarisches Potential.

Auf dieser Erkenntnis basiert des Weiteren die modifizierte Verwendung der literarischen Kippbilder. Dieses Phänomen, das im Laufe der Jahre, die zwischen den beiden Werken liegen, sukzessiv erforscht wird und in verschiedener Form Eingang in die Überlegungen der gestalttheoretischen Wissenschaftler findet (z.B. Max Wertheimer und Erich von Hornbostel), wird auch von Musil zunehmend weiterentwickelt und damit ästhetisiert. Bereits im ‚Törleß' sind diese literarisierten Kippbilder durchaus präsent, stellen sie doch beispielsweise das Leitmotiv für Törleß' Leben dar: „Als ob über seinem Leben nun beständig ein grauer, verhängter Himmel stehen werde – mit großen Wolken, ungeheuren, wechselnden Gestalten und der immer neuen Frage: Sind es Ungeheuer? Sind es nur Wolken?" (Tö, 50).[852] Gleichzeitig fungieren sie als Vermittlungsinstanz für das jugendliche und daher unfertige Ich des Protagonisten – lässt sich doch mit ihrer Hilfe die ständige Unsicherheit Törleß' präsentieren. In der Sichtweise des Protagonisten, die ständig zwischen tradierter und individueller Wahrnehmung schwankt, schwingt implizit auch eine Wertung mit: Nach Törleß' Instinkt kann nur eine der beiden Varianten ‚richtig' und damit zielführend sein – hier handelt es sich gleichzeitig um ein weiteres Symptom des kausalen Systems, in dem die Figur agiert.

Derweil wird diesem Phänomen in ‚Tonka' größere Bedeutung zuerkannt. Indem es mit dem zentralen Motiv der Frage nach Treue und Untreue verbunden wird, muss es in erster Instanz als Handlungskatalysator gewertet werden, durch die die ‚Verwirrungen' des Protagonisten erst in Gang gesetzt werden. Im Vergleich zu Musils erstem Roman jedoch wird die Struktur in einem zweiten Schritt um einiges komplexer gestaltet. Das ästhetisierte Kippbild fungiert als vorgeschaltetes Prinzip des Erkenntnisprozesses. Zunächst wird die Figur der Tonka ihrerseits als Kippbild eingeführt, in dem wahlweise Untreue oder Treue dominieren können – je nachdem, welche Sichtweise der Protagonist zugrunde legt. In einem weiteren Schritt dient sie dann als Projektionsfläche für die beiden Dimensionen der Fiktion und Realität. In der Überwindung der Differenz der divergierenden Sphären schließlich findet sich der Schlüssel zum Erkenntnisgedanken. Somit erscheint Tonka (oder die Erinnerung an sie) als gedankliche Leitfigur auf dem Weg zur Wahrheit.

852 Vgl. auch: Kroemer: Ein endloser Knoten?, S. 165.

Damit visiert Musil ein literarisches Ziel an, das bereits im ‚Törleß' zu erkennen war, dort aber noch nicht umgesetzt werden konnte: Er versucht, den Prozess der Erkenntnis abzubilden. Ein wesentlicher Aspekt in seinem Erstlingswerk ist das Problem des Protagonisten, die ‚normale' und seine individuelle Sichtweise miteinander zu vergleichen und zu versuchen, sie in Einklang zu bringen. Indem ihm dies nicht gelingt und er schließlich gezwungen ist, die beiden Dimensionen getrennt zu betrachten, bleibt ihm ein wichtiges Moment verschlossen, denn in der separaten Betrachtung der beiden Wahrnehmungen wird die Dynamisierung durch eine Interaktion verunmöglicht; das eigentliche Ziel, die Erkenntnis von Wahrheit, bleibt für Törleß noch unerreichbar. In ‚Tonka' wird dieses Ziel nun konsequent ins Auge gefasst. Aufgrund seiner umfangreichen theoretischen Überlegungen hat Musil, dessen Ansprüche an die Leistung von Literatur gewachsen sind, nun auch die erzählerischen Möglichkeiten, diese Idee in der Novelle umzusetzen. Indem er die beiden Dimensionen nicht mehr trennt, sondern vielmehr zusammenführt und damit gleichzeitig auch die Grenzen der funktionalen Betrachtungen auslotet, erfährt gleichzeitig auch die Dimension der Wahrheitserkenntnis eine Erweiterung.

# 9. Schlussüberlegungen – Die Allgemeingültigkeit dichterischer und seelischer Erkenntnis

Abschließend sollen nun die Ergebnisse dieser Arbeit noch einmal zusammengefasst werden, um sie dann diskursanalytisch auszuwerten. Ausgangspunkt der Ausführungen war die Annahme, dass aufgrund des literarischen Umbruchs in der Jungen Moderne im Allgemeinen und der bildungsbiographischen Situation Robert Musils im Besonderen eine Untersuchung des Frühwerks unter diskursanalytischen Gesichtspunkten grundsätzliche Zusammenhänge zwischen Wissenschaft und Literatur offenbar werden lassen kann. Dabei zeigt sich, dass die wissenschaftlichen Einflussgrößen im Laufe von Musils Schaffenszeit variieren und zudem die philosophischen und psychologischen Erkenntnisse durch den Transfer in die Literatur zunehmend abstrahiert werden.

## 9.1 Zusammenfassung der Ergebnisse

Bereits in Musils Erstlingswerk ‚Die Verwirrungen des Zöglings Törleß' kann die wissenschaftliche Einflussnahme problemlos dechiffriert werden. Dabei können im Wesentlichen zwei hauptsächliche (durchaus interagierende) Argumentationslinien herauspräpariert werden: die Orientierung an experimentalpsychologischen Prinzipien und die Verarbeitung der Beschäftigung mit Ernst Mach. Das Experiment als wissenschaftliches Instrumentarium gewinnt ab Mitte des 19. Jahrhunderts zunehmend an Bedeutung und ist gleichzeitig auch Symptom des Legitimationsgedankens, mit dem sich die Naturwissenschaften gegen die metaphysische Dominanz durchzusetzen versuchen. Folglich wird das Experiment konsequent zur Ermittlung reliabler Daten herangezogen – ein Prozess, der auch vor der sich von der Philosophie emanzipierenden Psychologie nicht halt macht. In der Untersuchung des ‚Törleß' konnte aufgezeigt werden, dass Musil bereits zu diesem frühen Zeitpunkt mit der exakten Wiedergabe wissenschaftlicher Vorgaben bricht und ihnen somit eine propädeutische Rolle zuweist. Indem er die Methoden, die am Psychologischen Institut in Berlin angewendet werden,[853] in die Literatur transferiert, wird die

853 Konkret festgemacht wurde die Annahme u.a. an den Untersuchungen Friedrich Schumanns (vgl. Kapitel 3.1.).

Anlehnung an die psychologischen Experimente deutlich. Gleichzeitig führt Musil jedoch exemplarisch vor, wie ungenügend diese Herangehensweise ist, um seelische Gegebenheiten aufzudecken: Das Prinzip des Experiments, das entwickelt wurde, um größtmögliche methodische Sicherheit zu vermitteln, wird eingesetzt, um die visuelle und seelische Unsicherheit des Protagonisten zu präsentieren.

Im gleichen Zuge wird mit der Orientierung an Ernst Mach ein weiteres naturwissenschaftliches Element aufgegriffen. Mach beschränkt den monistischen Zugriff nicht nur auf die Wissenschaften, sondern bindet u.a. mit der Betrachtung des Verhältnisses von Körper und Geist auch philosophische Fragestellungen ein. Damit eröffnen sich für Musil wichtige Anknüpfungspunkte, deren Umsetzung er nicht nur im ‚Törleß' anstrebt – ihre Bedeutung wird auch in den ‚Vereinigungen' und den ‚Drei Frauen' erhalten bleiben. Mit dem Bild der Erinnerungen führt Musil die Frage nach einer möglichen Parallelschaltung von Körper und Geist mit der Annahme der Komponentenhaftigkeit von Umwelt und Ich zusammen und kreiert so ein Erzählkontinuum, das als Vorläufer der motivierten Handlungsverläufe in den ‚Vereinigungen' zu bezeichnen ist – im ‚Törleß' bleiben die Verweise auf die oben genannten Prinzipien vorerst aber noch oberflächlich.

Durch die Beschäftigung mit Ernst Mach im Rahmen seiner Doktorarbeit vertieft Musil seine Kenntnisse über den neutralen Monismus und extrahiert mögliche Schnittstellen von Literatur, Philosophie und Wissenschaften. So hinterfragt er zwar kritisch Machs globalisierende Übertragung von (ursprünglich naturwissenschaftlich argumentierenden) funktionalen Ansätzen in die Philosophie, erkennt aber auf der anderen Seite an, dass die Annahme eines Kausalzusammenhangs in der Literatur ihrerseits zu kurz greifen würde, da eine ihrer zentralen Aufgaben darin besteht, seelische Funktionsweisen aufzudecken. Aus diesem Anspruch heraus entwickelt Musil zwei Novellen, die den Paradigmenwechsel vom kausalen zum funktionalen Erzählen förmlich thematisieren (dies gilt in besonderem Maße für die ‚Versuchung der stillen Veronika'). Indem mit Johannes und Veronika, aber auch mit Claudine und ihrem Ehemann Personifikationen dieser beiden verschiedenen Arten der Wahrnehmung präsentiert werden, dokumentiert Musil gleichzeitig auch die Unzulänglichkeit des kausalen Erzählens. Zudem wird deutlich, dass Musil durch die intensivierte Beschäftigung mit den Überlegungen Machs auch die Grenzen ihrer Leistungsfähigkeit erkannt hat. Zwar können seelische Prinzipien nicht kausal abgebildet werden, folglich stellt die funktionale Erzählweise bereits einen Fortschritt dar – das Machsche Gedankenmodell erweist sich für Musil aber als noch nicht flexibel genug. Erst mit dem innovativen Ansatz der Gestaltqualitäten erstellt von Ehrenfels ein Theoriengebäude, das sich mit der visuellen und auditiven Wahrnehmungsorganisation befasst. Musil transferiert dieses Modell in hochabstrakter Weise auf das seelische Gebiet und verortet die Vereinigungen auf rein gedanklicher Ebene: indem die männlichen Figuren, mit denen Claudine und Veronika die geistigen Vereinigungen vollziehen, ihrerseits als individuell modifizierte Bilder (also Gestalten) in diesen Prozess eingehen, löst sich Musil von dem wissenschaftlichen Rahmen der wahrnehmungsorientierten Gestalten und stellt seelische und damit individuelle Gestaltqualitäten in den Mittelpunkt seines literarischen Schaffens.

Vor diesem Hintergrund erscheint seine weiterführende Beschäftigung mit den Ergebnissen der Gestaltpsychologen nur konsequent. Angefangen bei den grundsätzlichen Überlegungen Max Wertheimers zu Scheinbewegungen über die Entwicklung antisynthetischer Ansätze durch Wolfgang Köhler und Kurt Koffka und die Problematisierung von optischen Inversionen von Erich M. von Hornbostel bis hin zu der Erarbeitung der Gestaltgesetze wiederum durch Max Wertheimer, dominieren im Wesentlichen zwei Konstanten: Alle Gestaltisten sind bestrebt, die Ganzheitlichkeit der von ihnen untersuchten Phänomene hervorzuheben. Weiterhin dominiert die Annahme, dass sowohl der Wahrnehmung als auch den psychischen Funktionen gestalthafter Charakter zugewiesen werden muss. Mit dieser dadurch entstehenden Dynamisierung, die sich grundsätzlich von der ‚alten' Psychologie unterscheidet, eröffnen die Gestaltpsychologen neue Forschungsperspektiven, deren Geltungsbereiche über die der ‚reinen' Gestalttheorie hinausgehen.[854] Auch Musil orientiert sich mit Blick auf seinen (literarisierten) Gestaltbegriff an der wissenschaftlichen Psychologie, der emanzipierte Umgang mit den Ausgangsstrukturen tritt in den ‚Drei Frauen' allerdings deutlicher zutage als bisher. Auch wenn die Gestaltpsychologen weniger dogmatisch an statischen Erklärungsmodellen für psychische Funktionen festhalten, als dies früher der Fall war, so sind sie doch an den Anspruch wissenschaftlicher Allgemeingültigkeit gebunden. Hier setzt Musils Kritik an: Für ihn sind nicht die messbaren psychischen Phänomene relevant, mit denen sich die Psychologie beschäftigt, sondern vielmehr seelische Empfindungen, die nicht oder nur in eingeschränktem Maße mit der Außenwelt in Kontakt stehen und folglich nicht abbildbar sind. Obwohl also außer Zweifel steht, dass gestaltpsychologische Strukturen übertragen werden, ist der Gegenstand des Interesses völlig unterschiedlich geartet.

Den ‚Drei Frauen' legt Musil folglich konsequent einen gestalttheoretisch geprägten Seelenbegriff zugrunde und entwirft damit Erzählkontinua, die diesem Anspruch gehorchen müssen. Der Prozess der Hinwendung zum funktionalen

854 Als konkretes Beispiel wäre hier die Handlungstheorie von Kurt Lewin zu nennen, die als Ausweitung gestalttheoretischer Überlegungen zu werten ist.

Erzählen kann damit als abgeschlossen bezeichnet werden; zudem werden Struktureigenschaften von typisch gestalttheoretischen Untersuchungsgegenständen (z.B. Inversionen) übernommen. Charakteristisch ist hier, dass eine Gleichzeitigkeit von ursprünglich Ungleichzeitigem möglich wird und damit Gegensätzlichkeiten überwunden werden.[855] Diese Tatsache ist von besonderer Bedeutung, da sie nicht nur auf der inhaltlichen Ebene der Novellen angesiedelt wird, sondern auch poetologische Überlegungen Musils widerspiegelt. Er positioniert sich diesbezüglich zu der Frage, wie das Verhältnis der Sphären ratioïd und nicht-ratioïd gestaltet ist. Dabei zeigt sich, dass auch hier die Überwindung der scheinbar gegensätzlichen Prinzipien anvisiert wird – die beiden Domänen werden nicht mehr als antagonistisch angesehen, sondern als interagierend. Erst ihre Verbindung ermöglicht die Entstehung neuer, seelischer Dynamiken, die abzubilden Aufgabe der Dichtung ist.

## 9.2 Ausblick: Die Gestaltpsychologie im ‚Mann ohne Eigenschaften'

Die vorliegende Arbeit beschäftigt sich mit den gestalttheoretischen Elementen, die in Musils Frühwerk übertragen werden – dabei wurde sein Lebenswerk ‚Mann ohne Eigenschaften', an dem er mehr als zwanzig Jahre arbeitete, bisher noch nicht weiterführend thematisiert. Dieses Unterfangen liegt auch nicht in der Absicht dieser Arbeit; es würde ihren Rahmen sprengen. Bevor abschließend mit der Diskursanalyse begonnen wird, soll jedoch ein kurzer Ausblick auf mögliche Parallelen und Unterschiede zwischen dem ‚Törleß', den Novellen und eben jenem Werk gegeben werden, das Musil bis zu seinem Lebensende beschäftigte und von ihm nicht abgeschlossen werden konnte.[856]

Die Forschungsarbeit der letzten Jahre hat deutlich gemacht, dass die gestalttheoretische Orientierung Musils in seinem Spätwerk mindestens ebenso deutlich zutage tritt, wie dies bei den im Laufe dieser Arbeit untersuchten Texten der

855 Vgl. z.B. die Aushebelung von Oxymora in Kapitel 8.1.1.

856 Kurz vor seinem Tod schreibt er in einem Brief: „Ich hoffe, in wenigen Wochen darangehen zu können, die erste Hälfte des Schlußbands ins Reine zu schreiben; […] aber seine zweite Hälfte ist leider noch im Rückstand. […] Ursprünglich habe ich Ihnen heute erzählen wollen, wie dieser Schlußband aussieht; was ich schon längst habe tun wollen. […] Sie werden verstehen, daß es mich Zeit und zuweilen viel Verzweiflung kostet; aber ich glaube doch, daß ich auf rechtem Wege bin." Musil, KA; LESETEXTE, Band 20, Schweizer Korrespondenz 1939–1942, Robert Musil an Henry Hall Church, 12.? April 1942 (Genf- New York).

Fall ist. Silvia Bonacchi konstatiert diesbezüglich: „Man könnte sogar nicht völlig unbegründet behaupten, daß Musil seinen Roman als ein gestalttheoretisches Konstrukt angelegt hat.“[857] Tatsächlich hatte Musil auch in seiner späten Schaffensperiode überwiegend Werke auf seinem Schreibtisch liegen, die sich mit der Gestalttheorie befassten[858] – dieser Zweig der Psychologie hat ihn folglich zeit seines Lebens beeinflusst. Es muss vorausgeschickt werden, dass sich Musils Verarbeitung der gestalttheoretischen Einflüsse – ähnlich wie im Frühwerk – auch hier auf verschiedenen Ebenen niederschlägt. Als erste wäre hier der direkte Transfer zu nennen, für den zumeist ursprünglich optische Phänomene aufgegriffen werden. Die zweite Ebene betrifft die Entwicklung der Poetologie Musils, die in keinem der bisher betrachteten Werke so ausgereift ist wie im ‚Mann ohne Eigenschaften'. Im Folgenden sollen beide Dimensionen kurz und exemplarisch angerissen werden.

Überlegungen zur optischen Wahrnehmung durchziehen den Roman wie ein roter Faden.[859] Bereits im zweiten Kapitel des ersten Bandes wird mit der Beschreibung von Ulrichs Wahrnehmung der Umwelt ein physiologisch-psychologischer Grundton angeschlagen: Der Protagonist reflektiert über die Möglichkeiten der Messung der Aufmerksamkeitsspanne, die Leistungen der Augenmuskeln und die „Pendelbewegung der Seele“ (MoE 1,12). Gleichzeitig erfolgt an anderer Stelle eine Übertragung der optischen Gegebenheiten in den gedanklichen Raum – ein Phänomen, das bereits im ‚Törleß‘ konstatiert werden konnte. Ulrich geht spazieren und empfindet die Wahrnehmung des über die Bäume hinweg scheinenden Himmels als „eine Art perspektivischer Verkürzung des Verstandes“ (MoE 2,648), die ihn zu Überlegungen inspiriert, in denen der abendliche Frieden und das damit verbundene Glück als derjenige Faktor eingeführt wird, der die Perzeptionsmodifikationen ermöglicht:

> Er befand sich nun in einer der Baumanlagen, die als ein unterbrochener Ring der Linie folgen, wo früher die Wälle waren, und hätte sie mit wenigen Schritten durchqueren können, aber der große Streif Himmels, der sich der Länge nach über den Bäumen dehnte, verlockte ihn, abzubiegen und seiner Richtung zu folgen, wobei er sich dem überaus privat wirkenden Lichterkranz, der die winterlichen Anlagen, die er durchschritt, himmlisch zurückgezogen umschwebte, immerfort zu nähern schien, ohne ihm näher zu kommen. ‚Es ist eine Art perspektivischer Verkürzung des Verstandes', sagte er sich, was diesen allabendlichen Frieden zustande bringt, der in seiner Erstreckung von einem zum andern Tag das dauernde Gefühl eines mit sich selbst einverstandenen

857 Bonacchi: Die Gestalt der Dichtung, S. 309.

858 Vgl. Mayer, Hans: Zur deutschen Literatur der Zeit. Zusammenhänge, Schriftsteller, Bücher. Reinbek bei Hamburg: Rowohlt 1967, hier S. 139.

859 Vgl. Venturelli: Das Projekt der Moderne, S. 155.

> Lebens ergibt. Denn der Menge nach ist es ja bei weitem nicht die Hauptvoraussetzung des Glücks, Widersprüche zu lösen, sondern sie verschwinden zu machen, wie sich in einer langen Allee die Lücken schließen, und so, wie sich allenthalben die sichtbaren Verhältnisse für das Auge verschieben, daß ein von ihm beherrschtes Bild entsteht, worin das Dringende und Nahe groß erscheint, weiter weg aber selbst das Ungeheuerliche klein, Lücken sich schließen und endlich das Ganze eine ordentliche glatte Rundung erfährt, tun es eben auch die unsichtbaren Verhältnisse und werden von Verstand und Gefühl derart verschoben, daß unbewußt etwas entsteht, worin man sich Herr im Hause fühlt. (MoE 2,648f.)

In dieser Textstelle erfolgt eine Differenzierung zwischen der physikalischen und der psychologischen Welt in einer Weise, wie sie Kurt Lewin vorschlägt (vgl. Kapitel 6.4.1). Die innere Wahrnehmung Ulrichs, die hier beschrieben wird, ist dabei offensichtlich situationsabhängig: Der abendliche Frieden wird als Grund für die Modifikation angeführt. Die Berücksichtigung dieses Schlagworts ergibt eine weitere Anknüpfungsmöglichkeit an Lewins Artikel, der davon ausgeht, dass das Bewusstsein, dass der wahrgenommene Raum befriedet sei, dazu führe, dass er völlig anders wahrgenommen werde als ein Kriegsschauplatz.[860] Dieses Phänomen der vom Frieden geprägten Perzeption könne so weit führen, dass „das völlig neue Landschaftsbild das Wiedererkennen wesentlich erschweren“[861] kann. Musil verfremdet hier das Verhältnis zwischen physikalischem und psychologischem Raum, indem letzterer deutlich abstrahiert wird. Es steht nun nicht mehr die individuelle und subjektive Verarbeitung der physikalischen Welt im Vordergrund, vielmehr werden die Relationen von Verstand und Gefühl und damit ‚unsichtbare Verhältnisse‘ eruiert. Die Anlehnung an das ursprüngliche Konzept bleibt aber durch den Vergleich mit optischen Phänomenen deutlich erkennbar.

In dem Kapitel ‚Die Parallelaktion erregt Aufruhr‘ findet sich des Weiteren eine Szene, in der Ulrich am Fenster steht und eine große Menschenmenge beobachtet. Silvia Bonacchi weist darauf hin, dass in der Beschreibung der Wahrnehmung des Protagonisten Parallelen zu den Ausführungen von Erich von Hornbostels Artikel ‚Über optische Inversionen‘ bestehen.[862] Dieser setzt sich mit der Unterscheidung zwischen konvexen und konkaven Erscheinungen auseinander und geht dabei davon aus, dass diese beiden Prinzipien das Invertieren

---

860 Natürlich fehlt hier die Differenzierung zwischen Kriegs- und Friedenlandschaft, wie sie Lewin eigentlich intendiert. Aufhänger für die vorliegende These ist die explizite Erwähnung des Friedens für die Wahrnehmungsveränderung – hier liegt die Parallele zwischen wissenschaftlicher Vorlage und literarischer Umsetzung.

861 Lewin: Kriegslandschaft, S. 447.

862 Vgl. Bonacchi: Die Gestalt der Dichtung, S. 335f.

erst ermöglichen (vgl. Kapitel 6.5).[863] In dem Roman setzt Musil diese Anlehnung folgendermaßen um: Ulrich blickt nach draußen und plötzlich „ging mit ihm eine seltsame Veränderung vor“ (MoE 2,631); er nimmt den Raum, der ihn umgibt, modifiziert wahr:

> Dann zog sich der Eindruck des Zimmers, das er hinter seinem Rücken wußte, zusammen und stülpte sich hinaus, wobei er durch ihn hindurch- oder wie etwas sehr Weiches rings um ihn vorbeiströmte. ‚Eine sonderbare räumliche Inversion!‘ dachte Ulrich. (MoE 2,632)

Indem sich der Raum ‚umstülpt‘, findet eben jene Umwandlung von konvexen in konkave Gegebenheiten statt, die auch von Hornbostel beschreibt. Bonacchi geht in ihrer Analyse davon aus, dass Ulrich das Zimmer, in dem er steht, als konkave Dimension wahrnehme – der Raum schließe ihn ein. Die Sphäre vor dem Fenster hingegen sei konvex, folglich schließe sie ihn aus. Sie nimmt weiterhin an, dass durch die ‚Umstülpung‘ des Raumes eine Vereinigung von Innen und Außen vonstatten gehe.[864] Es stellt sich jedoch die Frage, ob die dargestellte Wahrnehmungsmodifikation durch die Inversion nicht noch fundamentaler ist, sodass aus äußeren Gegebenheiten innere werden, es sich also nicht um eine Vereinigung, sondern eine Transformation handelt. Von Hornbostel schreibt: „Das Konkave ist vor mir offen, schließt mich ein [...] umfaßt, umgreift mich, ‚geht‘ um mich herum.“[865] Damit wäre eine Vereinigung der beiden Dimensionen nicht mehr nötig, da das Konkave Ulrich bereits per definitionem einschließen würde. Folglich müsste differenzierter konstatiert werden, dass das Konkave den (physikalisch betrachtet) äußeren Raum inkorporiert. In Ulrichs Vorstellung jedoch kann er nicht mehr als ‚außen‘ klassifiziert werden; es gibt nur die einschließende konkave Dimension, sodass Ulrich sich fragt: „‚Kann man denn aus seinem Raum hinaus, in einen verborgenen zweiten?‘“ (MoE 2,632). Ulrich gerät also, wie von Erich von Hornbostel gefordert, „eine neue Welt und lern[t] erst allmählich, [sich] in ihr auszukennen.“[866]

Bedeutend ist die Gestalttheorie neben konkreten ‚Übersetzungen‘ auch für die Weiterentwicklung der Musilschen Poetologie. Diese Hypothese kann untermauert werden, wenn man die Ansprüche betrachtet, die Musil für die Dichtung

---

863 Bonacchi weist darauf hin, dass Musil den Zusatz des Artikels exzerpiert, in dem sich von Hornbostel aus ästhetischer Sicht mit seinen Ergebnissen befasst (vgl. Bonacchi: Die Gestalt der Dichtung, S. 334.).

864 Vgl. Ebd., S. 335.

865 Von Hornbostel: Über optische Inversion, S. 154.

866 Ebd., S. 142.

formuliert – eine Herangehensweise, die er, wie er selbst bemerkt, bereits in den ‚Vereinigungen' anvisiert hat:[867]

> Wirkliche Dichtung unterscheidet sich von alltäglicher sofort anders: Dichte der Beziehungen (Inbeziehungen). Reinheit der Gestalt (Strenge der Form), Vermeidung alles Überflüssigen (kürzester Weg), Größe der Sprache (an einem Wort läßt sich oft der Dichter sofort fühlen); wie wir an einer eintretenden Person sofort bemerken, daß sie eine Persönlichkeit ist, fühlen wir es auf der ersten Seite eines Buchs […].[868]

Eine nähere Betrachtung dieser Textstelle lässt erkennen, dass die Beschreibung der Eigenschaften der Dichtung an die Erstellung der visuellen Gestaltgesetze Wertheimers erinnern (vgl. Kapitel 6.1.2) – deutlich wird hier auf das Prinzip der guten Gestalt angespielt.[869] Die Anknüpfung ergibt sich aus der Feststellung Wertheimers, dass die Neigung bestehe, die Wahrnehmung so zu strukturieren, dass möglichst einfache und damit einprägsame Gestalten entstehen. Einen ähnlichen Anspruch formuliert Musil mit Blick auf die Funktionsweise seiner Dichtung: sie besteht aus einem literarischen Konglomerat von Elementen, dessen gedankliche Konzentrierung die Wahrnehmung als Ganzes garantiert, ohne dabei die dynamische Struktur zu verschleiern.

Doch Musil beschränkt sich in dieser Hinsicht nicht auf den allgemeinen Verweis auf die Dichtung; auch der Roman als solcher sollte Gestalteigenschaften aufweisen.[870] Mit Blick auf den ‚Mann ohne Eigenschaften' schreibt Musil:

> Gedanken dürfen nicht um ihrer selbst willen darin stehen. Sie können darin, was eine besondere Schwierigkeit ist, auch nicht so ausgeführt werden, wie es ein Denker täte; sie sind ‚Teile' einer Gestalt. Und wenn dieses Buch gelingt, wird es Gestalt sein […].[871]

Mit diesem Anspruch formuliert er bereits die gedankliche Stoßrichtung seiner Romankonzeption. Indem die (theoretisch argumentierenden) Gedanken als Gestalten im Gesamtkomplex des Romans gewertet werden, wird ihnen zwar Raum zur Wirkungsentfaltung zugesprochen, gleichzeitig jedoch wird auf die unbedingte Kooperation mit anderen Größen angespielt, ohne die der Roman

---

867 Vgl. Musil, KA; LESETEXTE, Band 14, Gedichte, Aphorismen, Selbstkommentare; Selbstkommentare aus dem Nachlass, Vorwort I–IV.

868 Ebd.

869 Vgl. Bonacchi: Die Gestalt der Dichtung, S. 364.

870 Vgl. Ebd.

871 Musil, KA; LESETEXTE, Band 14, Gedichte, Aphorismen, Selbstkommentare; Selbstkommentare aus dem Nachlass, Zum Roman, Parerga und Paralipomena 1921–1937, Zum Nachwort und Zwischenvorwort.

nur eine „Abhandlung“[872] wäre – das noch näher zu betrachtende Verhältnis von Gedanken und (ebenfalls gestalthaften) Gefühlen kommt diesbezüglich eine wichtige Bedeutung zu.

Eine wichtige Rolle bei der Betrachtung gestalttheoretischer Einflüsse spielen zudem die Druckfahnenkapitel, an denen Musil nach Beendigung des zweitens Bandes arbeitet.[873] In einigen dieser Kapitel erarbeitet Musil eine Gefühlstheorie, mit deren Hilfe er der Frage nach den Vorgängen der Gefühlskonstitution nachgeht, die, wie Walter Fanta bemerkt, „natürlich einem psychologischen Diskurs zuzurechnen ist.“[874] Der Protagonist Ulrich fungiert an dieser Stelle als ‚Sprachrohr‘, die Überlegungen werden als seine Tagebuchaufzeichnungen deklariert. Da für Musil Dichtung die Aufgabe hat, Gefühle darzustellen, müssen diese Ausführungen im Kontext der bis dahin erfolgten Frage nach der Seelenkonstitution betrachtet werden. Bei den ‚Tagebuchaufzeichnungen‘ Ulrichs handelt es sich jedoch nur um eine Projektierung – die Kapitel, in denen Musil die Gefühlstheorie abhandelt, sind im Stadium der Korrekturfahnen verblieben und wurden schließlich von Musil vom Druck zurückgezogen.[875] Dennoch auch können sie als Indiz für die Intensität der Musilschen Auseinandersetzung mit der Gestalttheorie gewertet werden, handelt es sich hier doch um eine direkte Rückführung theoretischer Überlegungen in die literarische Praxis.[876]

---

872 Ebd.

873 Dabei muss darauf hingewiesen werden, dass die weitere Arbeit am Roman unter veränderten politischen und privaten Vorzeichen steht. Durch die Machtübernahme Hitlers wird jenes politische Szenario Wirklichkeit, das Robert Musil gefürchtet hatte. Ab 1933 lebt und arbeitet er wieder in Wien und versucht, die Kapitel, an denen er bisher schrieb, fortzusetzen. Walter Fanta stellt folglich fest: „Doch dies gelingt ihm nicht, keines der Kapitelprojekte des Jahres 1932 wird in der geplanten Form ausgeführt und in eine Sukzession fertiger Kapitel eingereiht. Die geänderte Situation gebiert einen geänderten Roman.“ (Fanta, Walter: Die Entstehungsgeschichte des ‚Mann ohne Eigenschaften‘ von Robert Musil. Wien, Köln, Weimar: Böhlau Verlag 2000, hier S. 439.).

874 Ebd. S. 458.

875 Vgl. Bonacchi: Die Gestalt der Dichtung, S. 338f.

876 Dieser Vorgang ist im Musilschen Frühwerk so explizit sonst nicht feststellbar. Eine Ausnahme stellt hier der Roman ‚Die Verwirrungen des Zöglings Törleß‘ dar. Musil reflektiert hier sehr genau das Verhältnis von Wissenschaft und Dichtung. Allerdings ist der Fall dennoch anders gelagert, denn die Überlegungen Musils zu diesem Zeitpunkt noch nicht so ausgereift. Während Törleß als Projektionsfläche für die Auslotung des Verhältnisses von Wissenschaft und Dichtung dient, sind die Tagebucheintragungen Ulrichs Zeugnis fortgeschrittener gestalttheoretischer Überlegungen – die Frage nach dem Umgang der Literatur mit naturwissenschaftlichen Einflüssen für Musil zu diesem Zeitpunkt längst geklärt.

Die Fruchtbarkeit theoretischer Grundlagen für die Erarbeitung der Funktionsweise von Gefühlen ergibt sich für Musil von selbst, wenn er schreibt: „Der Gedankenreichtum ist ein Teil des Reichtums des Gefühls.“[877] Dabei geht Musil davon aus, dass das Gefühl zwar als ein ganzheitliches Kontinuum zu betrachten ist, dabei aber Gestalteigenschaften aufweist.[878] In Anlehnung an Christian von Ehrenfels‘ Überlegungen zur Transponierbarkeit von Melodien (vgl. Kapitel 2.4) führt er aus:

> Der eigenartigste Gedanke dieser Lehren ist nun der, daß sie das Verhältnis des Gefühls zu alledem, was es nicht ist, und wovon es doch erfüllt wird, zunächst unbestimmt lassen, dafür aber sehr wahrscheinlich gemacht haben, daß diese Verbindung auf jeden Fall, und wie immer man sie sich im übrigen denken möge, so beschaffen sei, daß sie keine unzusammenhängenden Änderungen zuläßt und daß sich alles gleichsam in einem Atem ändert. Man denkt es sich nach dem Beispiel der Melodie. In dieser haben die Töne ihre Selbständigkeit und lassen sich einzeln erkennen, und auch ihre Nachbarschaft, ihr Beisammen, Nacheinander, und was sich sonst hören läßt, ist kein bloßer Begriff, sondern bis an den Rand voll sinnlicher Darbietung; aber obwohl sich alles das also trotz seiner Verbundenheit einzeln hören läßt, läßt es sich auch verbunden hören, denn gerade das ist die Melodie, und wird sie gehört, so ist nicht neben den Tönen, Tonabständen und Zeiten etwas Neues da, sondern mit ihnen. Die Melodie kommt nicht als eine Beigabe hinzu, sondern als eine zweite Art zu erscheinen, eine besondere Existenzform, unter der sich die Form der Einzelexistenz gerade noch ausnehmen läßt; und auch das gilt vom Gefühl im Verhältnis zu den Gedanken, Bewegungen, Empfindungen, Absichten und stummen Kräften, die sich in ihm vereinen. (MoE 4,1164)

Musil erarbeitet somit eine dynamische Gefühlskonzeption, in der das Gefühl als sich aus zahlreichen Komponenten konstituierende Größe betrachtet wird und konstatiert konsequenterweise: „Gefühle haben Gestalteigenschaften.“[879]

Aus diesen Überlegungen entwickelt Musil eine Gefühlstheorie, in der er weiterhin die Interaktionsbedingungen zwischen Gefühl und Handeln zu konturieren versucht. In seinen Überlegungen lehnt er sich dabei an eine Arbeit Kurt Lewins an, in der dieser sich mit der Handlungs- und Affektpsychologie

877 Musil, KA; LESETEXTE, Band 14, Gedichte, Aphorismen, Selbstkommentare, Selbstkommentare aus dem Nachlass, Zum Roman, Parerga und Paralipomena 1921–1937, Zum Nachwort und Zwischenvorwort.

878 Vgl. Gies, Annette: Musils Konzeption des „Sentimentalen Denkens“. ‚Der Mann ohne Eigenschaften‘ als literarische Erkenntnistheorie. Würzburg: Königshausen & Neumann 2003 (Epistemata, Reihe Literaturwissenschaft Bd. 446), hier S. 179.

879 Musil, KA; TRANSKRIPTIONEN & FAKSIMILES, Nachlass, Mappe II/6/30 Ü6-1.288 3 | 58 Fühlen und Verhalten 3.

beschäftigt.[880] Lewin geht in seinen Ausführungen davon aus, dass die Einbettung der psychischen Ereignisse in Geschehensganzheiten für die Einwirkung auf das Verhalten verantwortlich ist;[881] die Bedeutung der Handlung ist folglich kontextorientiert: Sie hängt in diesem Zusammenhang davon ab, aus welcher seelischen Quelle sie fließt.[882] Musil orientiert sich für die Erstellung seiner Gefühlstheorie an diesen Überlegungen und stellt die Frage, in „welchem Verhältnis das Gefühl zum ‚äußeren und inneren Verhalten'" (MoE 4,1164) stehe. Dabei negiert Musil in Machscher Tradition konsequent die Annahme eines kausalen Zusammenhangs zwischen Reiz, Gefühl und Verhalten, vielmehr „ist [das Gefühl; K.B.] mit einer dauernden Veränderung von allem verbunden, wozu es außen und innen Beziehung hat, und empfängt auch von beiden Seiten eine Rückwirkung." (MoE 4,1157).[883] Dennoch bestehe eine „innere Verwandtschaft"[884] zwischen

---

880 Musil exzerpiert die Studie von Lewin (vgl. Bonacchi: Die Gestalt der Dichtung, S. 343.) Er schreibt in einem Brief im Jahr 1936: „Ich habe nun einen solchen Tag benutzt, um die Abhandlung von Lewin zu lesen, und habe mit geteilten Gefühlen gesehn, daß ich sowohl der Entwicklung der Psychologie auch auf eigenen Beinen ganz gut nachgekommen bin als auch eigentlich unnötigerweise dazu meine eigenen Beine angestrengt habe. Welche Konsequenzen das verlangt, ist mir im Augenblick etwas unklar." (Musil, KA; LESETEXTE, Band 19, Wiener und Berliner Korrespondenz 1919–1938, Robert Musil an Otto Pächt, 28. Oktober 1936.). Auf den Zusammenhang zwischen den Ausführungen Lewins und der Gefühlstheorie Musils weisen sowohl Silvia Bonacchi als auch Annette Gies hin. Erstere zeigt zudem auf, dass der von Lewin verwendete Begriff des Affekts mit Musils Bezeichnung des Gefühls synonym ist (vgl. Bonacchi: Die Gestalt der Dichtung, S. 348ff. und Gies: Musils Konzeption des ‚Sentimentalen Denkens', S. 176f.).

881 In den problematisierenden Überlegungen Lewins zur Einheit der Seele sind die Postulate Ernst Machs am Grunde noch zu erkennen, wenn Lewin fragt, „ob nicht das, was man als ‚Ich', als ‚Selbst' zu bezeichnen hat […] nur *einen* Komplex resp. Ein funktionelles Teilgebiet innerhalb dieser seelischen Totalität darstellt." (Lewin, Kurt: Untersuchungen zur Handlungs- und Affekt-Psychologie. I: Vorbemerkungen über die psychischen Kräfte und Energien und über die Struktur der Seele. Psychologische Forschung 7 (1926), S. 294–330, hier S. 321.).

882 Vgl. Ebd., S. 305.

883 Interessant ist an dieser Stelle, dass der Titel des Kapitels, der ‚Naive Beschreibung, wie sich ein Gefühl bildet' lautet, irreführend ist: die Beschreibung der Gefühle ist in keinem Fall als naiv zu bezeichnen, sondern fußt auf den wissenschaftlich argumentierenden Ausführungen Lewins (vgl. auch Bonacchi: Die Gestalt der Dichtung, S. 347f.).

884 Musil, KA; TRANSKRIPTIONEN & FAKSIMILES, Nachlass, Mappen, Weitere Mappen, Druckfahnen 99a, 55. Fühlen und Verhalten. Die Unsicherheit des Gefühls 5.

den beiden Dimensionen. Um diesen scheinbaren Widerspruch aufzulösen, verortet Musil die Wechselbeziehung explizit im gestalttheoretischen Kontext und führt aus: „Dieser Gestaltzusammenhang verbindet auch das äußere u[nd] innere Handeln, Teil, Sein, Moment, das Verhältnis des Gefühls zu dem, woraus es besteht: Was immer das Gefühl sei, der Zusammenhang ist der einer Gestalt."[885] Folgerichtig stellt nicht mehr nur das Gefühl eine Gestalt dar, sondern auch das menschliche Verhalten sowie die Relation zwischen diesen beiden Größen. Mit dieser Annahme erreicht Musil eine zusätzliche Dynamisierung seiner Gefühlstheorie, da er die Anzahl der Variablen erhöht, von denen die Interaktion abhängt. Dabei sind die Empfindungen und Handlungen gleichzeitig Voraussetzung und Resultat dieser Beziehung, es lässt sich nicht klären, ob der Mensch handelnd fühlt oder fühlend handelt (MoE 4,1163).[886]

Diese in aller Kürze skizzierten Ansätze möglicher gestalttheoretischer Anknüpfungspunkte lassen erkennen, dass Musil den bereits in seinem Frühwerk eingeschlagenen Weg des literarischen Transfers weitergeht. Dabei ist eine zentrale Konstante zu erkennen: Die Annahme der Gültigkeit von Gestalten. Es zeigt sich jedoch, dass er den Radius der gestaltpsychologischen Entfaltungsmöglichkeiten erweitert. Im ‚Törleß' und den Novellen stand die Frage nach der Seele im Vordergrund seiner literarästhetischen Überlegungen. Im ‚Mann ohne Eigenschaften' erweitert er den Gültigkeitsbereich und geht nun auch von Gestalten im menschlichen Handeln aus, die wiederum in Interaktion mit der gestalthaft strukturierten Seele stehen. Grundsätzlich jedoch zeigt sich, dass er ein psychologisches Motiv variiert: die Untersuchung der Seele und der literarische Versuch, diesen Komplex zu konturieren, werden ergänzt durch die Beschäftigung mit der Gefühlskonstitution. Mit der Frage nach dem Ursprung von Gefühlen greift Musil erneut einen genuin psychologischen Untersuchungsgegenstand auf, dessen Erforschung die zeitgenössische Wissenschaft vor große Probleme stellt. Durch die (im Verlaufe der Arbeit dargestellte) Beschäftigung mit seelischen Prinzipien steht Musil auch für die Betrachtung von Empfindungen eine Methode zur Verfügung, die in der Lage ist, die komplexen Interdependenzen abzubilden, ohne sich dabei dem Vorwurf einer unzulässigen Vereinfachung auszusetzen. Damit

---

885 Musil, KA; TRANSKRIPTIONEN & FAKSIMILES, Nachlass, Mappen, Mappe V/4/169 Ü6-1.28911 5. Diese Art der Analyse strebt natürlich auch Lewin an, zumal er sich wiederum an den Gestaltgesetzen Wertheimers orientiert. Diese Anlehnung tritt beispielsweise zutage, wenn er schreibt, dass die Kommunikation innerhalb seelischer Bereiche aus starken und schwachen Gestalten bestehe (vgl. Lewin: Untersuchungen zur Handlungs- und Affekt-Psychologie, S. 322.).

886 Vgl. auch Bonacchi: Die Gestalt der Dichtung, S. 351.

kommt Musil seiner Zielsetzung näher, den „Möglichkeitsmensch[en]“[887] auszudifferenzieren, für den „alles ein Könnte, nichts ein Muß“[888] ist. Bonacchi geht folglich davon aus, dass auch für den ‚Mann ohne Eigenschaften‘

> der Einfluß der Gestalttheorie auf Robert Musils Denken und Werk maßgebend gewesen ist. Allerdings erschöpft er keineswegs Musils Gestalt- und Gestaltungsbegriff. Diese gewannen aber durch die Rezeption des Gedankengutes der Gestaltisten aufgrund jener für Musil charakteristischen ‚Transfermethode‘ vom wissenschaftlichen bzw. extraliterarischen Bereich auf die Kunst an Prägnanz und Schärfe.[889]

Damit muss Musils Spätwerk als letzte Instanz der Beschäftigung mit der Gestaltpsychologie gewertet werden, in dem die Überlegungen der vorangegangenen Werke zusammenfließen. Ähnlich wie schon in den ‚Drei Frauen‘ setzt Musil dabei seine Ergebnisse mit konkreten Beispielen um, erarbeitet aber gleichzeitig auch eine poetologische Ebene, auf der die gestalttheoretischen Erkenntnisse zusätzlich abstrahiert werden. Mit der Erarbeitung einer Gefühlstheorie strebt er eine systematische Verarbeitung und Verortung der von ihm erarbeiteten Positionen an.

## 9.3 Diskursanalyse

Eingangs wurde auf die besondere Eignung für eine diskursanalytische Untersuchung hingewiesen, die der Zusammenhang zwischen der Genese der Gestaltpsychologie und den Werken Robert Musils aufweist – dabei stellt der Umbruch in Wissenschaft und Literatur einen wichtigen Ansatzpunkt dar. An dieser Stelle muss darauf hingewiesen werden, dass in dieser Arbeit nur ein begrenzter Bereich des gesamtliterarischen Zusammenhangs erfasst werden kann. Zwar ergibt sich eine besondere Bedeutung der Gestalttheorie für die Entstehung der Werke Musils, im Kontext der allgemeinen literarischen Entwicklung spielt sie jedoch eine untergeordnete Rolle; hier dominieren vielmehr die psychoanalytischen Erkenntnisse Sigmund Freuds und daraus resultierend die Entdeckung der Relevanz des Unbewussten für die Literatur (wie zum Beispiel in der Wiener Moderne).

---

887 Musil, KA; TRANSKRIPTIONEN & FAKSIMILES, NACHLASS, Mappe III/6/2; R FR | Moral 1.

888 Musil, KA; TRANSKRIPTIONEN & FAKSIMILES, NACHLASS, Mappe II/8/254; II R Fr 29 4.

889 Bonacchi: Die Gestalt der Dichtung, S. 365.

### 9.3.1 Die Zusammenhänge in der Gestaltpsychologie

Auch die Gestalttheorie muss (wenn auch indirekt) als Produkt des Wandels im wissenschaftlichen Denken betrachtet werden. Mit Bezug auf die Annahme, dass der gestaltpsychologische Diskurs Auswirkungen auf die Literatur Robert Musils hat, soll Ersterer im Folgenden rekonstruiert werden, um die genaue Einflussnahme sichtbar zu machen. Dabei stellt sich zunächst die Frage, inwiefern es sich bei der präsentierten Sammlung gestaltpsychologisch argumentierender Texte überhaupt um einen Diskurs handelt. Nach Foucault stellt ein Diskurs „eine Menge von Aussagen [dar], die einem gleichen Formationssystem zugehören."[890] Dabei stehen für ihn aber grundsätzlich eher heterogene Wissensbereiche im Vordergrund des Interesses, die trotz ihrer scheinbaren Disparität von gemeinsamen Diskurselementen und -regeln durchzogen werden. Das Augenmerk wird also zunächst auf mögliche Gemeinsamkeiten und Unterschiede innerhalb des gestalttheoretischen Diskurses zu legen sein, der wiederum als Teildiskurs der Psychologie zu klassifizieren ist. Wichtigstes Indiz dafür, dass es sich bei der Gestaltpsychologie um einen Diskurs handelt, ist die Tatsache, dass alle Aussagen in einem gemeinsamen Verweissystem entstanden sind, in dem die gegenseitige Einflussnahme sehr groß ist.

Allerdings arbeitet Foucault nicht selten mit epochenübergreifenden Tableaus, in denen er wiederum auf die Zeiten der Umbrüche ein besonderes Augenmerk legt, um so Kontinuitäten und Differenzen in der Diskursentwicklung offenzulegen. Dieses Charakteristikum trifft für die Gestaltpsychologie nur in eingeschränktem Maße zu. Alle Texte, die im Verlauf der Arbeit präsentiert wurden, entspringen dem gleichen wissenschaftlichen Ursprung und sind in enger zeitlicher Abfolge entstanden. Insofern müsste die Aussagekraft der folgenden Analyse relativiert werden, wenn sie in einem weiter gefassten wissenschaftshistorischen Kontext bestehen sollte. In diesem Fall jedoch lässt sich die Beschränkung auf einen vergleichsweise kleinen Zeitabschnitt und die Auswahl an thematisch ähnlich gelagerten Texten mit dem Verweis auf die Umbruchsituation begründen, die eine Dynamisierung der Erkenntnisse zur Folge hat und so ausreichend Analysematerial bietet.

Die zentrale Annahme, dass die Wahrnehmung durch die Verarbeitung von Gestalten geprägt ist, wird mit unterschiedlicher Schwerpunktsetzung in verschiedenen Teildisziplinen nachgewiesen. Gleichzeitig werden jedoch auch Elemente aus der ‚alten' Psychologie aufgenommen – wie alle Diskurse muss auch die Gestaltpsychologie in einem historischen Kontext gesehen werden, denn die

---

890 Foucault: Archäologie des Wissens, S. 156.

Frage nach der Organisation von Wissen kann nur beantwortet werden, wenn auch die Transferierung von Wissen ‚durch die Zeit' berücksichtigt wird.

Aus dieser Annahme muss somit auch die Betrachtung der dem eigentlichen Diskurs vorgelagerten Entwicklungen folgen. Am Anfang dieser Arbeit stand die Präsentation der Forschungsarbeit Carl Stumpfs, der in seiner Eigenschaft als Professor des von ihm gegründeten Psychologischen Instituts in Berlin die Rahmenbedingungen für die Entstehung der Gestaltpsychologie schuf – dabei gilt er in der Forschung allgemein als geistiger Vater der Gestaltpsychologie.[891] Diese Charakterisierung muss als unzulässig simplifizierend und damit problematisch bezeichnet werden, ohne dass dabei eine Einflussnahme negiert werden soll. Vielmehr muss die Entwicklung der Gestaltpsychologie als ein Prozess betrachtet werden, der aufgrund verschieden gearteter Einwirkungen zustande kommt. Im Diskurs der späteren Gestaltpsychologie tauchen Elemente auf, mit denen sich bereits Carl Stumpf beschäftigt. Dazu gehört zum einen die konsequente Anbindung an die Naturwissenschaften, die Stumpf wiederum von seinen beiden Lehrern Franz Brentano und Hermann Lotze übernimmt. Ein Symptom dieser naturwissenschaftlichen Orientierung ist das Experiment – eine Methode, die bereits in Stumpfs Forschungen einen wichtigen Platz einnimmt und die auch für die Gestaltpsychologen unverändert wichtig bleibt. Wichtig ist hier, dass Stumpf innerhalb der Methodik des Experiments nuanciert: für ihn gibt es das reine Experiment, mit dem Zusammenhänge messbar gemacht werden können (z.B. Reaktionszeiten) und die experimentell gesteuerte Introspektion, bei der die Versuchspersonen Eindrücke schildern und damit psychische Vorgänge transparent machen sollen. Dem klassischen Experiment gesteht Stumpf dabei lediglich propädeutischen Charakter zu. Diese Differenzierung wirkt auf den ersten Blick beiläufig, beinhaltet aber einen wichtigen Grundsatz, denn mit ihr wird deutlich, dass die Psychologie zwar auf naturwissenschaftliche Untersuchungsmethoden zurückgreifen, sich jedoch nicht darauf beschränken kann. Der Befund als solcher überrascht kaum, wohl aber der frühe Zeitpunkt im Entwicklungsprozess der Psychologie, zu dem Stumpf diese grundsätzliche Unterscheidung aufstellt und damit auch für zukünftige Forschungen richtungsweisend wirkt. Mit dieser Differenzierung weist Stumpf der Psychologie, die erste Schritte zur Emanzipation von der Philosophie macht und sich dabei an die Naturwissenschaften anlehnt, bereits hier den Status einer Humanwissenschaft zu und zeigt somit auch

---

891 Vgl. z.B. Sprung, Lothar: Wegbereiter der Gestaltpsychologie in Berlin. In: Carl Stumpf – Eine Biografie. Von der experimentellen Philosophie zur Experimentellen Psychologie. Hg. v Helga Sprung unter Mitarbeit von Lothar Sprung. München, Wien: Profil Verlag 2006, S. 258–264, hier S. 258.

die Grenzen der naturwissenschaftlichen Methodik auf. Für die Konstitution und das Selbstbewusstsein der Gestaltpsychologie ist diese grundsätzliche Maßgabe von großer Bedeutung – in den Arbeiten von Lewin, Koffka und Wertheimer klingt diese Unterscheidung konsequent mit.[892]

Ein weiteres Element, das gleichzeitig als zentraler Knotenpunkt der gestaltpsychologischen Entwicklung gesehen werden muss, ist ein Prinzip, das Stumpf als ‚Verschmelzungen' klassifiziert. Dabei muss darauf hingewiesen werden, dass Stumpf hier tonpsychologisch argumentiert und sich auf klangliche Phänomene beschränkt. Er erweitert jedoch den Geltungsbereich dieses Begriffs, indem er auch im Zusammenspiel der psychischen Funktionen mit der Wahrnehmung Gestaltqualitäten erkennt.[893] In dieser Herangehensweise spiegelt sich die Arbeit seiner eigenen Lehrer wider. Diese erkannten bereits früh die Notwendigkeit, psychische Funktionen in ihren einzelnen Bestandteilen zu untersuchen. Allerdings mangelte es hier noch an Möglichkeiten zur praktischen Umsetzung, zudem erfolgte die Untersuchung psychischer Phänomene fast immer im Zusammenhang mit der Frage nach der psychophysischen Relation. Diese Herangehensweise nötigte die Wissenschaftler zu diesem Zeitpunkt somit grundsätzlich auch zu einer Positionierung, ob es sich dabei um eine monistische oder dualistische Struktur handle. Auch Stumpf bezieht zu dieser Frage Stellung und grenzt sich damit z.B. von Ernst Mach ab. Allerdings verliert die Untersuchung der psychophysischen Relation mit zunehmender Spezialisierung an Bedeutung, dafür rückt die Analyse der psychischen Funktionen in den Vordergrund. Bei den Gestaltpsychologen findet sich eine weitergehende Thematisierung dieser im Ursprung philosophisch arbeitenden Fragestellung nicht mehr.

Die Erkenntnis, dass die psychischen Phänomene in Unterkategorien gefasst werden müssen, die ihrerseits untereinander interagieren, muss als diskursimmanente Konstante betrachtet werden. Stumpf führt die Überlegungen von Christian von Ehrenfels mit seinen eigenen Ergebnissen zusammen, indem er Teilfunktionen psychischer Aktionen (Gebilde) als Gestaltqualitäten bezeichnet. Damit ist eine Verknüpfung geschaffen, die belegt, warum die Annahme, dass Carl Stumpf als geistiger Vater der Gestalttheorie bezeichnet werden kann, relativiert werden muss. Zwar sind es seine Schüler, die die Gestaltpsychologie entwickeln und prägen; bei diesem Prozess bedienen sie sich jedoch Prinzipien, die nicht aus den

892 Wolfgang Köhler stellt hier eine Ausnahme dar. Er beschäftigt sich überwiegend mit Möglichkeiten der Anlehnung an die Biologie und führt zudem Experimente mit Anthropoiden durch, sodass die klassische Form des Experiments für ihn von größerem Wert ist.

893 Vgl. Stumpf: Erscheinungen und psychische Funktionen, S. 129.

Lehren Stumpfs stammen und sich sogar an Ergebnisse anlehnen, die im Gegensatz zu seinen Überzeugungen stehen. Die These von Ehrenfels', dass die Wahrnehmungssteuerung durch Gestaltqualitäten erklärt werden kann, basiert ihrerseits auf Annahmen, die sich aus den Lehren Ernst Machs speisen. Stumpf bezweifelt dessen konsequent monistisch argumentierende Thesen und grenzt sich von seiner Argumentation ab. Dass Stumpf davon ausgeht, dass die Gebilde mit dem Prinzip der Gestaltqualitäten beschrieben werden können, ist nur ein oberflächliches Zugeständnis: während von Ehrenfels die Gestalten in verschiedenen Bereichen der Wahrnehmung möglichst konkret nachzuweisen versucht, bleibt Stumpf ungenau in der Definition, was die Gestalten im Zusammenhang mit den psychischen Phänomenen leisten sollen. Es muss also konstatiert werden, dass der Impuls, gestalttheoretische Elemente in die Psychologie zu integrieren, keinesfalls von Carl Stumpf ausgeht. Somit ist der Diskurs der Gestaltpsychologie als Produkt verschiedener Einflüsse zu werten, deren Grundannahmen im Kern sogar divergieren. Die Gestaltpsychologie führt zum einen die Orientierung an den Naturwissenschaften mit, die in Stumpfscher Tradition stets differenziert erfolgt, um dem Anspruch der Psychologie als Humanwissenschaft gerecht zu werden. Zum anderen wird aber mit den Gestaltqualitäten ein Prinzip eingeführt, das deutlich über die von Stumpf vorgeschlagene Form der psychischen Interaktion hinausgeht: Indem angenommen wird, dass alle psychischen Tätigkeiten gestalttheoretisch erklärbar gemacht werden können und diese in einem dynamischen, sich stets neu konstituierenden Verhältnis verortet werden müssen, emanzipieren sich die Gestaltpsychologen von Stumpf und knüpfen an Impulse an, die ursprünglich von Ernst Mach ausgehen und von Christian von Ehrenfels ausgearbeitet werden.

Diese Kopplung des gestalttheoretischen Stimulus' und der experimentellen Überprüfung findet sich auch in der Arbeit ‚Experimentelle Studie über das Sehen von Bewegung' von Max Wertheimer. Wertheimer war sowohl Schüler von Christian von Ehrenfels als auch von Carl Stumpf – die Zusammenführung der beiden grundsätzlichen Forderungen ist also nicht als zufällig zu bezeichnen. Wertheimer fungiert somit als Katalysator für die Entwicklung der Gestalttheorie: Obwohl in seiner Untersuchung zunächst lediglich erste gestaltpsychologische Ansätze festgestellt werden können (vgl. Kapitel 6.1.1), beinhaltet sie doch diskurskonstituierende Elemente – indem Wertheimer für die bis dahin theoretisch gebliebenen Ansätze von Ehrenfels' einen physiologischen Unterbau erstellt, trägt er zur Legitimation des gestaltpsychologischen Grundgedankens bei. Das Verdienst Wertheimers besteht somit weniger in der konkreten Erarbeitung einer gestalttheoretischen Charta, sondern vielmehr darin, dass er mit der experimentellen Untermauerung einen wissenschaftlichen Zugang schafft, der als Anknüpfungspunkt für weitere Arbeiten fungiert.

Dabei zeigt sich, dass die Konstitution des gestaltpsychologischen Diskurses auch über die Abgrenzung zur ‚alten' Psychologie verläuft. Die Bestrebungen, eigene und innovative Ansätze zu entwickeln, müssen zunächst die tradierten Thesen aufnehmen und thematisieren – die neuen Überlegungen stehen oft in direkter Opposition zu denen der vorhergehenden Forschergeneration um Carl Stumpf. Exemplarisch kann an dieser Stelle der Umgang mit der Konstanzannahme angeführt werden; es handelt sich hier um eine Annahme, laut der ein bestimmter Reiz immer die gleiche Empfindung hervorruft und somit eine 1:1 Übertragung dieser beiden Vorgänge vorliegt.[894] Mit der Anzweiflung dieser Hypothese wird ein großer Schritt in Richtung eines selbstständigen Diskurses getan, denn indem diese tradierte und für lange Zeit unumstritten als korrekt geltende These für nichtig erklärt wird, konstituiert sich das Verhältnis von richtigen und falschen Aussagen innerhalb des Diskurses neu. Die Konstanzannahme verdeutlicht somit das statische Bild, das man bis dahin von psychischen Vorgängen gehabt hatte. Mit der Abkehr von dieser Sichtweise wird eine neue Maxime erstellt, die von einer grundsätzlichen Dynamik psychischer Phänomene ausgeht.

Mit dieser Neuformierung der statisch, in Teilen sogar mechanisch argumentierenden Psychologie geht auch eine grundsätzliche Reformierung der Analysestrukturen einher. Betrachtete man vorher die zu untersuchenden Elemente isoliert und versuchte sie dann in den Gesamtkontext einzuordnen, so setzt sich nun die Überzeugung durch, dass zunächst das Ganze als Untersuchungsgegenstand im Vordergrund stehen müsse und erst dann die einzelnen, es konstituierenden Komponenten.[895] Mit dieser Umorientierung gehen zwei zentrale Charakteristika der Gestaltpsychologie einher: Die Ganzheit des zu betrachtenden Phänomens wird konsequent in den Mittelpunkt gerückt, ohne dass dabei die Elemente als bloße Summe zusammengefasst werden können. Aus dieser Überlegung heraus ergibt sich die Annahme einer omnipräsenten Dynamisierung des Geschehens, da die Komponenten in individuellen Kontexten zu betrachten sind und daher immer neue Verbindungen einzugehen in der Lage sind.

Vor diesem Hintergrund kann sich die Gestaltpsychologie entwickeln, die sich im Vergleich zur ‚alten' Psychologie vor allen Dingen dadurch auszeichnet, dass sie ihre Erkenntnisse nicht mehr rein auf fachwissenschaftliche Gebiete begrenzt, sondern vielmehr ihre Legitimation in der Berührung anderer Disziplinen sucht. Dabei erfolgt die Annäherung an die gestalttheoretische Selbstdefinition durch die thematische Ausweitung – ein Vorgang, der nur auf

894 Vgl. zum Beispiel die Arbeiten von Wolfgang Köhler und Kurt Koffka.
895 Vgl. Wertheimer: Untersuchungen zur Lehre von der Gestalt I, besonders S. 50ff.

den ersten Blick paradox erscheint. Der Grund für die breitgefächerte Basis ist in der wissenschaftlichen Sozialisation von Köhler, Koffka und Wertheimer zu suchen. Die Orientierung an den Naturwissenschaften konnte bereits in der ‚alten' Psychologie nachgewiesen werden – sie geht als Konstante auch in den gestaltpsychologischen Diskurs ein. Indem das große Innovationspotential der Gestaltpsychologie entfaltet wird und damit tradierte Elemente für falsch erklärt werden, muss zwangsläufig eine erneute Orientierung an den Naturwissenschaften erfolgen, um die neu gewonnenen Ergebnisse zu validieren und damit zu etablieren. Automatisch werden damit auch die Bereiche dieser angrenzenden Gebiete neu (nämlich unter gestalttheoretischen Aspekten) betrachtet. Diese Entwicklung ist jedoch nicht der Kern der Forschungsarbeit, sondern vielmehr ein Nebenprodukt. Das eigentliche Ziel stellen (zumindest innerhalb des Untersuchungszeitraums) die Legitimationsbestrebungen dar, die mit der Diskurstransformation einhergehen.

Das gestalttheoretische Gerüst erweist sich als über die Maßen flexibel in der Anwendung, sodass Elemente aus anderen Diskursen inkorporiert werden können – dabei ist die Einflussnahme eine wechselseitige, der gestalttheoretische Diskurs beeinflusst mit einen Ansätzen seinerseits die Nachbardiskurse. Neben der biologisch-physikalischen Ausrichtung kann auch die Fruchtbarmachung in ästhetischen Überlegungen verzeichnet werden. Mit der Arbeit ‚Die physischen Gestalten in Ruhe und im stationären Zustand' erarbeitet Wolfgang Köhler einen Zugang, der konsequent naturwissenschaftlich argumentiert. Übertrug Max Wertheimer bereits die von Ehrenfelschen Überlegungen in die Physiologie, so eröffnet Köhler nun eine Perspektive, nach der Gestalten auch in der Natur nachgewiesen werden können. Bonacchi weist darauf hin, dass er sich dabei auf die zwei Grundsätze bezieht, die auch von Ehrenfels bereits aufstellte: die Transponierbarkeit von Gestalten und ihre Übersummativität.[896]

Indem Gestalten in der Natur aufgezeigt werden, erfolgt der Nachweis, dass die untersuchten Phänomene nicht mit der bis dahin weithin angenommenen Und-Summenhaftigkeit erklärt werden können. Köhlers Arbeit ist von großem Wert für die Diskurskonstitution, denn in ihr verändert sich die Stoßrichtung der wissenschaftlichen Einflussnahme. Die Psychologie galt in ihrer Entstehungszeit grundsätzlich als Disziplin, die sich methodisch an die Naturwissenschaften anlehnen musste, um reliable Ergebnisse vorweisen zu können. Folglich wurden Annahmen wie die Summation von Vorgängen, die rein mechanisch argumentierten, aus den Naturwissenschaften in die Psychologie transferiert. Mit

896 Vgl. Bonacchi: Die Gestalt der Dichtung, S. 138.

seinem Ansatz geht Köhler nun den umgekehrten Weg und trägt Erkenntnisse, die aus der Psychologie stammen, erstmals an die Naturwissenschaften heran. Max Wertheimer und Kurt Koffka waren ihrerseits bereits angetreten, um Gestalten in physiologischer Hinsicht zu beweisen. Aufgrund dieser Legitimation ist es Köhler nun möglich, Gestalten auch in den Naturwissenschaften nachweisen zu können. Somit liegt bereits vor Wertheimers Entwicklung der Gestaltgesetze eine Arbeit vor, in der die Gestalttheorie als eigene wissenschaftliche Größe agiert und somit Diskurselemente in andere Gebiete transferiert.

Mit Kurt Lewin erfolgt eine weiterführende psychologische Spezialisierung, die in die Erarbeitung einer eigenen Handlungshypothese, der sogenannten Feldtheorie, mündet. Innerhalb des Untersuchungszeitraums erstellt Lewin Vorläuferhypothesen, die jedoch die spätere Zielrichtung bereits erkennen lassen. In der Unterscheidung zwischen physikalischem und psychologischem Raum spiegelt sich die Erkenntnis wider, dass die Psychologie die subjektiv gefärbte Wahrnehmung der Welt zu jeder Zeit berücksichtigen muss. Auf dem Grund dieser Differenzierung ist Carl Stumpfs Kritik am klassischen Experiment und seine Forderung nach introspektiven Analyseverfahren noch deutlich erkennbar. Lewin erweitert diesen Ansatz, indem er innerhalb des psychologischen Raums Gestalten identifiziert. Er konstatiert zudem neben der subjektiven Wahrnehmung noch die situative Perzeption und zeigt damit eine weitere Einflussgröße auf. In dieser Differenzierung liegt der Kern der späteren Feldtheorie verborgen, denn erst mit der Berücksichtigung der situativen Komponente können auch Handlungen in die Untersuchungen einbezogen werden.

Erich Maria von Hornbostel erweitert darüber hinaus den Bereich der Gestaltpsychologie auf die visuellen Wahrnehmungen. Ähnlich wie Max Wertheimer beschäftigt auch er sich mit der Frage, wie sich die visuellen Eindrücke organisieren; dabei unterscheidet er zwischen konvexen und konkaven Gegebenheiten, die grundsätzlich nur getrennt voneinander, nie aber gleichzeitig wahrgenommen werden können (vgl. Kapitel 6.5). In einem Zusatz am Ende seines Artikels erweitert von Hornbostel diese Gesetzmäßigkeiten auf die Unterscheidung zwischen Kunst und Wissenschaft und berührt damit einen weiteren Anknüpfungspunkt der Gestalttheorie, der im Folgenden noch weiter ausgeführt werden soll. An dieser Stelle soll (bereits mit Blick auf die Literatur Robert Musils) auf die Konsequenz hingewiesen werden, die aus der Parallelisierung von konvexen und konkaven Prinzipien auf der einen und Kunst und Wissenschaft auf der anderen Seite resultiert. Von Hornbostel geht davon aus, dass Wissenschaft und Kunst, die sich je auf den Gegenstand und das Erlebnis beziehen, zwar von ein und derselben Person wahrgenommen und empfunden werden können, diese Prozesse jedoch nicht gleichzeitig ablaufen können. Damit positioniert er sich innerhalb eines völlig anders gearteten Spannungsfelds. Die Bemühungen der Gestaltisten zielen im Allgemeinen darauf ab, innerhalb eines naturwissenschaftlich geprägten Umfelds neue Erkenntnisse zu gewinnen. Mit der Einbeziehung ästhetischer Kategorien wird ein neues Wirkungsfeld aufgemacht.

Bereits Johannes von Allesch verweist auf diese Anwendungsmöglichkeit von Gestalten. Dabei basiert sein Werk ‚Wege zur Kunstbetrachtung' auf experimentellen Studien zur Farberfahrung, die er am Institut für Psychologie in Berlin durchführt – selbst diese rezeptionsästhetisch argumentierenden Überlegungen haben somit einen experimentellen Hintergrund.[897] Dennoch stellt sich diese Facette gestalttheoretischer Ansätze völlig anders dar als die mit direktem naturwissenschaftlichem Bezug. Die Ergebnisse seiner Experimente legen nach von Allesch die Annahme nahe, dass die Rezeption von Kunstwerken ihrerseits gestalttheoretischen Regelmäßigkeiten gehorcht – die Bedeutung wird dabei vom Rezipienten in das Werk hineingetragen. Folglich kann nicht nur die physikalische Wirklichkeit in einen psychologischen Raum verwandelt werden, sondern auch der durch den Künstler bereits vorformulierte Raum eines Kunstwerks. Dabei löst sich die Intention des Werks von seinem Erschaffer – seine Aussage erhält es einzig durch die Rezeption.[898] Somit wird das Kunsterlebnis als Gestalt aufgefasst, nicht jedoch die Kunst als solche. Diese Unterscheidung ist notwendig, da die Instanz des Rezipienten für die Sinnhaftigkeit eines Kunstwerks entscheidend ist. Das Werk als solches existiert lediglich, erst durch den Betrachter entfalten die einzelnen Elemente ihre Relationen und damit ihre Bedeutung. Sowohl von Allesch als auch von Hornbostel als Angehörige des wissenschaftlichen Diskurses erkennen folglich die Möglichkeiten zur ästhetischen Anwendung von Gestalten. Dabei bleiben ihre Überlegungen jedoch theoretischer Natur – die Umsetzung in die literarische Praxis obliegt somit Robert Musil.

### 9.3.2 Musils Literatur als diskursives Element

Robert Musils wissenschaftliche Sozialisation fällt in einen Zeitraum gravierender Umbrüche – ein Umstand, der sein Pendant auch in der Literatur findet. Diese wird im ausgehenden 20. Jahrhundert zunehmend szientifiziert; strukturelle Veränderungen, die mit dem schwindenden Einfluss der Metaphysik und der gleichzeitigen Stärkung positivistischer Einflussfaktoren einhergehen, veranlassen

897 Vgl. Bonacchi: Die Gestalt der Dichtung, S. 158f. Sie weist zudem an selber Stelle darauf hin, dass Musil an den Experimenten, die der Arbeit vorausgehen, teilgenommen hat.

898 Vgl. Ebd., S. 163.

diese Neuakzentuierung (vgl. Kapitel 1.3.2). Folglich sieht sich Musil, der die Entwicklungen in beiden Domänen aufmerksam beobachtet, gleich in mehrfacher Hinsicht mit gravierenden Neuerungen konfrontiert. Diese radikale Umbruchsituation führt sicherlich auf der einen Seite zu der Frage, wie mit den neuen Impulsen umgegangen werden soll. Auf der anderen Seite eröffnen diese Stimuli gedankliche und literarische Freiräume, die innovative Möglichkeiten aufzeigen. Robert Musil ist aufgrund seiner umfassenden naturwissenschaftlichen Ausbildung in der Lage, aus den skizzierten Innovationen neue literarische Ansätze zu entwickeln. In diesem Prozess lehnt er sich an ein Produkt des psychologischen Umbruchs an: die Gestaltpsychologie.

Die Verarbeitung des oben dargelegten psychologischen Diskurses erfolgt in der Musilschen Literatur auf verschiedenen Ebenen. Dabei muss die Literatur als solche in diesem Fall als dem gestalttheoretischen Diskurs zugehörig betrachtet werden (allerdings entzieht sie sich zugleich den diskursiven Regeln). Diese These ergibt sich zunächst daraus, dass Musil bildungsbiographisch im gleichen Kontext zu verorten ist wie die Gestaltpsychologen. Aus der gemeinsamen Ausbildung resultiert eine gedankliche Nähe, die nicht zu unterschätzen ist. Durch sein Studium am Psychologischen Institut in Berlin verfügt Robert Musil über die fachliche Qualifikation, gestalttheoretische Erkenntnisse korrekt zu interpretieren und einzuordnen. Da er in einem Zeitraum studiert, in dem sich der Diskurs konstituiert, kann er die innovativen Ansätze zum Zeitpunkt ihrer Entstehung beobachten. Die in dieser Zeit erworbenen Kenntnisse ermöglichen ihm, auch nach Beendigung des Studiums die gestalttheoretischen Entwicklungen zu interpretieren und in ihrer kontextuellen Bedeutung einzuschätzen – Kaiser-El-Safti spricht in diesem Zusammenhang davon, Musil zeige ein „auffallend professionelles Interesse an der Psychologie".[899] Musil muss also als Angehöriger des gestaltpsychologischen Diskurses betrachtet werden. Diese Tatsache erklärt seine Sonderstellung in der Literatur; aus seiner Sensibilität für naturwissenschaftliche und psychologische Erkenntnisse und deren Bedeutung speist sich die Komplexität der Musilschen Literatur. In ihr fließen naturwissenschaftliche, psychologische, philosophische und literarische Diskurselemente zusammen.

Die Annahme der Zugehörigkeit Musils zum philosophischen und wissenschaftlichen Diskurs seiner Zeit wird zudem untermauert durch die Feststellung, dass Elemente existieren, die die Entwicklungen in beiden ‚Bereichen' gleichermaßen bestimmen. So wurde die diskurskonstituierende Bedeutung Ernst Machs auf die Gestaltpsychologie bereits ausgeführt; dabei fließen Machs Überlegungen

899 Kaiser-El-Safti: Robert Musil und die Psychologie seiner Zeit, S. 129.

stärker in ihre grundsätzlichen Postulate ein als die von Carl Stumpf. Eine parallele Gewichtung lässt sich in Musils Entwicklung der literarischen Prinzipien erkennen; besonders die Erarbeitung einer Alternative zu den kausalen Wirkmechanismen beschäftigt ihn. Mit der Einführung funktionaler Ansätze erkennt Musil gleichzeitig auch die Komponentenhaftigkeit von Umwelt und Ich an – erst aus dieser parallel zum wissenschaftlichen Diskurs verlaufenden, gedanklichen Vorarbeit ergibt sich die Anknüpfungsmöglichkeit für die spätere, ausgeprägte Umsetzung gestaltpsychologischer Elemente, die besonders die ‚Drei Frauen' dominiert. Dem muss hinzugefügt werden, dass Musils Umgang mit Machs Thesen aus diskursanalytischer Sicht exemplarisch verdeutlicht, dass die Literatur zwar als dem wissenschaftlichen Diskurs zugehörig betrachtet werden kann, sie dabei aber nicht den innerdiskursiven Regeln gehorchen muss. In Kapitel 4 wurde aufgezeigt, dass Musil die Machsche Abkehr von der Kausalität und dem Substanzbegriff kritisch hinterfragt und schließlich verwirft. Dies muss zum einen auf den Einfluss seines Doktorvaters Carl Stumpf zurückgeführt werden, der sich in Richtung eines leib-seelischen Dualismus' orientiert. Diskursanalytisch betrachtet muss die Ansicht Stumpfs als ‚wahr' klassifiziert werden – der Großteil der dem philosophischen und psychologischen Diskurs Angehörigen teilt seine Position. Folglich übernimmt auch Musil diese Haltung, relativiert den Machschen Monismus und schließt sich damit dem wissenschaftlichen Diskurs an. Interessanterweise findet sich dieser Standpunkt in der literarischen Umsetzung nicht wieder. Im Gegenteil: Musil nimmt die Funktionalität und die Abkehr von der Substantialität des Ich in den ‚Vereinigungen' auf und verarbeitet sie dort konsequent. Diese Herangehensweise ist nur möglich, weil Musil hier nicht darauf angewiesen ist, Aussagen zu produzieren, die im wissenschaftlichen Diskurs als ‚wahr' klassifiziert würden. Stattdessen löst er sich von der wissenschaftlichen Beweisführung Machs, die seiner Meinung nach Lücken aufweist, und formuliert eine eigene Funktionalitätshypothese, die allerdings ebenso radikal kausale Erklärungsmechanismen negiert wie die wissenschaftliche Ausgangstheorie. Musils konsequente Annahme funktionaler Schemata fußt dabei auf einer Neuperspektivierung seiner Überlegungen: Er rückt die Frage nach der Beschaffenheit der Seele in den Vordergrund seiner Betrachtungen und fokussiert damit ein Prinzip, das aufzudecken seiner Meinung nach Aufgabe der Literatur ist; die naturwissenschaftliche Relevanz (z.B. die Frage nach der Erwärmung zweier leitender Körper oder die Erzeugung von Reibungswärme) werden dabei völlig ausgeklammert.

Diese Tatsache zeigt exemplarisch auf, dass die Zugehörigkeit der Literatur zum wissenschaftlichen Diskurs gegeben ist, sie gleichzeitig aber mit einer großen Eigenständigkeit einhergeht. Foucault geht davon aus, dass die relevanten

Wissensstrukturen sowohl literarische als auch wissenschaftliche Texte durchziehen.[900] Dabei müssen die Strukturen aber nicht zwangsläufig deckungsgleich verlaufen: Die Literatur kann als Gegenentwurf zur Wissenschaft fungieren.[901] Eben jener Prozess ist auch hier zu beobachten: Die von Mach erarbeiteten Strukturen sind problemlos zu identifizieren, dennoch ist der Kontext, in dem sie wirken, verändert worden.

Mit den obigen Überlegungen konnte gezeigt werden, dass Musils Literatur als dem wissenschaftlichen Diskurs zugehörig betrachtet werden muss, sich aber im gleichen Moment von ihm emanzipiert und eigene Perspektiven entwickelt. Interessanterweise können gleichzeitig aber auch parallel agierende Strukturen festgestellt werden, die die Funktionsweisen des wissenschaftlichen Diskurses aufnehmen. In der Betrachtung der Genese der Gestaltpsychologie konnte beispielsweise festgemacht werden, dass die Konstitution des Diskurses besonders in der Anfangszeit aus der Auseinandersetzung (und Überwindung) tradierter Thesen hervorging. Dieses Ergebnis soll nun mit einem Resultat der literaturwissenschaftlichen Analyse zusammengeführt werden. In der Untersuchung der ‚Versuchung der stillen Veronika' konnte festgestellt werden, dass Musil mit Johannes und Veronika zwei Figuren entwirft, deren Wahrnehmungsstrukturen aus verschiedenen psychologischen Systemen hervorgehen (vgl. Kapitel 5.2): Mit Johannes wird eine Figur eingeführt, deren Wahrnehmung der statisch argumentierenden, ‚alten' Psychologie verpflichtet bleibt, deren Explikationsgerüst aus individuellen, nicht korrespondierenden Elementen besteht. Johannes gegenüber steht Veronika, deren Perzeption so dynamisch und vielschichtig strukturiert ist, dass eine Kommunikation zwischen den beiden Protagonisten nicht mehr möglich ist. Indem sich die ‚alte' Psychologie dem Vorwurf aussetzen muss, grundsätzlich kausale Erklärungsmodelle zu entwerfen und gleichzeitig die Annahme der Funktionalität als ein Grundpfeiler für die Entwicklung der Gestaltpsychologie zu sehen ist, ist die Analogie zum psychologischen Diskurs geschaffen. Johannes, zu Beginn der Novelle noch physisch vertreten, wird ersetzt durch Veronikas gestalthaftes Bild von ihm. Folglich ist Johannes als Vertreter der ‚alten' Psychologie während der gesamten Erzählung präsent, allerdings wird seine Art der Wahrnehmungsorganisation durch die Inkorporation durch Veronika ausgehebelt, aber nicht völlig neutralisiert. Denn erst durch die Zusammenführung wird ein völlig neues (in der Novelle temporär gestaltetes) Wahrnehmungsmodell entwickelt.

900 Vgl. Foucault: Archäologie des Wissens, S. 261.
901 Vgl. Foucault: Die Ordnung der Dinge, S. 76.

Aber auch die Entwicklung der Gestalttheorie zu einer eigenständigen Disziplin spiegelt sich in der Musilschen Literatur wider. So wie diese Wissenschaft zunehmend in der Lage ist, eigenständige Forschungsergebnisse zu erarbeiten, steigt auch die Bedeutung von Gestalten in den literarischen Werken Musils.[902] Wurde in den ‚Vereinigungen' noch die Frage nach den Konsequenzen einer funktionalen Erzählweise und -welt gestellt, so überwiegt in den ‚Drei Frauen' die Umsetzung literarischer Gestalten; ein Vorgang, der sich gleichzeitig auch auf poetologischer Ebene vollzieht.

In besonderem Maße dominieren diesbezüglich optische Wahrnehmungsphänomene, die ihrem eigentlichen Kontext enthoben werden und als Tableau für Musils literarästhetische Überlegungen fungieren. Bereits die Ausführungen von Erich von Hornbostel und Johannes von Allesch demonstrieren, wie flexibel sich dieses Diskurselement zwischen Kunst und Wissenschaft hin- und herbewegt. Die beiden Psychologen fungieren folglich ebenso wie Musil als Diskurskonnektoren, allerdings dominieren bei ihnen weiterhin wissenschaftliche Ansätze.[903] Zwar beschäftigt sich von Allesch ausführlich mit möglichen Gestalten in der bildenden Kunst, dabei steht für ihn jedoch die Wirkung von Kunst auf den Rezipienten im Mittelpunkt; erst dessen individueller Erfahrungshorizont lässt die Gestalten hervortreten. Während sich von Allesch mit der rezipientenorientierten Perspektive auseinandersetzt, steht für Musil die Schaffung von gestalthafter Kunst im Vordergrund. Auch diese Form der Umsetzung kann nicht ohne die Instanz des Rezipienten auskommen, doch im Gegensatz zu den von Johannes von Allesch untersuchten Kunstwerken ist das Angebot (und folglich auch das Erkennen) von Gestalten durch den Leser bei Musil intendiert. Die Perzeption von Gestalten ist hier somit nicht mehr Zufallsprodukt oder Ergebnis der menschlichen Fähigkeit zur Wahrnehmungsorganisation, sondern vielmehr im Werk angelegt und folglich als Fundament der Musilschen Literaturkonzeption zu werten.

Damit ist eine weitere Parallele zum wissenschaftlichen Diskurs ausgemacht: da wie dort fungieren Gestalten als theoretischer Ursprung, von dem aus die Elemente ihre Aussagekraft entwickeln. Allerdings führt der literarische ‚Gebrauch' dieser Diskurselemente tiefer in die eigentlich psychologische Materie, als es die Wissenschaft vermag. Zwar verwendet Musil auch Strukturen, in denen die Verwurzelung in optischen Phänomene deutlich zu erkennen sind – man denke hier

902 Selbiges gilt, wie kurz aufgezeigt wurde, auch für den ‚Mann ohne Eigenschaften'.

903 Dennoch zeigen ihre Arbeiten auf, dass auch Angehörige des psychologischen Diskurses die Möglichkeit zum Transfer in die Kunst erkennen.

an die Szene in ‚Tonka', in der der Protagonist im Zug sitzt und nicht deutlich erkennen kann, ob seine Mutter und ihr Geliebter sich durch ihre Körperhaltung verraten; je nach seiner eigenen Position changiert das von ihm wahrgenommene Bild. Diese an der Oberfläche angesiedelten Phänomene verweisen jedoch lediglich auf tiefer liegende Strukturen. Ähnlich wie Wolfgang Köhler die ursprünglich überwiegend optisch argumentierenden Gestaltqualitäten auf physikalische Prinzipien überträgt und Kurt Lewin aus denselben Grundlagen eine Handlungstheorie entwickelt, abstrahiert auch Musil diese Vorgänge, um zu weiterführenden Ergebnissen zu kommen.

Dabei emanzipiert sich der literarische Diskurs jedoch erneut vom wissenschaftlichen Ursprung. Auf die Vielzahl von Anknüpfungspunkten für die verschiedenen Fachrichtungen ist im Verlaufe der Untersuchungen mehrfach hingewiesen worden. Trotz dieser Divergenzen eint die psychologischen Gestalten eine wichtige Konstante: die Gestalten, wie auch immer sie geartet sein mögen, müssen in irgendeiner Form sinnlich wahrnehmbar und damit präsent sein. Vor diesem Horizont sollen nun noch einmal Ergebnisse betrachtet werden, die im Zuge der Analyse der ‚Vereinigungen' und der ‚Drei Frauen' entstanden sind. Auffällig bei den Szenen der geistigen Vereinigungen, die als wiederkehrendes Muster in den Novellen konstatiert werden konnten, ist nicht nur die Tatsache, dass die Partner, mit denen die Vereinigung vollzogen wird, abwesend sind – mehr noch: Ihre Abwesenheit ist Voraussetzung für die Vereinigung; ihre physische Anwesenheit würde sie verunmöglichen.[904] Erst unter Berücksichtigung dieser Vorbedingungen können die Abwesenden als individuelle Gestalten fungieren. Damit verkehrt Musil die psychologisch-wissenschaftlichen Vorgaben: Statt unbedingter sinnlicher Wahrnehmung ist die physische Absenz für ihn die Voraussetzung der Bildung von Gestalten. Spätestens hier wird deutlich, welche umfangreichen Konsequenzen der Transfer in den literarischen Diskurs nach sich zieht, denn hier wird das gestalttheoretische Credo, dass Gestalten überall zu finden sind, folgerichtig zu Ende gedacht. Wenn Gestalten in der Natur im Allgemeinen und in der sinnlichen Wahrnehmung des Menschen existieren, so wäre es naheliegend auch Gestalten in der (nicht quantifizierbaren) Seele anzunehmen.

Dieser Prozess visiert in besonderem Maße ein Konzept an, das auch die Wissenschaft problematisiert: Wie bereits ausgeführt stellt die Psychologie die Seele in den Mittelpunkt ihres Forschungsstrebens – untersucht wird jedoch weniger

---

904 In der ‚Versuchung der stillen Veronika' ist dies Johannes, in der ‚Vollendung der Liebe' Claudines Ehemann, in ‚Grigia' Homos Frau und in ‚Tonka' die Protagonistin selbst.

die Seele selbst, vielmehr ist die Untersuchung ihrer Funktionen von Bedeutung. Musil erkennt diese mangelnde Quantifizierbarkeit und setzt mit seinen Überlegungen an jenem Punkt an, über den sich die Psychologie hinwegsetzt, indem sie nach Funktionsweisen der Seele fragt, ohne eine exakte Definition derselben vorweisen zu können. Gleichzeitig existiert der Seelenbegriff sowohl in der Psychologie als auch in der Literatur Robert Musils, allerdings wird er offensichtlich völlig anders akzentuiert. Eine Analyse wird zudem dadurch erschwert, dass Musil seine diesbezüglichen Überlegungen immer weiter ausbaut und differenziert – kann im ‚Törleß' noch ein recht einfach strukturiertes Bild der Seele konstatiert werden, so konstituiert es sich in den ‚Drei Frauen' als individuelle und damit kaum endgültig definierbare Gestalt.

Somit darf das Augenmerk an dieser Stelle nicht nur auf den wissenschaftlichen Diskurs gelegt werden, aus dem Musil Herangehensweisen an seelische Phänomene bezieht und dessen Erscheinungsbild in den literarischen Werken betrachtet wurde. Es scheint vielmehr, als würde Musil ein äußerst ehrgeiziges Unterfangen anstreben: Indem er die Gestalt der Seele zu umreißen sucht, stellt er seine Literatur auf ein Fundament, das die Psychologie vermissen lässt. Sie beschäftigt sich mit psychischen Phänomenen, die Musil zwar als Bestandteile der Seele anerkennt, gleichzeitig aber auch als vorgeschaltete Phasen klassifiziert. Da sich die Dynamik einer Gestalt mit jeder hinzutretenden Komponente grundlegend verändert, wird deutlich, dass der Wert von Analysen dieser Vorstufen vergleichsweise gering ist. In diesem Schritt liegt gleichzeitig auch die Legitimation für Musils dichterisches Vorgehen, das sich aus eben jener Abgrenzung zu den Wissenschaften generiert. Die Untersuchung der Funktionsweisen der Seele wird als Ersatzhandlung enttarnt und ihre Aussagekraft über die Beschaffenheit selbiger als unzureichend deklariert. Musil hingegen stellt die Natur der Seele in den Mittelpunkt seiner Betrachtungen und entledigt sich im Umkehrschluss der Pflicht, die seelischen Funktionen gesondert zu analysieren, da er sich literarisch jener Aufgabe verschreibt, an der die Psychologie gescheitert ist: die Erfassung der Seele.

Doch Musil zweifelt nicht nur die methodische Legitimation der Psychologie an, sondern konsequenterweise auch die so entstandenen Ergebnisse. Hier geht es ihm allerdings nicht darum, die konkreten Forschungsresultate seiner Studienkollegen in Frage zu stellen – seine Kritik ist vielmehr fundamentaler Natur und geht einher mit den wenig befriedigenden wissenschaftlichen Ansätzen zur Definition der Seele. Obwohl sich die Gestaltpsychologie von dem Ansatz der Summenhaftigkeit des Bewusstseins emanzipiert und damit Theorien erarbeitet, die von einer großen Flexibilität und der mannigfaltigen Abhängigkeit psychischer Phänomene von verschiedenen Komponenten ausgehen, so ist sie der ‚alten Psychologie' doch in einem Punkt ähnlich: Auch die Gestalttheoretiker müssen ihre Forschungen so aufbauen, dass sie (experimentell) überprüfbar und damit wissenschaftlich reliabel sind. Folglich können auch sie nur diejenigen Phänomene untersuchen, die allgemein existent und damit forschungsrelevant sind. Hier wird der Unterschied zu Musils Darstellung der Seele offensichtlich. Indem er ihr gestalthafte Merkmale zuschreibt, deren Konstitution von individuellen Elementen abhängig ist (Musil spricht in diesem Zusammenhang von der emotionalen Welt als Gestaltqualität der physikalischen und sensoriellen Welt), sind (wissenschaftliche) Untersuchungsmethoden, die auf Phänomene abzielen, die jenseits dieser Individualität angesiedelt sind, automatisch zum Scheitern verurteilt. Diese Abwendung von globalen Dimensionen stellt sich bei genauerer Betrachtung jedoch als vermeintlich heraus. Tatsächlich fasst Musil mit der Maßgabe der unbedingten Singularität eine andere Art der allgemeinen Gültigkeit ins Auge, indem er der Individualität universalen Anspruch zuerkennt. Damit wird auch der Begriff „Möglichkeitsmensch"[905] konturiert, denn er fasst in prägnanter Weise Musils Zielsetzung zusammen: Dichtung hat die Aufgabe, einzelne Möglichkeiten einer Ausgestaltung der Seele und deren Konsequenzen aufzuzeigen, es geht darum „Prototypen von Geschehensabläufen"[906] und seelischen Motiven zu entwerfen. Dabei stellt der Anspruch an unbedingte Individualität den einzigen verbindenden Faktor dar.

Indem Musil die Seele in den Mittelpunkt seiner Literatur rückt, akzentuiert er gleichzeitig auch die Frage nach Erkenntnis und Wahrheit.[907] Nachdrücklich verweist er darauf, dass wissenschaftliche und seelische Erkenntnis nicht dasselbe bezeichnen, wenn er schreibt: „Die Unterscheidung selbst ist einfach: Dichtung vermittelt nicht Wissen und Erkenntnis. Aber: Dichtung benutzt Wissen und Erkenntnis."[908] An anderer Stelle führt er diesbezüglich weiterhin aus:

---

905 Musil, KA; TRANSKRIPTIONEN & FAKSIMILES, Nachlass, Mappe III/6/2; R FR | Moral 1.

906 Musil, KA; LESETEXTE, Band 12, Essays, 1918–1926, Skizze der Erkenntnis des Dichters, 167.

907 Musil schreibt diesbezüglich: „[…] von der Psychologie her zeigt sich die Unmöglichkeit der Gattung. Es gibt eine philosophisch-spekulative Psychologie, es gibt eine Experimentalpsychologie, es gibt eine psychiatrische, eine psychoanalytische Psychologie. Sie alle sind in ihren Methoden und zum Teil auch in ihren Erkenntniszielen verschieden, ihr Gemeinsames aber ist, daß sie überhaupt Erkenntnis wollen. […] Eine dichterische Psychologie mit dieser Aufgabe – also eine Psycho-Logie – hat es nie gegeben." (Musil, KA; LESETEXTE, Band 15, Fragmente aus dem Nachlass, Essayistische Fragmente, Krieg und Nachkrieg (1917–1921), Psychologie und Literatur.).

908 Musil, KA; TRANSKRIPTIONEN UND FAKSIMILES; Nachlass, Mappe VIII/3, 17.

> Ich messe der Dichtung eine Wichtigkeit bei, die weit über die Wichtigkeit andrer menschlicher Tätigkeiten emporragt. Sie setzt nicht nur Erkenntnis voraus, sondern setzt die Erkenntnis über sich hinaus fort, in das Grenzgebiet der Ahnung, Mehrdeutigkeit, der Singularitäten, das bloß mit den Mitteln des Verstandes nicht mehr zu fassen ist. [...] Andrerseits richtet sich die Dichtung nicht nur auf Erkenntnis, wie das die Wissenschaften tun, sondern auf das einzig und allein Erkennenswerte. Sie beschreibt keine Realität, sondern sie schafft eine Idealität; sie hat ihr Ziel im Jenseits.[909]

In der Dichtung werden die Größen Seele, Wahrheit und Erkenntnis zusammengefasst, dabei tritt eine wesentliche Ähnlichkeit hervor: Nicht nur die Seele hat gestalthaften Charakter, sondern auch die anderen beiden, von ihr vermittelten Dimensionen. Gleichzeitig eröffnet sich hier eine weitere Ebene, auf der Musil die Wissenschaften für unzureichend erklärt. Indem er die Erkenntnis (und mit ihr verbunden die Wahrheit) zu vom Individuum abhängigen Gestalten erklärt, entwirft er ein dynamisches System, das die Tatsache, dass es nicht definitiv und global fixiert werden kann, nicht als Mangel ansieht, sondern sogar zum Ziel erklärt. Somit wird auch hier der konsequente Individualitätsanspruch zu einem Prinzip, das jeden Menschen betrifft und damit eine neue, innovative Art der allgemeinen Gültigkeit darstellt.

## 9.4 Abschließende Bemerkungen

Robert Musils Auseinandersetzung mit der Psychologie muss als äußerst komplex bezeichnet werden. Dabei wird die Literatur nicht eingesetzt, um psychologische Erkenntnisse zu vermitteln. Musil schreibt diesbezüglich:

> Auch von der Psychologie her zeigt sich die Unmöglichkeit der Gattung. Es gibt eine philosophisch-spekulative Psychologie, es gibt eine Experimentalpsychologie, es gibt eine psychiatrische, eine psychoanalytische Psychologie. Sie alle sind in ihren Methoden und zum Teil auch in ihren Erkenntniszielen verschieden, ihr Gemeinsames aber ist, daß sie überhaupt Erkenntnis wollen. Sie führen Erscheinungen systematisch auf andere Erscheinungen zurück, sie suchen das verhältnismäßig Allgemeine im Einzelfall. Eine dichterische Psychologie mit dieser Aufgabe – also eine Psycho-Logie – hat es nie gegeben.[910]

909 Musil, KA; LESETEXTE, Band 14, Gedichte, Aphorismen, Selbstkommentare; Selbstkommentare aus dem Nachlass; Kritiker als Lebensform, Möglichkeit einer Ästhetik, 1.

910 Musil, KA; LESETEXTE, Band 15, Fragmente aus dem Nachlass, Essayistische Fragmente, Krieg und Nachkrieg (1917–1921), Psychologie und Literatur.

Wie bereits zu Beginn dieser Arbeit aufgezeigt wurde, grenzt er sich damit deutlich von der Wissenschaft ab und zeigt eine ‚Erkenntnismethode' auf, die grundsätzlich individuelle und damit singuläre Gegebenheiten in den Vordergrund der Betrachtungen rückt. Die Analyse hat ergeben, dass hier der eigentliche Grund für die Notwendigkeit zu suchen ist, zwischen dem literarischen und dem psychologischen Diskurs zu differenzieren: Musil leitet aus seinen Kenntnissen Möglichkeiten ab, die bestenfalls als Einzelfallstudien bezeichnet werden könnten – eine Verallgemeinerung, wie sie in der Wissenschaft üblich ist, ist gar nicht intendiert. Diese veränderten Vorzeichen transformieren den wissenschaftlichen in einen literarischen Diskurs, in dem die psychologischen Elemente weiterhin problemlos zu identifizieren sind, zugleich aber in völlig anders gearteter Intention verwendet werden: Sie sollen nun aus einer Vielzahl von Möglichkeiten nur eine einzige aufzeigen. Der literarische und der wissenschaftliche Diskurs müssen folglich als einander zugehörig betrachtet werden, die im Laufe der Analyse aufgezeigten Diskurselemente verbinden sie. Gleichzeitig jedoch nutzt Musil die Freiheiten, die die Literatur ihm bietet, um jenen individuellen Fragestellungen nachzugehen, die die Psychologie aufgrund ihrer naturwissenschaftlichen Legitimationszwänge nicht nachzugehen vermag. Um einen ‚Gegendiskurs' handelt es sich somit genaugenommen nicht; Musil nutzt vielmehr die Literatur, um das (ursprünglich psychologische) Aussagesystem zu erweitern und so ein literarisches Vorhaben umsetzen zu können, das eigentlich ein psychologisches ist: die Abbildung der Seele.

# Literaturverzeichnis

## Zur Zitierweise

Zitate aus den für die Arbeit verwendeten Novellen werden nach dem im Literaturverzeichnis genannten Ausgaben im Text direkt in runden Klammern unter Angabe der im Nachweis folgenden Sigle und Seitenzahl nachgewiesen.

Orthographie und Zeichensetzung sind in allen Zitaten in der im jeweiligen Werk vorgefundenen Form belassen worden, Hervorhebungen im Original wurden durch die Verfasserin gekennzeichnet. Zitate, die mehr als drei Zeilen umfassen, wurden eingerückt.

## A: Primärliteratur Robert Musils

*Die Werke Robert Musils werden im laufenden Text nach folgenden Siglen zitiert:*


Tö: Die Verwirrungen des Zöglings Törleß. In: Gesammelte Werke in Einzelausgaben: Prosa und Stücke. Hg. v. Adolf Frisé. Reinbek bei Hamburg: Rowohlt 1978.

C: Die Vollendung der Liebe. In: Gesammelte Werke in Einzelausgaben: Prosa und Stücke. Hg. v. Adolf Frisé. Reinbek bei Hamburg: Rowohlt 1978.

V: Die Versuchung der stillen Veronika. In: Gesammelte Werke in Einzelausgaben: Prosa und Stücke. Hg. v. Adolf Frisé. Reinbek bei Hamburg: Rowohlt 1978.

G: Grigia. In: Gesammelte Werke in Einzelausgaben: Prosa und Stücke. Hg. v. Adolf Frisé. Reinbek bei Hamburg: Rowohlt 1978.

P: Die Portugiesin. In: Gesammelte Werke in Einzelausgaben: Prosa und Stücke. Hg. v. Adolf Frisé. Reinbek bei Hamburg: Rowohlt 1978.

T: Tonka. In: Gesammelte Werke in Einzelausgaben: Prosa und Stücke. Hg. v. Adolf Frisé. Reinbek bei Hamburg: Rowohlt 1978.

MoE: Mann ohne Eigenschaften. In: Gesammelte Werke in Einzelausgaben: Prosa und Stücke. Hg. v. Adolf Frisé. Reinbek bei Hamburg: Rowohlt 1978.


*Alle weiteren Schriften Musils (Essays, Briefe, Tagebücher etc.) werden nach der digitalen Klagenfurter Ausgabe zitiert:*


Robert Musil: Klagenfurter Ausgabe. Kommentierte digitale Edition sämtlicher Werke, Briefe und nachgelassener Schriften. Mit Transkriptionen und Faksimiles aller Handschriften. Herausgegeben von Walter Fanta, Klaus Amann und Karl Corino. Klagenfurt: Robert Musil-Institut der Universität Klagenfurt. DVD-Version 2009.

## B: Weitere Literatur

Ach, Narziss: Über den Willensakt und das Temperament. Leipzig: Quelle & Meyer 1910.

Ajouri, Philip: Literatur um 1900. Naturalismus – Fin de Siècle – Expressionismus. Berlin: Akademie Verlag 2009.

Aler, Jan: Als Zögling zwischen Maeterlinck und Mach. In: Probleme des Erzählens in der Weltliteratur. Festschrift für Käte Hamburger zum 75. Geburtstag am 21. September 1971. Hg. v. Fritz Martini. Stuttgart: Ernst Klett Verlag 1971, S. 234–290.

Allais, Kai: ‚Geräusche' – Textlichkeit und Serialität. Musils Novelle ‚Die Versuchung der stillen Veronika'. In: Robert Musils Kakanien – Subjekt und Geschichte. Festschrift für Karl Dinklage zum 80. Geburtstag, Hg. v. Joseph Strutz. München: Fink 1987 (Musil-Studien Bd. 15), S. 77–94.

Amin, Ismail: Assoziationspsychologie und Gestaltpsychologie. Eine problemgeschichtliche Studie mit besonderer Berücksichtigung der Berliner Schule. Frankfurt am Main, Bern: Lang 1973.

Anders, Martin: Präsenz zu denken... Die Entgrenzung des Körperbegriffs und Lösungswege von Leibkonzeptionen bei Ernst Mach, Robert Musil und Paul Valéry. St. Augustin: Gardez! Verlag 2002 (Philosophie im Kontext. Interdisziplinäre Studien, Bd. 8).

Antonelli, Mauro: Die experimentelle Analyse des Bewusstseins bei Vittorio Benussi. Amsterdam, Atlanta: Rodopi 1994.

Anz, Thomas: Psychoanalyse und literarische Moderne. Beschreibung eines Kampfes. In: Psychoanalyse in der literarischen Moderne. Eine Dokumentation. Band 1. Einleitung und Wiener Moderne. Hg. v. Thomas Anz und Oliver Pfohlmann. Marburg: Verlag LiteraturWissenschaft.de 2006, S. 11–42.

Aristoteles: Über die Seele. De Anima. Neu übersetzt von Adolf Busse. Leipzig: Meiner 1911 (Philosophische Bibliothek Bd. 4).

Arntzen, Helmut: Musil-Kommentar sämtlicher zu Lebzeiten erschienener Schriften außer dem Roman ‚Der Mann ohne Eigenschaften'. München: Winkler Verlag 1980.

Ash, Mitchell G.: The emergence of Gestalt Theory: Experimental Psychology in Germany 1890–1920. Ph. D. Harvard University 1982.

–: Die experimentelle Psychologie an den deutschsprachigen Universitäten von der Wilhelminischen Zeit bis zum Nationalsozialismus. In: Geschichte der deutschen Psychologie im 20. Jahrhundert. Ein Überblick. Hg. v. Ash, Mitchell G. und Ulfried Geuter. Opladen: Westdeutscher Verlag 1985, S. 45–82.

–: Gestalt psychology in German culture, 1890–1967. Holism and the quest for objectivity. Cambridge: Cambridge University Press 1995.

Arvon, Henri: Robert Musil und der Positivismus. In: Robert Musil. Studien zu seinem Werk. Hg. v. Karl Dinklage. Hamburg: Rowohlt Verlag 1970, S. 200–213.

Bangert, Axel: Im Widerstreit zwischen ‚Märchen' und ‚Wirklichkeit'. Robert Musils „Tonka" als eine Auseinandersetzung mit Friedrich Nietzsches Kritik am Begriff der Wahrheit. In: Focus on German studies 14 (2007), S. 115–132.

Baumann, Gerhart: Robert Musil zur Erkenntnis der Dichtung. Bern, München: Francke Verlag 1965.

Baumann, Manfred: Bemerkungen zu den philosophischen Grundlagen der Gestaltpsychologie. In: Wissenschaftliche Zeitschrift der Ernst-Moritz-Arndt-Universität Greifswald. Jahrgang XV; Gesellschafts- und sprachwissenschaftliche Reihe Nr. 2 (1966), S. 145–154.

Baur, Uwe: Zeit- und Gesellschaftskritik in Robert Musils Roman ‚Die Verwirrungen des Zöglings Törleß'. In: Vom Törleß zum Mann ohne Eigenschaften. Hg. v. Uwe Baur und Dietmar Goltschnigg. München, Salzburg: Wilhelm Fink Verlag 1973 (Musil-Studien Bd. 4), S. 19–45.

Becker, Sabina: Von der ‚Trunksucht am Tatsächlichen': Robert Musil und die neusachliche Moderne. In: Musil-Forum. Studien zur Literatur der klassischen Moderne. Hg. v. Norbert Christian Wolf und Rosmarie Zeller. Berlin, Boston: De Gruyter 2005 (Bd. 29), S. 140–160.

Bendels, Ruth: Erzählen zwischen Hilbert und Einstein. Naturwissenschaft und Literatur in Hermann Brochs ‚Eine methodologische Novelle' und Robert Musils ‚Drei Frauen'. Würzburg: Königshausen & Neumann 2008 (Epistemata, Reihe Literaturwissenschaft Bd. 650).

Benussi, Vittorio: Stroboskopische Scheinbewegungen und geometrisch-optische Gestalttäuschungen. In: Archiv für die gesamte Psychologie 24 (1912), S. 31–62.

–: Die Psychologie der Zeitauffassung. Heidelberg: Carl Winter's Universitätsbuchhandlung 1913.

Berlage, Andreas: Empfindung, Ich und Sprache um 1900. Ernst Mach, Hermann Bahr und Fritz Mauthner im Zusammenhang. Frankfurt am Main: Peter Lang 1994 (Europäische Hochschulschriften Bd. 414).

Berz, Peter: I-Welten. In: Robert Musil. Dichter, Essayist, Wissenschaftler. Hg. v. Hans-Georg Pott. München: Wilhelm Fink Verlag 1993 (Musil-Studien 8), S. 171–192.

Blackmore, John T.: Three Autobiographical Manuscripts by Ernst Mach. In: Annals of Science 35 (1978), S. 401–418.

Bogdal, Klaus Michael: Historische Diskursanalyse in der Literatur. Heidelberg: Synchron 2007.

Bonacchi, Silvia: Robert Musils Studienjahre in Berlin 1903–1908. Beilage zu: Musil-Forum, Saarbrücken 1992.

–: Die Gestalt der Dichtung. Der Einfluss der Gestalttheorie auf das Werk Robert Musils. Bern: Lang 1998 (Musiliana 4).

–: Carl Stumpf - Leben, Werk und Wirkung. In: Gestalt Theory (2009) 31/2, S. 101–114.

Bölsche, Wilhelm: Die naturwissenschaftlichen Grundlagen der Poesie. Prolegomena einer realistischen Ästhetik. Hg. v. Johannes J. Braakenburg. Tübingen: Max Niemeyer Verlag 1976.

Böni, Oliver: „…wie in einem Teppich verwoben." Gleichnistexturen in Robert Musils ‚Grigia'. In: Musil-Forum. Studien zur Literatur der klassischen Moderne. Hg. v. Norbert Christian Wolf und Rosmarie Zeller. Berlin, Boston: De Gruyter 2013 (Bd. 32), S. 65–86.

Brentano, Franz: Psychologie vom empirischen Standpunkt. Erster Band. Berlin: Lindemann & Lüdecke 1955.

–: Psychologie vom empirischen Standpunkt. Zweiter Band. Hamburg: Felix Meiner 1959.

–: Briefe an Carl Stumpf 1867–1917. Hg. v. Peter Goller und Gerhard Oberkofler. Graz: Akademische Druck- und Verlagsanstalt 1989.

–: Über Ernst Machs ‚Erkenntnis und Irrtum'. Hg. v. Roderick M. Chisholm und Johann C. Marek. Amsterdam: Rodopi 1998 (Studien zur österreichischen Philisophie, Bd. 6.).

Brosthaus, Heribert: Der Entwicklungsroman einer Idee. Untersuchungen zu Gehalt, Struktur und Stil in Robert Musils ‚Die Verwirrungen des Zöglings Törleß'. Würzburg 1969.

Buchholz, Werner (Hg.): Greifswalder Hochschullehrer 1775–2006. Band 3: Lexikon Greifswalder Hochschullehrer 1907 bis 1932. Bad Honnef: Bock 2004.

Cassirer, Ernst: Substanzbegriff und Funktionsbegriff. Untersuchungen über die Grundfragen der Erkenntniskritik. Darmstadt: Wissenschaftliche Buchgesellschaft 1994.

Catani, Stephanie: Das fiktive Geschlecht. Weiblichkeit in anthropologischen Entwürfen und literarischen Texten zwischen 1885 und 1925. Würzburg: Königshausen & Neumann 2005 (Würzburger Beiträge zur deutschen Philologie Bd. 28).

Cesaratto, Todd: Von Ketten's Climb. Making a Mark in Robert Musil's ‚Die Portugiesin'. In: Musil-Forum. Studien zur Literatur der klassischen Moderne. Hg. v. Norbert Christian Wolf und Rosmarie Zeller. Berlin, Boston: De Gruyter 2013 (Bd. 32), S. 87–105.

–: Törleß ignotus. Zu den biographischen Hintergründen von Robert Musils Roman ‚Die Verwirrungen des Zöglings Törleß'. In: Text + Kritik. Zeitschrift für Literatur 21/22 (1971), S. 61–72.

–: Ödipus oder Orest? Robert Musil und die Psychoanalyse. In: Vom ‚Törleß‘ zum ‚Mann ohne Eigenschaften‘. Hg. v. Uwe Baur und Dietmar Goltschnigg. München: Fink 1973 (Musil-Studien, Bd. 4), S. 123–235.

–: Robert Musils ‚Vereinigungen‘: Studien zu einer historisch-kritischen Ausgabe. München: Fink 1974.

–: Robert Musil. Leben und Werk in Bildern und Texten. Reinbek bei Hamburg: Rowohlt 1988.

–: Robert Musil: eine Biographie. Reinbek bei Hamburg: Rowohlt 2003.

Cremerius, Johannes: Freud und die Dichter. Gießen: Psychosozial-Verlag 2003.

Czaja, Johannes: Psychophysische Grundperspektive und Essayismus. Untersuchungen zur Robert Musils Werk mit besonderem Blick auf Gustav Theodor Fechner und Ernst Mach. Tübingen 1993.

Desportes, Yvon: Vergleichende Untersuchung eines Stils und einer Philosophie: Ein Werk Musils aus der Sicht Machs. In: Robert Musil. Hg. v. Renate von Heydebrand. Darmstadt: Wissenschaftliche Buchgesellschaft 1982 (Wege der Forschung, Bd. 588), S. 281–295.

Diersch, Manfred: Empiriokritizismus und Impressionismus. Über Beziehungen zwischen Philosophie, Ästhetik und Literatur um 1900 in Wien. Berlin: Rütten & Loening 1977.

–: Draußen, Drinnen und Ich. Ernst Machs ‚Spiegel der Erkenntnis‘ als Anregung für österreichische Erzählkunst des 20. Jahrhunderts. In: Genauigkeit und Seele. Zur österreichischen Literatur seit dem Fin de siècle. Hg. v. Josef Strutz und Endre Kiss. München: Wilhelm Fink Verlag 1990 (Musil Studien Bd. 18), S. 29–42.

Dilthey, Wilhelm: Gesammelte Schriften. V. Band. Die geistige Welt. Einleitung in die Philosophie des Lebens. Erste Hälfte. Abhandlung zur Grundlegung der Geisteswissenschaften. Stuttgart, Göttingen: Teubner und Vandenhoeck & Ruprecht 1964.

Dinklage, Karl: Musils Herkunft und Lebensgeschichte. In: Robert Musil. Leben, Werk, Wirkung. Hg. v. Karl Dinklage. Wien: Rowohlt Verlag 1960, S. 187–264.

Dorsch, Friedrich: Geschichte und Probleme der angewandten Psychologie. Bern, Stuttgart: Verlag Hans Huber 1963.

Eibl, Karl: Robert Musil. ‚Drei Frauen‘. Text, Materialien, Kommentar. München, Wien: Carl Hanser Verlag 1978.

Erickson, Susan: The psychopoetics of narration in Robert Musil's ‚Die Portugiesin‘. In: Monatshefte für deutschsprachige Literatur und Kultur 78/2 (1986), S. 167–181.

Exner, Sigmund: Entwurf zu einer physiologischen Erklärung der psychischen Erscheinungen. 1. Teil. Leipzig, Wien: Franz Deuticke 1894.

Fanta, Walter: Die Entstehungsgeschichte des ‚Mann ohne Eigenschaften' von Robert Musil, Wien, Köln, Weimar: Böhlau Verlag 2000.

Fechner, Gustav Theodor: Elemente der Psychophysik. Erster Theil. Leipzig: Breitkopf und Härtel 1860.

Fick, Monika: Sinneswelt und Weltseele. Der psychophysische Monismus in der Literatur der Jahrhundertwende. Tübingen: Max Niemeyer Verlag 1993.

Foucault, Michel: Archäologie des Wissens. Frankfurt am Main: Suhrkamp 1973.

–: Die Ordnung der Dinge. Eine Archäologie der Humanwissenschaften. Frankfurt am Main: Suhrkamp 1974.

–: Die Ordnung des Diskurses. Frankfurt am Main: Fischer Taschenbuch Verlag 1991.

Frank, Manfred: Zum Diskursbegriff bei Foucault. In: Diskurstheorien und Literaturwissenschaft, Hg. v. Jürgen Fohrmann und Harro Müller. Frankfurt am Main: Suhrkamp 1988, S. 25–44.

Freud, Sigmund: Drei Abhandlungen zur Sexualtheorie und verwandte Schriften. Frankfurt am Main: Fischer 1985.

Freud, Sigmund und Josef Breuer: Studien über Hysterie. Frankfurt am Main: Fischer 1981.

Gahn, Renate: Musil und Nietzsche. Zum Problem von Kunst und Erkenntnis. Mainz 1980.

Ganzoni, Werner: Die neue Schau der Seele. Goethe. Nietzsche. Klages. Wien, Stuttgart: Wilhelm Braumüller 1957.

Geisenhanslüke, Achim: Gegendiskurse. Literatur und Diskursanalyse bei Michel Foucault. Heidelberg: SYNCHRON 2008.

Gelb, Adhémar: Theoretisches über Gestaltqualitäten. In: Zeitschrift für Psychologie 58 (1910), S. 1–58.

–: Versuche auf dem Gebiete der Raum- und Zeitanschauung. In: Bericht über den VI. Kongreß für experimentelle Psychologie (1914), S. 36–42.

Gies, Annette: Musils Konzeption des „Sentimentalen Denkens". ‚Der Mann ohne Eigenschaften' als literarische Erkenntnistheorie. Würzburg: Königshausen & Neumann 2003 (Epistemata, Reihe Literaturwissenschaft Bd. 446).

Gigon, Olof: Seele, Entwicklung, Leben in der Antike. In: Seele, Entwicklung, Leben in der Perspektive der Geschichte, Altertumswissenschaft, Biologie, Psychiatrie, Theologie, Religionsgeschichte, Psychologie und Philosophie. Hg. v. Olof Gigon et al. Bern, München: Francke Verlag 1966, S. 7–36.

Gödrich, Wolfgang: Der antinomische Konflikt in Musils Novelle ‚Tonka'. Lörrach 1978.

Goltschnigg, Dietmar: Mystische Traditionen im Roman Robert Musils. Martin Bubers ‚Ekstatische Konfessionen' im ‚Mann ohne Eigenschaften'. Heidelberg: Lothar Stiehm Verlag 1974.

Gosvig Olesen, Søren: Wissen und Phänomen: eine Untersuchung der ontologischen Klärung der Wissenschaften bei Edmund Husserl, Alexandre Koyré und Gaston Bachelard. Würzburg: Königshausen & Neumann 1997 (Epistemata: Reihe Philosophie, Bd. 209).

Großmann, Berhard: Robert Musil. Drei Frauen. München: Oldenbourg Verlag 1993.

Haller, Rudolf: Grundzüge der Machschen Philosophie. In: Ernst Mach – Werk und Wirkung. Hg. v. Rudolf Haller und Friedrich Stadler. Wien: Hölder-Pichler-Tempsky 1988, S. 64–86.

–: Carl Stumpf, Ernst Mach und Robert Musil. In: Musik und Sprache. Zur Phänomenologie von Carl Stumpf. Hg. v. Margret Kaiser-El-Safti und Matthias Ballod. Würzburg: Königshaus & Neumann 2003, S. 95–107.

Harrower, Molly: Kurt Koffka. An unwitting self-portrait. Gainesville: University Presses of Florida 1983.

Henninger, Peter: ‚Wissenschaft' und ‚Dichtung' bei Musil und Freud. In: Modern Language Notes 94 (1979), S. 541–568.

–: Der Text als Kompromiß. In: Psychoanalytische und psychopathologische Literaturinterpretation. Hg. v. Bernd Urban und Winfried Kudzus. Darmstadt: Wissenschaftliche Buchgesellschaft 1981 (Ars interpretandi, Bd. 10), S. 399–420.

Herwig, Dagmar: Der Mensch in der Entfremdung. Studien zur Entfremdungsproblematik anhand des Werkes von Robert Musil. München: Paul List Verlag 1972.

Hickman, Hannah: „Lebende Gedanken" und Emersons ‚Kreise'. In: Robert Musil. Untersuchungen. Hg. v. Uwe Baur und Elisabeth Castex. Königstein/Ts.: Athenäum 1980, S. 139–151.

Hoffmann, Birthe: Die Seele im Labor der Novelle. Gestaltpsychologische Experimente in Musils ‚Grigia'. In: Deutsche Vierteljahrsschrift für Literaturwissenschaft und Geistesgeschichte 69/4 (1995), S. 735–765.

Hoffmann, Christoph: „Der Dichter am Apparat". Medientechnik, Experimentalpsychologie und Texte Robert Musils 1899–1942. München: Fink 1997 (Musil-Studien Bd. 26).

Homann, Renate: Literatur und Erkenntnis: Robert Musils Erzählung ‚Tonka'. In: Deutsche Vierteljahrsschrift für Literatur und Geistesgeschichte 59 (1985), S. 497–518.

Huber, Lothar: ‚Robert Musils Törleß und die Krise der Sprache'. In: Sprachkunst 4. Beiträge zur Literaturwissenschaft (1973), S. 91–99.

Husserl, Edmund: Logische Untersuchungen. Zweiter Theil. Untersuchungen zur Phänomenologie und Theorie der Erkenntnis. Halle a. S. : Niemeyer 1900.

Huszai, Villö: Ekel am Erzählen. Metafiktionalität im Werk Robert Musils, gewonnen am Kriminalfall ‚Tonka'. München: Wilhelm Fink Verlag 2002 (Musil- Studien Bd. 31).

Hwang, Sun-Ae: Liebe als ästhetische Kategorie. Zu ‚Drei Frauen' von Robert Musil. Frankfurt am Main: Peter Lang 1996.

Jaeger, Siegfried: Gestaltpsychologie – Wolfgang Köhler und seine Zeit. Ausstellungsführer der Universitätsbibliothek der Freien Universität Berlin. Berlin 1990.

Japp, Uwe: Der Ort des Autors in der Ordnung des Diskurses. In: Diskurstheorien und Literaturwissenschaft. Hg. v. Jürgen Fohrmann und Harro Müller. Frankfurt am Main: Suhrkamp 1988, S. 223–234.

Kaiser-El-Safti, Margret: Robert Musil und die Psychologie seiner Zeit. In: Robert Musil – Dichter, Essayist, Wissenschaftler. München: Wilhelm Fink 1993 (Musil-Studien Bd. 8), S. 126–170.

Kaizik, Jürgen: Die Mathematik im Werk Robert Musils – Zur Rolle des Rationalismus in der Kunst. Wien: Josef Steiner 1980.

Kammler, Clemens: Historische Diskursanalyse (Michel Foucault). In: Neue Literaturtheorien. Eine Einführung. Hg. v. Klaus Michael Bogdal. Göttingen: Vandenhoeck & Reprecht 2005, S. 32–56.

Karthaus, Ulrich: Der andere Zustand. Zeitstrukturen im Werke Robert Musils. Berlin: Erich Schmidt Verlag 1965 (Philologische Studien und Quellen, Heft 25).

–: Musil-Forschung und Musil-Deutung. In: Deutsche Vierteljahrsschrift für Literatur und Geistesgeschichte 39 (1965), S. 441–483.

Koffka, Kurt: Zur Analyse der Vorstellungen und ihrer Gesetze. Eine experimentelle Untersuchung. Leipzig: Quelle & Meyer 1912.

–: Psychologie der Wahrnehmung. In: Die Geisteswissenschaften 1 (1914), S. 711–716 und 796–800.

–: Beiträge zur Psychologie der Gestalt- und Bewegungserlebnisse. III: Zur Grundlegung der Wahrnehmungspsychologie. Eine Auseinandersetzung mit V. Benussi. In: für Psychologie und Physiologie der Sinnesorgane 73 (1915), S. 11–90.

Koffka, Kurt und Friedrich Kenkel: Beiträge zur Psychologie der Gestalt- und Bewegungserlebnisse. In: Zeitschrift für Psychologie und Physiologie der Sinnesorgane 67 (1913), S. 353–449.

Koh, Won: Robert Musils ‚Die Versuchung der stillen Veronika'. Entwicklung der fünf Fassungen. St. Ingbert: Röhrig Verlag 1992 (Beiträge zur Robert-Musil-Forschung und zur neueren österreicherischen Literatur, Bd. 2).

Köhler, Wolfgang: Über unbemerkte Empfindungen und Urteilstäuschungen. In: Zeitschrift für Psychologie 66 (1913), S. 51–80.

–: Aus der Anthropoidenstation auf Teneriffa. II. Optische Untersuchungen am Schimpansen und am Haushuhn. In: Abhandlungen der preussischen Akademie der Wissenschaften (Physikalisch-mathematische Klasse). Berlin: Verlag der Königlichen Akademie der Wissenschaften 1915, S. 1–70.

–: Nachweis einfacher Strukturfunktionen beim Schimpansen und beim Haushuhn. Aus der Anthropoidenstation auf Teneriffa IV. In: Abhandlungen der preussischen Akademie der Wissenschaften (Physikalisch-mathematische Klasse). Berlin: Verlag der Königlichen Akademie der Wissenschaften 1918, 1–101.

–: Die physischen Gestalten in Ruhe und im stationären Zustand. Braunschweig: Friedrich Vieweg & Sohn 1920.

–: Die Aufgabe der Gestaltpsychologie. Berlin, New York: Walter de Gruyter 1971.

–: Gestaltprobleme und Anfänge einer Gestalttheorie. Reprint. In: Gestalt Theory 5 (1983), S. 178–205.

Köppe, Tilman und Simone Winko: Neuere Literaturtheorien. Eine Einführung. Stuttgart u.a.: Metzler 2008.

Krämer, Olav: Denken erzählen. Repräsentationen des Intellekts bei Robert Musil und Paul Valéry. Berlin u.a.: De Gruyter 2009.

Kreibig, Joseph: Die intellektuellen Funktionen. Untersuchungen über Grenzfragen der Logik, Psychologie und Erkenntnistheorie. Wien, Leipzig: Alfred Hölder 1909.

Kroemer, Roland: Ein endloser Knoten? Robert Musils ‚Verwirrungen des Zöglings Törleß' im Spiegel soziologischer, psychoanalytischer und philosophischer Diskurse. München: Wilhelm Fink Verlag 2004 (Musil-Studien Bd. 33).

Krottendorfer, Kurt: Versuchsanordnungen. Das experimentelle Verhältnis von Literatur und Realität in Robert Musils ‚Drei Frauen'. Wien u.a.: Böhlau Verlag 1995 (Literatur der Geschichte, Geschichte in der Literatur, Bd. 35).

Kuzniar, Alice A.: Inside Out: Robert Musil's ‚Die Portugiesin'. In: Modern Austrian Literature 26/2 (1993), S. 91–106.

Langfeld, Herbert S.: Stumpf's 'Introduction to Psychology'. In: The American Journal of Psychology. Vol. 50, No. 1/4 (1937); Golden Jubilee Volume 1887–1937, S. 33–56.

Leupold, Dagmar: Experiment Ekstase: Robert Musils ‚Drei Frauen'. In: Neue Ansätze zur Robert-Musil-Forschung. Hg. v. Marie-Louise Roth. Bern u.a.: Peter Lang 1999 (Musiliana Bd. 5), S. 195–215.

Lewin, Kurt: Kriegslandschaft. In: Zeitschrift für angewandte Psychologie 12 (1917), S. 440–447.

–: Das Problem der Willensmessung und das Grundgesetz der Assoziation I. In: Psychologische Forschung Bd. 1 (1921), S. 191–302.

–: Das Problem der Willensmessung und das Grundgesetz der Assoziation II. In: Psychologische Forschung Bd. 2 (1922), S. 65–140.

–: Über die Umkehrung der Raumlage auf dem Kopf stehender Worte und Figuren in der Wahrnehmung. In: Psychologische Forschung 4 (1923), 210–261.

–: Untersuchungen zur Handlungs- und Affekt-Psychologie. I: Vorbemerkungen über die psychischen Kräfte und Energien und über die Struktur der Seele. Psychologische Forschung 7 (1926), S. 294–330.

–: Grundzüge der topologischen Psychologie. Bern, Stuttgart: Verlag Hans Huber 1969.

–: Carl Stumpf. In: Kurt-Lewin-Werkausgabe. Hg. v. Carl-Friedrich Graumann. Stuttgart: Klett-Cotta 1981 (Bd. 1: Wissenschaftstheorie I), S. 339–345.

Link, Jürgen: Literaturanalyse als Interdiskursanalyse. Am Beispiel des Ursprungs literarischer Symbolik in der Kollektivsymbolik. In: Diskurstheorien und Literaturwissenschaft. Hg. v. Jürgen Fohrmann und Harro Müller. Franfurt am Main: Suhrkamp 1988, S. 284–307.

Lipps, Theodor: Leitfaden zur Psychologie. Zweite, völlig umgearbeitete Auflage. Leipzig: Verlag von Wilhelm Engelmann 1906.

Lönker, Fred: Poetische Anthropologie: Robert Musils Erzählungen ‚Vereinigungen'. München: Fink 2002 (Musil-Studien Bd. 30).

Lorenz, Dagmar: Wiener Moderne. Stuttgart, Weimar: Verlag J.B. Metzler 1995.

Lotze, Hermann: Allgemeine Physiologie des körperlichen Lebens. Leipzig: Weidmann'sche Buchhandlung 1851.

–: Medicinische Psychologie oder Physiologie der Seele. Amsterdam: Bonset 1966 (Nachdruck der Ausgabe Leipzig 1852).

–: Streitschriften. Erstes Heft. In Bezug auf Prof. J. H. Fichte's Anthropologie. Leipzig: Verlag von S. Hirzel 1857.

Lück, Helmut E.: Kurt Lewin. Eine Einführung in sein Werk. Weinheim, Basel: Beltz Verlag 2001.

Luserke, Matthias: Robert Musil. Stuttgart, Weimar: Metzler 1995.

Mach, Ernst.: Die Principien der Wärmelehre. Leipzig: Barth 1900.

–: Die Geschichte und die Wurzel des Satzes von der Erhaltung der Arbeit. In: E. Mach – Abhandlungen. Hg. v. Joachim Thiele. Amsterdam: Bonset 1969, S. 1–60.

–: Die Mechanik in ihrer Entwicklung. Frankfurt am Main: Minverva 1982.

–: Die Analyse der Empfindungen und das Verhältnis des Physischen zum Psychischen. Darmstadt: Wissenschaftliche Buchgesellschaft 1991.

–: Erkenntnis und Irrtum. Skizzen zur Psychologie der Forschung. Ernst-Mach-Studienausgabe, Band 2. Hg. v. Friedrich Stadler u.a., Berlin: Xenomoi 2011.

Mae, Michiko: Motivation und Liebe. Zum Strukturprinzip der Vereinigungen bei Robert Musil. München: Wilhelm Fink Verlag 1988 (Musil-Studien, Bd. 16).

Maillard, Christine und Michael Titzmann: Vorstellung eines Forschungsprojekts: ‚Literatur und Wissen(schaften) in der Frühen Moderne'. In: Literatur und Wissen(schaften) 1890–1935. Hg. v. Christine Maillard und Michael Titzmann. Stuttgart, Weimar: Metzler 2002, S. 7–37.

Magnou, Jacqueline: Grenzfall und Identitätsproblematik (oder die Rolle der Psychopathologie) in der literarischen Praxis und Theorie Musils anhand der Novellen ‚Vereinigungen'. In: Beiträge zur Musil-Kritik. Hg. v. Gudrun Brokoph-Mauch. Bern, Frankfurt am Main: Peter Lang 1983, S. 129–147.

–: ‚Törless' – eine Variation über den Ödipus-Komplex? Einige Bemerkungen zur Struktur des Romans. In: Robert Musil. Hg. v. Renate von Heydebrand. Darmstadt: Wissenschaftliche Buchgesellschaft 1992 (Wege der Forschung, Bd. 588), S. 296–318.

Magris, Claudio: Musil und die Nähte der Zeichen. In: Philologie und Kritik. Klagenfurter Vorträge zur Musilforschung. Hg. v. Wolfgang Freese. München, Salzburg: Wilhelm Fink Verlag 1981, S. 177–193.

Martens, Lorna: Musil und Freud: The foreign body in ‚Die Versuchung der stillen Veronika'. In: Euphorion 81 (1987), S. 100–117.

Martius, Götz: Über synthetische und analytische Psychologie. In: Bericht über den V. Kongreß für experimentelle Psychologie (1913), S. 261–281.

Marty, Anton: Untersuchungen zur Grundlegung der allgemeinen Grammatik und Sprachphilosophie. Erster Band. Halle an der Saale: Verlag von Max Niemeyer 1908.

Mehigan, Tim: Robert Musil, Ernst Mach und das Problem der Kausalität. In: Deutsche Vierteljahresschriften für Literaturwissenschaft und Geistesgeschichte 71 (1997), S. 264–287.

–: Robert Musil. Stuttgart: Reclam 2001.

Meier-Ruf, Ursula: Prozesse der Auflösung: Subjektstruktur und Erzählform in Robert Musils ‚Drei Frauen'. Bern: Lang 1992.

Meinong, Alexius: Phantasie-Vorstellung und Phantasie. In: Alexius Meinong. Gesamtausgabe. Band 1: Abhandlungen zur Psychologie. Hg. v. Rudolf Kindinger und Rudolf Haller. Graz: Akademische Druck- und Verlagsanstalt 1969, S. 195–269.

–: Zur Psychologie der Relationen und der Komplexionen. In: Zeitschrift für Psychologie und Physiologie der Sinnesorgane 2 (1891), S. 245–265.

Meisel, Gerhard: Liebe im Zeitalter der Wissenschaften vom Menschen. Das Prosawerk Robert Musils. Opladen: Westdeutscher Verlag 1991.

Mejovšek, Gabriele: Das Modell der ‚Gestalt' als Prinzip ‚anfänglichen Denkens' bei Musils Versuch der Erstellung eines ‚beweglichen Gleichgewichts'. In: Robert Musils ‚Kakanien' – Subjekt und Geschichte. Festschrift für Karl Dinklage. Hg. v. Joseph Strutz. München: Wilhelm Fink Verlag 1997 (Musil-Studien Bd. 15), S. 273–292.

Metzger, Wolfgang: Zur Geschichte der Gestalttheorie in Deutschland (1963). In: Gestalt-Psychologie. Ausgewählte Werke aus den Jahren 1950–1982. Hg. v. Michael Stadler und Heinrich Crabus. Frankfurt am Main: Verlag Waldemar Kramer 1986, S. 99–108.

Meyer, Jürgen: Musils mathematische Metaphorik. Geometrische Konzepte in ‚Die Verwirrungen des Zöglings Törleß' und in ‚Die Vollendung der Liebe'. In: Hofmannsthal-Jahrbuch zur europäischen Moderne 5 (1997), S. 317–345.

Moser, Manfred: Drei Frauen, die es nicht gab. In: Semiotik der Geschlechter. Hg. v. Jeff Bernard u.a. Stuttgart: Akademischer Verlag Hans-Dieter Heinz 1989, S. 287–296.

Monti, Claudia: Funktion und Fiktion. Die Mach-Dissertation von Robert Musil. In: Musil-Forum. Studien zur Literatur der klassischen Moderne. Hg. v. Norbert Christian Wolf und Rosmarie Zeller. Berlin, Boston: De Gruyter 1979 (Bd. 5), S. 38–67.

Müller, Martin: Zur Methodengeschichte der experimentellen Psychologie des 19. Jahrhunderts in Deutschland. Dissertation zur Erlangung des akademischen Grades doctor philosophiae 1987.

Newman, Edwin: Max Wertheimer: 1880–1943. In: The American Journal of Psychology 57 (1944), S. 428–435.

Oertel-Sjögren, Gudrun: Das Rätsel in Musils ‚Tonka'. In: Robert Musil. Hg. v. Renate von Heydebrand. Darmstadt: Wissenschaftliche Buchgesellschaft 1982 (Wege der Forschung, Bd. 588), S. 434–449.

Oesterreich, Konstantin: Die Phänomenologie des Ich in ihren Grundproblemen. Band 1: Das Ich und das Selbstbewusstsein. Die scheinbare Spaltung des Ich. Leipzig: Barth 1910.

–: Die Entfremdung in der Wahrnehmungswelt und die Depersonalisation in der Psychasthenie: Ein Beitrag für Gefühlspsychologie. In: Journal für Psychologie und Neurologie, Bd. VIII, Heft 3/4 (1906), S. 141–174.

Paetzke, Iris: Erzählen in der Wiener Moderne. Tübingen: Francke Verlag 1992 (Edition Orpheus Bd. 7).

Paetzold, Heinz: Ernst Cassirer zur Einführung. Hamburg: Junius-Verlag 2002.

Parr, Rolf: Diskursanalyse. In: Methodengeschichte der Germanistik. Hg. v. Jost Schneider. Berlin, New York: De Gruyter 2009, S. 89–107.

Payne, Philip: Robert Musil's Works, 1906–1924. A critical introduction. Frankfurt a.M., Bern, New York: Peter Lang 1987 (Europäische Hochschulschriften, Reihe I: Deutsche Sprache und Literatur, Bd. 961.).

–: ‚Geist' recording ‚Seele': The life of the mind as reproduced in Robert Musil's work. In: Forum for Modern Language Studies XXXII, Vol. 1 (1996), S. 70–82.

Pekar, Thomas: Die Sprache der Liebe bei Robert Musil. München: Fink 1989 (Musil-Studien Bd. 19).

–: Zum Zusammenhang von Musils Dissertation mit seiner Erzählung ‚Die Vollendung der Liebe'. In: Colloquia Germania 24/1 (1991), S. 13–23.

Pelmter, Andrea: ‚Experimentierfeld des Seinkönnens' – Dichtung als ‚Versuchsstätte'. Zur Rolle des Experiments im Werk Robert Musils. Würzburg: Königshausen & Neumann 2008.

Pester, Reinhardt und Ernst W. Orth (Hg.): Hermann Lotze. Briefe und Dokumente. Zusammengestellt, eingeleitet und kommentiert von Reinhardt Pester, mit einem Vorwort herausgegeben von Ernst Wolfgang Orth. Würzburg: Königshausen & Neumann 2003 (Studien und Materialien zum Neukantianismus, Bd. 20).

Petermann, Bruno: Die Wertheimer-Koffka-Köhlersche Gestalttheorie und das Gestaltproblem. Systematisch und kritisch dargestellt. Leipzig: Barth 1929.

Peuker, Henning: Von der Psychologie zur Phänomenologie. Husserls Weg in die Phänomenologie der ‚Logischen Untersuchungen'. Hamburg: Felix Meiner Verlag 2002.

Pfohlmann, Oliver: „Eine finster drohende und lockende Nachbarmacht"?: Untersuchungen zu psychoanalytischen Literaturdeutungen am Beispiel von Robert Musil. München: Fink 2003 (Musil-Studien Bd. 32).

–: Robert Musil. Reinbek bei Hamburg: Rowohlt-Taschenbuch-Verlag 2012.

Pieper, Hans-Joachim: Musils Philosophie. Essayismus und Dichtung im Spannungsfeld der Theorien Nietzsches und Machs. Würzburg: Königshausen & Neumann 2002.

Pongratz, Ludwig J.: Problemgeschichte der Psychologie. Bern: A. Francke Verlag 1967.

Pott, Hans-Georg: Robert Musil. München: Wilhelm Fink Verlag 1984.

Rauch, Marja: Vereinigungen. Frauenfiguren und Identität in Robert Musils Prosawerk. Würzburg: Königshausen & Neumann 2000 (Epistemata. Würzburger wissenschaftliche Schriften, Bd. 310).

Reis, Gilbert: Musils Frage nach der Wirklichkeit. Königstein/ Ts.: Verlag Anton Hain 1983 (DISKURS. Forschungen zur deutschen Literatur, Bd. 3).

Reniers, Annie: ‚Törless': Freudsche Verwirrungen? In: Robert Musil. Studien zu seinem Werk. Hg. v. Karl Dinklage. Reinbek bei Hamburg: Rowohlt 1970, S. 26–39.

Reniers-Servranckx, Annie: Robert Musil. Konstanz und Entwicklung von Themen, Motiven und Strukturen in den Dichtungen. Bonn: Bouvier 1972.

Révész, Géza: Zu Revision der Gestalttheorie. In: Schweizerische Zeitschrift für Psychologie und ihre Anwendungen (12) 1953, S. 89–110.

Rollinger, Robin D.: Husserl's Position in the School of Brentano. Dordrecht, Boston, London: Kluwer Academic Publishers 1999.

Röttger, Brigitte: Erzählexperimente. Studien zu Robert Musils ‚Drei Frauen' und ‚Vereinigungen'. Bonn: Bouvier Verlag Herbert Grundmann 1973.

Rubin, Edgar: Visuell wahrgenommene Figuren. Studien in psychologischer Analyse. Aus dem Dänischen übersetzt von Peter Collett. Kopenhagen u.a.: Gyldendalske Boghandel 1921.

Sarris, Victor: Max Wertheimer in Frankfurt. Beginn und Aufbaukrise der Gestaltpsychologie. Lengerich u.a.: Pabst Sciene Publishers 1995.

Schmidt, Jochen: Ohne Eigenschaften. Eine Erläuterung zu Musils Grundbegriffen. Tübingen: Max Niemeyer Verlag 1975 (Untersuchungen zur deutschen Literaturgeschichte Bd. 13).

Schönau, Walter und Joachim Pfeiffer: Einführung in die psychoanalytischer Literaturwissenschaft, Stuttgart: Metzler 2003 (Sammlung Metzler Band 259).

Schönpflug, Wolfgang: Einführung in die Psychologie. Basel: Beltz Verlag 2006.

Schröder, Jürgen: Am Grenzwert der Sprache. Zu Robert Musils ‚Vereinigungen'. In: Euphorion 60 (1966), S. 311–334.

Schumann, Friedrich: Beiträge zur Analyse der Gesichtswahrnehmungen. Erste Abhandlung: Einige Beobachtungen über die Zusammenfassung von Gesichtseindrücken zu Einheiten. In: Zeitschrift für Psychologie und Physiologie der Sinnesorgane 23 (1900), S. 1–32.

–: Beiträge zur Analyse der Gesichtswahrnehmungen. Zweite Abhandlung: Zur Schätzung räumlicher Größen. In: Zeitschrift für Psychologie und Physiologie der Sinnesorgane 24 (1900), S. 1–33.

–: Beiträge zur Analyse der Gesichtswahrnehmungen. Dritte Abhandlung: Der Successivvergleich [und] Schluß. In: Zeitschrift für Psychologie und Physiologie der Sinnesorgane 30 (1902), S. 241–291; S. 321–339.

Simons, Oliver: Raumgeschichten. Topographien der Moderne in Philosophie, Wissenschaft und Literatur. München: Wilhelm Fink Verlag 2007.

Söder, Thomas: Untersuchungen zur Robert Musils ‚Verwirrungen des Zöglings Törleß'. Rheinfelden: Schäuble 1988.

Sprung, Lothar: Wegbereiter der Gestaltpsychologie in Berlin. In: Carl Stumpf – Eine Biografie. Von der experimentellen Philosophie zur Experimentellen Psychologie. Hg.v Helga Sprung unter Mitarbeit von Lothar Sprung. München, Wien: Profil Verlag 2006, S. 258–264.

Stadler, Friedrich: Ernst Mach – Leben, Werk, Wirkung. In: Ernst Mach – Werk und Wirkung. Hg. v. Rudolf Haller und Friedrich Stadler. Wien: Verlag Hölder-Pichler-Tempsky 1988, S. 11–63.

Streitler, Nicole: Musil als Kritiker. Bern u.a.: Peter Lang 2006.

Stumpf, Carl.: Zur Einteilung der Wissenschaften. In: Philosophische und historische Abhandlungen der Königlich Preussischen Akademie der Wissenschaften. Berlin: Verlag der Königlichen Akademie der Wissenschaften 1907, S. 3–93.

–: Leib und Seele. Der Entwicklungsgedanke in der gegenwärtigen Philosophie. Leipzig: Barth 1909.

–: Selbstdarstellung. In: Philosophie der Gegenwart in Selbstdarstellungen. Hg. v. Raymund Schmidt. Leipzig: Meiner 1924, S. 205–265.

–: Tonpsychologie. Erster Band. Amsterdam: E.J. Bonset 1965.

–: Tonpsychologie. Zweiter Band. Amsterdam: E.J. Bonset 1965.

–: Erscheinungen und psychische Funktionen. In: Beiträge zur Geschichte der Psychologie. Bd. 14: Carl Stumpf – Schriften zur Psychologie. Hg. v. Helmut E. Lück. Frankfurt am Main: Lang 1997, S. 104–141.

Tewes, Uwe und Klaus Wildgrube: Psychologie-Lexikon. München, Wien: R. Oldenbourg Verlag 1992.

Tietzmann, Michael: Skizze einer integrativen Literaturgeschichte. In: Modelle des literarischen Strukturwandels. Hg. v. Michael Tietzmann. Tübingen: Max Niemeyer Verlag 1991, S. 395–438.

Trommler, Frank: Roman und Wirklichkeit. Eine Ortsbestimmung am Beispiel von Musil, Broch, Roth, Doderer und Gütersloh. Stuttgart u.a.: W. Kohlhammer Verlag 1966.

Venturelli, Aldo: Robert Musil und das Projekt der Moderne. Frankfurt am Main u.a.: Peter Lang 1988 (Europäische Hochschulschriften Bd. 1039).

Von Allesch, Gustav Johannes: Wege zur Kunstbetrachtung. Dresden: Sybillen-Verlag 1921.

Von Ehrenfels, Christian: Über ‚Gestaltqualitäten'. In: Psychologie, Ethik, Erkenntnistheorie. Hg. v. Reinhard Fabian. München, Wien: Philosophia Verlag 1988 (Philosophische Schriften, Bd. 3), S. 128–167.

Von Heydebrand, Renate: Die Reflexionen Ulrichs in Robert Musils Roman ‚Der Mann ohne Eigenschaften'. Ihr Zusammenhang mit dem zeitgenössischen Denken. Münster: Verlag Aschendorf 1966.

Von Hornbostel, Erich Maria: Über optische Inversion. In: Psychologische Forschung 1 (1922), S. 130–156.

–: Das räumliche Hören. In: Handbuch der normalen und pathologischen Physiologie. Mit Berücksichtigung der experimentellen Pharmakologie. 11. Band: Receptionsorgane I. Hg. v. A. Bethe et al. Berlin: Julius Sprenger 1926.

Walach, Harald: Psychologie. Wissenschaftstheorie, philosophische Grundlagen und Geschichte. Ein Lehrbuch. Stuttgart: Kohlhammer 2005.

Wertheimer, Max: Untersuchungen zur Lehre von der Gestalt. I. Prinzipielle Bemerkungen. II. (Ohne Titel). In: Psychologische Forschung 1 (1922), S. 47–59; 4 (1923), S. 301–350.

–: Produktives Denken. Frankfurt am Main: Verlag Waldemar Kramer 1964.

–: Experimentelle Studie über das Sehen von Bewegung. In: Drei Abhandlungen zur Gestalttheorie. Hg. v. Max Wertheimer. Darmstadt: Wissenschaftliche Buchgesellschaft 1967, S. 1–105.

–: Über Schlußprozesse im produktiven Denken. In: Drei Abhandlungen zur Gestalttheorie. Hg. v. Max Wertheimer. Darmstadt: Wissenschaftliche Buchgesellschaft 1967, S. 164–184.

Wertheimer, Michael: Die experimentelle Methode in der Psychologie des 19. und 20. Jahrhunderts. In: Die Zukunft der experimentellen Psychologie. Hg. v. Viktor Sarris und Allen Parducci. Weinheim, Basel: Beltz Verlag 1986, S. 29–38.

Westerhoff, Armin: Poetologie als Erkenntnistheorie: Robert Musil. In: Literatur und Erkenntnistheorie 1890–1935. Hg. v. Christine Maillard. Strasbourg: Presses Universitaires de Strasbourg 2004, S. 191–208.

Willemsen, Roger: Devotionalien – Über Musils ‚Tonka' und Godards ‚Je vous salue Marie'. In: Kunst, Wissenschaft und Politik von Robert Musil bis Ingeborg Bachmann. Hg. v. Joseph Strutz. München: Wilhelm Fink Verlag 1986, S. 81–103.

Winko, Simone: Diskursanalyse, Diskursgeschichte. In: Grundzüge der Literaturwissenschaft. Hg. v. Heinz Ludwig Arnold und Heinrich Detering. München: Deutscher Taschenbuch Verlag 2005, S. 463–478.

Witasek, Stefan: Über willkürliche Vorstellungsverbindungen. In: Zeitschrift für Psychologie und Physiologie der Sinnesorgane 12 (1896), S. 185–225.

Wohlgemuth, Ralf: Eroserleben als Macht- und Ohnmachtserleben. Robert Musils ‚Die Verwirrungen des Zöglings Törleß' und Benjamin Leberts ‚Crazy'. In: Sexualität und Macht. Kultur-, literatur- und filmwissenschaftliche Betrachtungen. Hg. v. Corinna Schlicht. Oberhausen: Karl Maria Laufen 2004 (Autoren im Kontext. Duisburger Studienbögen. Bd. 6), S. 153–162.

Wucherpfennig, Wolf: Antworten auf die naturwissenschaftlichen Herausforderungen in der Literatur der Jahrhundertwende. In: Hansers Sozialgeschichte der Deutschen Literatur 1890–1918. Naturalismus, Fin de siècle, Expressionismus 1890–1918. Hg. v. York-Gothart Mix. München, Wien: Carl Hanser Verlag 2000 (Hansers Sozialgeschichte der deutschen Literatur vom 16. Jahrhundert bis zur Gegenwart, Bd. 7), S. 155–174.

Wundt, Wilhelm: Die Psychologie im Beginn des zwanzigsten Jahrhunderts. In: Reden und Aufsätze. Hg. v. Wilhelm Wundt. Leipzig: Alfred Kröner Verlag 1913, S. 163–231.

–: Grundriss der Psychologie. Leipzig: Alfred Kröner Verlag 1913.

–: Vorlesungen über die Menschen- und Thierseele. Bd. 1 Eingeleitet und mit Materialien zur Rezeptionsgeschichte versehen von Wolfgang Nitsche. Berlin, Heidelberg u.a.: Springer-Verlag 1990.

Zeller, Rosmarie: ‚Die Versuchung der stillen Veronika'. Eine Untersuchung ihres Bedeutungsaufbaus. In: Sprachkunst 12 (1981), S. 364–381.

–: Zur Komposition von Musils ‚Drei Frauen'. In: Beiträge zur Musil-Kritik. Hg. v. Gudrun Brokoph-Mauch. Bern, Frankfurt am Main: Peter Lang 1983 (New Yorker Studien zur Neueren Literaturgeschichte, Bd. 2), S. 25–48.

–: Grenztilgung und Identitätskrise. Zu Musils ‚Törleß' und ‚Drei Frauen'. In: Musil-Forum. Studien zur Literatur der klassischen Moderne. Hg. v. Norbert Christian Wolf und Rosmarie Zeller. Berlin, Boston: De Gruyter 2003, (Bd. 27), S. 189–209.

–: Musils Arbeit am Text. Textgenetische Studie zu ‚Grigia'. In: Musil-Forum. Studien zur Literatur der klassischen Moderne. Hg. v. Norbert Christian Wolf und Rosmarie Zeller. Berlin, Boston: De Gruyter 2013, (Bd. 32), S. 41–64.

**KÖLNER STUDIEN ZUR LITERATURWISSENSCHAFT**

Herausgegeben von Volker Neuhaus

Band 1 Walter Filz: Es war einmal? 1989.

Band 2 Andrea Maushagen: Text und Vorstellung. 1990.

Band 3 Claudia Mayer-Iswandy: »Vom Glück der Zwitter«. Geschlechterrolle und Geschlechterverhältnis bei Günter Grass. 1991.

Band 4 Rosa-Maria Zinken: Der Roman als Zeitdokument. Bürgerlicher Liberalismus in Friedrich Spielhagens »Die von Hohenstein« (1863/64). 1991.

Band 5 Herbert Frenken: Das Frauenbild in Brechts Lyrik. 1993.

Band 6 Thomas Angenendt: »Wenn Wörter Schatten werfen«. Untersuchungen zum Prosastil von Günter Grass. 1995.

Band 7 Dagmar Schier/Malchus Giersch (Hrsg.): CID – Computergestützte Interpretation von Detektivromanen. 1995.

Band 8 Dietmar Jacobs: Untersuchungen zum DDR-Berufskabarett der Ära Honecker. 1996.

Band 9 Daniel Fulda/Thomas Prüfer (Hrsg.): Faktenglaube und fiktionales Wissen. Zum Verhältnis von Wissenschaft und Kunst in der Moderne. 1996.

Band 10 Henrik D. K. Engel: Die Prosa von Günter Grass in Beziehung zur englischsprachigen Literatur. Rezeption, Wirkungen und Rückwirkungen bei Salman Rushdie, John Irving, Bernard Malamud u.a. 1997.

Band 11 Iris Heilmann: Günter Grass und John Irving. Eine transatlantische Intertextualitätsstudie. 1998.

Band 12 Ute Klein: Die produktive Rezeption E. T. A. Hoffmanns in Frankreich. 2000.

Band 13 Sabine Moser: »Dieses Volk, unter dem es zu leiden galt«. Die deutsche Frage bei Günter Grass. 2002.

Band 14 Heike Lindemann-Luiken: *Es ist vergeblich... Sie sagen: er ist ein Jude.* Die Auswirkungen des Antisemitismus im ausgehenden 19. und beginnenden 20. Jahrhundert auf Leben und Werk Jakob Wassermanns. 2005.

Band 15 Frank Holger Walpuski: Aspekte des Phantastischen. Das Übernatürliche im Werk Werner Bergengruens. 2006.

Band 16 Anselm Weyer: Günter Grass und die Musik. 2007.

Band 17 Wolfgang Stolz: Der Begriff der Schuld im Werk von Heinrich Böll. 2009.

Band 18 Bettina Beltz: »Fortsetzung folgt... « Zum intertextuellen Trialog zwischen Günter Grass, Salman Rushdie, John Irving und ihrem Ahnherrn Laurence Sterne. 2013.

Band 19 Anselm Weyer/Volker Neuhaus (Hrsg.): Von Katz und Maus und mea culpa. Religiöse Motive im Werk von Günter Grass. 2013.

Ab Band 20 läuft die Reihe unter einem neuen Reihentitel

**MODERNE UND GEGENWART**

**Studien zur Literaturwissenschaft**

Herausgegeben von Christian Dawidowski und Volker Neuhaus

Band 20 Karen Brüning: Die Rezeption der Gestaltpsychologie in Robert Musils Frühwerk. 2015.

www.peterlang.com

www.ingramcontent.com/pod-product-compliance
Ingram Content Group UK Ltd.
Pitfield, Milton Keynes, MK11 3LW, UK
UKHW041826290926
8980IPUK00002B/87

9 783631 668399